원나라
역대 황제 평전

유목 민족이 이룩한 세계 최강 제국
100년도 못 버티고 사라지다

강정만 지음

원나라 역대 황제 평전

지은이 강정만
펴낸이 최병식
펴낸날 2024년 7월 17일
펴낸곳 주류성출판사
서울특별시 서초구 강남대로 435 (서초동 1305-5)
TEL | 02-3481-1024 (대표전화) • FAX | 02-3482-0656
www.juluesung.co.kr | juluesung@daum.net

값 23,000원
잘못된 책은 교환해 드립니다.

ISBN 978-89-6246-538-9 03910

원나라
역대 황제 평전

유목 민족이 이룩한 세계 최강 제국
100년도 못 버티고 사라지다

강정만 지음

| 목차 |

　　원래 몽골족은 몽골과 시베리아 동부 지역에서 각 부족 단위로 유목
생활을 했다. 유목민은 가축을 기르기 위하여 계절에 따라 물과 초지를
찾아서 끊임없이 이동해야 했기 때문에 한곳에 정착하여 문명의 꽃을 피
울 수 없었다. 그들은 초원과 사막의 열악한 자연환경 속에서 생존에 위
협을 받으면 부족 간에 전쟁을 벌이거나 말을 타고 질풍노도처럼 중국의
중원 지방으로 남하하여 약탈을 일삼았다.

　　중원 지방의 역대 봉건 왕조는 언제나 몽골족의 남침을 두려워했으며
그들을 야만인 취급을 했다. 봉건 왕조는 대체로 몽골족에 대하여 네 가
지 정책을 폈다.

　　첫째, 변경 지방에 마시(馬市)를 열어 몽골족의 생존에 필요한 양식과 생
활필수품을 물물교역으로 얻게 했다. 몽골족의 생활을 안정시켜줌으로
써 그들의 남침을 막을 목적이었다.

　　둘째, 몽골족 부족장에게 관직을 하사하여 몽골족을 간접 통치했다.
금나라 황제가 케레이트의 부족장 토오릴을 왕으로 책봉한 것이 그 예이
다. 칭기즈 칸도 젊었을 때 금나라의 백호장(百戶長) 관직을 받았다.

　　셋째, 몽골족 부족 간의 갈등을 조장하여 그들이 단결하지 못하게 했
다. '이이제이(以夷制夷)' 전략은 중원 봉건 왕조의 유목 민족에 대한 오랜
통치 수법이었다.

　　넷째, 드문 경우이지만 몽골족의 인구가 늘어나면 정기적으로 몽골족
장정들을 살해하여 인구수를 조절함으로써 그들의 호전성을 억제하기도
했다. 몽골족에 대한 이른바 '멸정(滅丁)' 정책이었다.

　　그런데 13세기 초에 이르러 몽골 동부의 오논강 유역에서 희대의 정

복자 칭기즈 칸이 등장하여 몽골의 여러 부족들을 최초로 통일하고 정복 전쟁에 나섰다. 그와 그의 후손들은 13세기에서 14세기에 이르는 기간에, 세계 역사에서 면적이 가장 넓은 국가였던 '예케 몽골 울루스(몽골 제국)'를 건국하고 다스렸다.

1225년 칭기즈 칸은 몽골 제국의 영토를 아들 네 명에게 나누어주고 다스리게 했다. 네 아들이 받은 영토는 나중에 몽골 제국의 강역에서 킵차크 칸국·차가타이 칸국·우구데이 칸국·일 칸국 등 4대 칸국으로 발전했다. 칭기즈 칸의 손자이자 제4대 카안인 원 헌종 뭉케 시대에 이르러 몽골 제국의 영토가 가장 넓었는데 동쪽으로는 러시아 연해주부터 서쪽으로는 동유럽에 이르렀다.

중국 동북쪽 변방의 소수 민족에 불과했던 몽골족은 어떻게 그 많은 문명국가를 정복하고 역사상 유례없는 대제국을 건설할 수 있었을까. 그들은 유목 민족의 장점을 살려 효율을 극대화함으로써 인구 부족의 문제점을 극복하고 엄청난 역량을 발휘했다. 그렇다면 몽골족이 유목 민족으로서 가지고 있었던 장점은 무엇인가.

첫째, 그들은 시기를 놓치지 않고 수시로 이동해야 했기 때문에 정확한 판단을 내리는 데 뛰어난 능력을 발휘했다. 만약 계절의 변화를 정확하게 감지하지 못하거나 이동 위치를 잘못 파악하면 부족민 전체가 위험에 빠질 수 있었다. 따라서 그들에게는 생존에 예민하게 작동하는 동물적 감각이 있었다.

둘째, 그들은 일종의 민주적 의사(議事) 협의체인 '쿠릴타이'를 통해서 결정된 사항은 누구도 이의를 제기하지 않고 부족장을 중심으로 신속하고 일사불란하게 움직였다. 소수의 부족민으로 언제 발생할지 모르는 자연재해에 효과적으로 대처하고 외부 세력의 침략을 막기 위해서는 당연한 일이었다.

셋째, 그들은 실용을 최고의 가치로 여겼으며 허례허식을 배격했다. 유목 민족은 이동할 때 꼭 필요한 생활용품이 아니면 가지고 다니지 않았다. 적어도 한 시간 이내에 가재도구를 정리하여 떠날 채비를 갖추어야 하며, 방목지에 도착해서는 단시간에 게르(천막)를 설치해야 하는 상황에서 무슨 장롱 등 무거운 세간살이가 필요했겠는가. 이러한 생활 양식은 몽골족에게 허례허식은 아무 쓸모 없는 것이자 거추장스러운 일에 불과했다.

넷째, 그들은 출신 성분을 따지지 않고 개인의 능력에 따라 출세할 수 있었다. 노예라도 전공을 쌓으면 황금 가족의 일원이 되어 부귀영화를 누렸다. 칭기즈 칸 시대의 '사준사구' 가운데 한 명으로 유명한 젤메는 원래 노예였다.

다섯째, 몽골족은 한번 맺은 약속은 철저하게 지켰다. 그들은 '안다(의형제)'의 관계를 맺으면 한평생 형제애로 대하고 의리를 지키는 전통이 있었다. 몽골 역사에서 배신·반역·음모 등 부정적 단어가 중국의 한족 역사와 비교하여 상대적으로 적게 언급되는 것이 적절한 예(例)가 된다.

여섯째, 몽골족은 전통적으로 천신 신앙의 일종인 텡그리교를 신봉했음에도 불구하고, 불교·도교·이슬람교·기독교 등 다른 종교를 배척하지 않고 관용적 태도를 취했다. 훗날 원나라 황제들은 티베트 불교를 국교로 삼았지만, 여전히 다른 종교의 신앙을 인정하고 선교 활동을 방해하지 않았다.

　일곱째, "몽골인은 말 위에서 태어나 말 위에서 죽는다."는 속담이 있을 정도로, 말과 한평생을 함께 하며 말을 다루는 일에 천부적 소질을 발휘했다. 18세기에 영국을 중심으로 산업혁명이 일어나기 전까지, 인류가 활용한 운반 수단들 가운데 말보다 빠른 것은 없었다. 몽골 기병은 당시로서는 엄청나게 빠른 속도로 유라시아 대륙을 유린했다. 아랍과 서방 국가들의 중무장한 보병은 그들 앞에서는 추풍의 낙엽이 되었다. 몽골족은 이러한 타고난 장점들이 있었으므로 천하의 대제국을 건설할 수 있었다.

　칭기즈 칸의 손자이자 몽골 제국의 제5대 카안인 쿠빌라이는 마침내 중국을 통일하고 원나라를 건국했다. 원나라는 몽골 역사의 일부이자 중국 역사의 일부이기도 하다. 몽골족의 관점에서 볼 때 그들은 한족이 세운 송나라를 멸망시키고 중국 대륙의 지배자이자 주인이 되었다. 반면에 오랜 세월 동안 중원 지방을 중심으로 역대 봉건 왕조를 세웠던 한족은 소수 민족인 몽골족에게 국권과 영토를 빼앗기고 피지배층으로 전락했다. 따라서 원나라는 몽골 역사의 전성기에 해당하지만, 한족에게는 심각한 고난을 겪게 한 시련의 시기였다.

　또 중국 역사의 관점에서 보면 원나라는 유목 민족이 처음으로 농경 민족인 한족을 정복하고 건국한 대제국이다. 문명 수준과 경제력에서 한족에게 크게 열세였으며 심지어 문자조차 없었던 몽골족은 앞서 언급한 장점들을 극대화하여 중국 천하를 통일한 것이다.

　원나라의 영토는 4대 칸국을 포함했으며, 황제는 4대 칸국의 칸을 통제하는 카안이었다. 그런데 시간이 흐를수록 4대 칸국은 원나라와 형식적인 주종 관계를 맺고 독립국으로 발전했다. 이에 따라 원나라 황제의 통치권은 중국과 그 주변 국가에 한정되었다.

원나라의 역대 황제들은 인구수가 가장 많고 피지배층인 한족을 어떻게 통치해야 할지 심각하게 고민했다. 이는 소수의 유목 민족이 다수의 농경 민족을 다루는 문제이기도 했다. 원 세조 쿠빌라이는 한족의 법률과 제도를 수용하고 유가 사상을 존중하며 유학자들을 등용함으로써 한족을 원나라의 통치에 순응하게 했다. 원 세조 이후 역대 황제들은 조종(祖宗)의 법도를 받들어 대제국을 다스렸다.

하지만 원나라는 건국한 지 97년 만에 몽골로 쫓겨났다. 어째서 원나라는 백 년도 못 되어 중국에서 지배권을 상실했을까.

첫째, 원나라는 건국 초기부터 한족 문명에 동화된 몽골인과 한족 출신 유학자들로 구성된 한법파(漢法派)와 몽골의 귀족 세력 간의 갈등이 잠재되어 있었다.

한법파는 한족의 법률과 제도로 국가를 다스림으로써 원나라가 역대 한족 왕조의 정통성을 계승하고자 했다. 그들은 유가 사상을 치국(治國)의 도(道)로 삼았으며 한족 왕조의 흥망성쇠에서 역사적 교훈을 얻고자 했다.

반면에 몽골의 귀족 세력은 몽골족이 유목 민족으로서의 정체성(正體性)을 고수해야 한다고 생각했다. 그들은 원나라 황실과 조정이 한족 문명의 영향을 받는 것을 싫어했다. 왜냐하면 한족의 법률과 제도는 몽골족의 전통과 관습에 맞지 않으며, 한인(漢人)은 착취의 대상이지 몽골인과 동급이 아니라고 생각했기 때문이다.

한법파와 몽골의 귀족 세력은 정국의 주도권을 놓고 사사건건 대립했다. 특히 황제를 추대하는 일에서는 양대 세력이 충돌하여 내전을 벌이기도 했다. 한법파에 의하여 추대된 황제들은 지방 군벌로 성장한 귀족 세력을 제대로 통제하지 못했다.

둘째, 원나라의 황제들은 유목 민족의 '퍼주기 습관'을 버리지 못했다. 공동체 의식이 엄청나게 강했던 몽골족은 자력으로 생산한 물건이나 약탈한 재물은 반드시 나누어 가지는 전통이 있었다. 원 세조는 정해진 규정에 의거하여 신하들에게 재화를 하사했지만, 원 세조 이후의 황제들은 기분 내키는 대로 국고에 비축한 재화를 아낌없이 방출하고 흥청망청 낭비했다. 그 결과 원나라는 건국 초기부터 심각한 재정난에 시달렸다. 재정난을 타개하고자 화폐 개혁을 단행했으나 오히려 통화 팽창으로 인해 원나라 말기에 이르러 민생 경제가 붕괴하고 말았다.

셋째, 티베트 불교(라마교)의 폐단이 심각했다. 티베트 불교가 원나라의 국교가 된 이후에 역대 황제들은 티베트 불교의 최고 지도자를 제사(帝師)로 모시고 극진하게 예우했다. 그들은 불사(佛事)를 황제의 절대적 권위를 드러내는 수단으로 활용했다. 전국의 명산대찰은 말할 것도 없고, 황궁의 수많은 사찰에서도 수시로 불사를 벌였다. 불사를 열 때마다 막대한 재화와 인력이 필요했다. 또 승려들은 현실 정치에 개입하여 온갖 비리를 저질렀으며 심각한 민폐를 끼쳤다. 원나라는 불교 때문에 망했다는 얘기가 있을 정도였다.

넷째, 원나라의 지배 계급은 한족을 거칠게 다루었다. 한족 출신 유학자들이 등용되어 국정에 참여했지만, 국정에 참여한 한족은 극소수였다. 한때 과거제를 실시하여 한족 지식인들의 벼슬길을 열어주었지만, 이것도 아주 드물었다. 유학을 배우는 유생은 신분이 기생보다 낮고 거지보다 높은 정도였다. 원나라 조정은 시대에 따라 한족은 창과 칼, 말, 철제 도구 등 무기로 전용될 수 있는 것들을 소유하지 못하게 했다. 원나라 말기에 이르러 한인과 남인의 반란이 끊이질 않았던 이유는 이러한 민족 차별 정책 때문이었다. 몽골족의 한족에 대한 차별과 박해는 결과적으로 원나라의 수명을 단축하였다.

그런데 역사적 관점에서 몽골족의 원나라와 만주족(여진족)의 청나라를 비교해 보면, 몽골족이 정체성을 잃지 않고 한족 문명에 완전히 동화되지 않았기 때문에 오늘날 몽골 국가가 존재하는 것이라고 본다. 반면에 만주족은 청나라를 건국하고 스스로 한족 문명에 동화되는 길을 걸었다. 오늘날 중국에서 만주족은 소수 민족으로 존재한다. 하지만 그들은 이미 고유의 언어와 문화를 상실했으며, 성씨도 한족 성씨로 바꾸어 완전히 한족으로 동화되고 말았다. 원나라도 한법파가 국정의 주도 세력으로 뿌리를 내렸다면 청나라와 같은 운명이 되지 않았을까.

원나라는 고려와도 불가분의 역사 관계를 맺었다. 13~14세기에 몽골 제국의 군대는 천하무적이었다. 칭기즈 칸과 그의 후예들은 천리마를 타고 각국의 성읍을 유린했다. 그런데 그들의 공성 전략은 의외로 간단했다. 항복하면 생존권과 자치권을 보장해주고, 저항하면 씨를 말렸다. 그들에게 저항하다가 멸절된 민족도 있었다.

그런데 고려의 대몽 항쟁은 무려 42년 동안 지속되었다. 결국 고려는 원나라에 굴복하여 신하를 칭했지만, 종묘사직을 지켰다. 인구 등 모든 면에서 원나라와 비교하여 조족지혈이었던 고려가 어떻게 국권을 지킬 수 있었을까. 고구려의 상무 정신을 이어받지 않았다면 불가능했을 것이다.

원 세조는 고려가 사신을 보내 자신을 황제로 받들어 모시겠다는 얘기를 듣고 극도로 흥분했다. 천하의 당 태종 이세민도 고구려를 굴복시키지 못했는데 마침내 자기가 고려 국왕을 신하로 삼았다는 기쁨이었다. 그는 원나라를 건국하는 과정에서 고려의 복속을 정치적 자산으로 삼았다. 또 고려 왕을 사위로 삼고 고려를 부마국으로 특별 대우했다. 고려는 명분을 양보하고 실리를 택했다.

원나라 조정에는 고려 출신 환관, 후궁들이 많았다. 그들 중에는 황제의 총애를 받아 고위 관리가 되어 조정의 실세가 되거나 황후가 된 인물이 있었다. 기황후가 대표적인 인물이다. 원나라 후기에 이르러 그녀와 고려 출신 환관들이 사실상 원나라를 간접 통치했다. 우리나라의 역사인물 중에서 중국을 다스린 유일한 인물은 기황후였다. 또 중국에 최초로 '한류'를 전파한 사람들도 그녀와 고려 출신 환관, 궁녀들이었다. 고려와 원나라의 관계사를 천착하면 고려가 얼마나 대단한 '강소국'이었으며, 또 어떤 실리적 외교전을 펼쳤는지 미루어 짐작할 수 있다.

본서는 『원사(元史)』 등 역사서의 내용을 근거로 역대 황제들을 중심으로 원나라 역사를 개괄적으로 기술했다. 역사서에 따라 같은 역사적 사건이 조금 다르게 기록된 부분이 적지 않다. 필자는 여러 자료를 비교, 분석하여 객관적으로 기술했다. 또 난해한 한문을 가능한 한 쉬운 한글로 번역했다. 한문이 낯선 세대에게 조금이나마 도움이 되고자 하는 마음이다.

이번에도 『중국 역대 황제 평전』 시리즈 편찬에 변함없이 도움을 주신 주류성출판사 최병식 사장님, 이준 이사님 등 여러분들에게 항상 감사하는 마음뿐이다. 주류성출판사의 무궁한 발전을 기원하며 머리말을 마친다.

2024. 7

저자 강 정 만(姜正萬)

원 태조 칭기즈 칸

제1장

원 태조 칭기즈 칸

1. 키야트 수령의 아들로 태어나 험난한 세월을 보내다

몽골의 동북부 지역에서 번창했던 동호(東胡)라는 유목 민족이 있었다. 동호는 춘추전국 시대에 연(燕)나라 북부와 서요하(西遼河) 상류 지역까지 세력을 확장했으나, 한(漢)나라 초기에 이르러 북방의 초원 지대를 최초로 통일한 흉노의 황제 묵돌선우(冒頓單于·?~기원전 174)에 의해 멸망했다.

그런데 동호의 일파인 몽올실위(夢兀室韋) 부족이 아르군(Argun)강 유역에 정착했다. 아르군강은 내몽골 지역을 흐르는데 러시아의 실카(Shilka)강과 합류하여 오늘날 중국과 러시아의 국경을 이루는 아무르강(Amur·흑룡강)이 된다. 이 몽올실위가 몽골족의 조상이다.

테무친(鐵木眞: 칭기즈 칸의 본명·1162~1227)은 몽골족의 여러 씨족 가운데 하나인 보르지긴(孛兒只斤) 씨족 출신이다. 그래서 그가 칸으로 추대되기 이전의 이름을 보르지긴 테무친이라고 부르기도 한다. 보르지긴의 시조는 보

원나라 역대 황제 평전

돈차르(孛端察兒) 문카그(蒙合黑)이다. 그는 몽골 초원에서 형과 함께 부족장이 없는 우량카트(兀良哈) 부족을 흡수하여 세력을 키웠다.

1127년 그의 7대 후손 카불(合不勒)이 금나라가 남송을 정벌하느라 북방의 초원 지대를 제대로 관리하지 못한 틈을 타서 몽골 부족장들의 지지를 받고 칸으로 자립했다.

몽골 부족 최초의 칸이 된 카불 칸은 금나라의 통제에서 벗어나 세력을 확장했다. 그가 테무친의 아버지 예수게이(也速該·?~1170)의 조부가 된다. 그가 다스린 몽골을 '카묵 몽골'이라고 칭한다. 금나라는 카묵 몽골의 세력을 꺾기 위하여 여러 차례 정벌에 나섰으나 오히려 대패하고 말았다.

1148년 금희종(金熙宗) 완안단(完顏亶·1119~1150)이 카불 칸을 회유할 목적으로 그에게 성채(城寨) 27개를 할양하고 그를 몽올 국왕으로 책봉했다. 몽올은 황제국인 금나라의 속국이었으나 사실상 독립 연맹체였다.

카불 칸에게는 아들 7명이 있었다. 그는 임종하기 전에 아들들이 모두 칸을 계승하기에는 자질과 능력이 부족하다고 생각했다. 몽골족의 앞날을 위하여 심사숙고한 끝에, 자신의 종제(從弟)이자 타이치우드 씨족장인 암바가이(俺巴孩)를 제2대 칸으로 추대하게 했다.

1156년 무렵 암바가이 칸이 타타르와 혼인 동맹을 맺고 돌아오던 길에 타타르의 배신으로 금나라로 끌려가 잔혹한 형벌을 받고 죽었다. 타타르는 몽골이 통일 국가를 이루기 전에 막북(漠北: 고비 사막 이북) 지역에서 세력을 떨친 유목 부족의 연맹체이다. '달단(韃靼)'이라고 칭하기도 한다. 훗날 타타르는 넓은 의미로 중앙아시아의 몽골계와 튀르크계 유목민들을 통칭한다.

암바가이 칸이 금나라에서 처형당하기 직전에 측근을 통해 아들 카다안(合達安)에게 이런 유언을 남겼다.

"너는 손톱 다섯 개가 닳아 없어지고, 손가락 열 개가 전부 훼손될 때
까지 나를 위해 복수해야 한다."

카묵 몽골의 부족장들은 암바가이 칸의 유언을 전해 듣고 금나라에
대한 피의 보복을 맹세했다. 암바가이 칸이 금나라에서 목마에 매달려 손
발에 못이 박히는 형벌을 받고 죽은 후, 카묵 몽골의 부족장들은 카불 칸
의 넷째아들 쿠툴라(忽都剌)를 제3대 칸으로 추대했다. 그가 예수게이의 숙
부가 된다.

쿠툴라 칸은 1160년 전후에 암바가이 칸의 원수를 갚기 위하여 타타
르와 열세 번이나 싸웠지만 승리를 거두지 못했다. 하지만 예수게이는 타
타르와 싸울 때마다 두각을 나타내어 부족민들에게 용감하고 강인한 전
사로 각인되었다.

1161년 무렵 어느 날 메르키트부의 귀족인 예케 칠레두가 아내 호엘룬
(訶額侖)과 함께 오논(Onon)강 부근을 지나갔다. 아무르강의 지류인 오논강
은 몽골 동부와 시베리아 동부를 흐르는 강이다.

메르키트부는 몽골고원 북부와 시베리아 동남부 지역에서 거주한 몽
골족이다.

옹기라트부의 올쿠누트 씨족 출신인 호엘룬은 몽골 초원 지방에서 뛰
어난 미모로 명성이 자자했다. 옛날부터 옹기라트부는 미녀가 많기로 소
문이 났다. 부족의 세력은 강하지 않았지만 다른 부족의 유력자들에게 처
녀를 시집보냄으로써 일정한 영향력을 유지한 명문 부족이었다.

예수게이도 올쿠누트의 여자를 아내로 삼고 싶었다. 그는 형과 동생
을 이끌고 예케 칠레두 일행을 습격하여 호엘룬을 빼앗아 자기 아내로 삼

으려고 했다.

호엘룬이 남편에게 다급하게 말했다.

"저 세 사람의 안색을 보니 적의(敵意)를 품고 있는 것 같아요. 저들이 당신을 해치지 않을까 두려워요. 내 말을 믿고 빨리 달아나세요. 당신이 살아남을 수 있다면 아름다운 아내를 또 얻지 못할까 걱정할 필요가 있겠습니까? 나중에 당신이 다시 아내를 얻을 때 나를 그리워하는 마음이 생기면, 새 아내에게 내 이름을 지어주세요. 저는 그걸로 만족하겠어요."

호엘룬은 홑옷을 벗어 남편에게 이별의 기념으로 주고 남편을 도망가게 했다. 그녀는 예수게이가 들이닥치자 저항하지 않고 복종했다. 예수게이와 호엘룬은 이렇게 부부의 인연을 맺었다.

당시 몽골 부족의 남자들이 다른 부족의 유부녀를 약탈하여 자기 아내로 삼는 것은 드문 일이 아니었다. 인구 밀도가 워낙 낮아 외부 사람을 만나기가 쉽지 않은 광활한 초원 지방에서, 약탈 혼인 풍습은 농경 민족에게는 야만적 행위였지만, 유목 민족에게는 어느 정도 묵인되는 풍습이었다. 물론 권장할만한 일도 아니었다.

1161년 금나라와 타타르의 연합군이 카묵 몽골을 공격했다. 쿠틀라 칸이 전사한 후, 카묵 몽골은 키야트·타이치우드·잘라이르·주르킨 등 가문으로 분열했다. 키야트의 귀족들은 서둘러 쿠틀라 칸의 조카인 예수게이를 수령으로 추대했다.

예수게이는 칸으로 추대되지는 않았지만 몽골 부족들 가운데 가장 강력한 군사를 거느린 실권자가 되었다. 다음 해 가을 그는 기병을 이끌고 숙적 타타르 정벌에 나섰다. 혈전을 벌인 끝에 타타르 군대를 무찌르고 타타르의 수령 테무친 우게를 생포했다.

마침 그 무렵에 호엘룬이 오논강 유역에서 예수게이의 장남을 낳았다. 예수게이는 승리를 기념하기 위하여 적장의 이름 테무친을 갓 태어난 아들의 이름으로 삼았다.

테무친은 몽골어로 '대장장이' 또는 '가장 단단한 철'이라는 뜻이다. 몽골인들에게는 무기로 사용하는 철만큼 귀중한 물건이 없었던 까닭에, 이런 이름을 지어주었을 것이다.

원래 테무친은 예수게이의 장남이 아니었다. 예수게이가 호엘룬을 아내로 삼기 전에 첫 번째 아내인 소치겔(速赤格勒) 사이에서 벡테르(別克帖兒)와 벨구테이(別里古台), 두 아들을 낳았다. 두 사람은 테무친의 이복형이 된다.

하지만 소치겔이 몽골 부족의 명문가 출신인 호엘룬에게 본부인의 자리를 빼앗기는 바람에, 그녀가 낳은 두 아들도 서자 취급을 받았다. 특히 벨구테이는 테무친의 이복형임에도 불구하고 테무친을 형으로 섬겼다. 테무친은 적동생 대우를 받았다. 그에게는 친동생 주치 카사르(拙赤合撒兒)·하치운(合赤温)·테무게 옷치긴(鐵木哥斡赤斤) 그리고 친여동생 테무룬(帖木侖)이 있었다.

1170년 테무친이 18세였을 때의 일이다. 예수게이와 호엘룬은 조혼 풍습에 따라 테무친의 혼사를 서둘렀다. 예수게이는 테무친을 데리고 처가가 있는 올쿠누트로 떠났다. 처가에서 테무친의 배필을 찾아줄 생각이었다.

그런데 키야트에서 올쿠누트까지는 상당히 먼 거리였다. 초원과 산맥을 지나는 험난한 여정 도중에 오이손하(烏爾遜河) 서쪽에서 우연히 웅기라트부의 데이 세첸(特薛禅)을 만났다. 오이손하는 내몽골 동북부를 흐르는 강이다.

데이 세첸은 예수게이 부자를 집에서 극진하게 접대했다. 예수게이의 방문 목적을 알게 된 그는 어린 테무친에게서 영웅의 기상이 서린 용모를

원나라 역대 황제 평전

발견하고 감탄해 마지않았다. 두 눈은 마치 불꽃이 이글거리는 듯하고 행동거지도 민첩하기 이를 데 없었다.

데이 세첸에게는 나이가 테무친보다 한 살 더 많은 딸 보르테(孛兒帖)가 있었다. 예수게이도 그녀의 빼어난 용모에 호감을 보이고 며느리로 삼으려고 했다. 이윽고 예수게이와 데이 세첸은 서로의 마음을 확인하고 테무친과 보르테의 약혼식을 치렀다.

예수게이는 종마 한 필을 약혼 예물로 주고 아들을 데이 세첸의 집에서 생활하게 했다. 당시 약혼한 남자아이는 성년이 될 때까지 처가에서 생활하는 풍습이 있었다.

예수게이가 키야트로 돌아가는 도중에 시라이르 초원에서 타타르 부족을 만났다. 마침 타타르 부족은 잔치를 벌이고 있었다. 유목민들은 모르는 손님이라도 극진하게 접대하는 풍습이 있다. 인적이 드문 광활한 초원과 황량한 사막을 돌아다니다가 식량이 떨어지면 굶어 죽을 수밖에 없는 절박한 상황에서, 서로 다른 부족이라도 상부상조하는 전통은 생존의 지혜에서 나왔다.

손님은 주인에게 당당하게 숙식을 요구할 권리가 있으며, 주인은 따뜻한 잠자리와 술과 고기를 제공해야 할 의무가 있었다. 이 관습을 지키지 않는 자는 비겁하고 못난 인간으로 비난받았다. 더구나 명예를 목숨처럼 중시하는 몽골인들에게는 있을 수 없는 일이었다.

예수게이는 오랜 노정에 심신이 피곤했다. 예전에 타타르 부족과 여러 차례 싸운 적이 있었지만, 그들도 관습에 따라 자기에게 호의를 베풀 것이라 생각하고 잔칫상에 앉았다. 타타르 사람들은 그에게 술과 고기를 건네며 여독을 풀게 했다.

그런데 한 노인이 예수게이의 정체를 알아보고 주위 사람들에게 은밀히 속삭였다.

"저놈이 오래전에 우리 부족을 공격하여 테무친 우게를 잡아간 원수다. 뜻밖에도 제 발로 걸어왔구나. 이 틈에 저놈을 죽여 버리자."

타타르 사람들은 독을 섞은 음식을 예수게이에게 먹게 했다. 이윽고 잔치가 끝나자 예수게이는 다시 말에 올라 키야트를 향해 떠났다. 그는 길을 나서자마자 극심한 복통에 시달렸다. 며칠 동안 말 등에 엎드려 가까스로 집으로 돌아왔지만, 온몸이 마비되어 움직이지 못했다.

얼마 후 그는 테무친에게 고향으로 돌아와 부족을 지키고 타타르 남자들을 모조리 살해하라는 유언을 남기고 사망했다. 고향으로 돌아온 테무친은 아버지의 유언을 받들어 부족을 통솔하기에는 나이가 너무 어렸다. 다만 어른이 되면 기필코 타타르를 멸망시켜 아버지의 원한을 갚겠다는 복수심을 불태웠다.

예수게이의 죽음은 호엘룬과 테무친 형제에게 엄청난 시련을 안겨주었다. 예수게이를 따르던 키야트 부족민들이 테무친 일가를 배반했다. 그들은 가축 떼를 몰고 타이치우트 부족으로 달아났다. 호엘룬은 졸지에 허허벌판에서 고립무원의 처지가 되었다.

그녀에게는 어린 자식들과 말 몇 필만 남아 있을 뿐이었다. 유목민에게 방목할 가축이 없다는 것은 죽음을 의미했다. 더구나 약육강식의 논리가 지배하는 그들의 세상에서, 강인한 남자들의 보호를 받지 못하는 아녀자는 초원의 가녀린 들꽃과 같아서 말발굽에 짓밟히면 흔적도 없이 사라지는 운명이었다.

하지만 호엘룬은 자신에게 닥친 시련을 딛고 억세게 일어났다. 오논 강 유역에서 채집한 나무 열매와 약초로 가족의 굶주림을 해결했으며, 수시로 들짐승을 포획하여 자식들에게 고기 맛을 보게 했다. 또 북풍한설이 여러 달 동안 거세게 몰아칠 때는 게르 안에서 미리 마련한 고기와 장작

원나라 역대 황제 평전

으로 자식들이 굶거나 얼어 죽지 않도록 혼신의 노력을 다했다.

테무친 형제는 어머니가 자식들의 생존을 위해 얼마나 고생하는지 두 눈으로 똑똑히 지켜보았다. 광활한 초원의 거친 환경과 열악한 생활 조건은 그들에게도 게으름을 피우고 나약하게 행동하면 생존할 수 없다는 무서운 현실을 깨닫게 했다. 그들이 하루빨리 강인한 사나이로 성장하여 다시 부족을 일으키는 일이 어머니에게 효도하는 길이었다.

어느 날 테무친 사형제가 오논강변에서 낚시를 할 때였다. 테무친과 그의 친동생 주치 카사르가 황금색 물고기 한 마리를 낚았다. 이복형제 벡테르와 벨구테이가 그것을 빼앗아 달아났다.

테무친과 주치 카사르는 집으로 돌아와 어머니에게 두 사람을 비난했다. 뜻밖에도 호엘룬은 자기가 낳은 테무친과 주치 카사르가 이복형제들과 화목하게 지내지 않는다고 호되게 나무랐다.

이런 일이 있기 전에 테무친이 화살을 쏘아 잡은 종달새 한 마리를 벡테르에게 빼앗긴 적이 있었다. 그는 벡테르의 비겁한 행위에 분개했다.

테무친은 어머니의 훈계에 귀를 기울이지 않고 주치 카사르와 함께 벡테르의 뒤를 밟아 화살로 쏘아 죽였다. 테무친 일생 중에서 최초의 살인이었다.

호엘룬은 두 친아들이 벡테르를 죽인 일에 분노했다. 장남 테무친을 사람을 잡아먹는 이무기와 마왕에 비유하고 호랑이와 승냥이보다 흉악한 놈이라고 꾸짖었다. 가족이 곤경에 처해 있는데도 형제들끼리 서로 단결하지 않고 죽이는 야만적 행위는 끝내 가족을 멸망하게 할 거라고 했다.

호엘룬은 옛날에 몽골 부족이 어떻게 합심하여 고난을 극복했는지 자식들에게 알려 주었다. 향후 형제나 친족 간에는 절대 골육상잔이 일어나서는 안 된다고 했다. 갈등이 생기면 대화와 타협으로 해결하라고 신신당부했다. 테무친은 어머니 앞에서 눈물을 흘리며 어머니의 말씀을 금과옥조로 삼겠다고 맹세했다.

테무친이 어린 시절에 벡테르를 죽인 일은 테무친 가문의 장남 자리를 놓고 일어난 사건이 아닌가 한다. 사실 벡테르는 테무친의 이복형이다. 예수게이가 죽은 후 벡테르는 몽골의 풍습에 따라 아버지의 후처들을 아내로 취할 권리가 있었다.

농경 민족은 도저히 이해할 수 없는 패륜이지만, 광활한 초원과 황량한 사막에서 가족의 생계를 책임지고 외부의 침입에 대항하기 위해서는 아버지의 대를 이은 장남을 중심으로 강력한 결속력이 필요했을 것이다. 몽골의 사나이들은 부녀자들도 가축 떼와 마찬가지로 보호하고 지켜야 할 대상으로 보았다.

따라서 호엘룬이 벡테르의 아내가 되어도 이상한 일이 아니었을 것이다. 하지만 테무친은 이런 관습을 인정할 수 없었고, 벡테르를 죽였을 것이다. 어쨌든 그가 어린 나이에 이복형을 죽인 사건은 그의 인성에 잔혹한 일면이 있었음을 짐작하게 한다.

그 후 테무친은 가족을 돌보며 점차 성년으로 성장했다. 테무친 일족은 오논강 유역에서 가축을 늘리고 수렵 활동으로 다시 기반을 닦기 시작했다. 테무친은 재물이 어느 정도 비축되자 흩어진 부족민을 불러들이기 시작했다.

예전에 테무친 일족의 재산과 부족민을 약탈한 타이치우트의 부족장인 타르구타이(塔里忽台)는 테무친이 재기를 노리고 있다는 소문을 듣고 자신에게 복수하지 않을까 두려웠다. 그는 선수를 쳐서 테무친을 죽이고 싶었다.

테무친은 그의 살해 의도를 눈치채고 숲속으로 달아났다. 하지만 숲속에서 양식이 떨어져 며칠 동안 굶주리다가 타이치우트 사람들에게 잡히고 말았다. 타르구타이는 하늘에 제사를 지내는 날에 테무친의 머리를 잘라 제물로 바치려고 했다.

테무친은 자기를 감시하고 있던 젊은이를 때려눕히고 다시 숲속으로 달아났다. 타이치우트 사람들은 숲속을 이 잡듯 뒤졌다. 테무친은 독 안에 든 쥐 신세가 되었지만, 다행하게도 타이치우트 귀족의 노예인 소르칸 시라(鎖兒罕失剌)의 도움으로 양털을 실은 수레 속에 숨어 가까스로 탈출하여 가족과 해후할 수 있었다.

그 후 테무친 일가는 오랫동안 떠돌이 생활을 했다. 그가 가진 재산이라곤 말 아홉 필뿐이었다. 얼마 후 그나마 여덟 필은 도둑맞고 말았다. 먹을거리가 없었을 때는 들쥐를 잡아먹었을 정도로 기아에 허덕였다.

이 시기에 테무친은 도둑맞은 말들을 찾으러 나갔다가 몽골 아를라트 부 출신인 보오르추를 만났다. 보오르추의 도움으로 말 여덟 필을 찾을 수 있었다. 두 사람은 서로에게 호감을 느끼고 친구가 되었다.

훗날 보오르추는 테무친의 몽골 통일 과정에서 이른바 '사준사구(四駿四狗)'의 한 사람이 되어 절대적 공헌을 한다. 테무친이 대칸으로 등극한 후에, 보오르추는 재상 겸 경호대장이 되었다. 테무친은 그가 곁에서 경호하지 않으면 잠자리에 들지 않았을 정도로 그를 총애했다.

사준사구는 네 필의 준마와 네 마리의 충견을 뜻하는데, 테무친을 도와 몽골 제국을 건국한 개국공신 여덟 명을 지칭한다.

구체적으로 말하면, 사준은 보오르추(博爾術)·무칼리(木華黎)·치라운(赤老溫)·보로쿨(博爾忽)을, 사구는 젤메(者勒蔑)·제베(哲別)·수부타이(速不台)·쿠빌라이(忽必来)를 지칭한다.

호엘룬은 장남 테무친이 집안을 다시 일으키는 모습을 보고 크게 안심했다. 18세가 되어 결혼 적령기가 된 테무친에게 배필을 구해주고 싶었다. 그런데 그에게는 약혼녀 보르테가 있지 않은가.

호엘룬은 테무친을 데이 세첸 집안으로 보내 보르테를 데리고 오게 했다. 짧지 않은 세월이 흘렀지만, 데이 세첸은 테무친을 한눈에 알아보고 딸을 데려가게 했다.

테무친과 보르테는 혼례를 치르고 부부가 되었다. 테무친은 이때부터 한 집안의 명실상부한 가장으로서 가족의 생계를 책임지고 집안을 일으켜야 하는 사명감을 가지게 되었다.

2. 자무카의 수하에서 벗어나 키야트부의 칸으로 독립하다

테무친이 집안의 가장이 되어 어느 정도 안정을 찾았지만, 여전히 초원의 궁벽한 곳에서 떠돌이 유목 생활을 할 뿐이었다. 그는 외부 부족으로부터 어떤 도움도 받지 못하고 오로지 자신의 억센 힘과 노력으로 고난을 극복해야 했다.

어느 날 우량카트부의 자르치오다이(札兒赤兀岱)라는 노인이 테무친을 찾아왔다. 원래 그는 예수게이 집안에서 대장장이를 한 노예였다. 테무친이 태어난 같은 해, 같은 달에 자르치오다이도 아들 젤메를 낳았다. 노예는 대대로 세습되었다. 자르치오다이는 관습에 따라 젤메를 테무친의 노예로 바치려고 했다.

하지만 예수게이는 자르치오다이에게 테무친이 너무 어리기 때문에 어른이 된 후에 젤메를 노예로 바치라고 했다. 자르치오다이는 십수 년 전에 예수게이가 한 말을 잊지 않고 테무친을 찾아와 아들을 노예로 바친 것이다.

테무친은 아직도 자기 집안에 복종하는 사람이 있다는 것을 알고 감격했다. 그는 젤메를 진정한 친구로 여기고 신임했다. 훗날 젤메는 앞서 언급한 '사구' 중의 한 명이 되어 칭기즈 칸을 위해 수많은 전공을 쌓고 죽는다. 그리고 사준사구 중에서 유라시아 대륙을 휩쓴 전설적 명장인 수부타이가 그의 동생이었다.

테무친이 보르테와 신혼 생활을 즐길 때 그의 가족에게 또다시 시련이 닥쳤다. 우드이트 메르키트의 부족장 톡토아 베키(脫黑脫阿別乞)가 부족민 300여 명을 이끌고 테무친의 야영지를 기습했다. 당시 메르키트는 톡토아 베키의 우드이트·다이르 오손의 오와스·카아타이 다르말라의 카아드 등 3개 부족 연합으로 조직되어 있었다.

원래 호엘룬은 메르키트의 예케 칠레두의 아내가 아니었던가. 톡토아베키는 예수게이에게 아내를 빼앗긴 예케 칠레두 집안의 형이었다. 그래서 테무친 일가에게 보복할 목적으로 새벽에 기습한 것이다.

테무친은 황급히 어머니를 모시고 부르칸산(몽골 울란바토르 동쪽에 있는 산)으로 달아나 가까스로 화를 면했지만, 아내 보르테가 잡혀 포로가 된 치욕을 당했다. 따지고 보면 아버지 예수게이가 어머니 호엘룬을 약탈한 인과응보였다.

테무친은 부르칸산에서 피눈물을 흘리며 맹세했다.

"아버지를 죽인 부족과 아내를 빼앗아 간 부족의 씨를 말리겠다."

이 시기부터 테무친은 냉혈한으로 돌변하여 수많은 전장을 누비며 살육의 광란을 벌이기 시작한다. 그는 감정에 사로잡히지 않고 현실을 냉정하게 판단하는 능력이 대단히 뛰어났다. 아직 자신의 힘으로는 복수혈전을 벌일 수 없었다.

테무친에게는 아버지처럼 의지할 사람이 필요했다. 툴(Tuul) 강변의 카라툰으로 가서 케레이트 부족장 토오릴 칸(脫斡鄰勒罕·?~1203)을 만났다. 토오릴 칸은 예수게이와 '안다'를 맺은 관계였다. 안다는 의형제라는 뜻이다. 몽골인은 안다 관계를 맺으면 한평생 형제애로 대하고 의리를 지키는 전통이 있다.

토오릴은 케레이트에서 후계자 계승 문제를 놓고 형제, 삼촌 등과 싸울 때 예수게이의 도움으로 칸이 된 인물이다. 훗날 그가 금나라 황제에게 왕의 칭호를 하사받았으므로 그를 '옹 칸'이라고 칭하기도 한다. '옹'은 한자어 왕(王)의 몽골식 발음이다.

케레이트부는 기독교의 일파인 네스토리우스파를 받아들였다. 그래서 토오릴 칸은 서양의 중세 시대에 기독교 신자들에게 전설에서 기독교를 수호하는 왕, 프레스터 존(Prester John: 사제왕 요한이라고 칭하기도 함)으로 숭배되기도 했다. 네스토리우스파는 당나라 때 중국에 전파되었으며 한자어로 경교(景敎)라고 한다.

테무친은 토오릴 칸에게 담비로 만든 가죽옷을 바치고 그를 아버지라고 불렀다. 토오릴 칸은 예수게이의 아들이 찾아와 자신을 아버지로 섬기는 모습에 감동했다. 그는 기병 2만 기를 이끌고 가서 메르키트를 멸망시키겠다고 테무친에게 약속했다. 아울러 자다란부의 수령 자무카(札木合)와 동맹을 맺게 했다.

테무친과 자무카는 어린 시절에 안다를 맺은 의형제 관계였다. 자무카는 테무친의 고난을 자신의 고난으로 인식했다. 테무친이 아내를 메르키트에게 강탈당했다는 얘기를 듣고 분노했다. 기병 2만 기를 동원하여 테무친을 도와주기로 결정했다.

훗날 자무카는 테무친조차도 두려워할 정도로 무서운 강적으로 성장한다. 테무친이 몽골 부족을 통일하는 전쟁을 벌이면서 자무카만큼 무서운 상대를 만난 적이 없다. 항우와 유방이 중국 천하의 패권을 놓고 싸웠듯이, 두 사람도 몽골 초원의 패권을 놓고 자웅을 겨룬다.

1182년 케레이트와 자다란 그리고 키야트의 연합 기병 4만 기가 메르키트 타도를 외치고 집결했다. 인구가 그들이 기르는 가축 숫자보다 훨씬 적은 유목민에게, 기병 4만 기는 한족 보병 40만 명에 해당할 만큼 대병력이다.

자무카가 선봉에 선 연합군은 킬코강(러시아 실카강)을 건너 톡토아 베키의 숙영지인 보오라초원(부크라 케헤르)을 급습했다. 보오라초원은 셀렝게(Selenge)강의 지류 유역에 있다. 기습에 대처하지 못한 톡토아 베키의 메르키트 군대가 대패했다. 톡토아 베키는 가까스로 달아났으나, 메르키트 부족 연합은 와해되었다.

이 전투에서 승리의 주인공은 자무카이다. 토오릴 칸은 참전했지만 젊은 자무카와 테무친을 앞세우고 뒷짐을 지고 있었다. 그는 칸으로서 두 사람을 통솔하는 위세를 부리고 싶었기 때문이다. 테무친은 메르키트의 또 다른 부족장인 카아타이 다르말라를 생포한 전공을 세웠으나, 자무카의 지휘 아래 참전한 까닭에 돋보이지는 않았다.

자무카의 병사들은 메르키트 부족민들을 닥치는 대로 죽이고 재물을 약탈했다. 자무카는 부하들이 살육을 저질러도 만류하기는커녕 오히려 부추겼다.

한편 테무친은 약탈과 방화, 살육과 능욕이 난무하는 현장에서 아내 보르테를 극적으로 구해내었다. 그는 보르테를 데리고 숙영지로 돌아갔다.

그런데 보르테가 돌아가는 길에 테무친의 장남 주치(朮赤)를 낳았다. 그녀가 메르키트부로 끌려가 9개월 또는 1년 남짓 지내다가 테무친의 품으로 돌아온 직후에 주치를 낳았다는 사실은, 주치가 테무친의 진짜 아들이 아닐 수 있다는 얘기이다.

사실 그녀가 메르키트에서 지낼 때 예케 칠레두의 동생인 칠게르에게 겁탈을 당했거나 그의 아내가 되었다는 기록이 있다. 이것이 사실이라면 주치는 칠게르의 아들이 된다.

'주치'라는 이름도 의미심장한데 몽골어로 손님이라는 뜻이다. 그가 갑자기 태어나 손님처럼 찾아왔다는 뜻에서 이런 이름이 생기지 않았을까 상상해 본다.

하지만 테무친은 아들의 출생 비밀에 대하여 끝내 입을 열지 않고 그를 장남으로 대우했다. 그가 아내를 사랑해서 그랬는지는 모르겠으나, 어쨌든 훗날 주치의 혈통 논란은 후계자 계승을 놓고 큰 문제가 된다.

테무친은 자무카의 지원 덕분에 흩어진 키야트 부족민을 다시 자기 수하로 결집하여 자립의 발판으로 삼았다. 테무친은 자무카를 진심으로 존경했으며, 자무카도 테무친을 존중했다. 두 사람은 '안다'의 맹약을 굳게 지키며 함께 오논강 유역에서 유목 생활을 했다.

어느 해 혹한의 겨울이 지나가고 만물이 소생하는 봄이 왔다. 유목민들이 신선한 풀을 찾고자 가축 떼를 몰고 숙영지를 옮기는 일은 그들만의 연례행사이다.

그런데 자무카가 거느린 부족과 테무친이 거느린 부족이 함께 같은 초원지대로 이동하는 일은 여러모로 불편하고 비효율적이었다. 당시 테무친이 거느린 부족민과 가축 떼의 규모는 자무카에 비해 크게 미치지 못했다. 특히 몽골에서 사람 다음으로 중요한 말은 대부분 자무카 소유였다. 두 사람이 아무리 진한 우정을 나누고 있더라도 부족민과 가축을 먹여 살릴 수 있는 기반이 되는 초원 지대를 확보하는 일은 아주 현실적인 문제였다.

자무카는 테무친에게 각자 다른 지역으로 이동하자고 제안했다. 테무친은 당황하여 아무 말도 하지 못했다. 자무카가 우정을 저버리고 자신의 이익을 앞세우는 게 아닐까 의심했다.

보르테는 남편 테무친에게 자무카는 믿을 만한 사람이 못되므로 이

틈에 그의 수하에서 벗어나 독립해야 한다고 했다. 테무친은 장고 끝에 아내의 말을 따르기로 결정했다.

마침내 테무친은 자무카와 이별을 고하고 예전에 숙영했던 케룰렌 (Kherlen)강 상류로 떠났다. 케룰렌강은 몽골 북동부를 흐르는 강이다. 강 유역에 목초가 풍부하여 예로부터 몽골인의 유목지로 유명하다.

사실 두 사람의 이별은 단순히 가축 방목에 따른 의견 차이에 기인한 것만은 아니다. 테무친이 자무카의 도움을 받아 부족민을 재건했지만, 그의 능력과 명성이 이미 몽골 부족민들 사이에서 널리 알려져서 그에게 귀부하는 자들이 적지 않았다.

자무카는 백전불패의 맹장이지만 너무나 잔인하여 그의 부하가 되면 언제 죽을지 모른다는 두려움을, 사람들은 느끼고 있었다. 반면에 테무친은 싸움을 잘했을 뿐만 아니라 자신에게 귀부한 자들과는 생사고락을 함께 하는 진정한 지도자라고 생각했다. 또 그는 부하를 한번 신임하면 절대 의심하지 않는다는 소문이 퍼졌다.

우량카트부 출신의 젤메와 그의 아우 수부타이는 이미 테무친의 충성스러운 전사가 되었다. 자무카의 수하 장수였던 코르치는 테무친이 몽골 부족을 통일할 영웅으로 확신하고 스스로 귀부했다. 훗날 사구(四狗) 가운데 한 명으로 이름을 날렸던 장군 쿠빌라이도 이 시기에 테무친의 부하가 되었다. 이 쿠빌라이는 원나라 세조 쿠빌라이와 동명이인이며, 한자 이름은 홀필래(忽必來)이다.

더구나 테무친은 몽골 최초의 칸이었던 카불 칸의 증손이었으므로 신분이 자무카보다 높았다. 또 영웅의 기질을 타고난 그가 자무카에게 복종하면서 그럭저럭 세월을 보낼 인물이 아니었다.

물론 자무카도 테무친을 압도하는 역량이 있는 영웅이었다. 하늘에 두 개의 태양이 떠오를 수 없듯이, 두 사람은 필연적으로 헤어져야 할 운명이었다.

테무친은 혈통과 가문을 따지지 않고 오로지 능력과 업적으로 부하들을 평가했다. 노예 출신이어도 공적을 쌓으면 그것에 합당한 대우를 해주었다. 그가 부하들을 공평하게 대우한다는 소문이 초원 지대에 빠르게 퍼졌다.

예수게이를 추종했던 키야트 부족장들은 예수게이 사후에 오랜 세월 동안 지도자를 추대하지 못하고 반목과 분열의 세월을 보냈다. 그들은 젊은 테무친의 강인한 의지와 뛰어난 지도력에 매료되었다. 테무친을 칸으로 추대하여 부족의 부흥을 바랐다. 테무친은 부족의 원로가 칸으로 추대되어야 한다고 고사했지만, 그들의 뜻을 꺾지 못했다.

1180년대 초 테무친이 20대 초반의 나이였을 때 마침내 칸으로 추대되었다. 몽골의 모든 부족을 다스리는 칸은 아니었고 세력도 강하지 않았지만, 키야트부의 칸으로서 명실상부한 자신의 군대와 조직을 가지게 되었다.

3. 달란 발주트 전투에서 자무카에게 패배하다

테무친은 키야트 부족의 칸으로 추대된 직후에 칸 중심의 친위대와 조직을 정비하기 시작했다. 이를테면 활과 화살을 차고 칸을 호위하는 자를 코르치, 칼을 차고 호위하는 자를 올도치, 음식을 관장하는 자를 바오르치, 양을 방목하는 자를 코니치, 말을 부리는 자를 아타치, 말을 사육하는 자를 아두르치 등으로 칭했다. 이밖에도 치안을 담당하는 관직, 사신 업무를 수행하는 관직 등도 신설했다.

테무친은 자기에게 충성을 맹세한 자들을 절대적으로 신임하고 적재적소에 배치함으로써 효율을 극대화했다. 부하들의 출신 성분은 그들의 출세에 장애가 되지 않았다. 부족과 가문의 혈통을 중시하는 몽골 사회에서 테무친의 이런 조치는 새바람을 일으켰다. 그가 조직한 군대와 행정 체제도 중원의 한족 왕조와 비교하면 원시적이며 보잘것없지만, 초보적인 유목 국가의 형태를 갖춘 것에 큰 의미가 있다.

테무친은 양아버지 토오릴 칸과 의형제 자무카에게 각각 사신을 보내 소식을 전했다. 토오릴 칸은 테무친이 키야트 부족의 칸으로 추대된 것을 인정했다. 테무친을 통해 몽골 초원의 실력자인 자무카를 견제하겠다는 의도였다.

한편 자무카는 테무친이 칸을 칭한 것을 몹시 불편하게 생각했다. 몽골의 여러 부족장들이 참가한 '쿠릴타이(부족장 회의)'를 통해 칸으로 추대되는 게 순리였다. 하지만 테무친은 일부 부족장의 지지로 칸이 되었기 때문에 자무카의 반감을 샀다. 두 사람 사이에 일촉즉발의 긴장감이 감돌았다.

1190년 어느 날 자무카의 아우 다이차르가 테무친의 부하 주치 다르말라의 말떼를 몰고 자기 방목지로 달아났다. 다이차르의 방목지와 주치 다르말라의 방목지가 인접해 있었기 때문에 발생한 일이었다.

주치 다르말라가 노발대발했다. 말을 훔치는 행위는 몽골 부족 사회에서 부족 간의 싸움으로 비화할 만큼 큰 사건이었지만, 사실은 비일비재했다. 주치 다르말라는 다이차르의 뒤를 쫓아가 그를 화살로 쏘아 죽였다.

자무카는 무장하지 않은 아우가 화살에 맞아 척추가 부러져 죽었다는 소식을 듣고 분노했다. 몽골인은 무장하지 않은 사람을 공격하는 것을 아주 비겁한 행위로 간주한다. 다이차르가 말을 훔친 잘못을 저질렀지만, 그렇다고 해서 무기를 소지하지 않은 그를 주치 다르말라가 죽인 행위를, 자무카는 절대 용서할 수 없었다.

자무카는 주치 다르말라를 잡아 오라고 했다. 하지만 주치 다르말라는 테무친의 숙영지로 달아났다. 자무카는 테무친에게 사자를 보내 주치 다르말라의 신병 인도를 요구했다.

테무친은 깊은 고민에 빠졌다. 의형제 자무카의 요구를 들어주자니 부하들의 반발이 걱정되었다. 만약 자무카의 요구에 굴복하여 주치 다르말라를 사지로 보내면, 어느 부하가 자기를 믿고 따르겠는가. 그는 자기에게 충성을 맹세하고 복종한 부하는 절대 내치지 않는다는 신념이 있었다. 이런저런 이유를 들어 자무카의 요구를 거절했다.

자무카는 초원의 질서를 어지럽힌 테무친을 징벌할 절호의 기회가 왔다고 판단했다. 자다란 부족 등 13개 부족, 3만여 명을 동원하여 테무친 칸 부족 정벌에 나섰다.

테무친도 자신을 추종하는 부족들의 병사들을 모아 13익(翼)으로 나누어 결전에 대비했다. 익(翼)은 몽골어 '쿠리엔'을 한자로 번역한 것이다. 쿠리엔은 고리 모양으로 포진한 군대를 지칭한다. 그가 거느린 13익의 병사는 총 3만 명 또는 1만 3천 명이었다고 한다. 아마 병력이 자무카에 비해 열세였을 것이다.

토오릴 칸은 두 사람의 충돌을 수수방관했다. 그는 두 사람의 세력이 이미 위험 수위에 달했다고 평가했다. 이이제이 전략으로 두 세력을 통제하고 싶었다.

양군은 달란 발주트(Dalan Balzhut) 평원에서 일대 혈전을 벌였다. 달란 발주트는 '소택(沼澤) 70개'라는 뜻이며, 오늘날 몽골의 케룰렌강 상류에 있다.

원나라의 정사(正史)인 『원사』에서는 테무친 칸이 자무카의 공격을 물리쳤다고 기록했지만, 이는 신격화한 원 태조 칭기즈 칸을 미화하기 위한 것일 뿐, 사실이 아니다.

테무친은 자무카의 적수가 되지 못했다. 그가 거느린 13익은 전멸 당했다. 『몽골비사』의 기록에 의하면, 그는 가까스로 포위망을 뚫고 오논강의 발원지인 제레네 협곡으로 달아났다. 테무친이 자무카의 공격에 대항하기 위하여 황급히 13익을 결성했기 때문에 조직력과 전투력에서 열세였던 것이 패인이었다. 그에게는 칸으로 추대된 이후 최초의 전투에서 참패를 당한 치욕으로 남았다.

자무카는 항복하거나 포로가 된 자들에게 털끝만큼의 자비도 베풀지 않았다. 포로들의 목을 모조리 베게 했다. 그는 테무친과 함께 싸우다가 포로가 된 치노스 부족장, 네우데이 카카운우아의 목을 손수 잘라서 말꼬리에 매달아 질질 끌고 다녔다.

그는 또 부하들에게 대형 가마솥 70개를 준비하게 했다. 치노스 귀족 70명을 발가벗기고 펄펄 끓는 물에 집어넣어 삶아 죽이게 했다. 그는 부하들에게 인육을 먹게 한 인간 백정이었다. 치노스 부족민은 남녀노소를 가리지 않고 모조리 살해되어 멸족되었다.

자무카의 잔혹하고 끔찍한 만행은 다른 부족민들을 공포에 떨게 했다. 심지어 그의 부족민들조차도 사소한 잘못이라도 저지르면 언제, 어떻게 죽을지 모른다는 공포감에 시달렸다. 그들은 겉으로는 그에게 복종했지만, 마음속으로는 그를 따르지 않았다.

반면에 테무친은 자무카에게 패배하여 깊은 산중에서 숨어 다니는 처지였으나, 몽골 부족민들에게 의리와 약속을 중시하고 자기가 가진 것을 남에게 아낌없이 베푸는 지도자로 각인되었다.

자무카는 싸움에서는 승리했지만, 민심을 얻는 데는 실패했다. 뭉글릭·쥴체데이·쿠이율다 등 한때 자무카 수하에서 용맹을 떨쳤던 장수들이 자무카의 만행에 환멸을 느끼고 테무친에게 귀부했다. 테무친은 흩어진 부족민들을 다시 모으며 권토중래를 준비했다.

4. 타타르를 무찌르고 금나라 관직을 받다

11세기 말부터 12세기 초에 이르는 기간에, 몽골이 통일 국가를 이루지 못하고 부족들끼리 약육강식의 쟁탈전을 벌일 때 중국의 북부 지방에는 엄청난 정치적 변화가 일어났다.

여진족의 영웅 아골타(阿骨打·1068~1123)가 거란족의 부족장 야율아보기(耶律阿保機·872~926)가 건국한 요(遼·907~1125)나라의 여러 성읍을 함락한 후, 1115년 1월에 대금(大金: 이하 금나라로 칭함)을 건국했다.

이 시기부터 여진족이 중국 역사의 전면에 등장한다. 금태조 아골타가 사망한 후에는, 그의 아우 금태종(金太宗) 완안오걸매(完顔吳乞買·1075~1135)가 금나라 제2대 황제가 되어 요나라와 송 태조(宋太祖) 조광윤(趙匡胤)이 건국한 북송(北宋·960~1127)을 멸망시키고 중국 북방의 지배자가 되었다.

이 시기에 송나라 제10대 황제 송고종(宋高宗) 조구(趙構·1107~1187)가 금나라의 침략을 피해 남쪽으로 달아나 응천부(강소성 남경)에서 남송(南宋·1127~1279)을 건국했다. 그 후 남송은 도성을 장강 이남의 임안(臨安: 절강성 항주)으로 천도하고 금나라의 신하 국가가 되어 철저하게 복종함으로써 어느 정도 정치적 안정과 경제적 번영을 누릴 수 있었다.

금나라는 남송뿐만 아니라 몽골과 타타르도 속국으로 다스렸다. 특히 몽골인에 대해서는 그들의 호전성을 두려워하여 3년마다 정기적으로 군대를 몽골로 파견하여 장정(壯丁)들을 닥치는 대로 살해하는 만행을 저질렀다.

이른바 '멸정(滅丁)' 정책이다. 몽골 사내들의 숫자를 인위적으로 줄임으로써 북방의 안정을 도모한 것이다. 하지만 이는 오히려 몽골인의 분노를 일으켜 그들이 단결하여 금나라에 거세게 저항하는 계기가 되었다.

금나라 명창(明昌) 6년(1195) 카다킨족과 살지우트족이 변경에서 소요를

원나라 역대 황제 평전

일으켰다. 금나라는 이이제이 전법으로 타타르를 끌어들여 몽골 부족을 제압하려고 했다. 타타르는 금나라 군대와 함께 정벌에 나서 전과를 세웠으나, 전리품 배분 문제로 금나라와 다툼을 벌였다.

다음 해 타타르가 금나라에 반기를 들고 변경에서 소요를 일으켰다. 금장종(金章宗) 완안경(完顏璟·1168~1208)이 북방 초원의 유목 민족을 관리하는 우승상 완안양(完顏襄)에게 타타르 토벌을 명령했다.

완안양은 케룰렌강 유역에서 타타르군을 무찔렀다. 타타르의 수령 메구진 세울투는 패잔병을 이끌고 올자(Olza)강으로 달아났다. 완안양은 토오릴 칸을 만나 함께 타타르를 섬멸하자고 제안했다. 토오릴 칸은 그의 제안에 흔쾌히 동의한 후 테무친을 끌어들였다. 재기를 노리는 테무친의 역량을 키워줌으로써 자무카를 견제할 속셈이었다.

테무친의 입장에서는 금나라와 타타르 모두 철천지원수였다. 하지만 그는 동시에 두 나라에 대적할 군사적 역량이 부족했다. 금나라에 대한 원한을 숨기고 먼저 금나라와 연합하여 타타르를 공격하는 게 유리했다. 더구나 양아버지 토오릴 칸의 요구를 거절할 명분이 없었다.

완안양은 총사령관이 되어 토오릴 칸과 테무친을 지휘했다. 두 사람은 올자강 유역에서 타타르군을 대파했다. 테무친은 아버지 예수게이를 죽인 타타르 사람들에게 잔인한 보복을 가했다. 점령한 타타르 성채에서 벌어진 살인·약탈·방화 등은 테무친 칸의 명령 아래 자행되었다. 그는 아무런 이유 없이 닥치는 대로 살육하지는 않았지만, 자기가 원한을 품은 부족이나 배신자에게는 멸족의 잔인함을 숨기지 않았다. 그것은 원수는 반드시 갚아야 하고, 억울한 일을 당하면 보복해야 하는 몽골인의 생활 습관에서 나왔다. 몽골 부족민들은 테무친이 아버지의 원수를 갚았다는 얘기를 듣고 더욱 그를 추종했다.

완안양은 토오릴 칸과 테무친이 자기 뜻대로 타타르군을 격멸한 것에 기쁨을 감추지 못했다. 그는 금나라 황제를 대신하여 토오릴 칸에게는 왕의 칭호인 '옹 칸'을, 테무친에게는 '자우트 쿠리'라는 관직을 하사했다. 자우트 쿠리는 병사 100명을 지휘하는 백호장(百戶長)을 의미한다.

테무친 칸이 금나라 군대의 중간 간부급인 백호장이 된 것은 중대한 의미를 지닌다. 그가 몽골을 통일하기 전에 금나라의 관리 신분이었으며, 그것의 위세로 몽골의 여러 부족에 영향력을 행사했다는 사실이다.

또 테무친은 이 시기에 금나라의 선진 제도를 처음으로 접하고 적극적으로 활용했다. 이를테면 한족 왕조와 금나라에서 아주 오래전부터 사용한 십진법으로 십호장·백호장·천호장·만호장 등 군대 조직을 만들었으며, 아울러 그것을 행정 기구에 그대로 적용하여 군사와 행정을 일원화함으로써 효율을 극대화했다.

물론 그는 금나라 조정에 철저하게 복종하여 황제의 명령을 따르지는 않았다. 금나라는 중원의 한족 왕조가 그랬던 것처럼 소수 민족의 권력자에게 관직을 하사함으로써 형식적으로 주종 관계를 맺고 변방의 안정을 도모한 것이다.

5. 옹 칸과 연합하여 자무카 연합군을 격파하다

테무친과 마찬가지로 카불 칸의 자손인 주르킨 부족의 수령, 세체 베키와 타이추는 젊은 테무친을 키야트 부족의 칸으로 추대하는 데 동의했지만, 마음속으로는 그를 애송이 취급했다. 두 사람은 테무친이 타타르를 정벌하러 떠난 틈을 타서 테무친의 숙영지를 공격하여 부족민을 살해하고 가축 떼를 약탈했다.

테무친은 원정을 마치고 돌아오자마자 케룰렌강 유역에서 주르킨 부족을 진압했다. 테무친 칸을 배반한 세체 베키와 타이추는 자신들의 잘못을 순순히 시인하고 형장의 이슬로 사라졌다. 주르킨 부족민들은 자기들도 몰살당하지 않을까 두려워했다. 테무친은 주르킨 귀족들은 모조리 살해했지만, 부족민들은 모두 십진법 체계에 편입시키고 일반 백성과 똑같이 대우해주었다. 그들은 테무친의 공평한 대우에 감격했다.

이 시기에 사준(四駿) 가운데 주르킨 부족의 노예 출신인 무칼리와 보로쿨이 테무친의 보살핌을 받는다. 특히 보로쿨은 전장에서 버려진 어린아이였다. 테무친의 어머니 후엘룬이 그를 양자로 받아들여 친자식으로 여기고 지극정성으로 키웠다. 노예는 가축과 다를 바 없는 동물로 취급한 몽골 사회에서, 후엘룬이 보로쿨을 양자로 받아들인 일은 테무친의 가문이 신분에 구애받지 않고 얼마나 개방적이고 평등하게 사람들을 대했는지 짐작하게 한다. 훗날 이는 테무친의 몽골 통일에 엄청난 정치적 자산이 된다.

'떠오르는 태양' 테무친이 자기에게 반기를 든 수령은 무자비하게 응징하지만, 항복한 부족민은 어떤 보복도 가하지 않고 오히려 우대한다는 소문이 몽골 초원에 퍼졌다. 테무친은 지도자가 포악하고 무능하다고 해서, 그의 지배를 받는 백성도 처벌의 대상이 된다고 생각하지 않았다. 오히려 백성은 아무런 죄가 없으며 지도자를 잘못 만나 도탄에 빠지면 그들을 구제해야 한다는 사명감을 가지고 있었다. 그래서 몽골의 하층민들은 그를 진정한 구세주로 여겼지만, 수령과 귀족들은 눈엣가시로 생각했다.

테무친의 영원한 라이벌 자무카도 긴장하지 않을 수 없었다. 그는 이미 달란 발주트 전투에서 테무친에게 치욕을 안겨주었으나, 시간이 흐를수록 오히려 민심이 테무친에게 쏠리는 '이상한 경험'을 했다. 더구나 그는 테무친이 옹 칸과 함께 금나라 황제의 비호 아래 몽골 초원의 법집행자로 처신하는 것에 심한 반감을 품고 있었다. 몽골 부족의 다른 수령들도 테무친의 세력 확장에 위기의식을 느꼈다.

1201년 카다킨·살지우트·나이만·메르키트·타이치우트 등 11개 부족장이 건하(鍵河: 내몽골 근하·根河)에서 자다란부의 수령 자무카를 구르 칸으로 추대했다. '구르'는 몽골어로 '칸들의 칸' 또는 '모든 사람들의 칸'이라는 뜻이다. 한자어 '황제'와 비슷한 의미이다. 당연하게도 자무카를 구르 칸으로 추대한 수령들은 테무친과 적대 관계였다. 그들은 자무카야말로 몽골 초원에서 자신들의 이익을 대변하는 진정한 지도자라고 생각했다.

자무카가 연합군을 이끌고 테무친을 정벌하러 떠난다는 첩보가 테무친의 귀에 들어왔다. 테무친은 혼자 힘으로는 자무카 연합군과 대적할 자신이 없었다. 황급히 옹 칸에게 사신을 보내 합동 작전을 요청했다. 옹 칸은 테무친의 진영이 자무카에게 무너지면 자무카의 칼날이 결국은 자신을 향할 것이라고 판단했다. 먼저 테무친과 연합하는 게 자신에게 유리했다.

1202년 테무친과 옹 칸의 연합군이 쿠이텐(몽골의 케룰렌강 하구)에서 자무카 연합군과 대치했다. 전투가 시작되자 테무친과 옹 칸의 연합군이 지형과 바람을 이용하여 자무카의 연합군을 대파했다. 자무카의 연합군은 부족 수령들의 개인적 이해관계에 따라 급하게 조직되었기 때문에, 신의와 충성심으로 무장한 테무친의 적수가 되지 못했다.

자무카는 테무친에게 항복하자니 자존심이 무척 상했다. 차라리 옹 칸에게 잠시 몸을 의탁하여 후일을 도모하는 게 유리했다. 그는 패잔병을 이끌고 옹 칸 진영으로 갔다.

옹 칸은 노회한 전략가이자 기회주의자였다. 자무카를 테무친의 대항마로 여기고 환대했다. 두 사람은 주종 관계를 맺지는 않았지만, 날로 강해지는 테무친 칸의 세력을 견제하는 데 암묵적으로 동의했다. 옹 칸이 테무친과 자무카 사이에서 자신의 정치적 이익을 극대화하기 위한 술수였다.

한편 테무친은 '뚱뚱이 칸' 타르구타이가 이끈 타이치우드족을 추격했다. 타르구타이는 테무친 칸이 어렸을 때부터 가장 증오한 원수가 아닌가. 오논강 유역에서 궁지에 몰린 타르구타이가 결사 항전했다. 테무친 수하의 맹장들도 그를 제압하지 못하고 일진일퇴의 공방전을 벌였다.

타이치우드족의 노예인 지르고아다이는 신궁(神弓)으로 유명했다. 앞서 쿠이텐 전투에서 보오르추가 테무친의 말을 타고 병사들을 지휘했을 때 지르고아다이가 화살을 쏘아 테무친 애마의 숨통을 끊어놓은 적이 있었다. 그는 또 테무친이 언덕에서 병사들을 지휘하는 모습을 보고 그를 향해 화살을 날렸다.

테무친이 목에 화살을 맞고 쓰러졌다. 화살이 목을 관통하지는 않았지만, 혈관이 터져 피가 솟구쳤다. 젤메가 의식을 잃은 테무친을 안고 군막으로 피신했다. 그는 일단 지혈을 하고 입으로 독기를 빨아냈다. 보통 사람 같으면 십중팔구 과다 출혈로 사망했을 것이다. 하지만 얼마 후 테무친은 기적적으로 의식을 회복했다.

테무친은 젤메에게 갈증이 나니 물을 달라고 했다. 군막에는 마실 수 있는 깨끗한 물이 없었다. 젤메는 혼자 적진으로 뛰어들어 타락(駝酪) 덩어리와 마실 물을 구해왔다. 물에 타락을 개어 테무친의 입에 흘려 넣었다. 테무친은 점차 기력을 회복했다. 정말이지 이때 젤메의 죽음을 무릅쓴 헌신이 없었다면, 위대한 정복자 칭기즈 칸의 신화도 없었을 것이다.

그래서 동서고금을 막론하고 천하의 어떤 영웅도 혼자만의 힘으로는 위대한 업적을 성취할 수 없으며, 다른 사람의 도움을 받아야 뜻을 이룰 수 있다. 영웅도 이러한데 보통 사람은 더 말할 나위가 없다.

얼마 후 타이치우드의 군영이 괴멸되었다. 살아남은 부족민들은 테무친에게 목숨을 구걸했다. 소르칸시라와 지르고아다이가 직접 테무친을 찾아와 항복했다.

테무친은 소르칸시라를 보고 깜짝 놀랐다. 그는 예전에 테무친이 타이치우드에게 잡혀 있을 때 테무친의 목숨을 구해 준 은인이 아닌가. 테무친은 소르칸시라의 귀부를 진심으로 반겼다. 그는 또 화살로 자기 애마를 죽이고 자기를 거의 죽게 했던 자가 누구인지 무척 궁금했다.

지르고아다이가 그에게 말했다.

"내가 칸에게 화살을 쏘았소. 나를 죽이겠다면 죽음을 달게 받겠소. 그렇지만 자비를 베풀어주면, 칸을 위하여 물불을 가리지 않고 충성을 다 하겠소."

테무친이 말했다.

"아군을 죽인 적이 포로가 되면 처벌이 두려워 자기가 한 행동을 감추거나 말하지 않는 법이다. 하지만 너는 행적을 솔직하게 시인했다. 너는 친구로 사귈 만하다."

테무친은 지르고아다이의 이름을 '제베'로 바꾸게 했다. 제베는 몽골어로 화살이라는 뜻이다. 당시 활은 칼과 함께 몽골군의 가장 강력하고 대표적인 무기였다. 테무친은 화살을 쏘는 솜씨가 입신(入神)의 경지에 이른 지르고아다이를 죽일 이유가 없었다. 오히려 그를 측근으로 여기고 절대 신임했다.

훗날 '사구'의 일원이 된 제베는 중앙아시아의 각국은 말할 것도 없고, 카프카스 산맥을 넘어 러시아 공국까지 진격하여 몽골이 세계의 대제국으로 발전하는 데 일등 공신이 된다.

6. 달란 네무르게스 전투: 숙적 타타르를 섬멸하다

테무친은 아버지 예수게이를 죽인 타타르에 대한 원한을 결코 잊지 않았다. 타이치우드를 흡수한 후인 1202년 가을에, 타타르를 정벌하러 몽골 동쪽으로 떠났다. 차간 씨·알치 씨·도타우드 씨·알로카이 씨 등 4개 씨족으로 구성된 타타르는 테무친의 울루스(Ulus: 부족·국가 등을 지칭하는 몽골어)보다 규모가 크고 인구도 많았다.

테무친은 출정에 앞서 부하들에게 두 가지 엄격한 군령을 내렸다. 첫째, 노획한 전리품은 멋대로 취할 수 없으며 공평하게 분배한다. 둘째, 공격하다가 전황이 여의치 않으면 일단 후퇴하여 전열을 정비한 후 다시 싸운다. 군령을 어기는 자는 참수형으로 다스리겠다.

당시 적을 공격하여 빼앗은 재물은 부족의 우두머리나 힘이 센 자가 차지하기 일쑤였다. 아랫사람들은 전공을 세워도 그것에 합당한 대우를 받지 못했다. 테무친은 귀족이 하층민을 지배하는 종속적 계급 사회에, '공평'이라는 바로미터를 도입함으로써 누구나 출신 성분에 관계없이 능력에 따라 출세할 수 있는 길을 열어주었다.

또 테무친은 지도자로서 '만용'을 부리지 않았다. 적과 싸울 때 언제나 백전백승을 거둘 수는 없다. 전황이 불리하게 돌아가면 과감하게 후퇴하여 손실을 최소화하는 전략을 택했다. 지도자가 전략상의 오류를 범했는데도 부하들을 사지로 몰아넣고 승리를 다그치면 결국 희생자만 늘어날 뿐이었다. 그리고 임전무퇴의 정신으로 돌진하여 승리한 자라도 군령을 어기면 가차 없이 처벌했다. 맹수처럼 돌진하여 승리하는 것만이 최고의 영예로 알았던 몽골 유목민들에게 명령과 군율의 중요성을 인식하게 했다. 그는 군대와 병사를 일사불란한 지휘 체계 아래 효율적으로 관리한 천재적 군사 전략가였다.

테무친이 하달한 군령은 강한 힘과 단단한 결속력으로 드러났다. 테무친 군대는 달란 네무르게스(내몽골 베이얼후 남쪽)에서 타타르 군대를 섬멸했다. 테무친은 타타르 귀족들을 모조리 살해했다. 그런데 포로가 된 타타르 백성은 어떻게 처리해야 할지 고민에 빠졌다. 귀족은 모조리 살해하되 백성은 자기 휘하의 백성으로 삼는 게 그가 견지한 원칙이었다.

그렇지만 그는 타타르에 대한 원한이 뼈에 사무쳤다. 더구나 타타르의 인구가 자신이 다스리는 울루스보다 많았다. 그들을 울루스에 편입시켜도 폭동이 일어나지 않으리라고 확신할 수 없었다.

그는 쿠릴타이에서 이런 결정을 내렸다.

"수레의 굴대 빗장보다 키가 큰 타타르 남자들은 살해하고, 나머지는 노예로 삼는다."

성인 남자들은 모조리 살해하고 어린아이는 노예로 삼았다는 얘기이다. 이윽고 타타르 성인 남성에 대한 대학살이 자행되었다. 테무친은 쿠릴타이에서 결정한 일이면 조금도 지체하지 않고 신속하게 집행했다.

부족 수령들의 의사 협의체인 쿠릴타이는 사실상 그가 주도했으며 그의 주장을 관철하는 도구에 불과했다. 그는 설사 다른 부족의 무고한 백성들이라도 자기 휘하에 둘 여건이 되지 못하면 그들에게 자비를 베풀지 않았다. 훗날 그는 정복 전쟁에서 이런 원칙을 견지했다. 그의 인격에 선과 악이 공존하고 있던 것이다. 타타르 여성들은 몽골 남자의 차지가 되었다. 그들이 낳은 자식은 어떤 차별도 받지 않고 몽골족으로 성장했다.

테무친도 이 시기에 약탈혼의 관습에 따라 미모가 출중한 예수이(也遂)와 예수겐(也速干) 자매를 첩으로 삼았다. 두 자매의 아버지는 타타르의 부족장 예케 체렌이다. 그는 타타르가 몽골에게 망할 때 테무친에게 저항하다가 죽었다.

테무친은 두 자매를 무척 총애했는데 예수이의 남편이 아직 살아있음을 알고 질투가 폭발하여 그녀의 남편을 살해했다. 테무친도 애정 문제에 있어서는 옹졸한 남자였다. 훗날 예수이는 네 번째 카툰, 예수겐은 여섯 번째 카툰으로 책봉되었다.

'카툰'이란 황후 또는 왕비라는 뜻이다. 예수이 카툰은 테무친이 아버지와 남편을 죽인 원수였음에도 불구하고 테무친을 위해 조언을 아끼지 않았다. 테무친도 평생 그녀를 미안한 마음으로 대했다.

훗날 예수이 카툰은 여동생과 함께 '제3오르도(斡耳朶)'를 관장하면서 테무친의 후계자 선정에 큰 영향을 끼친다. 오르도란 유목 민족 군주의 숙영지이다. 테무친은 오르도 네 곳을 두었다.

7. 옹 칸 부자의 공격을 무찌르다

자무카가 테무친에게 패한 후, 몽골 초원은 옹 칸과 테무친의 양대 세력으로 갈라졌다. 자무카는 옹 칸에게 의지했지만, 여전히 독자적 세력을 유지하며 권토중래를 노리고 있었다. 옹 칸의 아들 셍굼(桑昆)은 아버지에게 날로 세력을 떨치는 테무친을 제압하지 않고서는 초원을 지배할 수 없다고 말했다.

자무카도 테무친 제거에 동조했다. 예전에 테무친이 옹 칸에게 혼인 동맹을 제안한 적이 있었다. 셍굼의 딸을 장남 주치의 아내로 맞이하려고 했지만, 셍굼의 반대로 뜻을 이루지 못했다. 셍굼은 자무카와 짜고 혼인 동맹을 구실로 삼아 테무친을 불러들여 암살하려고 했다. 옹 칸은 그들의 음모에 이의를 제기하지 않았다.

1203년 봄 셍굼은 테무친에게 사신을 보내 '부우르자르'를 먹자고 제안했다. 부우르자르는 약혼식 연회의 음식을 지칭한다. 혼인 동맹을 맺자는 뜻이다. 테무친은 조금도 의심하지 않고 기병 10여 기를 거느리고 셍굼에게 가는 도중에 음모를 알아차리고 황급히 자신의 숙영지로 돌아왔다. 테무친은 자기가 의붓아버지로 섬기고 있는 옹 칸에게 심한 배신감을 느꼈다.

옹 칸 부자는 테무친이 음모를 알아차린 바에는 선제공격이 낫다고 판단했다. 옹 칸 부자와 자무카는 기병을 이끌고 테무친의 군영을 기습했다.

허를 찔린 테무친은 합란진사타(合蘭眞沙陀: 내몽골 오주목심기·烏珠穆沁旗 북쪽에 있는 모래언덕. 칼라칼지드 사막이라고 표현하기도 함)에서 중과부적으로 대패했다. 테무친은 할하강(Khalkha river) 유역으로 달아났다. 건특해산(建忒該山: 몽골의 할하강 중류에 위치한 산)에서 패잔병 4,600명을 수습하고 다시 전열을 정비했다.

하지만 또 옹 칸 부자와 자무카의 추격에 전멸당했다. 테무친은 추격자들을 피해 도망가느라 정신이 없었다. 들짐승을 잡아먹고 흙탕물을 마시며 발주나 호수(내몽골 호륜호·呼倫湖 서남쪽)에 이르렀을 때 가까스로 위기에서 벗어날 수 있었다. 이 칼라칼지드 사막에서의 전투는 테무친 일생에서 가장 치욕적인 패배였다.

테무친의 강철처럼 단단하고 맹수처럼 사나운 기병 군단은 하루아침에 산산조각이 났다. 자무카는 더 이상 테무친을 추격하지 않았다. 이빨 빠진 호랑이로 전락한 친구의 명줄을 끊고 싶지 않았기 때문이다.

둘째 동생 주치 카사르 등 끝까지 테무친을 따른 부하는 겨우 19명이었다. 그는 그들과 함께 영원불변의 맹약을 하고 싶었다.

맹약 의식에 필요한 술을 구할 수 없자 흙탕물을 마시며 하늘을 향해 맹세했다.

"우리가 대업을 이루는 날에는 나는 너희들과 영원히 생사고락을 함께 할 것이다. 훗날 내가 맹세를 어긴다면 이 흙탕물처럼 더러워질 것이다."

그 자리에 있던 19명 모두 그와 함께 흙탕물을 마시며 그에게 충성을 맹세했다. 1203년 여름에 발주나 호수 근처에서 거행된 이 맹약 의식을 '발주나 맹약'이라고 한다.

이 맹약에 참여한 19명은 부족과 종교가 서로 달랐다. 예나 지금이나 민족과 종교가 다르면 통합하기가 아주 어렵다. 사실 인류가 일으킨 수많은 전쟁의 이면에는 민족이 다르고 종교 간의 심각한 갈등이 있었다. 지금도 마찬가지이다.

하지만 테무친에게는 이런 독선적이고 배타적 요인이 문제가 되지 않았다. 그는 실용의 관점에서 모든 것을 판단했다. 훗날 그의 후손들이 건국한 대제국 원나라가 종교에 관대할 수 있었던 것은 테무친의 이런 유연한 사고에서 기인했다고 본다.

테무친은 전지전능한 지도자가 아니었다. 싸우면 언제나 승리하는 장수도 아니었다. 그럼에도 불구하고 그가 위기에 몰릴 때마다 그를 위해 견마지로를 다한 부하들이 적지 않았던 이유는 무엇일까. 여러 가지 이유가 있겠지만, 핵심은 한번 약속하면 반드시 지키며, 그것이 상하 간에 금석처럼 단단한 신뢰로 굳어졌기 때문이다. 서로 절대적으로 신뢰하면 배신의 틈이 생겨날 수 없으며 강한 결속력을 발휘하게 된다. 테무친은 이런 신뢰를 바탕으로 단기간에 다시 군사력을 집중하는 무서운 힘을 발휘하기 시작했다.

한편 옹 칸은 아득히 먼 숲속으로 달아난 테무친이 재기할 수 없다고 판단하고 오만해지기 시작했다. 날마다 주연을 베풀고 만취했다. 1203년 가을 어느 날, 테무친은 옹 칸이 케룰렌강 상류에 있는 제지르 운두르

산에서 장수들과 잔치를 베풀고 있다는 첩보를 듣고 옹 칸의 황금 장막을 습격했다. 옹 칸 부자는 혼비백산하여 달아나면서 케레이트의 부족장들에게 대적하게 했다.

테무친은 소수의 정예병으로 좌충우돌하는 케레이트 기병을 섬멸했다. 옹 칸의 방심과 교만이 케레이트를 와해시켰으며 결과적으로 테무친의 백성으로 편입되게 했다.

옹 칸은 아들 셍굼과 자무카의 말만 믿고 테무친을 제거하려고 한 행동을 크게 후회했다. 아들에게 분노를 표출했지만 이미 엎질러진 물이었다. 졸지에 쫓기는 신세가 된 옹 칸 부자는 몽골 초원에서 더 이상 의지할 곳이 없게 되었다. 몽골 서쪽의 튀르크계 유목 민족이 건국한 나이만으로 달아나 타양 칸(?~1204)에게 빌붙어 기회를 엿보는 수밖에 없었다.

옹 칸 부자가 케레이트와 나이만의 경계를 이루는 강에 이르렀다. 옹 칸은 몹시 갈증이 나서 홀로 물을 구하러 갔다가 나이만의 변경 수비대 장수를 만났다. 신분을 밝히고 타양 칸에게 자신의 뜻을 전해달라고 했다. 하지만 그의 말을 믿지 않은 변경 수비대 장수는 그를 살해했다.

한때 몽골 초원의 지배자였던 옹 칸은 이렇게 허무하게 생을 마감했다. 테무친의 의붓아버지로서 끝까지 신의를 지켰다면 누구보다도 많은 부귀영화를 누리고 존경받으며 군림했을 것이다. 그의 기회주의적 성격과 행동이 그를 망쳤다.

셍굼은 나이만의 장수들이 자기에게 적의를 품고 있음을 알아차리고 서하(西夏)를 거쳐 오늘날의 티베트로 달아났다. 셍굼 일행이 티베트에서 현지 주민의 재물을 약탈한 일이 발생했다. 주민들이 그를 사로잡아 죽이려고 했다.

그는 다시 서요(西遼)의 곡선(曲先: 신강성 고차·庫車)으로 달아났다. 곡선의 부족장 킬리치 카라가 그의 일행을 생포했다. 그는 셍굼을 살해한 후 그의 아내와 아이들을 몽골로 송환하고 새로운 강자로 떠오른 테무친에게 복종했다. 옹 칸 부자의 패망은 테무친이 몽골 초원을 통일하는 데 결정적 계기가 되었다.

이제 자무카와 타양 칸만이 그가 몽골 초원을 통일하는 데 걸림돌로 남았다.

8. 타양 칸 세력을 평정하고 몽골 초원을 통일하다

원래 나이만은 몽골 서부의 광활한 지역을 다스린 강국이었다. 나이만의 위대한 군주인 이난차 비르게 칸(亦難赤必勒格卜古汗)이 사망한 후, 두 아들 타이 부카(拜不花)와 부이룩(不欲魯)의 반목으로 동나이만과 서나이만으로 분열했다. 타이 부카는 아버지의 정통 후계자임을 자처하고 제4대 타양 칸으로 등극했다.

'타양'은 한자 대왕(大王) 발음이 몽골어로 와전된 것이다. 일반적으로 타이 부카를 타양 칸이라고 칭한다.

타양 칸은 어리석은 군주였다. 아버지의 후궁이었던 구르베수(古兒別速)가 왕비가 되어 그를 농락했다. 구르베수는 타양 칸에게 이미 옹 칸이 죽었으므로 몽골을 통일할 진정한 영웅은 당신이라고 추켜세우며, 테무친의 기병은 조족지혈에 불과하다고 했다.

당시 테무친에게 패배한 자무카·톡토아 베키·알린 타이시 등 수령들은 나이만 지역으로 달아나 타양 칸에게 의지했다. 그들도 일시에 대군을 일으켜 테무친을 공격하면 하루아침에 멸망시킬 수 있다고 호언장담했다.

타양 칸은 몽골 초원의 영웅들이 자기를 진정한 칸으로 받드는 모습을 보고 흥분했다. 사실 그들은 타양 칸을 이용하여 실지를 회복하려고 했을 뿐이지, 그에게 진심으로 복종한 게 아니었다.

나이만 동남쪽에는 웅구트 부족이 있었다. 웅구트는 금나라 조정을 대신하여 금나라 변방을 수비하고 있었다. 타양 칸은 웅구트와 동맹을 맺고 테무친을 공격하고 싶었다. 웅구트의 수령 알라쿠시 티긴 쿠리에게 사자를 보내 자신의 뜻을 알렸다.

알라쿠시 티긴 쿠리는 테무친이 얼마나 대단한 인물인지 소문을 듣고 알고 있었다. 테무친이 신의를 목숨처럼 소중하게 여기며 한번 약속하면 반드시 지키는 신의의 사나이라는 얘기는 이미 초원에 널리 퍼져 있었다.

알라쿠시 티긴 쿠리는 무능하고 어리석은 타양 칸이 테무친보다 더 많은 기병과 백성을 거느리고 있지만, 결코 테무친의 적수가 되지 못한다고 생각했다. 이번 기회에 타양 칸의 음모를 테무친에게 알리고 귀부하는 것이 자신의 미래를 보장받는 길이었다.

테무친은 제 발로 찾아온 알라쿠시 티긴 쿠리를 진심으로 반겼다. 그에게 말 500필과 양 1,000마리를 하사하고, 훗날 천하를 통일하면 막대한 보상을 해주겠다고 약속했다.

1204년 봄 테무친은 쿠릴타이를 개최하여 나이만 침공 계획을 밝혔다. 많은 장수들이 봄에 출정하면 말이 힘이 없고 말먹이가 부족하므로 먼저 말들을 살찌운 후 가을에 공격하자고 했다. 초원에서는 가을에 병마를 동원하는 것이 상식이었다.

하지만 테무친의 막내아우 테무게 옷치긴이 그들의 주장에 반대했다.

"어차피 해야 할 일이라면 가능한 한 빨리 끝내는 게 좋소. 어찌 말이 수척해진 것을 구실로 삼을 수 있겠소?"

이복동생 벨구테이도 거들었다.

"나이만은 우리를 얕잡아보고 우리의 활과 화살을 빼앗겠다고 했소. 우리는 목숨을 내놓고 싸워야 하오. 저들은 자기들의 강대함을 믿고 큰 소리를 쳤소. 하지만 저들이 방심하고 있을 때 공격한다면 반드시 승리할 것이오."

테무친은 두 동생의 말을 듣고 기뻐하며 말했다.

"너희들과 같은 용사들과 함께 싸운다면, 어찌 패배를 걱정하겠는가."

마침내 테무친은 병마를 일으켰다. 몽골군은 케룰렌강을 거슬러 서쪽으로 진군하여 살리천(薩里川: 몽골의 토라강 상류)에서 포진했다.

타양 칸도 테무친의 몽골군이 변경에 이르렀다는 첩보를 입수하고 대군을 일으켰다. 테무친에게 쫓겨 나이만 지역으로 들어온 톡토아 베키의 메르키트군, 자무카의 자다란군 등 몽골군도 타양 칸의 본진에 합류했다.

타양 칸은 자기가 거느린 연합군이 테무친을 압도하므로 싸우기만 하면 대승을 거둘 수 있다고 확신했다. 더구나 테무친의 숙적 자무카가 그의 곁에서 참모 역할을 했기 때문에 두려울 것이 없었다.

타양 칸은 대군을 이끌고 오르혼(Orkhon)강 동쪽으로 진격했다. 양군은 납홀곤산(納忽昆山) 아래 차키르 마우트 평원에서 대치했다.

어느 날 몽골군 군영의 수척한 말 한 마리가 타양 칸 군영으로 뛰어들어왔다.

타양 칸이 그것을 보고 장수들에게 말했다.

"몽골군의 말이 이처럼 마르고 허약한 것을 보니, 저놈들의 기동력이 크게 떨어지겠구나. 저놈들을 깊숙이 유인하고 난 후 공격하면 테무친을 사로잡을 수 있겠구나."

타양 칸은 몽골군을 긴 행군으로 지치게 한 후 험로에서 기습할 생각이었다. 하지만 부하 장수 코리 수베치가 그에게 말했다.

"예전에 선왕(先王)께서 전장에 나아가 싸울 때는 용감하게 돌진만 했을 뿐이지, 후퇴하여 말의 꼬리와 사람의 등을 적에게 보여 준 적이 없었습니다. 지금 대왕께서는 마음속으로 두려워하는 것이 있기 때문에 지연작전을 생각하고 있는 게 아닙니까. 적이 그토록 두려우면 차라리 후비(后妃)에게 군대를 통솔하라고 하는 게 어떻습니까?"

코리 수베치는 동나이만에서 용감한 장수로 유명했다. 타양 칸은 부하에게 치욕적인 말을 듣고도 전황을 냉철하게 판단하지 못했다.

테무친은 수적 열세를 감추기 위하여 위장 전술을 폈다. 병력을 집중시키지 않고 분산시켰으며 밤중에는 병사들마다 모닥불 다섯 개를 피우게 했다. 또 병사들이 끌고 다니는 말에 병사처럼 생긴 허수아비를 태웠을 뿐만 아니라, 말꼬리마다 나뭇가지를 매달아 놓고 말을 달리게 했다.

타양 칸은 밤에는 하늘의 무수한 별처럼 반짝이는 모닥불을, 낮에는 평원의 저편에서 치솟아 오르는 엄청난 흙먼지를 보고 깜짝 놀랐다. 아울러 전광석화처럼 빠르게 움직이는 몽골군의 급습에 혼비백산했다. 전투가 시작된 지 하루 만에 동나이만 군대는 궤멸당했으며 타양 칸은 전사했다. 코리 수베치는 타양 칸이 부상을 입고 사망하기 직전에 그의 앞에서 몽골군과 최후까지 싸우다가 전사했다.

테무친은 주군 앞에서 장렬하게 죽은 코리 수베치의 모습을 보고 찬탄을 금치 못했다. 그를 생포하여 자기 부하로 삼고 싶은 마음을 달래는 수밖에 없었다.

훗날 『몽골비사』는 이 차키르 마우트 전투에서 싸운 몽골군을 이렇게 묘사했다.

"저들은 인육을 먹고 자랐으며 쇠사슬로 묶여 있다. 저들의 두개골은 놋쇠로 만들었으며 이빨은 바위를 잘라 만들었고, 혀는 칼처럼 날카롭고 심장은 쇠로 만들었다. 저들은 갈증을 이슬로 달래며 바람과 함께 질주한다."

몽골군이 얼마나 강인하고 용맹하며 사나운 군대였는지 짐작해 본다. 테무친은 부하들에게 자주 이런 말을 했다고 한다.

"낮에는 늙은 늑대의 경계심으로, 밤에는 갈까마귀의 눈으로 지켜봐라. 싸울 때는 적을 매처럼 신속하게 덮쳐라!"

타양 칸에게 의지했던 몽골 부족의 수령들은 대부분 테무친에게 투항했다. 테무친은 그들이 거느린 부족민들에게는 어떤 위해도 가하지 않고 자기 부족민과 똑같은 대우를 해주었다. 타양 칸의 왕비 구르베수는 테무친의 후궁이 되었다.

테무친이 그녀에게 말했다.

"너는 몽골인의 몸에서는 더러운 냄새가 난다고 비웃지 않았더냐. 그런데 어찌하여 죽지 않고 투항했느냐?"

테무친은 구르베수를 경멸했으나 죽이지는 않았다. 자기에게 항복한 자는 절대 죽이지 않는다는 원칙을 지킨 것이다. 그는 승리의 여세를 몰아 타양 칸의 아들 쿠출룩(屈出律), 메르키트의 톡토아 베키 부자, 자무카 등 자기에게 끝까지 복종하지 않고 달아난 자들을 추격했다. 쿠출룩은 서 나이만으로 달아나 숙부 부이룩 칸에게 의탁했다.

테무친의 철천지원수는 톡토아 베키였다. 그는 한겨울임에도 아랑곳하지 않고 톡토아 베키를 끝까지 추격하여 살해했다. 톡토아 베키의 두 아들, 쿠두(忽圖)와 칠라운(赤老溫)은 패잔병들을 이끌고 서나이만으로 달아났다. 얼마 후 서나이만도 테무친에 의해 멸망하자, 그들은 다시 서요(西遼·1124~1218)로 달아났다.

테무친이 똥보 수부타이에게 엄명을 내렸다.

"톡토아 베키의 아들들이 어디로 도망가든지 끝까지 쫓아가서 죽여라. 그들이 새가 되어 날아가면 너는 독수리가 되어 잡고, 물고기가 되어 숨으면 그물이 되어 건져 올려라!"

테무친의 메르키트에 대한 원한이 얼마나 사무쳤는지 알 수 있다. 수부타이는 테무친의 명령을 받들어 톡토아 베키의 아들들을 추격했다. 그후 수부타이의 10여 년에 걸친 서방 대원정은 이렇게 시작되었다.

1217년 경 톡토아 베키의 아들들은 모조리 살해되었으며, 메르키트의 잔존 세력도 완전히 진압되었다. 아울러 오늘날의 중앙아시아·서아시아·러시아·동유럽 등 광활한 지역이 몽골군의 말발굽에 짓밟혔다.

한편 테무친의 영원한 맞수였던 자무카는 어떤 운명을 맞이했을까. 그는 타양 칸에게 의지하여 권토중래를 도모했지만, 타양 칸의 죽음으로 또 고립무원의 처지가 되었다. 탕로산(러시아의 탄누올라 산맥)으로 달아난 그를 따르는 자는 겨우 다섯 명뿐이었다. 한때 몽골 천하를 호령했던 그의 처지는 비참했다. 부하들과 함께 사냥에 실패하면 그도 굶주릴 수밖에 없었다. 며칠 동안 고기 한 점 먹지 못하고 물로 허기진 배를 채운 적도 있었다.

어느 날 부하들이 사냥한 산양을 몰래 먹다가 자무카에게 들키고 말았다. 사냥으로 얻은 짐승은 반드시 지도자에게 10분의 1을 바치는 초원의 불문율을 깬 그들에게, 자무카는 분노했다. 그들을 마구 구타하고 자기도 그들이 남긴 고깃덩어리를 게걸스럽게 먹었다. 부하들은 그의 천박하고 본능적인 모습을 보고 크게 실망했다. 차라리 자무카를 생포하여 테무친 칸에게 바치는 것이 살길이었다. 그들은 동시에 자무카에게 달려들어 그를 밧줄로 묶었다.

테무친은 자무카가 부하들에게 배신당해 끌려오고 있다는 소식을 듣고 아연실색했다. 사자를 보내 정말로 포로가 된 자가 자무카인지 확인하게 했다. 자무카는 사자에게 자신을 배반한 부하들을 친히 처단하고 난 후 항복하겠다는 말을, 테무친에게 전하게 했다.

테무친은 부하가 상관을 배반하는 행위를 아주 증오했다. 설사 적장의 부하가 적장을 배신하여 잡아 올지라도 그 부하에게 상을 내리기는커녕 오히려 그를 죽였다. 배신자는 절대 용서할 수 없다는 것은, 그의 인생 철칙이었다.

테무친은 자무카의 요구를 들어주었다. 자무카는 부하들을 살해한 후 테무친의 처분을 기다렸다. 뜻밖에도 테무친은 자무카에게 예전처럼 진정한 안다로서 진한 형제애를 나누며 함께 하기를 바랐다.

사실 그는 자무카의 군사적 재능이 자신보다 뛰어난 점을 인정했기 때문에 차마 그를 죽일 수 없었다. 그에게 2인자 자리를 보장함으로써 몽골 초원을 통일하는 데 활용하고 싶었다.

하지만 자무카는 그에게 이런 말을 전하게 했다.

"천하의 대사는 이미 정해졌소. 나는 그대에게 아무런 도움도 되지 못하오. 만약 그대가 나를 죽이지 않으면 그대는 밤에는 편하게 잘 수 없고, 낮에는 식사를 해도 맛이 없을 것이오. 나는 그대에게 옷깃의 이, 소매 아래의 가시와 같을 것이오. 그대가 은혜를 베풀어 나를 죽게 한다면, 나도 편안한 마음으로 죽을 것이오."

나를 살려 준다면 나는 또 너와 싸우겠다는 자무카의 불요불굴의 정신과 영웅적 행동을 드러낸 말이다. 나와 너 사이의 승패는 이미 결정되었는데 또 구차하게 무슨 선처를 바라겠는가. 자무카는 2인자의 삶을 거부했다. 몽골인의 태양이 되고 싶었지, 달이 되고 싶지는 않았다. 그는 몽골의 영웅답게 명예롭게 죽음으로써 훗날 몽골인에게 테무친과 비견되는 인물로 기억되기를 바랐는지도 모른다.

그는 테무친에게 거듭 간청했다.

"안다여, 어서 나를 죽이시오. 나의 영혼은 그대를 지키는 수호신이 될 것이오."

다만 자무카는 피를 흘리지 않고 죽기를 바랐다. 몽골인은 사람의 피에 영혼이 깃들어있어 피를 흘리지 않고 죽으면, 영혼을 지킬 수 있다고 보았기 때문이다.

테무친은 자무카를 살리고 싶었지만, 그의 자존심과 명예를 꺾을 수 없었다. 테무친의 부하가 자무카를 포대에 넣고 목을 졸라 죽였다. 그의 시신은 몽골 귀족의 장례법에 따라 정중하게 처리되었다.

원나라 역대 황제 평전

1206년 봄 몽골의 여러 부족장이 오논강 유역에 모여 쿠릴타이를 열었다. 그들은 테무친을 몽골을 최초로 통일한 위대한 칸으로 추대했다. 이른바 '칭기즈 칸'이라는 존호가 이때 탄생했다.

칭기즈 칸의 의미에 대해서는 아직까지도 정설이 없지만, 대체로 온 세상을 다스리는 유일무이한 군주 또는 지위가 지극히 높아 더 이상 비교 대상이 없는 천황제(天皇帝)라는 뜻이다.

칭기즈 칸은 황금 장막 앞에 자신의 권위를 상징하는 깃발인 구유백독(九斿白纛)을 세우고 '예케 몽골 울루스(Yeke Mongghol Ulus)'라는 국가의 탄생을 정식으로 선포했다. 훗날 원나라의 모태가 되는 몽골은 이때부터 통일 국가를 이루고 제국으로 발전하기 시작한다. 이때 칭기즈 칸의 나이는 대략 44세 전후였다.

한편 타양 칸의 아들 쿠출룩은 어떻게 되었을까. 부이룩 칸이 다스린 서나이만이 몽골군에 의해 멸망했을 때 나이만의 잔존 세력을 이끌고 서요로 달아났다. 서요는 요나라의 개국 황제인 야율아보기(耶律阿保機)의 8세(世) 손자 야율대석(耶律大石)이 지금의 신강지역과 중앙아시아 일대에 세운 국가이다. 거란족이 지배 계층이었으며 주로 불교를 믿었다.

서요 황제 야율직로고(耶律直魯古)는 쿠출룩의 귀부를 환영하고 그를 사위로 삼았다. 원래 쿠출룩은 나이만의 종교인 경교(景敎: 네스토리우스파 기독교)를 믿었는데 야율직로고의 환심을 사기 위해 불교로 개종했다.

1211년 쿠출룩은 반란을 일으켜 야율직로고를 폐위하고 스스로 황제가 된 후 이슬람교와 경교를 탄압했다. 두 종교를 믿는 백성들이 그의 잔혹한 통치에 거세게 저항했다.

1218년 칭기즈 칸은 서요가 혼란에 빠진 틈을 타서 제베에게 서요를 정벌하게 했다. 몽골군이 서요에 들이닥치자 백성들은 오히려 성문을 열고 몽골군을 환영했다.

몽골군은 별다른 저항을 받지 않고 서요를 멸망시켰다. 쿠출룩은 오늘날 타지키스탄의 바다흐샨으로 달아났지만, 현지 이슬람교도에게 붙잡혀 몽골군에게 끌려가 처형당했다.

몽골인은 조상 대대로 샤머니즘(Shamanism)을 숭배했다. 샤머니즘은 샤먼(무당)이 초자연적인 존재와 직접 접촉하여 길흉화복을 예측하는 일종의 종교 행위이다. 애니미즘(Animism), 토테미즘(Totemism)과 섞여 텡그리교라고 칭한다.

고대에 우리나라를 포함한 북아시아 대륙에 널리 퍼졌다. 몽골 샤먼의 수령은 텝 텡그리 쿠게추였다. 그는 몽골인을 대표하여 하늘에 제사를 지내면서 하늘의 뜻을 민중에게 전하는 샤먼 역할을 했으므로 그의 영향력이 대칸 못지않게 컸다.

칭기즈 칸도 몽골을 통일하는 과정에서 그의 영적인 영향력에 의지하지 않을 수 없었다. 칭기즈 칸이라는 존호도 텝 텡그리 쿠게추가 하늘의 명령에 따라 테무친에게 부여한 것이었다. 더구나 텝 텡그리 쿠게추의 부친인 몽릭 에치게는 칭기즈 칸의 일등 공신이었다.

그런데 텝 텡그리 쿠게추는 오만방자했다. 칭기즈 칸이 무력으로 몽골 천하를 통일했지만, 몽골인의 정신적 지주는 자신이라고 생각했다. 그는 샤먼의 역할에만 만족하지 않고 형제들과 결탁하여 각종 이권에 개입하고 정치에 깊숙이 개입했다. 무술(巫術)로 사람을 현혹하는 현상을 일으킨 것을 하늘이 자기에게 내린 계시라고 했다. 자기 말을 듣지 않으면 천벌을 받을 거라고 말하며 사람들을 위협했다. 혹세무민에 빠진 사람들은 그의 말을 사실로 믿고 복종했다. 그는 칭기즈 칸과 같은 권세를 누리고 싶었다.

칭기즈 칸은 텝 텡그리 쿠게추의 월권을 더 이상 두고 볼 수는 없었다. 어느 날 텝 텡그리 쿠게추에게 공개적으로 모욕을 당한 적이 있는 칭기즈 칸의 막내아우 테무게 옷치긴이 연회석에서 그에게 결투를 신청했다. 결국 텝 텡그리 쿠게추는 칭기즈 칸의 묵인 아래 살해되었다.

이는 몽골 제국이 건국되는 과정에서 칭기즈 칸의 왕권이 텝 텡그리 쿠게추의 신권을 제압한 상징적 사건이었다. 또 다른 면에서는 몽골이 샤머니즘 사회에서 봉건 왕조로 탈바꿈하는 계기가 되었다.

이제 몽골 초원에는 칭기즈 칸에게 대항할만한 어떤 나라도, 어떤 적수도 더 이상 존재하지 않았다. 몽골의 모든 부족은 오직 칭기즈 칸만을 진정한 지도자로 여기고 섬겼으며 그를 중심으로 금석처럼 단단하게 뭉쳤다.

9. 각종 제도를 정비하여 제국의 기틀을 다지다

몽골은 칭기즈 칸 이전에는 여러 부족들이 이해관계에 따라 이합집산을 거듭하는 형국이었다. 몽골은 문자가 없었기 때문에 구두로 전해지는 관습법은 있었을지언정, 문서화된 성문법은 존재할 수 없었다. 따라서 몽골인은 국가의 근간을 이루는 법률 체계와 관료 조직을 알지 못했다.

그들은 조상 대대로 광활한 초원에서 부족 집단을 이루고 유목 생활을 했다. 유목 민족의 생활 방식은 가축을 거느리고 풀과 물을 찾아 사방을 떠도는 것이다. 그들은 중원의 농경 민족에 비하여 호전적이고 실질적이며 기동성이 대단히 뛰어났다. 사실 유목 민족은 생활 환경이 열악하여 농경 민족과 교역하지 않으면 생존할 수 없었다. 그들은 물물 교환을 할 수 없는 상황에서는 농경 민족의 생산품을 약탈해서라도 생존해야 했다.

중원의 역대 왕조는 언제나 그들의 침입을 두려워했다. 중원의 왕조가 강할 때는 무력으로 그들의 세력을 변경 밖으로 몰아내거나 이이제이

전법으로 다스렸다. 반면에 중원의 왕조가 약할 때는 협상과 회유로써 그들의 세력을 억제했다.

칭기즈 칸이 몽골 초원을 통일하기 직전에 몽골의 여러 부족들은 중원의 제국, 금나라에 의해 직간접적으로 지배를 받고 있었다. 금나라는 칭기즈 칸 등 몽골의 수령들에게 적당한 관직을 하사함으로써 서로 견제하고 싸우게 했다. 천하의 칭기즈 칸도 젊었을 적에 금나라의 관직을 받고 금나라 황제에게 충성을 맹세했다.

칭기즈 칸은 몽골 제국을 건국한 후 금나라, 남송 등 선진국의 제도와 문물을 적극적으로 받아들였다. 그는 일자무식이었지만 제국을 운영하려면 무엇이 필요한지 정확하게 알고 있었다. 먼저 자신을 위해 견마지로의 공을 아끼지 않은 부하들을 대우해주어야 했다. 혈연·지연 등 사적인 배경을 배제하고 부하들의 전공(戰功)에 따라 논공행상을 시행했다.

통일 이전부터 있었던 군정(軍政) 일치의 천호제(千戶制)를 확충하고 제도화했다. 몽골 전체를 천호 95개로 나누고 각 천호에 천호관(千戶官)을 임명했다. 공신들이 천호관에 임명되었는데, 천호관은 자신이 다스리는 지역의 군사와 정치 그리고 행정을 총괄했다.

천호관은 몽골어로 이른바 '노얀'을 지칭한다. 노얀은 칭기즈 칸 '황금가족'의 대우를 받았으며 대칸에게 조세를 바치고 전쟁이 나면 병사들을 이끌고 싸워야 할 의무가 있었다. 사실상 그들이 몽골 전역을 나누어 통치했다.

천호 직위는 대대로 세습되었다. 10진법에 기초를 둔 천호 아래에는 백호(百戶), 백호 아래에는 십호(十戶)를 두었다. 또 천호 4~10여 개를 만호(萬戶)로 조직했다. 칭기즈 칸의 직계 자손이 만호장에 임명되었다. 칭기즈 칸이 천호제를 확립한 것은 몽골이 혈연관계로 얽힌 부족 집단에서 벗어나 제도 중심의 사회로 발전했음을 의미한다.

몽골 백성은 모두 군사 조직이자 지방 행정 조직인 천호제에 편입되었다. 정복당한 이민족도 차별받지 않고 천호제에 편입되어 몽골 백성의 구성원이 되었다.

나이 15세부터 70세에 이르는 남자는 모두 병역 의무가 있었다. 그들은 국가의 명령에 따라 수시로 동원되었는데 각자 말·병기·군량 등을 마련했다. 천호장·백호장·십호장 등 지휘관들이 그들을 이끌고 전장에 나갔다. 일반적으로 성인 남자들은 말을 타면 싸울 준비를 했으며, 말에서 내리면 말, 양 등 가축을 방목했다. 그들은 목축민이자 전사였다.

몽골인은 "말 위에서 태어나고 말 위에서 죽는다."는 얘기가 있듯이 한평생 말과 함께 하는 민족이다. 보통 3세 때부터 말을 타기 때문에 말을 다루는 솜씨가 타의 추종을 불허한다. 몽골 기병은 가장 신속하게 적진을 유린하는 공포의 병기였다. 칭기즈 칸이 거느린 몽골군은 13만 명 정도였다고 한다. 금나라, 남송 등의 수백만 대군에 비하면 조족지혈에 불과했다.

그럼에도 불구하고 몽골군이 인류 역사상 유래를 찾아볼 수 없을 정도로 강군이었던 이유는, 칭기즈 칸이 가장 효율적인 군정 제도와 조직으로 맹수처럼 사납고 빠른 몽골 기병을 일사불란하게 통제했기 때문이다. 더구나 의사 결정이 빠르고 한번 결정하면 신속하게 집행되는 시스템은 그들을 천하무적의 강군으로 만들었다. 아울러 빠른 속도로 치고 빠지는 기습 전법과 군량을 적진에서 조달하는 능력도 그들을 신출귀몰하게 만들었다.

훗날 천호제는 원나라는 말할 것도 없고 여말선초의 군사 행정 제도에도 영향을 끼쳤다. 조선을 건국한 이성계의 고조부, 이안사가 원나라의 천호장이었다. 천호장 직위는 증조부 이행리·조부 이춘·부친 이자춘을 지나 이성계에게 세습되었다. 조선의 무관 계급인 만호도 천호제가 남긴 흔적이다. 성웅 이순신 장군도 전라도 발포 수군 만호, 함경도 조산보 만호 등에 임명된 적이 있었다.

원래 몽골인은 고유 문자가 없는 야만인이었다. 구두로 약속하기가 곤란하면 풀을 엮고 나무에 새기는 방법으로 의사를 전달했다. 문자가 없으니 법률이 있을 리 만무했다. 칸 또는 부족장의 말과 명령이 곧 법률이었다.

칭기즈 칸이 동나이만을 정벌할 때 동나이만 조정에 타타통아(塔塔統阿)라는 위구르 사람이 있었다. 타타통아는 타양 칸의 장인관(掌印官: 관인을 관장하는 관리)이었다. 타양 칸은 그를 존경하여 국사(國師)로 모시고 금인(金印)과 전곡(錢穀)을 관장하게 했다.

타양 칸이 죽고 동나이만이 멸망할 때 타타통아는 금인을 가지고 달아나다가 몽골군에게 잡혀 칭기즈 칸 앞으로 끌려왔다. 칭기즈 칸은 타타통아가 학식과 덕망을 갖춘 현자라는 소문을 들은 적이 있었다.

두 사람이 나눈 대화 내용은 이렇다.

"나이만의 토지와 백성은 모두 나에게 귀속되었다. 그런데도 어찌하여 너는 금인을 가지고 어디로 도망가려고 했느냐?"

"저는 국가의 금인을 관리하는 신하입니다. 금인을 잘 관리하는 것은 저의 책무입니다. 저는 금인을 목숨으로 사수함으로써 이미 세상을 떠난 타양 칸이 저에게 맡긴 업무를 다할 뿐입니다. 제가 어찌 타양 칸을 배신하는 행위를 할 수 있겠습니까?"

칭기즈 칸은 적국의 신하이더라도 적국의 왕에게 충성하는 신하를 좋아했다. 그는 타타통아의 충성심을 높이 평가하고 그가 가지고 있는 금인이 어떤 용도로 쓰이는지 알고 싶었다.

타타통아가 대답했다.

"국가의 창고에서 돈과 곡식을 출납하거나 인재를 관직에 임용할 때 필요한 문서에 금인을 찍음으로써 국가의 존엄과 권위를 나타내는 것입니다."

당시 칭기즈 칸은 황금 도장의 용도조차 몰랐을 정도로 비문명적인 군주였다. 하지만 그는 상황 판단이 무척 빨랐다. 자신이 이룩한 제국을 안정적으로 다스리기 위해서는 금인 같은 문명의 도구가 필요함을 깨달았다.

그는 타타통아를 어전대신으로 임명하고 자신을 보필하게 했다. 타타통아는 칭기즈 칸의 명령을 중원의 왕조처럼 조서로 작성하여 금인을 찍은 후 반포했다. 이 시기부터 왕족에게 작위를 내리거나 관리를 임면할 때는 반드시 관인이 찍힌 문서가 사용되었다.

이에 따라 문자의 필요성을 절감한 칭기즈 칸은 타타통아에게 몽골인에게 적합한 문자를 창제하게 했다. 타타통아는 위구르 글자의 자음과 모음으로 몽골어를 기록했다. 이는 엄밀히 말해서 문자 창제는 아니고 위구르어의 자모음을 몽골어로 개량한 것이다. 칭기즈 칸은 왕족과 귀족 자제들에게 몽골 문자를 배우게 했다. 문자로 기록된 법률로 국가를 다스리겠다는 의지의 표현이었다.

칭기즈 칸 사후에 몽골 최초의 역사서인 『몽골비사』가 바로 몽골 문자로 기록되었다. 타타통아가 만든 몽골 문자는 오늘날까지도 중국 경내의 내몽골에서는 몽골인의 공용어로, 독립국 몽골에서는 키릴 문자와 더불어 공용어로 사용되고 있다.

몽골 문자의 탄생은 몽골 제국에 일대 혁신을 가지고 왔다. 각종 법령과 제도가 문자화되어 반포되었으며, 그것들이 국가 성문법의 근간이 되었다.

칭기즈 칸의 신임을 받은 타타통아는 문자를 개혁했을 뿐만 아니라 국가 재정의 기틀을 다지는 데에도 혁혁한 공을 세웠다. 그는 칭기즈 칸에게 법률에 의하여 어떻게 세금을 징수하고 관리하며 재화를 효율적으로 사용하는지 알려 주었다. 칭기즈 칸은 타타통아를 통하여 재정의 중요성을 인식하기 시작했다.

훗날 칭기즈 칸을 계승한 몽골 제국의 제2대 칸 우구데이도 타타통아를 무척 신임하여 그에게 대칸 조정의 금인(金印), 문서 그리고 금은, 비단 등 국고에 비축한 온갖 재물들을 관리하게 했다.

우구데이 카안(원나라 2대 황제인 우구데이 시대부터 '카안'이라는 극존칭이 사용되었다. 카안은 여러 명의 칸들을 거느린 지상에서 유일무이한 최고의 황제라는 뜻이다.)은 또 타타통아의 아내 오화길씨(吾和利氏)에게 넷째아들 카라차르(哈剌察兒)의 유모가 되게 했다. 아울러 타타통아의 집안에 막대한 재물을 하사했다.

어느 날 타타통아는 네 아들을 불러 놓고 말했다.

"대칸께서 너희 어머니에게 태자를 양육하게 하시고 우리 집안에 많은 재물을 하사하셨다. 너희들은 재물에 손을 대서는 절대 안 된다. 먼저 태자가 재물을 충분히 사용한 연후에, 남는 것이 있으면 너희들도 사용해라!"

우구데이 카안은 타타통아가 얼마나 정직하고 재화를 잘 사용하여 국가의 재정에 보탬이 되게 했는지 알게 되었다. 타타통아는 몽골 제국의 형성기에 재정 대신이 되어 지대한 영향을 끼쳤다.

그 후 몽골 제국과 원나라 시대에 조정에서 재정을 관장한 대신들이 주로 위구르족 등 색목인이었던 이유는, 타타통아가 칭기즈 칸과 우구데이 카안에게 인정을 받았기 때문이다.

칭기즈 칸의 의동생인 시기 쿠투쿠(失吉忽禿忽)는 혁혁한 전공을 세운 명장이다. 시기 쿠투쿠는 타타르 사람인데 어린 나이에 몽골군의 포로가 되었다. 어린이는 죽이지 않고 집안의 노예로 삼는 게 몽골인의 관습이었다. 칭기즈 칸의 어머니 호엘룬은 그를 양자로 받아들이고 키웠다. 그 후 시기 쿠투쿠는 칭기즈 칸 수하에서 싸움뿐만 아니라 군대의 운용에도 뛰어난 능력을 발휘하여 칭기즈 칸의 총애를 받았다.

1206년 칭기즈 칸은 몽골 제국을 건국한 직후에 시기 쿠투쿠에게 청책(靑冊)을 제정하게 했다. 원래 청책은 제왕이 신하를 책봉할 때 내리는 부명(符命)이다. 원나라 때는 법령 또는 판결문을 기록한 책(冊)이다. 시기 쿠투쿠가 제정한 청책은 몽골이 정식으로 성문법을 반포한 효시가 되었다.

1219년 칭기즈 칸은 호라즘 원정을 떠나기 직전에 신하들에게 몽골 최초의 성문법인 『예케 자사크(Yeke Jasaq)』를 완성하게 했다. 이것을 『대법전(Great Jasaq)』이라고 칭하기도 한다.

현재 이 법전은 실전되었지만, 그 내용의 일부가 다른 서적들에 소개되어 있다. 그것은 기본적으로 칭기즈 칸의 명령을 성문법으로 제정한 것인데 몽골인의 권리와 의무를 명확하게 밝혔다. 몽골인은 전통적 관습법에서 벗어나 법 테두리 안에서 판단하고 행동하기 시작했다. 법령을 어기면 그에 따른 혹독한 대가를 치러야 했다.

칭기즈 칸이 몽골 통일 직후에 절대적 권위와 위엄을 지니고 있었더라도 신과 같은 전지전능한 존재는 아니었다. 천호제를 완성한 직후에 자신의 신변을 지켜 줄 호위군이 필요했다. 그의 호위군을 몽골어로 '케식'이라 칭한다. 한자어로는 겁설군(怯薛軍)이다.

만호군·천호군 등 자제들이 케식에 충당되었다. 그들은 평소에 대칸의 황금 장막을 수비하거나 궁정 사무를 담당했으며, 대칸이 정벌에 나서면 친위대로서 최전선에서 싸웠다. 그들의 직위는 천호관보다 높았으며, 그들이 거느린 시종들도 백호관과 십호관보다 높았다.

10. 주변 부족과 국가들을 복속시키고 금나라 원정에 나서다

칭기즈 칸은 건국 다음 해인 1207년부터 본격적으로 정복 전쟁에 나섰다. 투멘 오이라트·부리야트·투마트·키르기스·위구르·카를루크 등 몽골 주변의 부족과 국가들이 연이어 몽골 제국에 편입되었다.

칭기즈 칸의 대외 정책에는 분명한 원칙이 있었다. 먼저 상대방에게 복속을 권유하여 상대방이 순응하면 몽골인과 똑같이 대우했다. 그렇지 않으면 무자비하게 토벌했다. 그에게 무력은 전가의 보도가 아니라, 최후의 수단이었다. 가능하면 싸우지 않고 이웃 국가들을 복속시키고 싶었다. 이웃 국가들의 지도자들은 그가 얼마나 위대한 지도자이며, 그의 군대가 얼마나 강한지 소문을 듣고 알고 있었다. 대부분 저항보다는 투항을 선택함으로써 병화를 피했다.

1038년 당항족(黨項族) 이원호(李元昊·1003~1048)가 오늘날 중국의 영하회족자치구 은천(銀川) 일대에서 서하(西夏·1038~1227)를 건국하고 황제를 칭했다. 서하는 요나라, 송나라와 3국 정립을 이루고 중국 서북부 지역을 다스린 강국이었다.

서하의 황제들은 일찍부터 중원의 한족 문명을 받아들여 문명국가를 건설했다. 제도와 문화가 송나라와 크게 다르지 않았다. 제4대 황제 숭종(崇宗) 이건순(李乾順·1086~1139)과 제5대 황제 인종(仁宗) 이인효(李仁孝·1124~1193)

시대에 전성기를 구가했다.

하지만 인종이 지나치게 중문경무(重文輕武) 정책을 펴는 바람에, 국방력이 크게 약화되었다. 제6대 황제 환종(桓宗) 이순우(李純佑·1177~1206)는 이미 요나라를 멸망시키고 북방의 강국으로 떠오른 금나라(1115~1234)에 굴종했다. 금나라 황제는 그를 하국주(夏國主)로 책봉했다.

서하는 요나라가 금나라에 의해 멸망하고 몽골 초원에서 칭기즈 칸이 세력을 떨치는 정치적 대격변기 속에서, 스스로 대처하지 못했다.

하지만 서하 왕조는 중원의 왕조처럼 문명국가라는 자부심이 강했다. 서하인들의 안중에 몽골인은 다루기가 까다로운 야만인으로 보였다. 그들은 몽골 초원을 최초로 통일한 칭기즈 칸의 군대가 얼마나 강한지 실감하지 못했다. 서하의 대외 정책은 북방의 강국 금나라에게 굴종하고, 남방의 남송과 화친 전략을 수립함으로써 안정을 꾀하는 것이었다.

1203년 테무친에게 패배한 옹 칸이 나이만으로 달아났다가 나이만 변경에서 피살되었다. 당시 그의 아들 셍굼은 서하로 달아난 적이 있었다. 테무친은 몽골을 통일하기 1년 전인 1205년에 "적의 씨앗은 후대에 남겨 두어서는 안 된다."라는 명분을 내걸고 부하 장수들에게 서하의 변경을 침략하게 했다. 몽골 기병은 요새 리킬리 성채를 함락하고 사람과 가축을 약탈했다.

1206년 서하의 제7대 황제 양종(襄宗) 이안전(李安全·1170~1211)은 금나라 제6대 황제 장종(章宗) 완안경(完顏璟·1168~1208)의 신하를 자처하고, 서하와 금나라가 함께 몽골에 대항하자고 간청했다. 완안경은 이안전을 하국왕(夏國王)으로 책봉하고 동맹을 맺었다.

칭기즈 칸은 금나라와 서하가 동맹을 맺었다는 소식을 듣고 분노했다. 몽골인은 여진족의 영웅 아골타(阿骨打·1068~1123)가 건국한 금나라에게 100여 년 동안 수많은 능멸을 당했지 않은가. 칭기즈 칸도 한때 금나라의 앞잡이 노릇을 했다. 칭기즈 칸은 금나라에게 당한 치욕을 씻고 싶었지만, 아직 중원을 차지한 금나라를 침공할 역량이 부족했다.

1207년 칭기즈 칸은 부하들에게 서하를 다시 공격하게 했다. 먼저 약소국(서하)을 공략하고 나중에 강대국(금나라)을 정벌하는 전략이었다. 몽골군은 서하의 군사 요충지인 알라카이 성을 함락하고 회군했다. 하지만 이 2차 원정에서 몽골군의 전과가 크지 않았다.

1209년 칭기즈 칸은 친히 몽골군을 이끌고 3차 서하 정벌에 나섰다. 몽골군은 서하의 험준한 요새들을 모두 격파하고 도성 중흥부(中興府: 지금의 영하회족자치구 은천·銀川)를 포위 공격했다.

파죽지세로 공격하는 몽골군에게 놀란 이안전은 황급히 완안경에게 구원을 요청했다. 하지만 완안경은 이미 사망했으며, 후폐제(後廢帝) 완안영제(完顔永濟·?~1213)가 재위하고 있었다. 그는 이안전의 구원 요청을 거절하고 오히려 몽골과 서하가 싸우길 바랐다. 두 나라가 전쟁으로 국력을 소진하는 것이 금나라에게 유리하다고 보았기 때문이다.

칭기즈 칸은 황하의 물을 끌어들여 중흥부를 물에 잠기게 하는 전술을 폈으나, 물길이 역류하는 바람에 실패하고 말았다. 무력으로 안 되면 회유와 협박으로 굴복시켜야 했다. 칭기즈 칸은 태부 와답을 성안으로 보내 이안전을 설득하게 했다. 와답은 이안전에게 천하의 대세는 이미 몽골에 기울고 있으므로 항복만이 살길이라고 말했다.

이안전은 선택의 여지가 없었다. 해마다 몽골에 조공을 바치고 자신의 딸 찰합공주(察合公主)를 칭기즈 칸에게 시집보내는 것으로 협상을 마무리했다. 이안전이 칭기즈 칸의 장인이 된 이상, 칭기즈 칸도 전리품을 얻고 회군하는 수밖에 없었다.

그 후 찰합공주는 칭기즈 칸의 여섯 번째 카툰(황후)으로 책봉된다. 그녀에 대한 자세한 기록은 남아있지 않다. 망국의 공주로서 쓸쓸한 여생을 보냈을 것이다.

서하가 몽골의 속국이 되자, 서하와 금나라와의 동맹은 와해되었다. 칭기즈 칸은 후방에서 서하에게 협공당할 수 있는 위험을 제거한 후, 금나라 정벌에 대한 야망을 노골적으로 드러내기 시작했다. 금나라는 조상 대대로 불구대천의 원수였다. 반드시 금나라를 짓밟아 조상들의 영혼을 달래고 싶었다.

그런데 금나라에 대한 복수는 표면적 이유에 불과했다. 그가 금나라를 정벌하려는 진짜 목적은 엄청난 경제적 이득을 얻기 위해서였다. 금나라는 12세기에 들어와 요나라를 멸망시켰으며 송나라를 장강 이남으로 몰아내고 중원을 차지한 후, 동아시아의 최강국으로 발전했다.

칭기즈 칸이 금나라를 호시탐탐 노릴 때 금나라 인구는 5,000여만 명이었는데 몽골의 40여 배나 되었다. 병사는 100만 대군이었으며 몽골의 10여 배였다. 이뿐만이 아니었다. 금나라의 방방곡곡에는 곡식ㆍ금은보화ㆍ철기ㆍ비단ㆍ재화 등이 산더미처럼 쌓여 있었다.

몽골인들은 오랜 세월 동안 중원 지역의 풍부한 물자를 동경했으며, 그것을 약탈하지 않으면 생존하기 어려운 척박한 환경 속에서 지내야만 했다. 그들은 굶주린 이리떼와 같았다. 중원의 한족은 언제나 그들의 호전성과 야만성을 두려워하여 전전긍긍했다.

금나라를 건국한 여진족도 몽골인 못지않게 호전적 민족이었다. 한때 여진족을 통치했던 요나라 태조 야율아보기(耶律阿保機·872~926)가 이런 말을 한 적이 있다.

"여진족 장정의 숫자는 만 명 미만으로 통제해야 한다. 만 명이 넘으면
그들과 싸워서 이길 수 없다."

또 송나라 사람 우문무소(宇文懋昭)가 편찬한 『대금국지(大金國誌)』에 이런 기록이 있다.

"여진족은 천성이 용감하며 풍습이 거칠고 싸움을 좋아한다. 그들은 아무리 굶주리고 갈증이 나도 고난을 이겨낸다. 또 그들은 말을 타고 다니면서 절벽의 위아래를 마치 날아다니는 듯하며, 하천을 건널 때도 배나 뗏목에 의지하지 않고 말을 몰아 단숨에 도강한다."

여진족과 몽골족은 강인함과 용맹성에 있어서는 정말로 난형난제였다. 금나라가 몽골족을 통치할 때는 이른바 '멸정(滅丁)' 정책을 펴서 몽골인 장정(壯丁)을 정기적으로 살해한 일도 있었다. 훗날 명나라가 여진족을 다스릴 때도 마찬가지였다.

오래전부터 금나라와 몽골은 국경 지대에서 자주 충돌했다. 포로로 잡힌 한 금나라 병사가 몽골인에게 이런 말을 한 적이 있다.

"우리 금나라가 바다처럼 넓다면, 너희 몽골은 한 줌의 모래와 같다. 그러니 어찌 우리가 너희들을 두려워하겠는가."

하지만 칭기즈 칸이 활약할 때 금나라 왕조는 이미 한족 문명화되어 무력이 그들의 조상 시대와는 다르게 강하지 않았다. 1208년 장종 완안 경이 후사를 남기지 못하고 죽었다. 그의 숙부 완안영제가 황위를 계승했다. 그를 위소왕(衛紹王)이라고 칭하기도 한다. 그는 유약하고 우둔한 군주였다. 조정에서 내분이 끊이질 않았다.

예전에 칭기즈 칸이 변방에서 금나라에 공물을 진상할 때 완안영제와 접촉한 적이 있었다. 그는 완안영제를 무능하고 포악한 사람으로 보았다.

원나라 역대 황제 평전

완안영제가 황제로 등극한 후 칭기즈 칸에게 사신을 보내 무릎을 꿇고 조서를 받게 했다.

칭기즈 칸이 사신에게 물었다.

"이번에 누가 새 황제가 되었는가?"

사신이 대답했다.

"예전의 위소왕이 새 황제로 등극했습니다."

칭기즈 칸은 남쪽을 향해 침을 뱉고 말했다.

"나는 예전에 중원의 황제는 하늘의 신선만이 될 수 있다고 생각했지. 완안영제 같은 무능하고 비겁한 자가 황제 노릇을 하고 있다고? 나에게 무슨 조서를 받으라고? 정말 웃기는 일이구나."

칭기즈 칸은 즉시 말을 타고 북쪽으로 가버렸다. 완안영제는 금나라로 돌아온 사신에게 자초지종 얘기를 듣고 분노하여 칭기즈 칸을 죽일 계략을 꾸몄다. 칭기즈 칸도 무능한 완안영제가 황제가 된 이상, 금나라를 두려워할 필요가 없었다.

그는 말을 타고 높은 산에 올라가 하늘에 제사를 지내며 맹세했다.

"오, 하늘이시여! 금나라 황제가 저의 조상 암바가이 칸을 살해했습니다. 저에게 힘과 용기를 주소서. 제가 기필코 원수를 갚겠습니다."

1156년 무렵 제2대 칸 암바가이가 금나라에서 잔혹한 형벌을 당하고 죽은 일을 칭기즈 칸이 회상하며 복수를 맹세한 것이다. 1211년 가을 그는 금나라 조정의 내분을 틈타 마침내 군사를 일으켰다. 그가 원정을 시작한 이래 가장 많은 병력인 10만 기병을 동원하여 금나라 변경을 유린했다.

금나라 조정도 50만 대군을 집결시켜 몽골군에 대항했다. 평장정사 독길천가노(獨吉天家奴), 참지정사 완안승유(完顔承裕) 등 관리들이 금나라군을 지휘했다.

양군은 야호령(野狐嶺: 하북성 장가구·張家口 만전현·萬全縣)에서 대치했다. 병력은 몽골군이 절대 열세였지만, 칭기즈 칸은 사준(四駿) 가운데 한 명인 무칼리 장군에게 날아가는 화살처럼 빠른 기동력으로 기습하게 했다. 금나라군은 동에서 번쩍, 서에서 번쩍 나타나 기습했다가 순식간에 사라지는 몽골군에게 궤멸되었다. 금나라 군의 시체가 100여 리에 널렸다.

훗날 역사학자들은 이 야호령 전투가 금나라가 망하는 결정적 계기가 되었다고 평가한다. 칭기즈 칸 개인에게도 젊은 시절부터 출정한 이래 가장 큰 전과였다.

오늘날 몽골인은 이 전투를 무척 자랑스럽게 생각한다.

몽골군은 여세를 몰아 파죽지세로 거용관(居庸關)을 격파하고 금나라의 도성 중도(中都: 북경 서성·西城에서 풍대·豊臺에 이르는 지역)를 포위했다.

완안영제는 신하들과 함께 남쪽으로 달아날 궁리만 했다. 상경유수(上京留守) 도단일(徒單鎰)에게 병사 2만 명을 선발하여 중도를 수비하게 했다.

칭기즈 칸은 일단 철군했다가 1212년 가을에, 다시 금나라를 공격했다. 이번 공격 목표는 서경(西京: 산서성 대동·大同)이었다. 원수좌도감(元帥左都監) 오둔양(奧屯襄)이 이끈 금나라군이 전멸을 당했다.

얼마 후 거란인 야율유가(耶律留哥)가 금나라 조정이 혼란에 빠진 틈을 타서 요동 지방에서 반란을 일으켰다. 그가 이끈 반란군이 수개월 만에 10만여 명에 달했다. 그는 칭기즈 칸을 황제로 받들고 요나라 왕으로 자립했다. 몽골군과 요나라군이 연합하여 금나라를 공격했다.

1213년 8월 칭기즈 칸이 다시 중도를 포위 공격했다. 금나라의 권신 호사호(胡沙虎)가 궁정 반란을 일으켜 완안영제를 시해하고 풍왕(豐王) 완안순(完顏珣·1163~1224)을 새 황제로 추대했다. 완안순이 금나라 제8대 황제 선종(宣宗)이다.

금선종은 도원수 완안승휘(完顏承暉)의 건의를 받아들여 몽골과의 화친을 도모했다. 몽골군도 오랜 원정에 지쳐있었기 때문에 휴식이 필요했다.

1214년 3월 금선종은 칭기즈 칸에게 위소왕의 딸 기국공주(岐國公主), 사내아이 500명, 여자아이 500명, 말 3,000필을 바쳤다. 칭기즈 칸은 금선종이 보낸 공물에 만족하고 거용관을 지나 몽골로 돌아갔다. 화의를 맺은 두 나라 사이에는 잠시 불안한 평화가 찾아왔다.

금선종은 몽골의 재침이 너무 두려웠다. 1215년 도성 중도가 몽골의 침략에 지형적으로 불리하고 아울러 비축한 양식이 부족한 것을 이유로 들어, 황급히 남경(南京: 하남성 개봉·開封)으로 천도했다. 그는 먼저 남송을 정벌하여 경제력을 회복한 후, 몽골에 대항하겠다는 다소 황당한 생각을 했다.

같은 해 6월 칭기즈 칸은 금선종이 신의를 저버리고 남천(南遷)했다는 소식을 듣고 진노했다. 몽골군이 다시 중도를 유린했다. 칭기즈 칸은 중도에 있는 재화를 모두 몽골로 옮기게 하고 성안의 백성들을 도륙하게 했다. 수개월 동안 타오른 화마가 중도성을 지옥으로 변하게 했다.

칭기즈 칸은 몽골군에게 여러 방면에서 금나라를 공격하게 하면서 금선종에게 사자 아라잔을 보내 화의 조건을 제시했다.

"하북과 산동 지방에서 아직 항복하지 않은 성읍을 바쳐야 한다. 또 너는 황제의 칭호를 폐지하고 하남왕이 되어 짐을 황제로 섬기면 철군하겠다."

하지만 금선종은 칭기즈 칸의 제의를 거절했다. 분노한 칭기즈 칸은 몽골군에게 황하 유역의 성읍들을 유린하게 했다. 같은 해 가을 성읍 862곳이 몽골군의 수중에 들어갔다. 이때부터 황하 이북 지역은 사실상 몽골인의 천하가 되었다.

칭기즈 칸이 중도를 함락했을 때 야율초재(耶律楚材·1190~1244)라는 금나라 관리를 만났다. 야율초재는 망한 요나라의 황족 출신으로 금나라에서 벼슬길에 나갔다. 어렸을 적에 신동(神童)이라는 칭찬을 들었을 정도로 천재였으며, 젊어서는 군서를 박람하여 모르는 게 없었다. 특히 유교와 불교에 일가를 이룬 지식인이었다.

그는 칭기즈 칸에게 국가를 다스리는 도리를 설파했다. 무자비한 살육을 피하고 어진 정치를 베풀어야 천하의 모든 사람이 복종한다고 주장했다. 칭기즈 칸은 젊은 지식인, 야율초재를 곁에 두고 수시로 그에게 의견을 구했다.

훗날 야율초재는 칭기즈 칸의 서방 원정과 몽골 제국이 원나라로 발전하는 과정에서 엄청난 영향을 끼친다. 제2대 황제 우구데이 카안이 중국의 화북 지방에 거주하는 한인(漢人)들을 모조리 도륙하고 그 광활한 지방을 목장으로 만들려고 했을 때 야율초재가 적극적으로 반대하지 않았다면 상상을 초월하는 살육이 자행되었을 것이다. 그래서 오늘날 한족은 야율초재를 위대한 정치가로 칭송하고 있다.

1216년 봄 칭기즈 칸은 금나라 정벌을 멈추고 케룰렌강 유역의 초원으로 회군했다. 무칼리 등 장수들에게 소수의 병력으로 중도에 주둔하면

원나라 역대 황제 평전

서 금나라와 대적하게 하고, 자신은 서정(西征)을 준비했다. 금나라는 몽골군에게 연전연패했지만, 아직도 적지 않은 병력이 있었다. 몽골의 주력군이 초원으로 돌아간 틈을 이용하여 실지를 회복할 수도 있었다.

하지만 금선종은 몽골의 재침에 대한 대비책을 세우지 않고 평장정사 서정(胥鼎)에게 주력군을 이끌고 남송을 공격하게 했다. 서정은 몽골과 서하가 금나라 주력군이 남정(南征)을 떠난 틈을 노리고 후방에서 금나라를 공격할 우려가 있다고 반대했지만, 금선종의 뜻을 꺾을 수 없었다.

1224년 금선종은 향년 61세를 일기로 세상을 떠날 때까지 남정을 포기하지 않았다. 강적 몽골을 배후에 두고 무리하게 남송을 정벌한 것은 전략적 실수였을 뿐만 아니라, 국력이 쇠퇴하고 국론이 분열하는 원인이 되기도 했다.

황태자 완안수서(完顔守緒·1198~1234)가 황위를 계승했다. 그가 금나라 제9대 황제이자 마지막 황제인 금애종(金哀宗)이다. 금애종은 집권 초기에 완안진화상(完顔陳和尚), 완안합달(完顔合達) 등 명장들을 중용하여 몽골군에게 대항하게 하고 서하, 남송과의 관계 개선에도 힘쓰면서 일련의 개혁 조치를 단행했다. 몽골과 금나라는 다시 대치 국면으로 접어들었다.

11. 서방 원정을 마치고 돌아오는 길에 사망하다

1206년 봄 칭기즈 칸이 몽골 초원을 통일하고 예케 몽골 울루스를 건국한 지 12년이 지난 1218년에 서방 원정을 단행하여 거란족이 세운 서요를 멸망시켰다. 서요는 몽골 제국에 의해 멸망한 첫 번째 국가가 된다. 서요의 영토가 몽골에 편입되자 서요와 국경을 맞대고 있던 호라즘 왕조가 칭기즈 칸의 눈에 들어왔다.

호라즘은 1077년에 중앙아시아의 아랄해(Aral Sea) 남쪽에서 일어난 이슬람 왕조이다. 왕가는 튀르크계 맘루크 출신이었으며, 행정 체제와 사회 문화는 페르시아의 영향을 받았다. 1190년대에 오늘날의 이란 지역을 장악했으며, 1200년대에는 고르 왕조와 카라한 왕조를 차례로 멸망시키고 우즈베키스탄·아프가니스탄·파키스탄·인도 북부 등 지역까지 정복하여 동부 이슬람 세계의 대제국으로 발전했다.

제7대 술탄 알라 웃딘 무함마드(Alā al-Dīn Muḥammad · 1169~1220)는 '동방의 알렉산더 대왕'이라는 칭송을 들었을 정도로 유명한 정복 군주였다. 호라즘 왕조의 최전성기를 이끌면서 중앙아시아와 이슬람 세계에서 명성을 떨쳤다.

그는 동방에 송나라, 금나라 등 부유한 왕조가 있으며 몽골이 동방의 패권 국가로 떠오르고 있다는 얘기를 이슬람 상인들에게 들었다. 이슬람 세계의 위대한 술탄으로서 자신의 위세를 만방에 떨치고 동시에 교역을 통해서 엄청난 재화를 축적하기 위해서는 동방 국가들에 대한 정보가 필요했다. 특히 날로 세력을 팽창하는 인접 국가인 몽골에 대한 호기심이 강했다.

1215년에서 1216년에 이르는 기간에 알라 웃딘 무함마드가 보낸 사절단이 중도에 머물던 칭기즈 칸을 예방했다. 사절단 일행은 칭기즈 칸에게 방문 목적을 상세히 아뢰고 호라즘이 어떤 국가이며 얼마나 강대한지 설명했다.

칭기즈 칸도 호라즘이 자신의 제국과 비견될만한 거대한 국가임을 알고 있었다. 동방의 황제인 자신과 서방의 황제인 알라 웃딘 무함마드가 서로 친교를 쌓고 교류하면 전략적으로 서하와 금나라를 제압하는 데 유리할 뿐만 아니라, 몽골과 호라즘의 경제적 교류에도 큰 이익이 될 수 있었다. 칭기즈 칸은 만 리 길을 마다하지 않고 찾아온 사절단 일행의 노고를 치하하며 여러 날 동안 그들을 칙사 대접했다.

1218년 칭기즈 칸은 호라즘으로 파견할 상단(商團)을 조직하게 했다. 일행은 450명이었으며 많은 금은보화를 가지고 이슬람 상인을 따라 호라즘으로 들어가서 교역하게 했다.

상단이 호라즘 경내의 오트라르성(카자흐스탄 시르다리야강·Syr Darya River 유역에 위치)에 도착했을 때 예기치 않은 사건이 발생했다. 오트라르 성주 이날추크가 상단이 가지고 온 재화를 빼앗고 일행을 살해했다. 그런데 일행 중 한 명이 극적으로 탈출하여 칭기즈 칸에게 이날추크가 저지른 만행을 알렸다.

신의를 목숨처럼 여기는 칭기즈 칸의 분노가 폭발했다. 산에 올라가 하늘을 향해 사흘 밤낮을 단식기도하며 복수를 다짐한 후 내려와 전쟁 준비에 박차를 가했다.

그는 출정에 앞서 사신을 알라 웃딘 무함마드에게 보내 사건의 진상을 따지고 이날추크를 몽골로 압송해달라고 요구했다. 만약 자신의 요구를 들어주지 않으면 전쟁은 피할 수 없다고 했다.

알라 웃딘 무함마드는 고민에 빠졌다. 몽골과의 무력 충돌을 피하려면 상인을 보호하겠다는 약속을 지키지 않은 자기가 책임을 지고 이날추크를 몽골로 송환해야 했다.

하지만 이날추크는 모후(母后) 테르켄 태후(1148~1233)의 사촌이었다. 알라 웃딘 무함마드는 모후의 눈치를 살피지 않을 수 없었다. 테르켄 태후는 아들에게 절대 이날추크를 사지로 보내서는 안 된다고 말했다.

알라 웃딘 무함마드는 외척도 지켜주지 못한 무능한 술탄이라는 오명을 쓰지 않을까 두려웠다. 차라리 몽골 사신을 살해하여 칭기즈 칸에게 치욕을 안겨줌으로써 위대한 술탄의 위엄을 보이고 싶었다.

몽골 사신들 가운데 정사(正使)는 살해하고 부사(副使) 두 명은 수염을 강제로 깎아서 몽골로 돌려보냈다. 지금도 남자 이슬람교도에게 수염은 권위의 상징이며 깎이는 것은 치욕이다. 알라 웃딘 무함마드의 의도는 분명했다. 칭기즈 칸과 자웅을 겨루어보겠다는 것이다.

1219년 칭기즈 칸은 대군을 이끌고 호라즘 원정에 나섰다. 원정 도중에 몽골에 복속한 나라들의 병사들도 속속 합류했다. 칭기즈 칸이 거느린 병사가 10여만 명에 달했다. 몽골 기병 한 명의 전투력이 중원 왕조의 보병 열 명에 상당함을 감안한다면 엄청난 병력 동원이었다.

알라 웃딘 무함마드도 40만 대군을 동원하여 방어에 나섰다. 당시 호라즘의 신도(新都) 사마르칸트(우즈베키스탄 아무다리야강 유역에 있는 도시)는 부하라(우즈베키스탄 자라프샨강 하류에 있는 도시) 이동(以東)에 위치하고, 구도(舊都) 우르겐치(투르크메니스탄 쿤야우르겐치)는 부하라 서북(西北)에 위치하고 있었다.

알라 웃딘 무함마드는 사마르칸트에, 모후 테르켄 태후는 우르겐치에 있었다. 그는 40만 대군을 사마르칸트·우르겐치·오트라르 그리고 변방의 여러 성(城) 등에 분산 배치했다. 그가 대군을 지역별로 분산 배치한 이유는 여러 종족과 파벌로 구성된 군대를 장악하지 못했기 때문이다. 술탄 중심의 지휘권이 일원화되지 않은 문제점이 있었다.

칭기즈 칸은 이러한 약점을 정확하게 간파했다. 먼저 변방의 요충지 그리고 사마르칸트, 우르겐치 사이에 있는 소도시들을 각개 격파함으로써 사마르칸트와 우르겐치를 고립시키는 전략을 폈다. 칭기즈 칸과 툴루이는 주력군을 이끌고 사막을 건너 부하라로, 주치는 시르다리야로, 우구데이와 차가타이는 오트라르로, 아랄은 타슈켄트로 진격했다.

이날추크는 2만 병력을 이끌고 오트라르성에서 여러 달 동안 결사 항전했으나 복수심에 불탄 우구데이와 차가타이의 적수가 되지 못했다. 오트라르성 수비군은 모조리 도륙되었다.

이날추크는 몽골군에게 생포되어 칭기즈 칸 앞으로 끌려왔다. 잔인한 형벌이 그를 기다리고 있었다. 펄펄 끓는 수은(水銀)을 그의 입·귀·눈 등에 부었다. 머리가 순식간에 녹아내렸다. 칭기즈 칸은 약속을 어기고 자기 부하를 죽인 이날추크에게 상상을 초월하는 극악한 형벌을 내린 것이다.

이윽고 잔드·우즈겐드·바르치칸·양기켄트 등 도시들이 연이어 몽골군에 의해 파괴되었다. 성문을 열고 투항한 자들은 살려주었지만, 최후까지 저항한 자들은 씨를 말렸다.

그런데 호라즘 군대가 항상 패배한 것은 아니었다. 몽골군이 파죽지세로 호젠트로 진격했을 때 호라즘의 민족 영웅인 티무르 말릭(Timur Malik)은 시르다리야 강변의 성채에서 배수진을 치고 필사적으로 저항했다.

몽골군은 돌로 강물을 메우고 투석기로 성채를 공격했으나 함락하지 못했다. 몽골 기병 7만여 기가 티무르 말릭의 수비군 천여 명에게 농락당한 꼴이 되었다.

그 후 티무르 말릭은 선전(善戰)에도 불구하고 중과부적으로 몽골군에게 쫓기는 신세가 되었지만 죽는 순간까지 몽골군에 맞서 싸우다가 죽었다. 오늘날 그는 타지키스탄을 지켜낸 민족 영웅으로 추앙받고 있다.

부하라·사마르칸트 등 호라즘의 중추 도시들이 몽골군에게 함락되었다. 알라 웃딘 무함마드는 사마르칸트가 함락되기 직전에 탈출하여 이곳저곳을 떠돌다가 카스피해의 외딴섬에서 사망했다.

한때 이슬람 천하를 호령했던 그가 칭기즈 칸을 얕잡아 보고 잘못된 전략적 판단을 한 끝에, "그토록 넓은 영토를 다스린 내가 지금은 무덤 하나 정할 땅조차 없이 죽는구나."라고 탄식하며 죽었다.

알라 웃딘 무함마드의 모후 테르켄 태후는 몽골군에게 생포되어 몽골로 끌려가 13년 동안 하녀 생활을 하다가 죽었다.

하지만 호라즘은 알라 웃딘 무함마드의 비참한 죽음으로 완전히 망한 것은 아니었다. 그가 사망하기 직전에 아들들 가운데 가장 용감한 잘랄 앗 딘 밍부르누(Jalāl al-Dīn Menguberdī·1199~1231)에게 황위를 계승하게 했다.

얼마 후 잘랄 앗 딘 밍부르누는 우르겐치에서 제8대 술탄으로 즉위했다. 1221년 4월 우르겐치도 몽골군에게 함락되었다. 잘랄 앗 딘 밍부르누는 자신의 본거지였던 가즈니(아프가니스탄 동부의 도시)로 달아나 세력을 규합하여 병사 6만여 명을 이끌었다.

같은 해 여름 칭기즈 칸의 의동생 시기 쿠투쿠가 호라즘의 잔존 세력을 없애기 위하여 몽골군 3만여 명을 이끌고 가즈니로 진격했다.

잘랄 앗 딘 밍부르누는 몽골군을 파르완(아프가니스탄 중부에 있는 파르완주)의 협곡으로 유인했다. 호라즘군은 몽골 기병이 협곡에서 기동이 원활하지 않은 틈을 타서 맹공을 퍼부었다. 몽골군은 협곡 위에서 비처럼 쏟아지는 화살을 맞고 혼비백산하여 달아났다. 몽골군 대부분이 죽거나 포로가 되었다. 칭기즈 칸이 서방 원정을 떠난 이래 몽골군 최초의 패배였다.

칭기즈 칸은 패배 소식을 듣고 분노하여 친히 몽골군 5만여 명을 이끌고 가즈니로 진격했다. 오늘날 인도 북쪽의 힌두 산을 넘어 바미얀 요새를 공격할 때 그의 손자이자 차가타이의 아들인 무에투켄(木阿禿干)이 전사했다. 칭기즈 칸의 분노가 극에 달했다. 바미얀 요새를 점령한 후 사람은 말할 것도 없고, 살아 숨 쉬는 모든 것을 죽이게 했다. 심지어 나무 한 그루, 풀 한 포기도 남기지 않고 모두 불에 태웠다.

잘랄 앗 딘 밍부르누는 끝까지 저항하다가 인도로 달아났다. 그가 몽골군의 추격을 물리치고 폭우로 불어난 인더스강을 건너는 모습을 본 칭기즈 칸이 아들들에게 말했다.

"여태껏 나는 저 사람처럼 용감한 전사를 본 적이 없다. 저런 아들을 둔 아비는 진정으로 행복한 사람이겠구나."

칭기즈 칸은 잘랄 앗 딘 밍부르누가 권토중래하지 않을까 두려웠다. 그를 생포하여 부하로 삼고 싶었다. 셋째 아들 우구데이에게 인도로 진격하여 그를 사로잡게 했지만 실패했다.

훗날 잘랄 앗 딘 밍부르누는 호라즘 왕국의 재건에 성공했으나 1231년에 주변 국가들과 마찰을 빚은 끝에 피살되었다. 그의 죽음으로 호라즘은 역사 속으로 사라졌다. 그는 오늘날 우즈베키스탄에서 최고의 민족 영웅으로 추앙받고 있다.

몽골은 호라즘을 영토에 편입함으로써 동양과 서양의 통로인 실크로드를 장악했다. 칭기즈 칸은 종교와 민족을 따지지 않고 상인을 우대했다. 동서 무역을 담당하는 상인들이 몽골에 일정한 세금을 바치면 그들의 안전과 자유로운 통행을 보장했다. 이는 몽골에 엄청난 경제적 이득을 안겨주었다. 아울러 칭기즈 칸은 상인들을 통해 유럽 각국의 사정을 이해할수 있었다. 이는 몽골이 동유럽으로 진출하는 계기가 되었다.

1221년경 제베와 수부타이는 달아난 호라즘 국왕을 추격한다는 것을 구실로 삼아 칭기즈 칸의 허락을 받고 동유럽 원정을 떠났다. 원정 도중에 오늘날의 이라크·조지아·아제르바이잔 등 지역에 있는 여러 왕조가 몽골군에 항복했다. 몽골군은 카프카스산맥을 넘어 킵차크 초원으로 진격했다. 1223년 봄 지금의 크림반도까지 진출하여 제노바 공화국의 식민도시들을 약탈했다.

킵차크 사람들은 드네프르강 유역으로 달아났다. 드네프르강은 오늘날 벨라루스와 우크라이나를 흐르는 강이다. 유럽에서 세 번째로 긴 강으로 우크라이나의 수도 키이우를 지나 흑해로 들어간다. 킵차크의 부족장 쿠탄 칸이 루스 공국들의 대공(大公)들에게 구원을 요청했다. 당시 루스 공국들 가운데 키이우 루스가 가장 강대한 공국이었다. 오늘날의 러시아와 우크라이나 그리고 벨라루스의 모체가 된다.

1223년 초여름 제베와 수부타이가 이끈 몽골군 15,000여 명이 루스 연합군 80,000만여 명을 칼카 강(Kalka River) 유역에서 섬멸했다. 이 칼카 강 전투를 몽골군 최초의 유럽 침공으로 보는 견해가 있다. 오늘날 러시아인들이 가장 수치스럽게 생각하는 싸움이기도 하다.

이후 우크라이나와 러시아는 몽골의 지배를 받게 된다. 제베와 수부타이는 동유럽 원정을 멈추고 엄청난 전리품을 가지고 몽골 초원으로 돌아갔다. 그런데 이 시기에 사구 중의 한 명이며 신궁(神弓)으로 유명한 제베가 귀환 도중에 병사했다.

한편 칭기즈 칸은 서방 원정 중인 1219년에 어의 겸 도사 유중록(劉仲祿)의 천거로 장춘진인(長春眞人) 구처기(丘處機·1148~1227)를 알게 된다. 구처기는 북방 도교 전진파(全眞派)의 교주이다. 도교의 수행 목적 가운데 한 가지는 불로장생의 신선이 되는 것이다.

당시 칭기즈 칸은 인생의 황혼기인 50대 후반의 나이였다. 그도 몽골 천하를 얻고 난 후 장생불사를 꿈꾸었을 것이다. 그는 구처기에게 여러 차례 사신을 보내 그를 만나기를 희망했다. 구처기는 제자들과 함께 산동 내주(萊州)에서 출발하여 2년 동안 천신만고 끝에 칭기즈 칸이 머물던 파르완 부근의 행궁에 도착했다.

칭기즈 칸이 그에게 물었다.

"진인께서 만 리를 멀다하지 않으시고 이곳까지 오셨습니다. 짐에게 어떤 장생약을 주시겠습니까?"

구처기가 대답했다.

"생명을 보호하는 도는 있지만 장생약은 없습니다."

원나라 역대 황제 평전

욕심을 버리고 살육하지 않으며 청정한 마음으로 도를 닦으면 영원히 살 수는 없어도 건강하게 살 수 있다고 했다. 그는 또 천하의 주인이 된 자는 경천애민(敬天愛民) 사상을 실천해야 한다고 했다.

그의 충고가 칭기즈 칸의 살인 본능을 근본적으로 약화시키지 못했지만, 그에게 제국은 어떻게 다스려야 하고 아울러 인간의 목숨은 유한하다는 것을 깨닫게 했다.

칭기즈 칸은 구처기를 신선으로 받들고 중원 지방에서 도교의 포교 활동을 지원했다. 야율초재와 구처기는 칭기즈 칸이 유목민의 습성을 버리고 황제로서 어떻게 만천하의 백성들을 다스려야 하는지에 대해서 가장 많은 영향을 끼친 지식인이었다. 이는 또 칭기즈 칸이 점차 한족 문명의 세례를 받은 증거이기도 하다.

1225년 칭기즈 칸은 서방 원정 7년을 마치고 몽골 초원으로 돌아왔다. 몽골고원으로부터 러시아 남부 지역에 이르는 유라시아의 광대한 영토를 아들들에게 나누어 주었다. 장남 주치에게는 오늘날의 이르티시강 (중앙아시아와 시베리아 서부를 흐르는 강) 이서에서 우랄강(러시아와 카자흐스탄을 흐르는 강) 이동에 이르는 지역을, 둘째 아들 차가타이에게는 몽골 서부에서 천산산맥에 이르는 지역을, 셋째 아들 우구데이에게는 몽골의 서북 지방을, 넷째 아들 툴루이에게는 몽골 본토를 분봉했다.

본토에서 가장 먼 지방으로부터 장남·차남·셋째 아들의 순서로 땅을 차지하고, 본토는 막내가 차지하는 것이 당시 몽골인의 관습이었다. 네 아들이 받은 영토는 나중에 킵차크 칸국·차가타이 칸국·우구데이 칸국·일 칸국 등 몽골의 이른바 '사칸국(四汗國)'으로 발전한다.

칭기즈 칸이 몽골 초원으로 돌아왔을 당시에, 서하와 금나라는 서로 몽골 침략에 대한 대비책으로 오랜 적대 관계를 청산하고 동맹을 맺었다. 칭기즈 칸은 서방 원정을 떠나기 전에 서하 국왕에게 지원 요청을 했다가 거절당한 적이 있었다. 서하에 대한 적개심을 품고 있는 상황에서 서하와 금나라가 동맹을 맺었다는 소식을 듣고 분노가 폭발했다. 또 금나라를 멸망시키기 위해서는 전략적으로 먼저 서하를 정벌해야 했다.

그는 신하들의 만류에도 불구하고 제6차 서하 정벌에 나섰다. 그런데 그는 이미 나이 63세의 고령이었다. 부하 장수들에게 서하 정벌을 명령하고 심신을 편안하게 해야 했다. 하지만 그는 몽골의 두 숙적인 서하와 금나라를 친히 멸망시키고 말겠다는 야심을 포기하지 않았다.

1226년 서하의 성읍들은 대부분 몽골군에게 함락되었다. 1227년 몽골군은 서하의 도성 중흥부를 포위했다. 서하의 마지막 황제 이현(李睍·?~1227)은 반년 동안 버티다가 양식이 떨어져 아사자가 속출하고 설상가상으로 지진이 발생하여 궁궐의 전각들이 붕괴하자 투항을 결심했다. 몽골군에 사자를 보내 한 달 후에 성을 바치고 투항하겠다고 했다.

당시 칭기즈 칸은 낙마 사고로 큰 부상을 입었음에도 불구하고 친히 중흥부를 포위하고 공격했다. 1227년 8월 칭기즈 칸의 병세가 악화하였다. 그는 수명이 얼마 남지 않았음을 직감했다. 지금의 육반산(六盤山) 부근의 청수현(淸水縣)에서 셋째 아들 우구데이에게 대칸의 지위를 계승하게 하고 서하와 금나라를 멸망시킬 방책을 세운 후, 향년 65세를 일기로 파란만장한 삶을 마감했다.

칭기즈 칸의 아들들은 아버지의 유언을 받들어 우구데이를 대칸으로 추대했다. 칭기즈 칸의 죽음은 철저하게 비밀에 부쳐졌다. 몽골의 장수들은 서하를 멸망시킨 후 칭기즈 칸의 영구(靈柩)를 케룰렌강의 대오르두로 호송하면서 비밀이 새어나갈까 두려워하여 호송 도중에 만나는 사람들을 모조리 죽였다. 심지어 가축조차도 전부 도살했다.

그래서 오늘날 그의 능묘가 어디에 있는지는, 천고의 수수께끼로 남아있다. 한 곳에 정주하지 않고 끊임없이 이동하는 유목민의 생활 습관이 중원의 농경 민족인 한족과는 다르게 거대하고 화려한 능묘를 만들게 하지 않았는지도 모른다.

농경 민족은 성을 쌓고, 유목 민족은 길을 개척한다. 그 차이가 칭기즈 칸의 영혼과 시신을 한 자리에 머물게 하지 않았을 것이다.

12. 칭기즈 칸에 대한 평가: 천고의 도살자인가, 영웅인가

인류 역사상 칭기즈 칸만큼 개인에 대한 평가가 극단적인 긍정과 부정으로 나뉘는 인물도 거의 없을 것이다. 중앙아시아·중동·동유럽 등에서 칭기즈 칸과 몽골군에게 민족이 거의 멸절할 정도로 피해를 입은 국가들은 그를 악마로 간주한다. 칭기즈 칸과 그의 후예들이 대략 4천 만여 명을 살육했을 것이라는 추측이 있다.

칭기즈 칸은 임종에 앞서 부하들에게 서하를 멸망시키면 서하인은 모조리 살육하라고 명령했다. 몽골군은 서하의 도성 중흥부를 함락한 후 대학살을 자행했기 때문에, 서하를 건국한 당항족(黨項族)이 오늘날 중국에서 사라진 것이다.

몽골군의 대학살 때문에 사라진 국가와 민족은 일일이 열거할 수 없을 정도로 많다. 오죽하면 13세기에 일어난 지구의 기후 변화가 몽골군의 대학살과 관련이 있다고 주장하는 사람도 있을까.

일 칸국 시대의 유명한 정치가이자 역사학자인 라시드 앗 딘(1247~1318)이 집필한 『연대기의 집성(일명 집사·集史)』에 칭기즈 칸이 이런 말을 했다는 기록이 있다.

"인생의 가장 큰 즐거움은 적들을 무찌르고 쫓아내며 그들이 가지고

있는 재물을 강탈하며, 그들의 가족이 피눈물을 흘리는 모습을 보고 그
들의 말에 올라타서 그들의 아내를 빼앗는 일에 있다."

『집사』는 몽골·인도·튀르크·페르시아·아랍 등의 역사와 문화를 기
록한 역사서로 최초의 세계사이다. 라시드 앗 딘은 일 한국 칸의 명령을
받고 이 책을 저술했다. 위의 내용이 사실이라면, 칭기즈 칸은 악마와 다
를 바 없다.

그런데 라시드 앗 딘은 페르시아 사람이다. 칭기즈 칸의 말을 왜곡할
가능성이 있다. 칭기즈 칸의 행적을 살펴보면 정말로 그가 이런 말을 했
는지 의심이 든다.

이와 반면에 칭기즈 칸을 천고의 위대한 군사 전략가이자 지도자라고
평가하는 국가도 있다. 몽골이 소련의 위성국이었을 때 몽골인은 감히 칭
기즈 칸을 찬양하거나 언급하지 못했다. 러시아 사람들은 몽골의 러시아
침략 때문에, 러시아 문명이 서구에 비해 200년이나 뒤졌다고 생각하여,
칭기즈 칸의 존재를 철저하게 지웠기 때문이다.

하지만 소련 붕괴 이후에 칭기즈 칸은 몽골에서 다시 화려하게 등장
한다. 오늘날 그는 몽골에서 신처럼 추앙받고 있다. 인구가 겨우 335만여
명에 불과한 몽골이 14억 인구의 중국을 이웃으로 두고 생존하는 것이 얼
마나 불안하겠는가. 그래서 칭기즈 칸이 모국 몽골에서 신격화된 것은 당
연하다.

사실 몽골에게 가장 심각한 피해를 입은 민족은 중국의 한족이다. 그
럼에도 불구하고 한족은 칭기즈 칸을 이른바 '중화민족'의 구성원으로서
인류 역사상 가장 위대한 군사 지도자로 간주하고 진시황제·한무제·당
태종 등 한족 출신의 걸출한 황제들과 같은 반열에 올려놓고 있다.

분명하게도 칭기즈 칸은 몽골인이다. 그는 살아서 북중국에서 수많은

한족을 죽였다. 그에게 금나라·송나라·서하 등은 정벌해야 할 대상이었지 같은 조상을 모시는 국가가 아니었다. 한족도 그의 잔인한 행동에 분노하지만, 몽골인이 중화민족의 일원이라는 이유를 들어 그를 '중국화'하여 자국 역사의 위인으로 자리매김하게 했다.

하지만 청나라 말기의 학자이자 정치인이었던 양계초(梁啓超·1873~1929)가 중화민족주의를 처음 제창한 이래 한족을 주체로 하고 55개 소수 민족을 포괄하는 56개 민족으로 구성된 중화민족은, 어디까지나 한족이 소수 민족 간의 갈등을 해소하고 국가적 단결을 위해 만들어낸 추상적 개념에 불과하다.

오늘날 몽골국(정식 국가명은 몽골 올스)이 존재하지 않았다면, 한족이 몽골족을 소수 민족의 일원으로 간주하는 것에 이의를 제기할 수 없을 것이다. 몽골족은 청나라를 건국한 여진족(만주족)이 나라를 잃고 사실상 한족에 동화된 것과는 다르다.

따라서 객관적으로 볼 때 칭기즈 칸은 중화민족의 구성원이 아니라 몽골인일 뿐이다. 그렇다면 그는 중국 역사와 어떤 관계가 있을까. 그의 후손들이 세운 원나라는 몽골의 역사이자 중국 역사의 일부분이기도 하다.

따라서 통시적 관점에서 중국 역사를 이해하는 데, 그는 대단히 중요한 위치를 차지한다. 몽골의 위대한 인물이 중국 역사에 엄청난 영향을 끼친 것이다.

대체로 동아시아 각국은 칭기즈 칸을 찬양하는 경향이 있다. 서세동점(西勢東漸)의 시대에 서양인에 대한 열등의식을 극복하는 데 황인종 칭기즈 칸만 한 인물이 없었기 때문일 것이다.

칭기즈 칸에 대한 객관적 평가를 해본다. 첫째, 군인으로서 그보다 뛰어난 능력을 발휘한 자는 지금까지 아무도 없다고 본다. 그는 일생 중에서 대략 60여 차례 전투를 치렀다고 한다. 달란 발주트 전투에서 자무카에게 단 한 번 패배한 것을 제외하고는 전승을 거두었다. 그는 3만 기병으로 일어나 유라시아를 정복하는 대업을 발휘했다. 그가 전략과 전술을 짜고 소수의 정예병으로 대군을 섬멸한 전과는, 그를 군신(軍神)으로 찬양해도 부족함이 없게 한다.

둘째, 칭기즈 칸은 신의와 약속을 목숨처럼 중시한 인물이었다. 한번 약속하면 반드시 지키고, 신의를 저버리는 행위를 증오했다. 그의 직계 부하 중에 그를 배신한 자가 단 한 명도 없었던 것은, 그가 이런 원칙을 철저히 지켰기 때문일 것이다. 그의 공성(攻城) 원칙은 의외로 간단했다. 성문을 열고 항복하면 몽골인과 똑같은 대우를 해주었다. 반면에 배신하거나 끝까지 저항하면 단 한 명도 살려주지 않았다. 이런 관점에서 볼 때 그는 호불호가 분명한 인물이었던 것 같다.

셋째, 칭기즈 칸은 아주 실용적인 지도자였다. 그가 다스린 지역의 상인들이 세금을 제대로 납부하면 그들의 자유로운 교역을 보장했다. 세금도 무리하게 징수하지 않았으므로 동서양의 교역을 폭발적으로 늘어나게 했다. 이 점이 칭기즈 칸의 가장 위대한 업적이라고 생각한다.

넷째, 칭기즈 칸은 종교를 탄압하지 않았다. 대체로 정복 군주는 자기가 믿는 종교를 타민족에게 강요하기 마련이다. 예나 지금이나 종교 분쟁 때문에 얼마나 많은 사람들이 죽어가고 있는가. 그는 샤머니즘을 믿었지만, 이슬람교·기독교·불교 신자들의 종교 생활을 간섭하지 않았다. 유일신을 숭배하는 이슬람교 신자들이 몽골의 통치에 순응한 이유가 바로 이런 칭기즈 칸의 종교에 대한 관용 정책에서 비롯되었다고 본다.

다섯째, 칭기즈 칸은 신분을 차별하지 않고 능력에 따라 대우했다. 고아나 노예도 전공을 쌓으면 장군으로 발탁했다. 그를 도와 몽골 제국을 건국한 8명의 개국공신, '사준사구'가 대표적인 예이다. 또 피정복민도 자기에게 복종하면 몽골인과 똑같은 대우를 해주었다. 물론 그의 후손들이 건국한 원나라에서는 백성을 몽골인·색목인·한인·남인 등 4등급으로 나누어 차별했지만, 적어도 칭기즈 칸 시대에는 그런 인종 차별이 없었다.

초목과 물을 찾아 이동하는 유목민의 유전자에는 빠른 속도, 정확한 판단, 검소한 생활 등이 배어 있다. 그들의 전통적인 거주지인 게르는 30분 안에 설치하거나 해체할 수 있다. 신속한 이동을 위해서는 최대한 간단하고 실용적인 집이 필요하다. 이는 어느 한 곳에 정착하여 대대로 뿌리를 내리고 사는 농경 민족에 비하여 자연환경에 능동적으로 대처하는 능력이 대단히 뛰어남을 의미한다.

유목민의 지도자는 부족과 가축 떼가 계절에 맞게 움직여야 할 때 이동 지점을 정확하게 판단해야 한다. 그렇지 못하면 부족의 생존을 담보할 수 없다. 따라서 유목민 가운데 능력이 가장 출중한 사람이 지도자가 되며, 유목민은 지도자를 중심으로 일사불란하게 움직이는 특징이 있다. 칭기즈 칸이 몽골족을 성공적으로 이끌었던 역량은 그의 정확한 판단력과 신속한 행동에서 나왔다.

유목민은 꼭 필요한 물건만을 가지고 움직여야만 이동의 노고를 줄일 수 있다. 그들에게 무슨 화려한 장롱이 필요하고 무거운 세간살이가 필요하겠는가. 실용성을 극대화한 물건이 몇 개 있으면 그만이다. 칭기즈 칸은 역사상 유례없는 정복 군주였지만 사치를 싫어하고 소박한 삶을 즐겼다. 전형적인 유목민의 생활 습관을 이해하면 칭기즈 칸의 성격과 인생이 어떠했는지 짐작할 수 있다. 그는 유목민의 장점을 극대화하여 인류 역사상 보기 드문 대제국을 건설했다고 생각한다.

칭기즈 칸은 생전에 이런 얘기를 했다고 한다.

"다시 태어난다면 평범한 사람으로 평범한 게르에서 평범하게 살다가 늙어 죽고 싶다."

하지만 몽골의 천신(天神) 텡그리(Tengry)는 그의 소망을 들어주지 않았다.

2

원 태종 우구데이

제2장

원 태종 우구데이

1. 성장 과정과 대칸 계승

역사 기록에 근거하면 원 태조 칭기즈 칸은 한평생 처첩 42명을 거느리고 아들 8명과 딸 6명을 두었다. 그가 호색한이어서 그처럼 많은 처첩을 거느린 것은 아니다. 몽골 제국을 건국하는 과정에서 혼인 동맹 또는 정략결혼의 산물이다.

그의 본부인은 옹기라트 부족 출신인 보르테이다. 그녀는 칭기즈 칸의 장남 주치(朮赤·1182~1227)·차남 차가타이(察合台·?~1241)·셋째아들 우구데이(窩闊台·1186~1241)·넷째아들 툴루이(拖雷·1193~1232) 등 네 아들을 낳았다. 이 네 사람이 공식적으로 정실부인 보르테가 난 아들로 인정되었으며, 대칸을 계승할 권리를 가지게 되었다.

그런데 앞 장에서 언급한 바와 같이, 장남 주치는 메르키트 부족 칠게르의 아들일 가능성이 크다. 하지만 칭기즈 칸은 끝까지 주치의 출생 비

원나라 역대 황제 평전

밀을 밝히지 않고 그를 장남으로 인정했다.

차남 차가타이는 어린 시절부터 주치가 친형이 아니라는 사실을 알고 있었던 것 같다. 자신이 적장자임을 내세워 주치와 자주 마찰을 빚었다. 이는 훗날 대칸의 후계 구도에 큰 문제로 부각한다.

우구데이는 성격이 호방하여 남에게 베푸는 일을 좋아했다. 또 지략이 뛰어나고 무예도 출중하여 아버지의 총애를 받았다. 그는 어린 시절부터 주치와 차가타이의 갈등에 개입하지 않고 아버지를 따라 전장을 누비면서 강인한 전사로 거듭났다

1203년 칭기즈 칸이 케레이트의 옹 칸 부자와 혈전을 벌일 때 나이 17세에 불과한 우구데이가 선봉에 섰다. 칭기즈 칸의 군대가 중과부적으로 패하여 포위되고 말았다. 우구데이는 빗발치는 화살 공격에도 아랑곳하지 않고 적진으로 뛰어들어 격렬하게 싸우다가 목에 화살을 맞고 쓰러졌다. 칭기즈 칸의 어머니 호엘룬의 양아들이자 사준 가운데 한 명인 보로쿨이 우구데이의 목에서 흐르는 피를 지혈시키고 포위망을 뚫었다. 칭기즈 칸은 사지에서 극적으로 탈출한 보로쿨과 우구데이의 불사조 정신에 감탄했다. 우구데이는 아버지에게 용감하고 강인한 지도자로 인정받는 기회를 얻었다.

우구데이뿐만 아니라 주치·차가타이·툴루이 등 다른 아들들도 아버지를 도와 혁혁한 전공을 세웠다. 특히 넷째아들 툴루이가 네 아들들 가운데 가장 많은 전공을 세웠다. 1213년 툴루이는 금나라 덕흥부(德興府: 하북성 탁록현·涿鹿縣)를 점령했으며, 그 후 아버지와 함께 하북 지방과 산동 지방을 석권했다. 칭기즈 칸이 서방 원정에 나설 때도 툴루이는 아버지의 명령을 가장 완벽하게 수행했다. 칭기즈 칸은 네 아들 가운데 막내아들 툴루이를 가장 총애했다.

툴루이는 천하무적의 장군이었으나 너무나 잔인했다. 호라즘 왕국을

정벌하면서 인간 도살자로 악명을 떨쳤다. 1221년 오늘날의 투르크메니스탄 마리 주(州)를 공략했을 때 기술자 400여 명만 살려주고 거주민 70여만 명을 학살한 만행을 저질렀다.

몽골인의 관습법에 따르면 막내아들이 아버지 사후에 후계자가 된다. 따라서 툴루이가 칭기즈 칸이 사망하면 대칸의 지위를 계승하는 것은 당연했다.

하지만 칭기즈 칸은 툴루이를 총애했으나 그가 몽골 제국을 다스리기에는 자질이 부족하다고 생각했다. 자식을 사랑하는 일과 후계자를 결정하는 일은 별개의 문제였다. 그는 개인적 감정에 사로잡히지 않고 냉철하게 판단했다. 제국의 미래를 위해서는 싸움만 잘하고 지략이 부족한 툴루이보다는 문무를 겸비한 우구데이가 대칸의 지위를 이어받는 게 순리였다. 그는 우구데이를 후계자로 염두에 두고 있었지만, 아들들 간의 갈등을 우려하여 공개적으로 표명하지는 않았다.

1219년 칭기즈 칸이 대군을 이끌고 호라즘 원정을 떠날 때의 일이다. 카툰(황후)들 가운데 제2카툰 쿨란 카툰(홀란황후·忽蘭皇后)만 자신과 동행하게 했다.

제3카툰 예수이 카툰(야수황후·也遂皇后)이 눈물을 흘리며 말했다.

"여러 황자들 가운데 대카툰 보르테 우진께서 낳은 황자는 네 명입니다. 대칸께서는 천수를 누리신 후에 어느 황자를 후계자로 삼으실 생각이십니까? 어느 날 거대한 버팀목과 같은 대칸께서 쓰러지신다면 참새떼와 같은 백성은 누가 관리해야 하며, 난마처럼 얽혀 있는 민중은 누구에게 다스리게 해야 합니까? 대칸께서 어느 황자를 후계자로 지명하실지, 대칸의 여러 아들·동생·신하, 심지어 우매하고 나약한 부녀자들도 알게 하면 안 되겠습니까?"

대카툰 보르테 우진은 칭기즈 칸의 본부인이자 몽골 제국의 국모이다. 그녀가 낳은 아들들이 후계자가 되는 것은 당연하다. 그렇지만 왕조 시대에 후계자 문제를 거론하는 것은 목숨을 걸고 하는 일이다.

칭기즈 칸이 사랑한 보르테도 이 일을 언급하지 않았는데도, 예수이 카툰이 감히 말한 것이다. 예수이 카툰은 지혜롭고 수완이 뛰어난 여자였다. 칭기즈 칸이 원정 도중에 사망한다면 몽골 제국은 엄청난 혼란에 빠질 것이다. 그러므로 칭기즈 칸에게 미리 후계자를 결정해놓고 서방 원정을 떠나라는 당찬 부탁이었다.

칭기즈 칸이 말했다.

"부녀자인 네가 옳은 말을 했구나. 누구도 감히 내 앞에서 이 문제를 거론한 적이 없었다. 내가 이번에 서방 원정을 떠나면 험준한 산을 넘고 깊은 강을 건너서 여러 나라들을 평정할 것이다. 참으로 힘들고 어려운 원정이 될 것이다. 세상에는 영원히 사는 사람은 없다. 이제 후계자를 결정해야 할 때가 되었구나."

칭기즈 칸은 아들들과 형제들을 모아 놓고 향후 셋째아들 우구데이를 후계자로 삼겠다고 선언했다. 주치·차가타이·툴루이 등 세 아들은 각자의 속셈이 있었지만, 아버지의 결정에 감히 다른 의견을 낼 수 없었다.

얼마 후 몽골 원정군은 네 갈래 방향에서 호라즘으로 진격했다. 우구데이는 차가타이와 함께 오트라르의 이날추크 군대를 섬멸했다. 호라즘 정벌의 빌미를 제공했던 이날추크는 머리가 펄펄 끓는 수은에 구멍이 뚫려 살해되었다.

1220년 가을 칭기즈 칸은 주치·우구데이·차가타이 등 세 아들에게 호라즘의 옛 도읍지인 우르겐치를 점령하게 했다. 우르겐치성은 아무다리야강 연안에 자리하고 있었다. 성안으로 들어가려면 먼저 다리를 건너야 했다.

몽골군 3,000여 명이 다리를 빼앗으려다가 전멸당했다. 몽골군에게는 보기 드문 참패였다. 그런데 우르겐치는 몽골군이 점령하면 칭기즈 칸이 주치에게 영지로 할양해주기로 약속한 지역이었다. 우르겐치성은 물산이 풍부할 뿐만 아니라 동서 교역의 중심 도시이기도 했다.

주치는 이 화려하고 부유한 성(城)이 파괴되는 것을 원치 않았기 때문에 병사들에게 맹공을 가하지 못하게 했다. 장기간의 포위와 압박 전술로 항복을 받아내어 무혈입성하고 싶었다. 평소에 마음속으로 주치를 친형으로 인정하지 않고 있던 차가타이가 반발했다. 두 사람은 공성(攻城) 문제를 놓고 심하게 다투었다.

당시 파르완 지역에 머물고 있던 칭기즈 칸은 두 아들의 갈등이 심각하다는 얘기를 듣고 진노했다. 즉시 우구데이에게 지휘권을 장악하게 하고 두 아들은 그의 명령을 따르게 했다. 총사령관이 된 우구데이는 두 형의 갈등을 해소한 후 병력을 집중하여 총공격했다.

호라즘군도 결사 항전했다. 성안의 부녀자, 심지어 어린아이들도 최후까지 저항했다. 9일 동안 지속된 전투는 결국 몽골군의 승리로 끝났다. 우구데이는 우르겐치성을 초토화했지만 기술자 10여만 명은 죽이지 않고 몽골로 보냈다. 칭기즈 칸은 우구데이의 실리를 선택한 조치에 칭찬을 아끼지 않았다.

그 후에도 우구데이는 아버지의 명령을 받들어 인도로 달아난 잘랄앗 딘 밍부르누를 추격했다. 그를 생포하지는 못했으나 호라즘의 잔존 세력을 섬멸했다.

1225년 봄 칭기즈 칸은 서방 7년 원정을 마치고 몽골로 돌아왔다. 차가타이·우구데이·툴루이는 아버지와 함께 돌아왔는데 장남 주치는 자신의 영지에 남았다. 다음 해 칭기즈 칸은 노구를 이끌고 제6차 서하 정벌에 나섰다.

1227년 8월 칭기즈 칸은 병석에서 일어나지 못했다. 그의 장남 주치가 불과 몇 개월 전에 자신의 영지에서 향년 45세를 일기로 죽었다. 그가 병으로 죽었다는 설, 암살당했다는 설 등 여러 가지 설이 있다. 차가타이와 사이가 나빴던 것은 분명한 사실이며, 아버지와의 관계도 원만하지 않았기 때문에 그의 사인에 대하여 많은 억측이 있다. 칭기즈 칸은 서방 원정을 떠나기 전에 이미 우구데이를 후계자로 지명한 적이 있었다.

임종을 앞두고 아들들에게 유언을 남겼다.

> "너희들이 한평생 각자의 영지(領地)에서 왕권을 행사하고 부귀영화를 누리고자 한다면, 내가 예전에 우구데이에게 대칸의 지위를 계승하게 한 명령을 따라야 한다. 우구데이는 너희들보다 능력과 자질이 뛰어나므로 너희들은 반드시 일치단결하여 그를 대칸으로 섬겨야 한다."

칭기즈 칸이 차가타이·우구데이·툴루이 등 세 아들 가운데 제왕의 자질을 타고난 우구데이를 자신의 후계자로 지명한 것은 그의 탁월한 선택이었다.

하지만 그가 죽은 직후에 삼형제 사이에서 미묘한 알력이 생겼다. 몽골의 관습법에 따르면 아버지의 후계자는 막내아들이 되어야 하며, 장남은 집안으로부터 가장 멀리 떨어진 지방으로 가서 터를 잡고 살아야 한다.

칭기즈 칸이 아들들에게 몽골 제국의 광활한 영토를 분봉할 때 장남 주치에게는 몽골에서 가장 먼 오늘날의 남러시아 지역을 주었으며 막내아들 툴루이에게는 자신이 직접 관할하는 지역을 준 이유가 바로 이런 관습법 때문이다. 그래서 서방을 정벌할 때도 툴루이는 다른 형제들과는 다르게 항상 아버지의 곁을 지키며 싸웠다.

칭기즈 칸 사후에 툴루이는 몽골의 핵심 지역과 천호군 60여 개를 물려받았다. 반면에 우구데이는 몽골의 서북 지역과 천호군 4개를 물려받았을 뿐이었다. 툴루이가 지역과 병력에서 우구데이를 압도하는 상황이었다. 자칫하다간 형제간의 무력 충돌이 일어날 수 있었다.

그런데 대칸으로 등극하려면 반드시 쿠릴타이에서 인준을 받아야 했다. 쿠릴타이는 왕·종친·귀족·공신 등 몽골의 지배층 인사들이 모여 국가의 중대사를 결정하는 회의체이다. 오늘날의 의회(議會)와 비슷한 조직이다.

대제국 몽골에서 쿠릴타이를 준비하고 참가자들을 소집하는 기간은 무척 길었다. 그런데 대칸의 자리는 하루도 비워둘 수 없을 정도로 막중했다. 쿠릴타이에서 차기 대칸을 정식으로 결정하기 전까지, 일단 툴루이가 임시 대칸을 맡기로 했다.

1229년 가을 쿠릴타이가 개최되었다. 몽골의 전통에 따라 툴루이가 대칸으로 등극해야 한다고 주장하는 사람들과 칭기즈 칸의 유지를 받들어 우구데이를 대칸으로 추대해야 하는 사람들 간의 격렬한 논쟁이 40여 일 동안 지속되었다.

칭기즈 칸의 총신 야율초재가 막후에서 움직였다. 그는 칭기즈 칸의 세 아들 중에서 우구데이가 몽골 제국을 다스릴 적임자로 보았다. 더구나 칭기즈 칸이 살아생전에 결정한 일을 왕이나 종친 누구도 번복해서는 안 된다. 삼자 구도에서 차가타이가 우구데이를 지지하면 툴루이의 세력을 꺾을 수 있었다. 차가타이와 우구데이의 관계가 좋은 것도 차가타이의 지원을 끌어내는 데 유리했다.

야율초재가 차가타이를 찾아가 말했다.

"선대 대칸께서 세상을 떠나시기 전에 우구데이를 차기 대칸으로 지명하시지 않았습니까? 왕께서는 우구데이의 형이지만 신분은 신하입니다. 그에게 예의를 갖추어 절해야 합니다. 그렇게 하면 그에게 절하지 않는 사람은 아무도 없을 것입니다."

칭기즈 칸의 실질적 장남인 차가타이가 우구데이를 대칸으로 인정하면, 누구도 반대할 수 없다는 논리이다. 차가타이는 어차피 자신이 대칸이 될 수 없는 상황이라면, 아버지의 유지를 받드는 것이 권력을 유지하고 이익을 얻는 데 유리했다. 그가 우구데이에게 신하의 예의를 갖추자 다른 사람들도 따라 하지 않을 수 없었다.

툴루이는 대세가 이미 우구데이로 기운 것을 간파했다. 더 이상의 논쟁은 무의미했다. 그도 서둘러 우구데이에게 충성을 맹세했다. 마침내 칭기즈 칸이 세상을 떠난 지 2년 만인 1229년 가을에, 우구데이는 제2대 카안으로 등극했다. 훗날 그의 묘호가 태종(太宗)이었으므로 그를 원태종이라고 부른다. 우구데이 시대부터 '카안'이라는 극존칭이 사용되었다. 카안은 여러 명의 칸들을 거느린 지상에서 유일무이한 최고의 황제라는 뜻이다.

칭기즈 칸 사후에 2년 동안 몽골 제국을 다스렸던 임시 대칸 툴루이는 1232년에 금나라 원정을 마치고 북상할 때 향년 39세를 일기로 급사했다.

사인에 대해서는 금나라 산천(山川)의 신들이 우구데이 카안에게 저주를 내려 죽이려고 했을 때 툴루이가 형을 대신하여 질병을 낫게 하는 성수(聖水)를 마시고 죽었다는 설, 우구데이 카안과 갈등을 겪다가 암살당했다는 설, 술을 너무 많이 마셔 술병으로 죽었다는 설 등이 있다. 사인이 무엇이든, 우구데이 카안의 입장에서는 형제들 가운데 가장 용맹하고 막강한 영향력을 행사한 툴루이는 아주 불편한 존재였기 때문에 죽어야 했을 것이다.

훗날 툴루이의 장남이자 제4대 카안 뭉케 원 헌종(元憲宗)이 그를 영무황제(英武皇帝)로 추존했으며, 묘호를 예종(睿宗)으로 추서했다. 툴루이는 대칸으로 등극한 아들 덕분에 죽은 후이지만 황제의 반열에 올랐다.

우구데이가 대칸으로 등극하는 데 결정적 역할을 한 차가타이는 신하로서 동생을 진심으로 섬기고 존중했다. 형과 아우의 관계는 더 말할 나위 없이 좋았다. 어느 날 두 사람은 함께 음주를 즐긴 후 나란히 말을 타고 달렸다. 차가타이가 술에 취한 김에 우구데이 카안에게 경마(競馬)를 제안하고 이기는 사람에게 돈을 주자고 했다.

우구데이 카안도 친형과 즐겁게 도박하고 싶었다. 두 사람의 준마가 시합을 벌인 끝에 차가타이의 준마가 이겼다. 우구데이 카안이 웃으면서 다음 날 약속한 금액을 주겠다고 했다.

다음 날 새벽에 술이 깬 차가타이는 감히 신하가 대칸에게 경마를 요구한 불경죄를 저질렀다고 생각하니 온몸에 식은땀이 흘렀다. 날이 밝기도 전에 대칸이 머무는 황금 장막으로 달려가서 자신의 잘못을 사과하고 처벌해달라고 요청했다.

우구데이 카안은 형제간에 무슨 임금과 신하의 예를 따지냐고 반문하며 불문에 부치겠다고 했다. 하지만 차가타이는 끝까지 자신을 처벌해달라고 간청했다. 우구데이 카안은 마지못해 차가타이의 준마 9필을 몰수하는 벌칙을 내렸다.

차가타이는 차가타이 칸국을 다스리면서 우구데이 카안의 명령에 절대 복종했다. 우구데이 카안도 국가의 중대사를 결정할 때는 언제나 친형에게 자문을 구했다. 차가타이와 우구데이 카안 그리고 툴루이, 이 삼형제가 싸우지 않고 화목하게 지낼 수 있었던 것은 야율초재라는 대정치가

원나라 역대 황제 평전

의 심모원려와 조율이 있었기에 가능했다. 칭기즈 칸이 몽골을 건국했다면, 야율초재는 몽골이 문명국가로 발전하는 데 지대한 공헌을 했다.

2. 야율초재에게 국가의 기틀을 다지게 하다

야율초재(耶律楚材·1190~1244)는 망한 요나라 황족 출신으로 금나라에서 관직 생활을 하다가 칭기즈 칸이 1215년에 금나라의 수도 중도를 함락했을 때 몽골군에게 잡혀 칭기즈 칸의 총신이 된 인물이다. 그는 칭기즈 칸에게 제왕의 도(道)를 전수함으로써 일자무식이었던 초원의 지배자 칭기즈 칸을 몽골 제국의 대칸으로 거듭나게 했다. 칭기즈 칸이 서방 원정 7년을 성공적으로 마치고 돌아올 수 있었던 배경에는 야율초재의 뛰어난 전략과 혜안이 있었다.

야율초재는 한족 문명의 세례를 받은 지식인이었다. 국가는 무력으로만 다스리는 것이 아니며, 백성은 국가의 근본이자 생산의 주체이므로 반드시 보호해야 할 대상으로 보았다.

칭기즈 칸은 그의 간언과 제시한 정책을 통해 비로소 국가와 백성을 다스리는 통치술을 깨달았다. 그가 서방 원정을 떠났을 때도 야율초재를 곁에 두고 수시로 자문을 구했다. 칭기즈 칸의 그에 대한 신임이 지극했다.

서하 출신 상팔근(常八斤)은 활을 잘 만들어 칭기즈 칸의 총애를 받았다. 하루는 그가 거만한 표정을 지으며 말했다.

"국가는 바야흐로 무력을 증강해야 할 때인데도, 야율초재와 같은 유생이 무슨 쓸모가 있겠는가?"

야율초재가 말했다.

"성능이 좋은 활을 제작하려면 솜씨가 뛰어난 장인이 필요하듯이 천하를 제대로 다스리려면 어찌 천하를 다스리는 장인이 필요하지 않겠는가."

칭기즈 칸은 야율초재의 말을 듣고 칭찬을 아끼지 않았다.
어느 날 그는 아들 우구데이에게 이런 말을 한 적이 있다.

"야율초재는 수백 년 만에 한 명 나오는 천재이자 전략가이다. 그는 하느님이 우리 집안에 하사한 사람이다. 네가 대칸이 되면 국가의 대사를 그에게 맡겨야 한다."

이처럼 칭기즈 칸에게 절대적 신임을 받았던 야율초재는 우구데이가 제2대 대칸으로 등극하는 데 막후에서 결정적 역할을 했다. 우구데이 카안은 즉위하자마자 중원 지방에 거주하고 있는 한족에게 조세를 징수하는 일을 야율초재에게 맡겼다.
한 측근이 우구데이 카안에게 말했다.

"한족은 국가에 아무 쓸모가 없습니다. 그들을 전부 죽이고 중원을 초원으로 만들어 목장으로 사용하는 것만 못합니다."

당시 몽골인에게 농사는 아주 낯설고 불편한 일이었다. 중원 지방의 비옥한 토지가 그들의 수중에 들어오자, 그것을 목초지로 활용하고 싶었다. 한족은 전형적인 농경 민족이 아닌가. 중원 지방에서 대대로 농사를 짓고 사는 한족이 몽골인의 눈에는 쓸모없는 존재로 보였다. 말하자면 '인종 청소'를 하자는 끔직한 주장이었다.

야율초재가 우구데이 카안에게 진언했다.

"폐하께서 장차 남방을 정벌하시려면 많은 군수 물자를 조달할 수 있는 백성이 필요합니다. 만약 중원 지방에서 각종 조세를 법으로 정하여 징수하면 해마다 은 50만 냥, 비단 8만 필, 곡식 40만 석을 얻어 군수 물자로 쓸 수 있을 것입니다. 그런데도 어찌하여 한족이 국가에 아무 쓸모가 없다고 말할 수 있겠습니까?"

우구데이 카안이 말했다.

"그렇다면 경이 과인을 위하여 그 계획을 한번 실행해 보시오."

야율초재는 어명을 받들어 국가를 다스리는 요체를 기록한 『편의일십 팔사(便宜一十八事)』를 반포했다. 전국 각지에 행정 조직을 설치하고 조정에서 파견한 관리가 백성을 다스리며, 각종 세법을 정비하여 세금을 합리적으로 징수하며, 형법을 공정하게 집행하여 억울하게 죽는 사람이 없으며, 백성의 생명과 재산을 보호하는 일 등이 그것의 주요 내용이다.

이에 따라 툭하면 대학살을 자행하는 몽골인의 만행이 완화되었으며, 백성은 생산 활동에 전념하면서 안정된 생활을 영위할 수 있었다.

야율초재는 중원 지방의 백성을 다스린 지 3년 만에, 세금으로 거두어들인 엄청난 양의 재화를 우구데이 카안 앞에 쌓아놓았다.

우구데이 카안은 그의 능력에 감탄하며 말했다.

"경은 과인의 측근들을 활용하지 않고서도 국가에서 사용할 물자를 이
처럼 풍족하게 하였소. 금나라 신하들 가운데 경처럼 능력이 뛰어난 신
하가 어디 있겠는가."

1231년 우구데이 카안은 야율초재의 건의에 따라 당나라를 모방해 국
가의 최고 행정 기구인 중서성(中書省)을 설치했다. 그리고 야율초재를 중
서성 중서령에, 금나라 귀족 출신 점합중산(粘合重山)을 중서성 좌승상에,
몽골인 진카이(鎭海)를 중서성 우승상에 임명했다.

이는 몽골의 통치 시스템이 중국 봉건 왕조의 전통적인 통치 시스템
으로 변화했음을 의미한다. 야율초재는 명실상부한 재상으로서 국정을
주도했다.

연계(燕薊: 북경) 지방의 유후장관(留後長官), 석말함득불(石抹咸得不)은 툭하
면 무고한 사람을 죽이고 탐욕이 많은 고위 관리였다. 그의 아버지 때부
터 몽골 귀족의 일원으로 대우받았으므로 오만하기 그지없었다.

연계의 백성들은 그의 이름만 들어도 두려움에 떨었다. 야율초재는
그가 사람을 죽였다는 소식을 들었을 때마다 눈물을 흘리지 않은 적이 없
었다. 하루는 국새가 찍힌 문서가 없으면 백성들의 재산을 강탈하거나 목
숨을 빼앗을 수 없으며, 이를 어긴 자는 반드시 처형하겠다고 지방 관리
들에게 경고했다.

석말함득불은 야율초재에게 원한을 품고 그가 중서령이 된 이래 친척
과 금나라 출신 신하들만 요직에 앉히고 온갖 범법 행위를 자행하고 있으
니 당장 그를 잡아서 죽여야 한다고 밀고했다.

우구데이 카안은 그가 모함을 하고 있음을 알아차리고 별다른 조치를
취하지 않았다. 그 후 석말함득불이 불법을 저지른 일이 발각되었다. 우
구데이 카안은 야율초재에게 그를 체포하여 죄를 추궁하게 했다.

원나라 역대 황제 평전

야율초재가 아뢰었다.

"석말함득불은 거칠고 고집이 센 사람이어서 다른 사람의 공격을 당하기 쉽습니다. 그렇지만 그는 용감한 장수입니다. 지금 우리는 남방을 정벌하기 위하여 병력을 집중하고 있습니다. 그도 병사들을 이끌고 출정해야 하므로 그의 죄를 추궁하는 것은 옳지 않습니다."

우구데이 카안은 그의 심모원려에 감탄하며 말했다.

"야율초재는 사적인 원한을 조금도 개의치 않는구나. 정말로 그는 지혜롭고 도량이 넓은 현자이구나."

또 이런 일도 있었다. 어느 날 야율초재가 조정의 부패 사건을 조사하다가 대신 양유중(楊惟中)이 연루되었음을 알고 그를 구금했다. 양유중은 젊었을 적에 황제의 명령을 받들어 서역 30여 개 국가를 방문하여 몽골 황제의 위엄을 널리 알리고 국익을 선양한 공로로 총애를 받았다. 그도 야율초재와 마찬가지로 조정의 실세였다. 야율초재는 평소에 법 집행에는 성역이 없다고 생각했다. 그래서 사전에 황제와 상의하지 않고 양유중을 구금한 것이다.

이윽고 우구데이 카안은 보고를 받고 진노했다. 신하들이 도열한 가운데 야율초재를 포박하게 했다. 야율초재는 조금도 당황하지 않고 양유중이 저지른 잘못을 낱낱이 밝혔다. 그리고 그를 구속하지 않으면 안 되는 이유를 자세히 설명했다.

우구데이 카안은 자기가 경솔하게 행동했음을 후회했다. 측근에게 슬며시 야율초재의 몸에 묶은 밧줄을 풀게 했다. 황제의 체면을 지키기 위하여 조정의 중추인 중서령을 포박한 일을 유야무야 덮어 버리고 싶었다.

하지만 야율초재가 단호하게 말했다.

"폐하께서 신(臣)을 밧줄로 묶으라고 명령을 내린 까닭은 신이 죄를 지었다고 생각했기 때문이오. 폐하께서는 신이 무슨 죄를 지었는지 신하들에게 밝혀야 합니다. 그런데 지금 또 폐하께서는 신을 풀어주라고 합니다. 그렇다면 왜 신을 풀어주어야 하는지 밝혀야 합니다. 폐하께서 이처럼 법률에 의거하지 않고 사람을 잡고 싶으면 잡고, 풀어주고 싶으면 풀어주는 행동을 반복한다면, 장차 국가의 대사를 어떻게 관장하려고 합니까?"

요컨대 우구데이 카안에게 법과 원칙에 따라서 국정을 다스려야 하며, 순간적인 감정에 따라 자신을 포박하고 풀어준 행위를 반성하고 사과하라는 뜻이다. 야율초재가 아무리 황제의 총애를 받고 있어도 그를 꾸짖는 말을 하는 것은, 하나뿐인 목숨을 걸지 않고서는 나올 수 없었을 것이다. 주위의 대신들은 모두 놀라 얼굴이 하얗게 질렸다.

우구데이 카안이 말했다.

"짐은 황제이지만 절대 성인은 아니오. 짐도 잘못을 저지르지 않을 수 없구려. 경은 국가의 원로 중신이오. 설마하니 짐의 잘못을 용서해주지 않겠소?"

봉건 왕조 시대에 군주가 신하에게 사과하는 일은 드물었다. 우구데이 카안은 자기 잘못을 인정할 줄 아는 마음이 열린 황제였음을 짐작할 수 있다. 임금와 신하 사이에 이런 소통이 있어야 비로소 국정은 원만하게 돌아간다.

1232년 몽골군이 금나라를 공격할 때 우구데이 카안은 투항한 금나라 백성은 살려주라는 어명을 내렸다. 야율초재도 맹호처럼 사나운 몽골군이 흥분하여 대학살을 저지르지 않을까 우려했다. 황급히 깃발 수백 개를 제작하여 투항자들에게 나누어주었다. 깃발 아래 모인 사람들을 모두 살려주고 각자의 고향으로 돌아가게 했다.

몽골군은 투항하는 자들은 살려주지만, 저항하는 자들은 모조리 죽이는 군율이 있었다. 몽골군이 금나라의 도성 변경(汴京: 하남성 개봉·開封)을 함락하기 직전에, 대장 수부타이가 우구데이 카안에게 사자를 보내 아뢰었다.

"금나라 놈들이 완강하게 저항하는 바람에 우리 군대도 적지 않은 피해를 입었습니다. 성을 함락하고 나면 성안의 놈들을 모조리 도륙하겠습니다."

우구데이 카안은 수부타이의 뜻대로 처리하게 할 생각이었다.
하지만 야율초재가 황급히 우구데이 카안을 배알하고 간곡하게 말했다.

"우리 병사들이 수십 년 동안 원정을 떠나 힘들게 싸운 목적은 외국의 토지와 백성을 얻기 위한 것입니다. 만약 정복지의 백성을 모조리 살해한다면, 토지를 얻어도 무슨 소용이 있겠습니까?"

우구데이 카안은 선뜻 결정하지 못하고 머뭇거렸다.
야율초재가 또 말했다.

"변경은 기술이 뛰어난 장인들과 온갖 금은보화가 넘쳐나는 도성입니다. 만약 성안의 백성을 다 죽인다면 아무것도 얻지 못할 것입니다."

우구데이 카안은 야율초재의 권고를 받아들였다. 성안의 금나라 귀족과 관리들은 살해하게 했지만, 백만 명이 넘는 일반 백성은 목숨을 보전할 수 있게 했다. 야율초재가 백성은 국가의 근본이라는 유가 전통의 인식을 이해하고 있었으므로 대량 학살을 막은 것이다.

이때 그는 변경성에서 수소문 끝에 공자의 제50대 후손 공원조(孔元措)를 찾아내었다. 공원조에게 봉호(封號)를 하사함으로써 민심을 안정시켜야 한다고 건의했다.

우구데이 카안은 즉시 그를 연성공(衍聖公)으로 책봉했다. 연성공은 공자 적장 자손의 세습 봉호이다. 우구데이 카안이 공자의 후손을 우대했다는 소문이 돌자 성안의 흉흉한 민심이 가라앉기 시작했다.

또 몽골군이 하남(河南) 지방을 평정할 때 포로들 가운데 7~80%는 도망가기 일쑤였다. 우구데이 카안이 진노하여 달아난 자들을 숨겨주거나 그들에게 도움을 준 사람은 그의 가족을 전부 죽일 뿐만 아니라 그의 이웃도 잔혹한 처벌을 받게 했다. 이에 따라 숨을 곳을 찾지 못하고 길에서 굶어 죽는 자가 부지기수였다.

야율초재가 우구데이 카안에게 간언을 했다.

"하남 지방은 이미 평정되었으므로 그곳에 거주하는 사람들도 이미 폐하의 백성이 되었습니다. 그들이 달아나면 또 어디로 달아나겠습니까? 결국은 폐하의 땅에서 한발자국도 벗어나지 못할 것입니다. 그리고 한 사람이 잘못을 저질렀다고 해서 여러 사람들에 연좌제를 적용하여 죽일 필요가 있겠습니까?"

우구데이 카안은 대오각성하여 자신이 내린 명령을 취소했다. 또 몽골군이 금나라를 멸망시킬 때 진주(秦州), 공주(鞏州) 등 20여 주(州)를 공략하지 못했다. 야율초재는 우구데이 카안에게 살육을 멈추고 선무 정책을 펴야 만이 더 이상 싸우지 않고도 평정할 수 있다고 주장했다. 이윽고 몽골군에 저항한 자들에게 사면령을 내렸다. 금나라 군민들은 다투어 성문을 열고 투항했다.

몽골인은 조상 대대로 어느 특정 지역에 정주(定住)하지 않고 초목과 물을 찾아서 끊임없이 이동했다. 그들에게는 정주의 개념이 희박했다. 하지만 칭기즈 칸이 대칸으로 등극하고 몽골 제국을 건설하는 과정에서 제국의 중심지가 필요했다. 그가 태어나고 성장한 곳인 오논강 유역은 몽골의 북동부에 치우쳐 있었기 때문에 제국의 수도로는 적합하지 않았다.

1220년 무렵 칭기즈 칸은 예전에 케레이트 부족의 활동 지역이자 교역로의 거점이었던 카라코룸에 장기간 머무르면서 그곳을 몽골 제국의 수도로 건설할 계획을 세웠다. 카라코룸은 오늘날 몽골의 어워르항가이 주(州)의 하르허링군(郡)에 위치한다. 산과 강 그리고 대초원이 어우러진 천혜의 교통 요지이다.

1235년 우구데이 카안은 카라코룸을 수도로 확정했다. 카라코룸의 규모는 그다지 크지 않았지만, 이동에 익숙한 몽골인에게는 도시 문명의 장점을 알게 했다. 우구데이 카안과 몽골 조정은 이곳에서 몽골 제국의 기틀을 다지고 서역과의 교역을 촉진했을 뿐만 아니라 금나라에 대한 침공도 주도면밀하게 준비했다.

세계 역사상 몽골 제국처럼 광활한 영토를 다스린 국가는 유례를 찾기 힘들다. 교통과 통신이 발달하지 않았던 그 시대에, 몽골인은 어떻게 거대한 제국을 통치할 수 있었을까.

당시 몽골인은 세상에서 가장 빠른 교통수단인 말을 자유자재로 부리는 재능이 있었다. 오죽하면 그들은 말 위에서 태어나 말 위에서 죽는다고 했을까. 천리마는 하루에 천 리(400㎞)를 달린다고 하지만 쉬지 않고 달리는 것은 불가능하다. 말은 대략 시속 40㎞ 속도로 달릴 수 있다고 한다. 말을 10필 교체하면서 달리면 하루에 400㎞ 이상 가는 게 불가능한 일만은 아닐 것이다.

중국의 역대 왕조에서 말을 이용하여 문서·물자·군사 정보 등을 먼 곳까지 전달하는 일은 통치 권력을 행사하는 데 대단히 중요했다. 관리들은 말을 타고 달리다가 국가에서 지정한 숙소에서 식사와 잠자리를 해결했다. 또 말을 바꾸어 타고 계속 달릴 수 있었다.

한(漢)나라 시대에 전국 각지에 설치한 숙소를 역전(驛傳)이라고 칭했다.

몽골도 아주 오래전부터 역전과 비슷한 '잠친(Jamcin)'을 운영하고 있었다. 우구데이 카안은 야율초재의 건의를 수용하여 카라코룸을 중심으로 여러 번국들에 이르는 교통로에 잠친을 설치했다. 대략 100리마다 잠친이 있었으며, 전국 각지의 잠친에서 기르고 있는 말이 30여만 필이었다. 사람이 살지 않는 사막에도 잠친이 있었으며, 중국 경내에만 1,496개가 있었다고 한다. 잠친을 한자어로 '참적(站赤)'이라 칭하며, 이것이 훗날 역참(驛站)으로 바뀌었다.

잠친은 몽골 제국의 대동맥 역할을 했다. 잠친을 이용하는 관리나 상인은 철저하게 보호를 받았다. 관리는 잠친을 통해 수만 리 떨어진 제국의 국경까지 대칸의 명령을 전달할 수 있었다.

또 상인은 동양과 서양 간의 교역을 폭발적으로 늘릴 수 있었다. 그들은 안전한 교역을 보장받는 대가로 몽골에 일정한 세금을 내야 했다. 한인·페르시아인·아랍인·인도인·유럽인 등 세계 각국의 상인들이 낸 엄청난 세금과 재화가 잠친을 통해 제국의 수도로 흘러들어왔다.

외국 사신들도 이 교통로를 따라 끊임없이 카라코룸으로 들어와 대칸을 알현하고 교역을 희망했다. 카라코룸은 역참 제도 덕분에 세계의 중심으로 자리매김했다.

우구데이 카안은 야율초재에 의하여 점차 진정한 황제로 거듭났다. 우구데이 카안이 보석 원석이라면, 야율초재는 원석을 가공하는 장인이었다. 몽골이 개국 초기에 유목 국가의 습성을 버리고 중원의 왕조처럼 봉건 국가로 발전하는 데 야율초재보다 많은 공헌을 한 사람은 없었다.

그래서 우구데이 카안은 그를 '사직(社稷)의 신하'로 여기고 존경했다. 그의 통치 기간에 있었던 주요 업적은 대부분 야율초재를 통해 실현되었다.

야율초재는 이재(理財)에도 대단히 밝았다. 1234년 몽골이 금나라를 멸망시킨 후에 중원 지방의 백성들에게 세금을 부과할 목적으로 호구(戶口)를 파악했다. 개국공신 쿠두후(忽都虎) 등은 성인 남자 한 명을 호구로 정하자고 했다. 이를테면 성인 남자 5명이면 호구 5개가 되는 것이다.

하지만 야율초재는 반대 입장을 밝혔다. 성인 남자가 달아나면 세금을 부과할 대상이 없어지므로 한 가족을 호구로 정해야 한다고 했다. 일반적으로 한 가족에는 성인 남자가 여러 명이 있다. 가족 단위로 호구를 산정하여 세금을 거두면 안정적인 조세 수입을 얻을 수 있을 뿐만 아니라 백성들의 세금 부담도 경감할 수 있었다.

야율초재는 또 장군·재상·대신 등 권력자들이 부리는 사노(私奴)의 숫자를 조사한 후에 사노들을 일반 백성으로 삼고, 권력자들이 더 이상 사노를 소유할 수 없게 하며 법을 어긴 자는 사형으로 다스려야 한다고 주장했다. 우구데이 카안은 야율초재의 손을 들어주었다.

1236년 가을 쿠두후가 중원 지방의 호구를 정리한 문서를 우구데이 카안에게 바쳤다. 우구데이 카안은 중원 지방 주현(州縣)의 토지와 백성을 친왕과 공신들에게 분배해주려고 했다.

야율초재가 아뢰었다.

"토지를 분할하고 백성을 나누어 친왕과 공신들에게 하사하면, 원망을 늘어놓고 불만을 품는 자들이 나타나기 마련입니다. 차라리 그들에게 황금과 비단을 넉넉하게 하사하는 게 좋겠습니다."

토지와 백성은 국가가 관리해야 할 대상이지 권문세가들에게 나누어 줄 물건이 아니며, 친왕이나 공을 세운 자에게는 재화(財貨)로 보상해주어야 이치에 맞는다는 것이다.
우구데이 카안이 말했다.

"듣고 보니 경의 말이 옳소. 하지만 짐이 이미 윤허했는데 어찌하면 좋겠소?"

야율초재가 대답했다.

"조정에서 주현으로 관리를 파견하여 백성들에게 특산물과 재화를 징수하게 해야 합니다. 연말에 그것을 친왕과 공신들에게 나누어주고 그들이 사적으로 백성들에게 조세를 징수하지 못하게 하면 됩니다."

조세 징수권은 국가의 고유 권한이지, 개인이 가질 수 없다는 주장이다. 이는 야율초재가 귀족 세력을 약화하고 황제 중심의 중앙 집권을 강화하고자 하는 의도에서 나왔다. 우구데이 카안은 그에게 조세를 징수하는 법을 구체적으로 마련하게 했다.
야율초재가 정한 조세법은 다음과 같다.

원나라 역대 황제 평전

"두 가구마다 잠사(蠶絲) 한 근을 국가에서 사용하는 품목으로 바친다. 다섯 가구마다 잠사 한 근을 친왕과 공신들이 사용하는 생활비로 바친다. 토지세는 중등급의 밭은 곡식 2승(升) 반, 상등급의 밭은 곡식 3승, 하등급의 밭은 곡식 2승을 낸다. 수전(水田)의 경우는 한 무(畝)마다 곡식 5승을 낸다. 상세(商稅)는 이윤의 30분의 1을 내며, 소금 가격은 소금 40근을 은(銀) 1냥으로 정한다."

조정 중신들은 야율초재가 백성들의 조세 부담을 지나치게 완화했다고 불평했다.
야율초재가 말했다.

"조세법을 개정하여 세금을 적게 받아도 오히려 탐욕에 빠지는 폐단을 초래하오. 장차 조세법으로 막대한 이익을 취하는 자가 나타날 것이오. 따라서 지금 개정한 조세법도 백성들에게는 과중하오."

야율초재는 가능한 한 백성들의 조세 부담을 덜어주려고 이런 말을 했을 것이다. 우구데이 카안은 그의 의견을 수용하여 개정된 법령을 반포하게 했다.
몽골인은 천하무적의 기마 군단으로 유라시아 대륙을 통일했지만, 대제국을 다스리는 방법은 알지 못했다.
야율초재는 몽골을 유가 사상으로 경영하고 싶었다. 유가 사상을 공부한 유생들이 국가를 다스리는 중추가 되어야 한다.
1237년 그가 우구데이 카안에게 아뢰었다.

"좋은 물건을 제작하려면 반드시 기술이 뛰어난 장인이 필요하며, 국가를 잘 다스리려면 유학에 조예가 깊은 신하가 필요합니다. 하지만 그가 수십 년 동안 학문을 연마하지 않고 각고의 노력을 기울이지 않았다면, 국가를 위한 사업을 쉽게 성취할 수 없을 것입니다.

요컨대 재능과 실력이 뛰어난 유생들을 선발하여 등용하라는 의미이다. 그의 말에 공감한 우구데이 카안은 선덕주(宣德州)의 선과사(宣課使) 유중(劉中)에게 유생을 관리로 선발하게 했다. 유중은 여러 군(郡)에서 경의(經義)·사부(詞賦)·논분(論分)을 삼과(三科)로 정한 시험을 시행했다.

유생들 가운데 포로로 잡혀 노예가 된 자도 응시할 수 있었다. 만약 주인이 노예를 숨기고 응시하지 못하게 하면, 그 주인을 사형에 처했다. 이렇게 하여 선덕주에서 유생 4,030명이 관리로 임용되었다. 그들 가운데 4분의 1이 노예 출신이었다. 이는 몽골 역사에서 유생이 시험을 통해 관리가 된 최초의 사례가 되었다.

우구데이 카안은 유가의 통치 사상을 이해하지 못했지만, 야율초재의 끊임없는 진언과 설명을 통해 그것에 대하여 어느 정도 초보적인 인식을 가지고 있었다.

그런데 어느 날 태원로(太原路)의 전운사(轉運使) 여진(呂振)과 부사(副使) 유자진(劉子振)이 뇌물을 받은 죄가 드러났다. 두 사람은 유생 출신 관리였다. 우구데이 카안이 야율초재에게 따지듯 물었다.

"공자의 가르침은 널리 선양해야 하며, 유생은 좋은 사람이라고 경이 말하지 않는가. 그런데 어찌하여 이런 나쁜 놈들이 있단 말인가?"

야율초재의 진언에 따라 유생들을 관리로 임용한 우구데이 카안은 그들의 부정부패에 심한 배신감을 느꼈을 것이다. 여차하면 유생들을 학살하는 참극이 벌어질지도 모르는 상황이었다.

야율초재가 침착하게 대답했다.

"임금과 아버지가 신하와 자식들을 가르칠 때 그들로 하여금 불의(不義)를 저지르게 하는 일을 원하는 사람은 아무도 없습니다. 삼강오상(三綱五常)은 성인의 위대한 가르침이며, 국가를 다스리는 군주는 그것을 따르지 않으면 안 됩니다. 이는 마치 하늘에 해와 달이 떠 있는 것과 같은 이치입니다. 어찌 사내 한두 명이 잘못을 저지른 것을 빌미로 삼아, 영원히 전해지는 성인의 도(道)가 유독 우리 왕조에서만 폐지되게 할 수 있겠습니까?"

그야말로 목숨을 건 진언이었다. 야율초재의 말 한마디에 수많은 유생들의 목숨이 달려있었다. 다행스럽게도 우구데이 카안은 그의 진언을 받아들였다.

야율초재는 칭기즈 칸 부자를 30여 년 동안 충심을 다해 보필했다. 우구데이 카안의 통치 시기에는 14년 동안 중서령 관직을 맡으면서 명재상으로 이름을 떨쳤다.

하루는 우구데이 카안이 친히 그에게 술잔을 하사하면서 말했다.

"짐이 경을 진심으로 신임하고 국정을 맡긴 이유는 선황제의 명령을 받들었기 때문이오. 경이 없었다면 짐이 어찌 중원을 차지할 수 있었겠소? 이제 짐이 아무 걱정 없이 편하게 지낼 수 있게 된 것은 모두 경이 노력한 덕분이오."

야율초재의 헌신적인 노력 덕분에 몽골 제국은 점차 유목 민족 국가의 습성을 버리고 전형적인 봉건 왕조로 거듭날 수 있었다. 또 몽골인에게 유가적 관점에서 천하를 다스리는 방법을 알려 주었다.

그는 오랜 세월 동안 재상을 지내면서도 어떤 비리에도 연루되지 않았다. 그에게 벼슬자리를 부탁하는 친족이 적지 않았는데 그들에게 자신이 받은 봉록을 나누어주었을 뿐, 절대로 관직을 주지 않았다. 공과 사를 아주 엄격하게 구분한 것이다.

하루는 행상서성(行尚書省) 유민(劉敏)이 친족에게 재화는 주어도, 벼슬은 어째서 내리지 않느냐고 물었다.

그의 답변은 이러했다.

"내가 가진 재화를 형편이 어려운 친족에게 나누어주는 일은 친족 간의 화목을 위해 좋은 일이오. 하지만 친족이라고 해서 사적으로 그들에게 벼슬자리를 마련해주는 일은 위법이므로 절대 그렇게 할 수 없소."

일국의 재상이면 그가 받는 녹봉도 적지 않았을 것이다. 야율초재는 녹봉의 일부를 생활이 곤궁한 친족에게 나누어줌으로써 친족과 화목하게 지냈다. 하지만 관직은 개인의 소유물이 아니기 때문에 절대 사적인 감정으로 친족에게 나누어줄 수 없다는 것이다.

이처럼 야율초재는 자기 관리에 철저했으므로 사람을 죽이는 일을 양한 마리 도축하는 것처럼 쉽게 생각하는 몽골 황제 아래에서 살아남을 수 있었다. 더구나 그는 몽골인이 아니었기 때문에 오로지 실력과 충성 그리고 실적과 청렴을 드러내야 만이 탄핵당하지 않고 재상 직책을 수행할 수 있다는 강박 관념을 가지고 있었을 것이다.

하지만 야율초재는 1241년에 우구데이가 병사한 후 퇴레게네 카툰(소자황후·昭慈皇后)이 섭정을 맡았을 때 여러 차례 탄핵을 당하고 권력의 중심에서 배제되었다.

중원 지방에 거주하는 한인(漢人)에 대해 과세를 부과하는 문제를 놓고 우투라하만(奧都剌合蠻) 등 중앙아시아 출신의 무슬림 관료들과 갈등을 겪었기 때문이다.

1244년 야율초재는 우울증을 앓다가 향년 54세를 일기로 세상을 떠났다. 그가 세상을 떠난 지 76년 만인 지순(至順) 원년(1330)에 광녕왕(廣寧王)으로 추존되었다.

오늘날 야율초재가 중국 한족에게 위대한 정치가로 극찬받는 이유는 그의 간언과 노력 덕분에 중원의 한족이 대량 학살을 면할 수 있었다는 것과 두 대칸의 총애를 등에 업고 몽골을 중국화(中國化)했기 때문이다. 거란족 출신인 그가 한족 문명의 세례를 받고 유가 성현의 도(道)를 치국의 올바른 이념으로 삼았기 때문에 이런 일이 가능했다.

이와 반면에 중앙아시아의 이슬람권 몽골 방계 국가에서 나온 몽골 역사서에는 야율초재에 대한 언급이 없다. 무슬림 역사 학자들은 이슬람의 관점에서 몽골 역사를 집필했기 때문에, 유교와 불교에 심취한 야율초재에 대하여 애써 무시하는 입장을 취했을 것이다.

3. 금나라를 멸망시키고 남송을 정벌하다

칭기즈 칸은 임종 직전에 금나라를 멸망시킬 계책을 세웠다. 그에게 금나라는 철천지원수였다. 자기가 친히 멸망시키지 못한 아쉬움을 달래며 아들과 장수들에게 반드시 금나라를 멸망시키라는 유언을 남기고 세상을 떠났다.

당시 중국은 북방의 몽골과 금나라 그리고 남방의 남송이 서로 대립하는 형국이었다. 남송은 금나라를 불구대천의 원수로 여겼다. 금나라의 침략으로 중원 지방을 빼앗기고 장강 이남으로 밀려나 절치부심하고 있었다.

물론 몽골도 남송에게는 두려운 존재였다. 하지만 남송은 금나라에 대한 원한이 얼마나 뼈에 사무쳤는지 금나라를 무찌를 수만 있다면 몽골과 잠시 손을 잡는 것도 불가피하다고 생각했다. 그런데 남송을 이용하여 금나라를 멸망시키는 것이 바로 칭기즈 칸의 계책이었다.

1230년 우구데이 카안은 동생 툴루이, 조카 뭉케 등 장수들을 거느리고 세 갈래 방향에서 금나라 정벌에 나섰다. 동로군 사령관 사천택(史天澤)은 급현(汲縣)에서 금나라 장수 무선(武仙)을 격파하고 위주(衛州)를, 서로군 사령관 툴루이는 남하하여 뭉케의 몽골군과 회합한 후 봉상(鳳翔)을, 우구데이 카안은 친히 중군을 거느리고 황하를 건너 동주(同州)·화주(華州) 등 황하 이남 지역을 점령했다.

1232년 정월 툴루이는 군사 요충지인 동관(潼關)을 우회하여 진령(秦嶺)을 넘어 금나라의 도성 변경(汴京)으로 진격했다. 우구데이 카안의 중군도 황하 이남에서 작전을 전개했다.

금나라 신하들은 금애종(金哀宗) 완안수서(完顏守緒·1198~1234)에게 수성(守城)과 청야(清野) 작전으로 몽골군을 지치게 하여 스스로 퇴각하게 해야 한다고 주장했다.

금애종은 사직을 보위하고 백성의 안전을 책임져야 한다는 의식이 여느 황제보다도 강했다. 몽골군의 침입에 결사 항전함으로써 국난을 극복하고 싶었다. 그에게는 아직도 15만 대군과 완안합달(完顏合達)·이랄포아(移剌蒲阿)·완안진화상(完顏陳和尚) 등 백전노장들이 있었다.

특히 완안진화상은 1230년에 몽골의 박해를 피해 금나라로 도망친 자들로 조직한 충효군(忠孝軍)을 이끌고 대창원(大昌原: 감숙성 녕현·寧縣 태창원향·太

昌原鄕)에서 치라운이 지휘한 몽골군을 대파한 명장이었다.

치라운은 칭기즈 칸 시대에 사준 가운데 한 명이 아닌가. 임전무퇴의
맹장이 처음으로 금나라군에게 패배했다. 대창원 전투는 20여 년 동안
몽골에게 항상 패배했던 금나라도 몽골과 싸워 이길 수 있다는 일말의 희
망을 가질 수 있었다.

금애종은 등주(鄧州: 하남성 등주)에 주둔하고 있는 완안합달에게 도성 변
경을 구원하게 했다. 완안합달 등 세 장수는 15만 대군을 이끌고 변경을
향해 출정했다.

우구데이 카안과 툴루이는 기병 5만여 기를 거느리고 있었다. 몽골군
이 수적으로 열세인 상황에서 전면전을 벌이면 승산이 없었다. 마침 북풍
한설이 몰아치는 계절이 왔다. 혹독한 추위에 익숙한 몽골군에게는 오히
려 작전을 펼치기에 유리한 환경이었다. 몽골군은 치고 빠지는 전술로 금
나라군을 괴롭혔다. 금나라군은 신출귀몰하는 몽골군의 기습을 받고 우
왕좌왕했다. 보급로가 차단되자 군량이 바닥나기 시작했다.

추위와 기아에 전투력을 상실한 금나라군이 균주(鈞州: 하남성 우주·禹州)로
퇴각하다가 균주 근교에 있는 삼봉산(三峰山)에서 몽골군의 포위망에 걸려
들었다.

몽골군은 굶주린 이리떼처럼 달려들어 금나라 병사들을 닥치는 대로
살육했다. 15만 대군이 전멸했으며 세 장수는 끝까지 저항하다가 포로로
잡혀 살해되었다.

삼봉산 전투는 금나라가 망하는 결정적 계기가 되었다. 우구데이 카
안은 수부타이에게 남아서 변경을 공략하게 하고 툴루이와 함께 북상
했다.

수부타이는 변경성을 겹겹이 포위하고 금애종에게 사자를 보내 투항
을 권고했다. 금애종은 어떻게 해서라도 종묘사직은 지키고 싶었다. 조왕

(曹王) 완안와가(完顏訛可)를 인질로 보내고 화친을 요청했으나 거절당했다.

수부타이는 포로와 금나라 부녀자들을 동원하여 땔감으로 변경성의 해자를 메우고, 변경성 밖에 거대한 외성(外城)을 쌓게 했다. 몽골군은 외성에 설치한 투석기로 16일 동안 밤낮을 가리지 않고 맹공을 퍼부었다. 육중한 돌덩어리들이 비처럼 쏟아졌다. 성안의 사람들은 돌덩어리에 깔려 죽었으며, 전각들은 파괴되었다.

하지만 금나라군의 저항도 만만치 않았다. 당시 그들은 진천뢰(震天雷)·비화창(飛火槍) 등 화약을 사용한 무기가 있었다. 금나라군은 화약 무기로 거세게 저항했다.

몽골군은 화약 무기에 대해서는 문외한이었다. 몽골군의 사상자가 늘어나자 수부타이는 포위를 풀고 황하(黃河)와 낙수(洛水) 사이로 철군하여 전열을 정비했다. 얼마 후 우구데이 카안은 금애종이 요청한 화의를 윤허하는 수밖에 없었다.

양군은 싸움을 멈추고 대치 국면으로 들어갔다. 변경 근교에 거주하는 백성들이 몽골군의 살육을 피해 변경성으로 몰려왔다. 변경성 인구는 일시에 2백여만 명에 달했다. 콩나물시루처럼 변한 변경성은 아비규환의 수라장으로 변했다.

1232년 5월 변경성 안에서 대역병이 창궐했다. 50여 일 동안 들것에 실려 성문 밖으로 나온 시신이 무려 90여만 구(具)나 되었다. 같은 해 7월 우구데이 카안은 당경(唐慶) 등 30여 명을 금애종에게 사절단으로 보냈다. 금애종이 황제의 존호를 포기하고 몽골의 신하를 칭하면 금나라의 사직을 지킬 수 있게 하겠다고 했다. 아울러 그가 친히 자신을 알현하러 오기를 바랐다.

금나라 조정 대신들은 투항 여부를 놓고 갑론을박했다. 그런데 당경 등 사신들의 행동이 오만방자하기 그지없었다. 심지어 황제의 면전에서

도 서슴없이 협박했다.

신복(申福), 채원(蔡元) 등 비호군 장수들은 치욕을 참을 수 없었다. 굴욕을 참고 투항하느니 차라리 몽골 사신들을 죽이고 끝까지 싸우기로 결심했다. 그들은 어둠을 틈타 몽골 사절단이 머물고 있던 숙소를 급습했다. 마침 술에 취하여 곤히 자고 있던 당경과 그의 두 아우 그리고 수행원 17명을 살해했다.

사태를 파악한 금애종은 그들의 죄를 묻지 않고 오히려 그들에게 포상을 내렸다. 그도 최후의 순간까지 몽골군과 맞서 싸우겠다는 결연한 의지를 드러냈다. 이에 두 나라 사이의 협상이 깨지고 파국으로 치달았다.

금애종은 변경성의 방비를 굳건히 하며 결전을 준비했다. 완안사열(完顏思烈), 무선(武仙) 등 장수들이 남양(南陽)에서 패잔병 10만여 명을 수습하여 변경성을 구원하러 떠났다. 행군 도중에 경수(京水: 하남성 정주·鄭州에 위치한 하천)에서 수부타이의 몽골군과 조우했다.

금나라군이 궤멸을 당했다. 완안사열이 변경성 입성을 서두르다가 몽골군의 파상 공격에 제대로 대응하지 못한 것이 결정적 패인이었다.

당시 추밀사 적잔합희(赤盞合喜)는 병사 1만여 명을 거느리고 중모(中牟: 하남성 학벽·鶴壁)의 고성(古城)에 주둔하고 있었다. 완안사열의 군대와 회합하여 연합 작전을 펴기로 약속했다. 하지만 완안사열이 패배했다는 소식을 듣고 기겁하여 군수 물자를 버리고 변경성으로 달아났다. 금애종은 전투 경험이 많은 그를 차마 죽이지 못하고 서민(庶民)으로 강등했다.

반년이 넘도록 외부와 단절된 변경성은 극심한 식량난에 시달렸다. 금나라 조정은 군량을 확보하고자 백성들의 남아있는 양식을 수탈할 수밖에 없었다. 기아에 허덕이는 백성들은 뱀·쥐·초근목피 등 먹을 수 있는 것은 다 먹었다. 그것들마저 떨어지자 사람이 사람을 잡아먹는 극단적인 일까지 벌어졌다. 금애종도 황제라고 해서 하루 세끼를 다 챙겨 먹을 수 없는 형편이었다.

금애종은 변경성에서 더 이상 버틸 수 없었다. 성안에서 앉아서 굶어 죽기보다는 탈출하여 활로를 찾고 싶었다. 그는 참지정사 완안노신(完顔奴申), 서면원수(西面元帥) 최립(崔立) 등에게 변경성 수비를 맡긴 후 병사 3만여 명을 이끌고 황하를 건너 위주(衛州)를 공격했으나 대패했다. 황급히 패잔병을 이끌고 귀덕(歸德: 하남성 상구·商丘)으로 달아났다.

최립은 금애종이 탈출한 후인 1233년 1월에 완안노신 등 대신들을 죽이고 정변을 일으켰다. 양왕(梁王) 완안승각(完顔承恪)을 감국(監國)으로 삼고 자신은 태사(太師)로 자칭하며, 군마도원수·상서 등 요직을 차지했다. 감국이란 황제가 도성을 비우고 멀리 나갔을 때 황제를 대신하여 국정을 다스리는 황태자를 말한다.

얼마 후 최립은 수부타이에게 변경성을 통째로 바치고 항복했다. 그는 몽골에 금나라 귀족과 막대한 금은보화를 바쳐 대칸의 신임을 얻어서 꼭두각시 황제 노릇을 하려고 생각한 매국노였다.

수부타이의 몽골군은 변경성에 무혈 입성한 후 백만 명이 넘는 성민을 모조리 도륙하려고 했다. 하지만 야율초재가 우구데이 카안에게 간곡하게 진언을 한 끝에, 황족 야율씨(耶律氏), 귀족 등 500여 명만 참살하고, 무고한 백성들은 목숨을 부지하게 했다. 그 후 최립은 부귀영화는커녕 이백연(李伯淵) 등 부하들에게 피살되었다.

몽골군이 변경성을 함락하기 전인 1232년에, 우구데이 카안은 금나라 출신의 장수 왕즙(王檝)을 남송에 사신으로 보내 몽골과 남송이 연합하여 금나라를 정벌하자고 했다.

송이종(宋理宗) 조윤(趙昀·1205~1264)과 조정 대신들은 격론을 거듭한 끝에 몽골의 제의를 받아들였다. 몽골과 연합하여 금나라를 멸망시키면, 100여 년 전에 송휘종(宋徽宗) 조길(趙佶·1082~1135)과 송흠종(宋欽宗) 조환(趙桓·1100

~1156), 두 황제가 금나라로 끌려가 당했던 이른바 '정강(靖康)의 치욕'을 씻을 수 있을 뿐만 아니라, 몽골과의 협상을 통해 금나라에게 빼앗긴 중원 지방도 수복할 수 있다고 판단했다.

우구데이 카안은 남송과 연합하여 금나라를 멸망시킨 후 황하 이남 지역을 남송에 할양하겠다고 약속했다. 마침내 몽골과 남송의 군사 동맹이 성사되었다.

금애종은 두 나라가 동맹을 맺었다는 소식을 듣고 경악했다. 황급히 남송에 사신을 보내 함께 힘을 합쳐 몽골의 침략에 대항하자고 호소했다. 하지만 송이종은 삼국 간의 관계를 전략적으로 판단하지 않고 그의 제안을 냉정하게 거절했다. 금나라에 대한 원한이 뼈에 사무쳤기 때문이다.

송이종은 경호제치사(京湖制置使) 사숭지(史嵩之), 병마검할(兵馬鈐轄) 맹공(孟珙) 등 장수들에게 몽골과 연합하여 금나라를 공격하게 했다. 남송군은 무선(武仙)이 지휘한 금나라군을 격파하고 등주(鄧州)·당주(唐州) 등을 연이어 공략했다. 금애종은 무선 등 일부 장수들과 함께 채주(蔡州: 하남성 여남·汝南)로 달아났다. 채주성은 성곽이 견고하고 해자가 깊었다. 몽골군은 여러 달 동안 맹렬히 공격했지만 함락하지 못했다.

우구데이 카안은 다시 왕즙을 남송에 사신으로 보내 병력과 물자 지원을 요청했다. 송이종은 맹공에게 병사 2만 명과 군량 30만 석을 내어주고 몽골군을 돕게 했다. 몽송 연합군이 채주성을 겹겹이 포위하고 맹공을 퍼부었다.

채주성에서도 사람이 사람을 잡아먹는 비극이 시작되었다. 금애종은 결사 항전했지만, 몽송 연합군의 공격을 도저히 저지할 수 없었다. 몽골군이 성곽을 파괴하고 물밀듯 밀어닥쳤다.

금애종은 망국의 날이 가까워졌음을 직감했다. 죽음은 두렵지 않았으나 자기가 망국의 군주로 전락하는 치욕은 견딜 수 없었다. 종실 완안승린(完顏承麟·1202~1234)에게 황급히 양위를 하고 유란각(幽蘭閣)에서 스스로 목을 매어 죽었다. 항복한 금나라 신하들은 금애종의 시신을 수레에 싣고 맹공에게 왔다. 맹공은 그것을 두 토막 내어 몽골과 남송 조정에 보냈다.

완안승린은 극도로 혼란한 상황에서 황제 즉위식을 마친 후 불과 몇 시간 만에 피살되었다. 그를 금말제(金末帝)라고 칭한다. 중국 역사에서 가장 짧은 재위 기간을 기록했다.

금애종이 자살하고 완안승린이 피살된 1234년 2월 9일에, 금나라는 금태조(金太祖) 완안아골타(完顏阿骨打·1068~1123)가 금나라를 건국한 지 119년 만에 역사 속으로 사라졌다.

우구데이 카안은 칭기즈 칸이 그토록 증오했던 금나라를 멸망시킴으로써 아버지의 유언을 실현했다.

몽송 연합군이 금나라를 멸망시켰지만, 사실은 몽골 기병이 주력군이었으며, 남송군은 측면에서 몽골군을 도와주는 역할만 했을 뿐이다. 어쨌든 양군은 약속에 따라 각자 본국으로 철수했다.

예전에 북송(北宋)의 핵심 지역이었던 하남(河南) 지방이 무주공산이 되었다. 남송 조정은 몽골군이 철수한 틈을 타서 북송 시대의 삼경(三京)을 수복하고 싶었다. 삼경은 동경 개봉부(하남성 개봉)와 서경 하남부(하남성 낙양) 그리고 남경 응천부(하남성 상구)를 지칭한다. 황하 유역에 자리 잡은 북송 시대의 3대 중추 도시이다.

권신 사미원(史彌遠·1164~1233)은 송영종과 송이종 시대에 26년 동안 권력을 장악하고 국정을 농단했다. 송이종은 그가 사망한 직후에야 연호를 단평(端平·1234~1236)으로 바꾸고 친정을 시작했다.

그는 설극(薛極), 이지효(李知孝) 등 간신들을 내친 후 조범(趙范)과 조규(趙葵) 형제 등 신진 인사들을 중용했다. 조씨 형제는 송이종에게 몽골군이 북방으로 철수한 틈을 타서 북벌을 단행하여 삼경을 수복해야 한다고 했다. 단평 원년(1234) 5월 송이종은 북벌을 반대하는 대신들의 의견을 묵살하고, 조씨 형제, 전자재(全子才) 등에게 북벌을 명했다.

당시 몽골의 주력군은 황하 이북으로 철수한 상태였다. 북송의 수도였던 변경성 수복이 남송군의 첫 번째 목표였다. 전자재가 이끈 남송군은 별다른 저항을 받지 않고 변경성의 외곽에 이르렀다.

몽골에 투항한 금나라 출신의 장수 최립이 변경성을 다스리고 있었다. 그는 몽골의 위세를 등에 업고 폭정을 일삼아 백성들의 원성을 샀다. 그의 부하 장수 이백연이 반란을 일으켜 그를 살해하고 전자재에게 투항했다.

변경성은 폐허나 다름이 없었다. 성안의 건물들은 대부분 파괴되고 인구도 수천 명에 불과했다. 입성한 남송군에 필요한 군량과 마초도 제때 구할 수 없는 형편이었다. 남송 조정은 병력과 군수 물자를 변경성에 보내려고 했으나, 몽골군이 황하 제방을 파괴하여 길이 막히는 바람에 뜻을 이루지 못했다. 남송군은 성안에서 이러지도 저러지도 못하는 처지가 되었다.

어쨌든 남송군이 변경성에 입성했다는 소식이 도성 임안(臨安)에 전해졌다. 송이종과 대신들은 감격의 눈물을 흘리며 기뻐했다. 송이종은 선황제들의 오랜 소망이었던 변경성 수복을 자신의 힘으로 이룬 것에 흥분을 감추지 못했다. 그는 조범을 동경유수에, 조규를 남경유수에, 전자재를 서경유수에 임명했다. 세 장수에게 삼경을 수복하게 한 후 중원 지방을 완전히 장악할 속셈이었다.

조규는 전자재가 변경성에 머무르면서 물자 보급만을 기다릴 뿐, 더 이상 낙양으로 진격하지 않는 것에 불만을 품었다. 부하 장수 서민자(徐敏子)를 선봉 부대의 감군(監軍)으로 삼고 낙양으로 진격하게 했다. 서민자는 병사 13,000여 명을 이끌고 낙양성을 향해 떠났다.

한편 우구데이 카안의 명령에 의하여 황하 상류에 머물고 있던 몽골 장수 타가차르는, 남송군이 약속을 어기고 중원 지방으로 진격하고 있다는 소식을 듣고 분노했다. 그는 사준 가운데 한 명인 보오르추의 질손(姪孫)인데 우구데이 카안이 금나라를 정벌할 때 혁혁한 전공을 세운 명장이다.

타가차르는 남송군을 낙양성으로 유인하고 보급로를 차단한 후 섬멸할 작전을 짰다. 남송군은 쉽게 낙양성에 입성했지만, 그곳도 황폐하기 그지없었다. 변경성에서 그랬던 것처럼 병사들에게 먹일 양식조차도 확보하기가 쉽지 않았다.

단평 원년(1234) 7월 남송 장수 양의(楊義)가 낙양성의 남송군에 합류하기 위하여 병사 15,000여 명을 거느리고 5~6일간의 고된 행군 끝에 낙양성 근교의 용문진(龍門鎭)에 이르렀다.

몽골에 귀순한 장수 유형안(劉亨安)이 피로에 지쳐 쉬고 있는 남송군을 급습했다. 남송군은 화살과 쇠뇌를 쏘면서 반격했지만, 사방에서 순식간에 공격했다가 사라지는 몽골군에게 궤멸당하고 말았다.

낙양성의 남송군은 고립무원의 처지가 되었다. 서민자는 몽골의 주력군이 들이닥치기 전에 성을 빠져나와 낙수(洛水)에서 배수진을 쳤다. 양군은 낙수를 사이에 두고 건곤일척의 혈투를 벌였다. 보병 위주의 남송군은 기병 중심의 몽골군의 적수가 되지 못했다. 서민자는 패잔병 300여 명을 이끌고 광주(光州: 하남성 황천현 · 潢川縣)로 달아났다.

몽골군은 낙양성을 함락한 후 또 파죽지세로 변경성도 점령했다. 송이종의 중원 수복 의지는 반년도 안 되어 일장춘몽으로 끝났다. 그가 몽골의 막강한 군사력을 무시하고 감정에만 치우쳐 북벌을 단행한 것이 결정적인 패인이었다.

그는 성난 민심을 달래기 위하여 자기 잘못을 시인하는 「죄기조(罪己詔)」를 반포하지 않을 수 없었다. 남송군이 단평 원년(1234)에 낙양성에서 몽골군에게 궤멸당하고 퇴각한 역사적 사건을 '단평입락(端平入洛)'이라고 칭한다.

1234년 겨울 우구데이 카안은 이 사건을 구실로 삼아 세 갈래 방향에서 남송 정벌을 결정했다. 둘째 아들 코단(闊端·1206~1251)에게는 서로군을 이끌고 사천(四川) 지방으로, 셋째 아들 쿠추(闊出·1206~1236)에게는 중로군을 이끌고 한수 및 장강 유역으로, 칭기즈 칸 이복동생 벨구테이의 아들인 쿠온 부카(口溫不花)에게는 동로군을 이끌고 강회(江淮) 지방으로 진격하게 했다.

서로군은 공창(鞏昌)·무휴관(武休關)·흥원(興元) 등을 점령하고 촉(蜀) 남부 지방의 요충지인 대안(大安: 사천성 자공·自貢)으로 진격했다. 어전제군도통제 조우문(曹友聞)이 지휘한 남송군이 서로군에 맞서 싸웠으나 전멸당했다. 서로군은 성도(成都) 등 54개 성읍을 유린했다.

1235년 쿠추의 중로군과 쿠온 부카의 동로군 그리고 황하 연안에 주둔하고 있던 타가차르의 군대가 황하를 건너 남진했다. 당주(唐州)·조양(棗陽)·광화군(光化軍)·영주(郢州)·양양(襄陽) 등 주요 성읍들이 연이어 몽골군에게 점령되었다. 1236년 10월 타가차르가 장강 유역의 군사 요충지인 기주(蘄州: 호북성 기춘·蘄春)를 포위 공격했다.

송이종은 황주(黃州)에 머물고 있던 맹공에게 기주성을 방어하게 했다. 타가차르와 맹공은 몽송 연합군을 이끌고 금나라를 멸망시킬 때 의형제 관계를 맺었다. 타가차르는 맹공이 지략이 뛰어나고 용감한 장수임을 알고 있었다. 그와의 정면 승부를 피하고 기주성을 우회하여 장강을 도하하고 싶었다.

타가차르는 장강 중류의 강릉(江陵: 호북성 형주·荊州)을 공격 목표로 삼고 수많은 도하선(渡河船)과 뗏목을 만들었다. 수만 기병이 일시에 도하하여 강릉성을 초토화할 계획이었다.

중과부적임을 인식한 맹공은 허장성세로 대응할 전술을 짰다. 낮에는 깃발과 군복의 색깔을 수시로 바꾸게 하고, 밤에는 강변 수십 리에 걸쳐 횃불을 늘어놓게 했다. 마치 대군이 주둔하고 있는 모습을 연출했다. 맹공은 몽골군이 주춤한 틈을 타서 기습했다. 양군은 장강을 사이에 두고 일대 공방을 벌였다. 수전(水戰)에 약한 몽골군이 패하여 퇴각하는 수밖에 없었다.

1237년 가을 쿠온 부카가 회서(淮西) 지방의 군사 요충지인 광주(光州)를 점령하고 황주(黃州: 호북성 황강·黃岡)를 공격했으나 맹공의 거센 저항을 받고 퇴각했다.

맹공은 광화군, 양양 등 지역을 연이어 수복하는 전과를 올렸다. 몽골군의 침공 이래 연전연패를 거듭했던 남송군은 맹공이라는 남송 최후의 명장에 의해 다시 전열을 정비할 수 있었다.

몽골이 남송을 정벌하는 도중에 우구데이 카안이 가장 총애한 셋째아들 쿠추가 병으로 사망했다. 우구데이는 그를 황태자로 추증하고 애도했다. 만약 그가 병사하지 않았다면 제3대 대칸으로 추대되었을 것이다.

1241년 우구데이 카안의 죽음으로 몽골의 제1차 남송 침략 전쟁은 일단락되었다. 한편 맹공은 향년 51세를 일기로 세상을 떠날 때까지 추밀도승지·안무제치사·사천선무사·영무군절도사 등 요직을 역임했다. 그는 남송 말기의 유일한 명장으로 자리매김했다.

4. 고려 침략과 서방 원정

요(遼·907~1125)는 거란족 야율아보기(耶律阿保機·872~926)가 상경(上京) 임황부(臨潢府: 내몽골 적봉·赤峰 파림좌기·巴林左旗)를 도성으로 정하고 건국한 나라이다. 그가 국가를 건국했을 때의 국명은 거란(契丹)이었다. 947년 요태종(遼太宗) 야율덕광(耶律德光·902~947)이 군사를 이끌고 남하하여 후진(後晉·936~947)을 멸망시키고 변경(汴京)으로 천도했다. 그는 변경에서 황제를 칭하고 국명을 대요(大遼)로 바꾸었다. 요나라는 마지막 황제 천조제(天祚帝) 야율연희(耶律延禧·1075~1128)가 다스릴 때인 1125년에 금나라에 의해 멸망했다.

요나라가 멸망하기 전인 1122년에, 요선종(遼宣宗) 야율순(耶律淳·1063~1122)이 지금의 북경에서 북요(北遼·1122~1123)를 건국했다. 북요는 서하와 동맹을 맺고 금나라에 대항했지만 건국한 지 1년 8개월 만인 1123년에, 마지막 황제 야율출열(耶律尤烈·?~1123) 회제(懷帝) 때 금나라에 의해 멸망했다.

또 요나라가 멸망하기 직전인 1124년에, 요덕종(遼德宗) 야율대석(耶律大石·1087~1143)이 서역에서 서요(西遼·1124~1218)를 건국했다. 서요는 건국한 지 94년 만인 1218년에 칭기즈 칸의 몽골군에 의해 멸망했다. 이처럼 거란족이 세운 요나라·북요·서요 등이 연이어 망했지만, 요나라의 잔존 세력은 여전히 존재했다.

1213년 요나라 귀족 출신인 야율유가(耶律留哥·1165~1220)가 금나라가 쇠약해진 틈을 타서 반금(反金) 기치를 내걸고 동요(東遼·1213~1269)를 건국했다. 그는 몽골 제국 신하국의 왕을 자처하고 칭기즈 칸에게 복종했다.

하지만 그의 동생 야율시불(耶律厮不·?~1216)이 형의 굴욕적인 친몽 정책에 반기를 들고 일어났다. 그는 등주(澄州: 요녕성 해성·海城)에서 황제를 칭하고 천위(天威)라는 연호를 사용했다. 그가 세운 나라를 후요(後遼·1216~1219)라고 칭한다. 이 후요를 대요수국(大遼收國)이라고 칭하기도 한다. 야율시불은 황제를 칭했기 때문에 몽골과 금나라에 적대 정책을 펼 수밖에 없었다.

그런데 동요와 후요의 강역이 지금의 요녕성과 압록강 유역이었으므로, 거란족이 세운 두 나라는 국경을 맞대고 있는 고려(高麗·918~1392)와 잦은 마찰을 빚을 수밖에 없었다. 고려와 거란족의 갈등은 결국 몽골이 고려를 침략하는 원인(遠因)이 되었다.

몽골은 제국의 질서를 거부한 후요를 정벌할 결심을 했다. 마침 금나라 장수 출신인 포선만노(蒲鮮萬奴)가 세운 동하(東夏·1215~1233)가 몽골의 속국을 자처하고 후요 정벌에 참여하겠다고 선언했다. 동하는 지금의 중국 동북 삼성(三省) 동부와 한반도 북부에 위치하고 있었으며, 동진(東眞)이라고 칭하기도 한다.

몽골군은 동하군을 휘하에 거느리고 후요를 공격했다. 후요의 거란족도 호전적인 민족이었으나 몽골 초원을 제패한 몽골 제국의 상대가 되지 못했다. 1216년(고려 고종 3년) 몽골군에게 쫓긴 거란 유민 9만여 명이 압록강을 건너 고려로 들어왔다.

이 시기부터 1219년(고종 6년)까지 2차에 걸쳐 거란족의 고려 침략이 전개되었다. 1218년 대요수국의 승상 걸노(乞奴), 거란족의 두 왕자 금산(金山)·금시(金始) 등이 병사를 이끌고 고려의 북방 영토를 유린하다가 강동성(江東城: 평양 부근 강동·江東)을 점령했다.

고려는 자체의 군사력으로는 거란족을 물리칠 역량이 부족했다. 1219년 북방에서 거란족을 한반도로 밀어낸 몽골·동하와 연합하여 거란족을 섬멸하고 강동성을 탈환했다.

고려는 이 강동성 전투를 통해 거란족을 몰아내는 데 성공했으나, 몽골의 간섭을 받기 시작했다. 몽골은 수시로 고려 조정에 도와준 대가를 요구했다. 공물을 요구했을 뿐만 아니라 내정에도 사사건건 간섭하는 태도를 드러냄으로써 고려인들의 공분을 샀다.

1224년 칭기즈 칸은 저고여(著古與)를 고려에 사신으로 보냈다. 저고여는 고려 조정에 막대한 공물을 요구했다. 당시 고려 조정의 실권을 장악한 무신 최우(崔瑀·1166~1249)는 몽골에 대하여 심한 반감을 품고 있었다.

1225년 저고여가 몽골로 돌아가는 도중에 국경 압록강 부근에서 피살된 사건이 발생했다. 고려 조정은 금나라 사람이 그를 죽였다고 주장했다. 하지만 몽골은 고려의 주장을 인정하지 않고 고려와의 국교를 단절했다. 사건의 진상이 어찌 됐든, 몽골은 이 사건을 빌미로 삼아 고려를 침략하기로 결정했다.

1231년 우구데이 카안은 살리타이에게 3만 기병을 주고 고려를 침략하게 했다. 살리타이는 궁술에 능하여 칭기즈 칸의 신임을 받은 맹장이다. 고려군은 동선역(洞仙驛: 황해도 봉산군 동선면) 전투에서 승리를 거두었지만, 안북성(安北城: 평안남도 안주) 전투에서 참패하여 도성 개경(開京)이 몽골군에게 포위당하고 말았다.

고종(高宗·1192~1259)은 몽골의 압박에 굴복하여 회안공(淮安公) 왕정(王侹)을 인질로 보내 화의를 제의했다. 살리타이는 고종의 제의를 받아들이고 군대를 북방으로 돌렸다.

몽골군이 물러난 후 무신 정권의 집권자인 최우는 몽골과의 장기 항전에 대비하기 위하여 도성을 강화도로 옮겼다. 1232년 우구데이 카안은 고려가 몽골을 배반했다고 판단하고 다시 살리타이에게 고려를 정벌하게 했다.

몽골군은 서경(평양)·개경(개성)·남경(서울) 등을 연이어 함락했지만, 끝내 강화도는 함락하지 못했다. 몽골군은 수전(水戰)에 약점이 있었기 때문이었다.

1232년 겨울 고려군과 몽골군은 처인성(處仁城: 경기도 용인)에서 치열한 전투를 벌였다. 살리타이가 승려 김윤후(金允侯)가 이끈 처인부곡민(處仁部曲民)이 쏜 화살에 머리를 맞고 즉사했다.

수장(首將)을 잃은 몽골군은 서둘러 철수할 수밖에 없었다. 처인성 전투는 승려와 천민들이 합심해서 몽골군을 물리친 대첩이다. 고려 조정은 천인부곡을 처인현(處仁縣)으로 승격시키고, 천대받던 부곡민을 일반 백성과 똑같이 대우했다.

1234년 2월 9일 몽골의 숙적 금나라가 우구데이 카안에 의해 멸망했다. 우구데이 카안은 도성 카라코룸에서 쿠릴타이를 열었다. 이제 금나라가 사라졌으니 남송·고려·서방 제국 등을 차례로 정벌하자는 논의였다. 우구데이 카안은 대장 탕우타이에게 고려를 다시 공격하게 했다. 고려가 남송과 동맹을 맺고 후방에서 기습할지 모른다는 불안감 때문이었다.

1235년 탕우타이는 고려의 매국노 홍복원(洪福源)을 앞잡이로 삼고 4년 동안 고려 영토를 유린했다. 고려 조정은 강화도에서 불교의 원력(願力)으로 국난을 극복하고자 『팔만대장경』을 제작하면서 완강하게 저항했다. 하지만 한반도의 남부 지방도 몽골군에게 쑥대밭이 되는 것을 막지 못했다. 이 시기에 경주의 황룡사 등 수많은 건물들이 잿더미로 변하고 문화재가 약탈을 당했다. 몽골군은 고려 백성을 닥치는 대로 살해했다.

1238년 겨울 고려 조정은 몽골군의 만행이 육지에서 극에 달하자 몽골에 강화를 제의했다. 다음 해 4월 몽골군은 고려 조정이 강화도에서 육지로 나오고 고종이 몽골에 입조해야 한다는 조건으로 철군했다.

그 후 고종은 병을 핑계로 입조하지 않고, 왕족 신안공(新安公) 왕전(王佺)을 왕의 아우라고 칭하고 대신 몽골에 보냈다. 그리고 우구데이 카안이 사망한 해인 1241년에는, 신안공의 종형(從兄) 영녕공(永寧公) 왕준(王綧)을 왕자로 속이고 인질로 보냈다. 이로써 강화도에 주둔하고 있던 일부 몽골군이 완전히 철수했다.

우구데이 카안 시대에 일어난 몽골의 1차·2차·3차에 걸친 고려 침략은 이렇게 끝났다. 그가 사망한 이후에도 몽골은 1259년(고종 46년)까지 여섯 차례 더 침략한다. 1259년 8월 4대 대칸 뭉케가 사망한 후에야 비로소 28년 동안 벌어진 여몽 전쟁이 끝난다.

고려군은 중과부적임에도 천하무적 몽골군과 끈질기게 싸워 고려의 사직을 지켰다. 물론 고려가 몽골 제국의 종속국임을 받아들였기 때문에 전쟁을 끝낼 수 있었다. 하지만 고구려의 상무 정신을 계승한 고려인이 아니었다면 그처럼 오랜 기간동안 대몽 항쟁을 벌일 수는 없었을 것이다.

1270년 배중손(裵仲孫), 김통정(金通精) 등 일부 무신들은 전쟁이 끝났는데도 삼별초 항쟁을 일으켰다. 1271년 배중손이 전사했고, 1273년에 제주도로 달아난 삼별초의 잔존 세력이 완전히 사라질 때까지 계산하면, 고려인의 몽골에 대한 저항은 무려 42년 동안 지속되었다.

몽골은 유라시아 대륙을 휩쓸며 수많은 국가를 병탄하여 대제국을 건설했지만, 고려는 속국으로 두었을지언정 끝내 고려의 종묘사직을 폐지하지는 못했다. 하지만 고려는 왕조가 해체될 정도로 엄청난 피해를 입었으며, 몽골을 섬기는 매국노 집단이 나타나 백성들을 가혹하게 수탈하는 폐단을 낳았다.

우구데이 카안은 아버지 칭기즈 칸 못지않은 정복 군주였다. 아버지 시대에 미완성으로 끝난 서방 원정을 자기 손으로 마무리하고 싶었다. 칭기즈 칸의 장남 주치는 아버지로부터 오늘날의 이르티시강(중앙아시아와 시베리아 서부를 흐르는 강) 이서에서 우랄강(러시아와 카자흐스탄을 흐르는 강) 이동에 이르는 지역을 분봉 받아 다스렸다.

그가 사망한 후에는 그의 둘째 아들 바투가 통치권을 계승했다. 그런데 몽골은 우랄강 이서 지방의 불가르족·킵차크족·루시족 등이 세운 국가들은 정복하지 못했다.

어느 날 칭기즈 칸의 둘째 아들 차가타이가 우구데이 카안에게 황족·귀족 등 이른바 '황금 가족'의 장남들에게 서방 원정을 맡겨야 한다고 주장했다. 몽골 제국의 번영을 이끌어야 하는 책임이 있는 그들이 서방 원정에 나서면 인마(人馬)가 늘어나고 위세가 높아질 뿐만 아니라, 제국의 경영에도 큰 도움이 될 것이라고 했다. 우구데이 카안은 평소에 친형 차가타이의 의견을 존중했다.

그는 즉시 다음과 같은 명령을 내렸다.

"이번에 원정을 떠나는 자들 중에서 백성들을 다스리는 종왕(宗王)들은 반드시 그들의 장남을 출정시켜야 한다. 종왕들뿐만 아니라 만호장·천호장·백호장·십호장 등 관직을 맡은 사람들도 모두 그들의 장남을 출전시켜야 한다."

이에 따라 주치의 차남 바투(拔都·1209~1256), 차가타이의 손자 부리(不里·?~1252), 우구데이 카안의 장남 귀위크(貴由·1206~1248), 툴루이의 장남 뭉케(蒙哥·1209~1256) 등 칭기즈 칸의 증손자와 손자들이 각 방면의 원정군을 지휘했으며, 바투가 총사령관이 되었다. 몽골 황실 가문이 아닌 명장 수부타이도 부사령관이 되어 참전했다.

1235년 총사령관 바투는 15만 대군을 이끌고 서방 원정을 떠났다. 이는 칭기즈 칸이 최초로 서방 원정(1218~1225)을 단행한 이후에 이루어진 제2차 서방 원정이다.

몽골군의 수뇌부를 구성한 장군들이 대체로 종왕들의 장남이었기 때문에 이 서방 원정을 '장자(長子)의 서정(西征)'이라고 칭하기도 한다.

1236년 봄 몽골군은 볼가강과 카마강의 합류 지역의 불가리아를 공격했다. 양군은 45일 동안 혈전을 벌였다. 몽골군은 도성을 점령하자마자 수십만 명을 살해했다. 도성 안의 모든 건물은 잿더미로 변했다. 몽골군에게 저항한 국가에 대한 잔인한 보복이었다. 같은 해 겨울 뭉케가 이끈 몽골군이 돈강 하류 지역의 킵차크족을 섬멸했다. 몽골군의 다음 정벌 대상은 오늘날의 러시아·우크라이나·동유럽의 여러 나라 등이었다.

1237년 가을 몽골군은 오카강 중류에 위치한 랴잔 공국에 이르렀다.

바투는 랴잔의 공후(公侯)에게 사신을 보내 항복을 종용하고 랴잔의 귀족과 백성이 가지고 있는 재물의 10분의 1을 바치면 랴잔성을 공격하지 않겠다고 했다.

랴잔의 공후는 거부 의사를 밝혔다. 몽골군은 맹공을 퍼부어 5일 만에 랴잔성을 함락했다. 잔혹한 살인과 처참한 파괴가 자행되었다. 연기와 잿더미만이 도성 안을 가득 메꾸었다.

1238년 몽골군은 블라디미르수즈달 공국, 모스크바 공국 등으로 진격하여 10여 개 도시를 점령했다. 몽골군은 계속 북상하여 노브고로드 공화국을 공략하고 싶었으나 봄철의 해빙기가 되어 도로가 진흙탕으로 변했기 때문에 더 이상 전진하지 못했다.

뭉케가 이끈 몽골군은 돈강 유역에서 휴식을 취하고 전열을 정비한 후인 1239년에 남쪽으로 진격하여 흑해 북안의 크리미아를 점령했다.

1240년 뭉케는 키예프(키이우) 공국으로 진격했다. 키예프가 아름답고 화려한 성(城)이라는 사실을 알게 된 그는 공후에게 사신을 보내 항복을 요구했다. 하지만 공후는 사신을 죽이고 결전 의지를 밝혔다. 이에 분노한 뭉케는 바투와 함께 키예프성을 초토화했다. 몽골군의 잔인함과 파괴행위가 극에 달했다.

이 시기에 오늘날의 조지아·아르메니아·아제르바이잔 등 국가가 몽골군에게 항복했다.

한편 차가타이의 아들 바이다르(拜答兒)와 우구데이 카안의 손자 카이두(海都·1234~1301)가 이끄는 북로군(北路軍)은 폴란드의 시들로브에서 폴란드군을 대파하고 도성 크라쿠프를 점령했다.

1241년 북로군은 다시 실레시아 지방으로 서진했다. 실레시아는 오늘날 폴란드의 남서부, 독일 작센주의 일부, 체코 북동부 지역에 걸친 역사적인 지역이다. 북로군의 공격에 놀란 실롱스크 대공, 헨리크 2세(Henryk

Ⅱ·1196~1241)는 유럽 연합군을 조직하여 결사 항전했다. 북로군은 폴란드의 서남부에 위치한 니그니츠에서 유럽 연합군을 전멸시켰다.

헨리크 2세는 포로로 잡혀 참수되었지만, 오늘날 폴란드에서는 그를 민족 영웅으로 추앙하고 있다. 북로군은 오늘날의 체코 지역에 해당하는 모라비아를 지나 바투의 주력군과 합류했다.

그런데 서방 원정에 나선 몽골군의 수뇌부에 갈등이 생기기 시작했다. 귀위크는 총사령관 바투 형제들의 지휘 능력을 불신했다. 더구나 자신은 우구데이 대칸의 장남으로서 바투의 명령을 따르는 것을 몹시 불편하게 생각했다.

차가타이의 손자 부리도 은근히 바투를 무시했다. 바투의 아버지 주치가 살아생전에 칭기즈 칸의 장남으로 인정받았지만, 사실 그는 친아들이 아니었다. 그래서 칭기즈 칸의 둘째 아들 차가타이는 자기가 진짜 적장자임을 내세워 주치와 자주 마찰을 빚었다. 칭기즈 칸의 손자와 증손자 대에 이르러서도 이런 혈통 문제가 잠복하고 있었기 때문에 갈등이 생긴 것이다. 대체로 귀위크와 부리가 한편이었다면, 바투는 툴루이의 장남 뭉케와 우호 관계를 유지했다.

1240년 어느 날 몽골군은 10여 개 국가의 백성을 복종시킨 후 거대한 장막을 치고 승리를 기념하는 연회를 열었다. 바투는 총사령관으로서 상석에 앉아 먼저 술 몇 잔을 마시고 종왕들에게 술을 권했다. 뜻밖에도 귀위크와 부리가 바투의 행동에 불만을 품었다.

연회가 끝나고 다들 말을 타고 돌아갈 때 부리가 귀위크에게 말했다.

"바투와 우리는 동급이 아닌가. 그런데 그가 왜 건방지게 먼저 술을 마시고 건배를 제의했지? 그는 수염 난 늙은 할망구와 다를 바 없는 놈이야. 내가 발로 그를 짓밟을 거야."

원나라 역대 황제 평전

귀위크도 맞장구쳤다.

"화살통이나 메고 다니는 늙은 할망구의 가슴을 우리가 짓뭉개버리자."

그들 사이의 갈등이 무력 충돌로 비화되지는 않았지만, 바투는 우구데이 카안에게 사자를 보내 종왕들이 자신의 명령을 잘 따르지 않는다고 호소했다.

종왕들이 바투를 중심으로 일치단결하기를 바란 우구데이 카안은 귀위크에게 사자를 보내 그를 심하게 질책했다. 바투가 전공을 세울 때마다, 귀위크는 '염소 발굽' 한 개도 얻지 못했다고 비난했다. 우구데이 카안은 친아들보다 조카를 두둔했다. 그는 즉시 귀위크와 뭉케를 몽골로 돌아오게 하고 바투와 수부타이에게는 계속 서진하게 했다.

1241년 겨울 바투의 중로군(中路軍)은 오늘날의 헝가리 부다페스트를 점령했으며, 우구데이 카안의 여섯 번째 아들인 카단(合丹)이 이끄는 남로군(南路軍)은 루마니아를 공략했다.

중로군과 북로군 그리고 남로군은 헝가리에서 회군(會軍)한 후 유럽의 중심부를 향해 진격했다. 몽골군은 오스트리아와 크로아티아를 유린하고 이탈리아의 베네치아를 향해 진격했다.

러시아와 동유럽의 여러 나라가 몽골군에게 유린당했다는 소식은 서유럽 사람들에게 엄청난 충격과 공포를 안겨주었다. 로마 교황은 신성로마제국이 풍전등화의 위기에 처하자, 몽골군을 지옥에서 온 악마로 규정하고 서유럽 여러 나라 왕에게 일치단결하여 대항하자고 호소했다. 그런데 뜻밖에도 몽골 제국의 심장부인 카라코룸에서 엄청난 변고가 생겼다.

5. 알코올 중독으로 사망하다

우구데이 카안은 평소에 이런 말을 즐겨 했다.

"인생의 절반은 쾌락을 추구하기 위한 삶이며, 나머지 반은 명예를 얻기 위한 삶이다."

그는 쾌락주의자였음을 알 수 있다. 1241년 12월 11일 유라시아 대륙을 호령한 우구데이 카안은 수렵을 나가 밤새도록 술을 마시다가, 재위 12년, 향년 55세를 일기로 세상을 떠났다.

오늘날의 의학 지식으로 보면 과음으로 인한 다발성 장기부전이 사인이었다. 우구데이 카안은 평소에 주색에 빠져 지냈다. 미희들을 끼고 술을 마시지 않은 날이 거의 없었다. 또 나이 들어서는 술을 마시면 의식을 잃을 때까지 마셨다. 하루는 황제의 무절제한 과음을 보다 못한 야율초재가 주연 석상에 있는 술병의 쇠뚜껑을 들고 그에게 보여주며 말했다.

"이 쇠뚜껑도 술에 절어 녹이 슬었습니다. 설마하니 사람의 내장이 쇠뚜껑보다 강하겠습니까?"

하지만 우구데이 카안은 끝내 총신의 간언을 듣지 않고 술독에서 빠져나오지 못했다.

『몽골비사』에 의하면, 그는 죽기 전에 스스로 자신을 이렇게 평가했다고 한다.

"내가 아버지의 대칸 자리에 앉은 이후에 금나라를 멸망시킨 일, 전국에 역참을 설치한 일, 물이 없는 곳에 우물을 판 일, 성읍마다 외인으로 조직한 탐마적(探馬赤)을 두어 성읍을 지키게 한 일 등 네 가지 좋은 일을 했구나."

"하지만 술독에 빠져 지내 몸을 망친 일, 아내의 말을 듣고 숙부 테무게 옷치긴이 거느린 백성의 여자를 취한 일, 충신 타활륵홀(朶豁勒忽)을 사적인 원한으로 죽인 일, 하늘이 낸 사나운 들짐승들을 형제의 나라로 쫓아내어 그곳 백성들로 하여금 들짐승의 습격을 막고자 담장을 쌓게 하여 원한을 산 일 등 네 가지 나쁜 일도 했구나."

우구데이 카안도 과음으로 인한 알코올 중독을 인생에서 가장 후회한 일로 꼽았음을 알 수 있다.

일설에는 그의 여섯 번째 카툰(황후)인 퇴레게네(소자황후·昭慈皇后)에게 암살을 당했다고 한다. 그녀가 우구데이 카안 사후에 아들 귀위크를 대칸으로 추대하는 데 막후에서 결정적인 역할을 했을 뿐만 아니라 5년 동안 섭정을 했기 때문에, 이런 얘기가 나온 게 아닌가 한다.

우구데이 카안은 다른 형제들보다 인자하고 온화한 성품을 가진 군주였다. 형제간의 갈등을 조정하고 충신을 알아보는 능력이 뛰어났다. 또 백성들에게 자비를 베풀 줄 알았다.

어느 날 중범죄를 저지른 죄인 세 명이 대전(大殿)으로 끌려왔다. 우구데이 카안이 세 사람을 사형에 처하라는 명령을 내리고 대전을 떠날 때 한 아낙네가 대성통곡하고 있는 모습을 보았다.

두 사람은 이런 대화를 나누었다.

"너는 무슨 일로 그렇게 목 놓아 슬피 울고 있느냐?"

"방금 대칸의 명령에 따라 죽게 된 세 사람 때문입니다. 세 사람 가운데 한 명은 남편이며 다른 한 명은 아들이고 또 다른 한 명은 형제입니다. 이제 이 세 사람 모두 죽게 되었으니 어찌 비통하지 않을 수 있겠습니까?"

우구데이 카안은 갑자기 측은한 생각이 들어 말했다.

"세 명 가운데 한 명은 살려주겠으니, 네가 누구를 살릴지 결정해라!"

"남편은 죽어도 제가 재가하면 다시 얻을 수 있습니다. 아들도 다시 낳으면 됩니다. 하지만 형제는 죽으면 다시 얻을 수 없습니다."

그녀의 말이 일리가 있다고 여긴 우구데이 카안은 호탕한 웃음을 지으며 세 사람 모두 살려주게 했다. 백성을 사랑하는 마음과 관용 정신이 없었다면 이런 결정을 내리지 못했을 것이다.

또 우구데이 카안은 아랫사람들에게 재물을 나누어주는 일을 아주 좋아했다. 멀리서 왕공, 지방 관리들이 알현하러 오면 그들에게 국고에 쌓아 놓은 재화를 아낌없이 분배했다. 날마다 중외 각지에서 조정에 바치는 조공은 장부에 기록하기도 전에 전부 신하들에게 분배하게 하는 경우도 있었다. 그를 알현하고 어전을 떠나는 자들 가운데 하사품을 받지 않은 자는 한 명도 없었다. 그는 신하들이 하사품을 요청하면 거절하지 못하는 성격이었다.

황제가 '퍼주기'를 좋아한다는 소문은 저잣거리에도 퍼졌다. 황제에게 하사품을 받고자 찾아온 일반 백성도 빈손으로 돌려보내지 않았다.

어느 무더운 여름날 우구데이 카안이 황궁 밖으로 수렵을 나갔다. 어떤 행색이 초라한 사람이 황제에게 수박 몇 개를 바쳤다. 우구데이 카안은 그 사람의 성의를 가상하게 여기고 그에게 재물을 하사하게 했다. 하지만 시종들은 황제의 수렵 활동에 만전을 기하느라 미처 하사품을 마련하지 못했다고 아뢰었다.

우구데이 카안은 갑자기 곁에 있는 황후의 귀걸이에 달린 진주 두 개를 떼어 내어 그 사람에게 하사했다.

황후가 다소 황당한 표정을 지으며 말했다.

"저 사람은 진주가 얼마나 귀중한 물건인지 알지 못할 것입니다. 내일 폐하께서 환궁하신 후, 저 사람에게 약간의 금전을 하사하시는 게 더 낫지 않겠습니까?"

우구데이 카안이 대답했다.

"저 사람의 행색을 보아하니 필시 가난한 사람일 것이오. 형편이 어려운 사람을 보았는데도 당장 도와주지 않고, 내일까지 기다릴 수는 없소."

우구데이 카안의 성품을 짐작할 수 있는 일화이다. 그는 몽골 제국의 안정과 번영을 이끌기 위하여 한족 왕조의 전통적인 통치 체제와 문화를 과감하게 수용했다. 그로부터 비롯한 몽골의 한족 문명화 정책은 훗날 쿠빌라이 카안이 원나라를 건국하는 데 바탕이 되었다.

물론 우구데이 카안도 정복 전쟁에서는 아버지 칭기즈 칸 못지않게 잔인했다. 아버지가 그랬던 것처럼 항복하면 살려주고 저항하면 죽였다. 몽골인은 호불호가 분명한 유전자를 가지고 있었기 때문일 것이다. 우구데이 카안 시대에 아시아인이 최초로 러시아 동부와 중부 유럽을 휩쓸었으며 동시에 유럽인에게 가장 무서운 존재로 각인되었다. 그것은 훗날 황화론(黃禍論)으로 비화하였다.

원나라가 건국된 이후에 우구데이 카안의 묘호는 태종(太宗), 시호는 영문황제(英文皇帝)로 정했다.

3

원 정종 귀위크

제3장

원 정종 귀위크

1. 우구데이 카안의 여섯 번째 카툰, 퇴레게네가 섭정을 맡다

우구데이 카안이 1241년 겨울에 붕어했다는 소식이, 다음 해 봄에 몽골 서정군의 수뇌부에 전해졌다. 대칸이 사망하면 몽골의 황족·종왕·장수 등이 카라코룸에서 쿠릴타이를 열어 차기 대칸을 선출하는 것이 관례였다.

서정군은 더 이상의 서진을 멈추고 회군(回軍)하기 시작했다. 로마 교황과 서유럽의 왕들은 몽골군이 갑자기 동쪽으로 사라지자 안도의 한숨을 쉬었다. 하나님이 악마를 내쫓고 유럽인들에게 은총을 내렸다고 감격했다.

종교적인 관점에서는 그렇게 생각할 수 있겠지만, 사실은 유럽을 공포에 떨게 한 우구데이 카안의 죽음이 회군의 결정적 원인이었다. 역사에는 가정이 없지만 우구데이 카안이 몇 년 더 살았다면, 바투의 몽골군은 이탈리아·프랑스·독일 등 유럽의 핵심 국가들까지 침략하여 세계사의 흐름을 바꾸어놓았을지도 모른다.

1242년 여름 몽골군은 동쪽의 카라코룸을 향해 출발하기 시작했다. 하지만 정작 총사령관 바투는 쿠릴타이에 참석하지 않고 볼가강 유역에 머물면서 세력을 확장했다. 그는 부계(父系)의 혈통을 의심받았지만 어쨌든 칭기즈 칸의 장손이 아닌가. 게다가 그의 탁월한 지도력 덕분에 몽골군의 제2차 서정이 성공할 수 있었다. 그가 몽골 제국의 제3대 대칸으로 추대되어도 전혀 이상한 일이 아니었다.

물론 우구데이 카안의 장남 귀위크(1206~1248)와 여섯 번째 아들 카단, 차가타이의 아들 바이다르, 툴루이의 장남 뭉케 등 종왕들도 정치 상황에 따라서는 대칸의 자리를 엿볼 수 있었다.

카라코룸에서는 차기 대칸의 자리를 놓고 치열한 암투가 벌어졌다. 우구데이 카안이 사망한 직후에, 그의 여섯 번째 카툰(황후) 퇴레게네(脫列哥那·?~1246)가 권력의 전면에 나섰다. 그녀는 나이만 출신이었으므로 그녀를 내마진씨(乃馬眞氏) 또는 내마진후(乃馬眞后)라고 칭하기도 하며, 시호는 소자황후(昭慈皇后)이다.

몽골 제국의 광대한 영토를 분할 통치하는 종왕들과 원정에 나선 장수들이 한 자리에 모여 쿠릴타이를 열어 차기 대칸을 선출하는 일은 시간이 많이 소요되고 복잡했다. 그녀는 남편이자 절대 권력자인 우구데이 카안이 사망한 틈을 타서 권력 야욕을 노골적으로 드러냈다.

라시드 앗 딘의 『연대기의 집성』 기록에 의하면, 퇴레게네는 미인은 아니었지만, 영리하고 유능하며 권력욕이 강한 여성이었다고 한다. 그녀는 원래 오와스 메르키트 부족장, 다이르 오손의 아내였다고 한다. 또 일설에는 우드이트 메르키트 부족장 톡토아 베키의 아들, 쿠두의 아내였다고 한다. 그녀의 첫 남편이 누구인지 불분명하지만, 메르키트 부족장 가문으로 시집을 간 것은 사실이다.

왜냐하면 칭기즈 칸이 1204년에 메르키트를 정벌했을 때 부족장들은 살해되거나 달아났지만, 그녀는 포로로 잡혔기 때문이다. 칭기즈 칸은 메르키트 정벌에 전공을 세운 셋째아들 우구데이에게 퇴레게네를 전리품으로 하사했다. 퇴레게네는 이렇게 우구데이의 여섯 번째 아내가 되었다.

우구데이 카안은 한평생 카툰(황후) 6명과 비빈 60명을 거느렸다고 한다. 카툰들 중에서 보락친(孛剌合眞) 카툰이 우구데이 카안의 정궁 황후(正宮皇后)이다. 그녀가 우구데이 카안의 다섯째아들 카시(合失)를 낳았다는 얘기만 있을 뿐, 그녀에 대한 어떤 기록도 없다. 아마 그녀는 남편의 총애를 받지 못했으며 훗날 퇴레게네에 의하여 행적이 지워진 게 아닌가 한다.

서열을 따지면 그녀가 낳은 아들 카시가 우구데이 카안의 적장자가 된다. 하지만 그도 적장자로 인정받지 못했다. 모후가 대칸의 총애를 받지 못했기 때문일 것이다. 그는 젊은 나이에 알코올 중독으로 사망했다. 훗날 그의 아들 카이두(海都·1234~1301)가 우구데이 칸국의 실질적인 건국자가 된다.

우구데이 카안은 장남 귀위크 등 아들 7명을 두었다. 그들 중에서 귀위크가 퇴레게네의 소생이다. 『연대기의 집성』 기록에 의하면, 둘째 아들 코단·셋째아들 쿠추·넷째아들 호르차르·다섯째 아들 카시 등도 퇴레게네가 낳았다고 한다. 라시드 앗 딘의 주장이 맞는다면, 일곱 아들 중에서 다섯 아들을 퇴레게네가 낳았다. 하지만 이는 대칸 계승 문제를 놓고 벌어진 일련의 정치 투쟁을 살펴보면 사실이 아닐 가능성이 크다. 어쨌든 귀위크가 그녀의 친아들인 것은 분명하다.

퇴레게네는 상황 판단이 정확하고 결단력이 있는 여자였다. 우구데이 카안은 정치적으로 중요한 결정을 할 때마다 그녀에게 자문을 구했다. 그녀는 우구데이 카안에게 황후 이상의 정치적 동반자였다.

압둘 라흐만은 교활하고 아부를 잘하는 이슬람 상인이었다. 수시로 진귀한 보물들을 퇴레게네에게 바치고 그녀의 허영심을 자극하는 말을 했다. 퇴레게네는 그를 충복으로 여기고 우구데이 카안에게 천거했다. 압둘 라흐만은 중원의 한족에게 더 많은 조세를 거두어들일 수 있는 방책을 제시했다.

우구데이 카안은 그의 말에 귀가 솔깃하여 그를 재정 책임자로 임명했다. 압둘 라흐만은 한족에 대한 가렴주구를 통하여 엄청난 재화를 거두어들였다. 이 시기부터 우구데이 카안은 충신 야율초재를 멀리하고 압둘 라흐만을 총애하기 시작했다. 압둘 라흐만은 우구데이 카안 사후에는 퇴레게네의 핵심 측근이 되었다.

무슬림 여성 파티마는 무녀이다. 몽골군이 서역을 정벌할 때 카라코룸으로 끌려가 퇴레게네의 시녀가 되었다. 그녀는 무술(巫術)로 퇴레게네의 마음을 사로잡았을 뿐만 아니라, 궁정 내부의 은밀한 얘기도 낱낱이 파악하여 퇴레게네에게 보고함으로써 환심을 샀다.

퇴레게네는 그녀의 밀고에 의지하여 조정 중신들을 인사 조치할 정도로 그녀를 총애했다. 압둘 라흐만은 재정 분야에서, 파티마는 인사 분야에서 막강한 영향력을 행사했다.

우구데이 카안이 인생 말년에 알코올 중독으로 정사를 제대로 돌보지 못했을 때는, 퇴레게네가 거칠고 억센 무인들이 지배하는 몽골 조정에서 여자의 몸으로 그들을 상대하는 일이 쉽지 않았지만, 압둘 라흐만과 파티마, 두 충견의 도움을 받고 국정을 좌지우지했다.

1229년 우구데이 카안은 비교적 늦은 나이인 43세 때 대칸으로 추대되었다. 술에 절어 살던 그도 언제 죽을지 모르는 운명임을 자각하고 후계자 문제를 고민하지 않을 수 없었다. 그는 여러 아들 중에서 셋째아들 쿠추(1206~1236)를 후계자로 염두에 두고 있었다.

퇴레게네는 귀위크를 편애하고 쿠추를 좋아하지 않았다. 어쩌면 쿠추가 친아들이 아니었기 때문에 그랬는지도 모른다. 그렇지만 우구데이 카안이 후계자를 정식으로 지명하지 않았기 때문에, 퇴레게네도 나서서 귀위크를 지지할 입장이 못 되었다. 1236년 쿠추가 몽골군을 이끌고 남송의 양양(襄陽: 호북성 양양)을 공략한 후 원정길에서 병으로 사망했다. 당시 그의 나이 30세이었다.

쿠추를 후계자로 삼으려고 했던 우구데이 카안은 비통에 빠졌다. 그는 다른 아들 중의 한 명을 후계자로 삼지 않고, 쿠추의 장남이자 자신의 손자인 시레문(失烈門 · ?~1252)을 자기가 죽으면 대칸으로 추대하라는 유지(遺旨)를 남겼다.

옛날에 몽골인은 막내아들이 부친의 가업을 잇는 전통이 있었다. 이른바 '말자 상속'은 유목 민족의 관습이다. 원래 칭기즈 칸이 여러 아들 중에서 후계자를 결정할 때 실질적인 막내아들인 넷째아들 툴루이가 말자 상속에 의하여 선택되어야 했다.

하지만 칭기즈 칸은 셋째아들 우구데이를 후계자로 결정했다. 툴루이를 총애했지만 몽골 제국을 통치하는 데에는 사려 깊고 지적 수준이 높은 우구데이가 적임자라고 보았기 때문이다.

툴루이는 아버지의 결정에 불만을 품었지만, 아버지가 죽은 후에는 우구데이 카안에게 충성을 맹세하고 대칸의 충직한 신하가 되었다. 우구데이 카안은 친동생 툴루이에게 일종의 '마음의 빚'을 지고 있었다. 이런 이유로 자기가 죽은 후에 나이 어린 시레문이 대칸 계승에 문제가 있으면, 차선책으로 툴루이의 장남 뭉케를 추대하라는 복안을 가지고 있었다.

퇴레게네는 귀위크가 차기 대칸으로 지명되지 못하자 실망을 금치 못했다. 귀위크는 우구데이 카안의 장남이자 자신의 친아들이 아닌가. 우구데이 카안이 장남 귀위크를 제치고 손자 시레문을 지명한 것은 이치에 맞

원나라 역대 황제 평전

지 않는다고 생각했다. 그녀는 남편에게 여러 차례 눈물로 호소했지만, 그의 마음을 돌릴 수 없었다.

1241년 겨울 우구데이 카안은 퇴레게네, 종왕, 측근 등 몇 명이 지켜보는 가운데 조용히 숨을 거두었다. 옛날에 제왕이 임종할 때 그의 곁을 지키는 자가 차기 '대권'을 거머쥐는 데 가장 유리했다. 설사 자기가 제왕의 위임을 받지 않았더라도, 자기에게 유리한 유언을 얼마든지 조작할 수 있었다.

퇴레게네가 재빠르게 나섰다. 시레문을 내치고 귀위크를 대칸으로 추대한 후 막후에서 실권을 장악할 속셈이었다. 하지만 귀위크는 서방 원정 길에서 아직 카라코룸으로 돌아오지 않았다. 그녀는 귀위크가 돌아오기 전까지 섭정을 맡아 조정의 권력을 장악하고 싶었다.

칭기즈 칸과 우구데이 카안, 양조(兩朝)에 걸쳐 절대적 신임을 받은 원로 중신, 야율초재를 자기편으로 끌어들이는 일이 그녀의 급선무였다.

야율초재는 이미 뒷전으로 밀려나 있었지만, 그의 명성은 여전했다. 그녀는 야율초재를 만나 차기 대칸 추대에 어떤 생각을 가지고 있는지 넌지시 물었다.

야율초재가 말했다.

"대칸과 성씨가 다른 신하가 감히 대칸의 후계자를 결정하는 일에 왈가왈부할 수 없습니다."

야율초재는 권력의 중심이 이미 퇴레게네와 그녀의 일당에게 이동했음을 감지했기 때문에 간여하고 싶지 않았다.

퇴레게네가 말했다.

"시레문은 나이가 너무 어려서 몽골 대제국의 대칸이 되기에는 부족하오. 선황제의 장남 귀위크가 대칸의 자리를 계승해야 이치에 맞는다고 생각하오."

퇴레네게가 자신의 속마음을 노골적으로 드러내자, 야율초재도 더 이상 수수방관하지 않고 단호하게 말했다.

"선황제의 유지(遺旨)를 받들어야 합니다."

우구데이 카안의 손자이자 쿠추의 장남 시레문을 추대해야 한다는 뜻이다.

중원의 한족에게 과세를 부과하는 관서의 최고 책임자였던 압둘 라흐만은 야율초재의 한족에 대한 유화 정책에 사사건건 반대했다. 야율초재는 유가의 통치 사상으로 백성을 다스리고 합리적인 조세 정책을 통하여 백성의 안락한 삶을 보장해야 한다고 주장했다. 이와 반면에 이슬람 상인 출신인 압둘 라흐만은 한족 문명을 거의 이해하지 못하고 한족을 약탈의 대상으로 보았다.

우구데이 카안은 인생 말년에 바른말을 하는 야율초재보다는 엄청난 재화를 자신에게 안겨주는 압둘 라흐만을 총애했기 때문에, 몽골 조정에서는 한족 출신의 관리들이 소외되고 이슬람 출신의 관리가 득세하는 형국이 되었다.

압둘 라흐만이 야율초재에게 말했다.

"선황제의 유지를 따르는 것은 종실과 신하의 도리입니다. 다만 시레문이 나이가 너무 어리므로 황후께서 섭정을 맡으셔야 합니다."

압둘 라흐만은 겉으로는 야율초재의 주장에 동조하는 척했으나, 사실은 퇴레네게의 은밀한 지시에 따라 시레문을 허수아비 대칸으로 세우고 그녀가 권력을 장악하는 데 앞잡이 역할을 했다. 황제가 어리면 선황제의 황후가 황태후로 추대되어 섭정을 맡는 것이 역대 한족 왕조의 관례였다. 그래서 한족 문명의 세례를 받은 야율초재는 퇴레네게의 섭정을 반대할 명분이 없었다.

한편 우구데이 카안이 사망한 직후에, 칭기즈 칸의 친동생 테무게 옷치긴(1168~1246)이 자신의 울루스에서 군대를 이끌고 우구데이 카안의 황후들이 거처하는 궁전으로 달려갔다.

그는 칭기즈 칸이 가장 사랑한 동생이었으며 몽골 제국의 동쪽 지역을 다스린 왕이었다. 대칸의 유궁(幽宮)을 지킨다는 명목으로 왔다고 말했으나, 사실은 거병하여 대칸의 자리를 찬탈할 속셈이었다.

퇴레네게가 테무게 옷치긴에게 당당하게 말했다.

"우리는 당신의 의붓딸이며 당신의 도움을 받아야 하는 처지입니다.
무장한 병사들을 이끌고 온 저의가 무엇입니까. 어찌하여 국상 중에 백
성과 군대를 불안하게 합니까?"

대칸의 적통(嫡統)이 칭기즈 칸에서 아들 우구데이 카안, 그리고 손자 귀위크로 이어지는 것이 순리이다. 그런데 어째서 조카 우구데이 카안이 사망했다고 해서 숙부가 황금 가족의 어른으로서 종왕들을 올바르게 지도하지 못할망정 오히려 대칸의 자리를 노리고 있냐는 비판이다.

테무게 옷치긴은 얼굴이 벌게졌다. 그녀의 말이 틀리지 않았기 때문이다. 마침 귀위크가 카라코룸으로 곧 당도한다는 소식을 듣고 거병을 일으킬 명분이 없어지자 조카 대칸의 죽음에 조문을 한 후 자신의 울루스로

떠났다. 퇴레네게의 당당한 태도와 거침없는 언변이 궁정 정변을 막은 것이다.

퇴레네게는 또 종왕(宗王)과 귀족들에게 막대한 재물을 안겨주고 자신을 지지하게 했다. 차가타이 칸과 그의 아들들이 퇴레네게와 귀위크를 지원했다.

차가타이 칸이 누구인가. 칭기즈 칸의 둘째 아들이자 우구데이 카안의 친형이며 차가타이 칸국의 설립자가 아닌가. 그는 종왕들 가운데 가장 지체가 높은 어른이었다.

마침내 퇴레게네는 종왕과 귀족들이 참석한 쿠릴타이에서 섭정의 권한을 부여받았다. 형식적이나마 시레문을 대칸으로 추대했어야 했으나 그렇게 하지 않았다. 권력 구도에서 밀려난 시레문은 황금 가족의 종왕으로서 자신의 지위에 만족하고 숨을 죽이며 살아야 했다.

퇴레게네는 섭정을 시작하자마자 파티마의 건의에 따라 압둘 라흐만에게 전권을 행사하게 했다. 압둘 라흐만은 우구데이 카안 시대의 명재상으로서 경교(景敎)를 신봉한 친친카이와 재정 대신이었던 마흐무드 아라와치를 파면했다.

칭기즈 칸 시대부터 몽골 제국의 건국에 공훈을 세운 충신이었던 두 사람은, 퇴레게네의 박해를 피해 우구데이 카안의 둘째 아들이자 귀위크의 이복동생인 서량왕(西涼王) 코단(1206~1251)이 다스리는 서량부(西涼府)의 양주(涼州: 감숙성 무위·武威)로 달아났다. 퇴레게네는 여러 차례 코단에게 사신을 보내 두 사람을 카라코룸으로 압송하라고 명령했지만, 그녀의 섭정에 불만을 품은 코단은 명령을 거부했다.

어쨌든 카라코룸의 조정은 퇴레게네의 수중으로 들어갔다. 압둘 라흐만은 이미 제정된 조세법을 무시하고 피지배 민족에게 가렴주구를 일삼았으며 착취한 엄청난 재화를 퇴레게네에게 안겨줌으로써 그녀를 감격하게 했다.

퇴레게네는 아예 국새와 백지를 그에게 건네주고 그가 원하는 대로 칙령을 작성하여 반포하게 했다. 압둘 라흐만은 멋대로 칙령을 날조하여 국정을 혼란에 빠뜨렸다.

그의 국정 농단에 반발한 야율초재가 퇴레게네에게 항의했다.

"천하는 선황제(先皇帝)의 천하이지 다른 사람의 천하가 아닙니다. 조정에는 처음부터 지키고 따라야 하는 헌장(憲章)이 있는데도, 지금 그것을 훼손하려는 자가 있습니다. 신은 감히 조칙을 받들지 못하겠습니다."

퇴레게네는 그의 간언을 받아들이는 척했으나, 얼마 후 그에게 경고했다.

"압둘 라흐만이 건의한 내용을 사관에게 조서로 쓰지 못하게 하는 자가 있다면, 그 자의 손을 잘라버리겠소."

야율초재도 지지 않고 항변했다.

"국가의 전례(典例)와 고사(故事)는 선황제께서 이 늙은 신하에게 맡기셨습니다. 그런데도 어찌하여 사관에게 간여하게 합니까? 일이 이치에 맞고 합당하면 자발적으로 받들어 행하겠지만, 그렇지 않으면 죽는 한이 있더라도 피하지 않겠는데 어찌하여 손을 자르겠다고 말씀하십니까?

야율초재는 칭기즈 칸과 우구데이 카안의 절대적 신임을 받고 몽골 제국의 기반을 다진 일등 공신이었다. 하지만 인생 말년에는 퇴레게네와 그녀의 두 측근인 압둘 라흐만과 파티마의 국정 농단을 막지 못하고 우울 증을 앓다가 죽었다.

퇴레게네는 수렴청정에 만족하지 않고 '여자 대칸'의 위세를 부리며 몽골 제국을 직접 다스렸다. 외국의 국왕, 사신 그리고 몽골 전역과 속국에 파견된 다루가치들은 그녀의 환심을 사기 위하여 진귀한 보물, 기이하게 생긴 금수 등을 바쳤다.

룸 술탄국(1077~1308)은 오늘날 튀르키예의 아나톨리아 지역에 존속한 이슬람 왕조이다. 제11대 술탄 케이휘스레브 2세(Keyhüsrev II · 1220~1246)는 우구데이 카안이 사망했다는 소식을 듣고 몽골의 끈질긴 조공 요구를 거부했다.

퇴레게네는 케이휘스레브 2세에게 몽골에 조공을 바치며 다루가치 파견을 받아들이고 직접 입조하라고 명령했다. 만약 거부하면 군대를 보내 정벌하겠다고 협박했다. 케이휘스레브 2세는 그녀의 요구를 내정 간섭으로 여기고 거부했다.

1242년 겨울 퇴레게네는 카프카스에 주둔하고 있던 몽골군 사령관 바이주 노얀에게 룸 술탄국을 정벌하게 했다. 몽골군은 오늘날 튀르키예 동부에 있는 도시인 에르주룸을 함락한 후, 1243년에 쾨세다그 협곡에서 룸 술탄국 군대를 괴멸시켰다.

케이휘스레브 2세는 안탈리아 지방으로 달아나 겨우 목숨을 건졌지만 몽골에 막대한 공물을 바치고 복종했다. 그 후 룸 술탄국은 몽골의 속국으로 전락했다. 이는 퇴레게네의 섭정 기간에 성취한 정복 전쟁이었다.

1245년 퇴레게네는 또 당항족 출신 장군 차칸(察罕)과 한족 출신 장군 장유(張柔)에게 남송의 회서(淮西)와 회동(淮東) 일대의 주현을 공략하게 했다. 그녀는 여자였지만 몽골인의 '정복 유전자'를 가지고 있었다.

하지만 몽골의 황금 가족이 모두 퇴레게네의 섭정에 동조한 것은 아니었다. 대체로 칭기즈 칸의 장남 주치와 넷째아들 툴루이의 후손들은 퇴레게네와 귀위크를 반대하였다. 이와 반면에 칭기즈 칸의 차남 차가타이 칸과 우구데이 카안의 후손들은 퇴레게네와 귀위크에게 우호적 입장을 취했다. 이른바 '황금 가족'의 분열이었다.

주치와 툴루이의 후손들은 퇴레게네의 섭정이 길어지자 불만을 토로했다. 그녀에게 하루라도 빨리 쿠릴타이를 개최하여 차기 대칸을 선출해야 한다고 주장했다. 퇴레게네는 5년 동안 섭정을 맡으면서 이런 저런 이유를 들어 쿠릴타이를 연기했다. 그녀도 여자의 몸으로는 명실상부한 대칸으로 등극할 수 없다는 사실을 알고 있었다. 그렇다면 아들 귀위크를 대칸으로 추대한 후 황태후로서 막후에서 영향력을 행사하는 것이 차선책이었다.

2. 퇴레게네가 아들 귀위크를 대칸으로 추대하다

퇴레게네는 귀위크가 우구데이 카안의 적장자이며 서방 원정에 많은 전공을 세운 것을 중요한 이유로 들어 대칸으로 선출되어야 한다고 주장했다. 아울러 왕공과 귀족을 엄청난 재물로 매수하거나 그들에게 이권을 보장함으로써 귀위크를 지지하게 했다. 만약 자기 말을 듣지 않는 자가 있으면 서슴없이 죽이겠다고 협박했다.

귀위크를 대칸으로 추대하는 데 가장 큰 걸림돌은 바투였다. 귀위크와 바투는 서방 원정길에 지휘권을 놓고 자주 다투었다. 바투는 귀위크가 서방 원정군의 총사령관인 자신의 명령을 따르지 않는 태도에 분개했다. 귀위크가 우구데이 카안의 장남이지만 대칸의 후계자로 적합하지 않다고 생각했다. 귀위크도 바투의 아버지 주치의 출생에 의구심을 품고 바투를 업신여겼다.

퇴레게네는 쿠릴타이를 소집할 때마다 칭기즈 칸의 손자인 바투에게 카라코룸으로 돌아오라고 명령했다. 하지만 바투는 계속 볼가강 유역에 머물러 있었을 뿐 쿠릴타이에 참석하러 가지 않았다. 몽골 조정이 퇴레게네와 귀위크에게 장악된 상황에서 섣불리 갔다가는 목숨을 잃을 수도 있다는 두려움 때문이다.

퇴레게네는 오히려 바투가 카라코룸으로 돌아오지 않는 것을 구실로 삼아 쿠릴타이 개최를 연기했다.

1246년 초 테무게 옷치긴이 또 쿠릴타이를 거치지 않고 대칸의 자리를 빼앗을 음모를 꾸몄으나 퇴레게네에게 발각되어 실패했다. 퇴레게네는 급히 귀위크에게 테무게 옷치긴의 군대를 무력화하게 했다.

귀위크는 차마 테무게 옷치긴을 죽이지 못하고 대신 그를 따르는 장수들을 모조리 체포하여 살해했다. 몇 달 후 테무게 옷치긴도 세상을 떠났다. 그가 어떻게 죽었는지 알 수 없지만, 퇴레게네와 귀위크의 입장에서는 불필요한 존재였다.

퇴레게네는 반란을 막기 위해서는 귀위크의 대칸 즉위식을 서둘러야 했다. 1246년 8월 몽골 제국의 종왕·귀족·외국 왕·사신들이 새로운 대칸의 즉위식을 축하하기 위하여 카라코룸으로 몰려왔다.

그해 가을 마침내 귀위크는 40세의 나이에 쿠릴타이를 통해 몽골 제국의 제3대 대칸으로 추대되었다. 그는 '카안'이라는 칭호가 아버지에게만 부여된다고 여기고 자신은 카안이라고 칭하지 않고 '칸'이라고 부르게 했다.

귀위크와 갈등 관계였던 바투는 병을 핑계로 쿠릴타이에 끝내 참석하지 않았다. 귀위크를 대칸으로 인정하지 않겠다는 간접적인 의사 표현이었다.

당시 교황 인노첸시오 4세(Innocentius IV·1195~1254)가 교황 특사로 보낸 프란체스코 수도사 델 카르피니(del Carpini)가 즉위식에 참석하고 남긴 『몽골인의 역사』에 의하면, 즉위식은 카라코룸에서 멀지 않은 오르혼강(Orkhon River) 상류의 우르멕투에서 거행되었는데 대형 천막 2,000여 개가 설치되었으며, 각국에서 파견한 사절단 인원만 4,000여 명에 달했다고 한다.

인노첸시오 4세는 귀위크 칸에게 보낸 국서에서 몽골인이 기독교로 개종하기를 바랐지만, 귀위크 칸은 오히려 교황과 기독교인이 몽골 제국에 복종하지 않으면 정벌하겠다고 위협했다.

귀위크 칸은 자신의 힘으로 대칸의 자리를 쟁취한 게 아니라 생모 퇴레게네의 계략으로 '만들어진 대칸'이었다. 델 카르피니가 관찰한 바에 따르면, 귀위크 칸은 태도가 매우 근엄하고 말수가 적었다고 한다. 그는 서방 원정 중에서 아버지 우구데이 카안에게 '염소 발굽' 한 개도 얻지 못했다는 비난을 받았지만, 사실은 할아버지 칭기즈 칸 시대부터 전장을 누비며 많은 전공을 세웠다.

이를테면 1233년에 그는 금나라 장수 출신 포선만노(蒲鮮萬奴)가 세운 동하(東夏·1215~1233)를 멸망시키고 개선했다. 또 1235년부터 1242년까지 단행된 제2차 서방 원정이자 이른바 '장자(長子)의 서정(西征)'에서 오늘날의 남러시아 지역을 공략했다. 그가 사촌형이자 총사령관 바투와 사사건건 마찰을 빚은 또 다른 이유는 자신의 전공이 바투에 뒤지지 않는데도 그의 지휘를 받아야 하는 불만 때문이었다.

우구데이 카안이 아들 귀위크보다 조카 바투를 더 신임한 것을 보면, 부자(父子) 관계가 그다지 좋지 않았던 것 같다. 우구데이 카안은 끝까지 아들을 후계자로 내세우지 않았다. 생모 퇴레게네의 책략이 없었다면, 귀위크는 대칸으로 추대되지 못했을 것이다.

3. 모후 퇴레게네의 세력을 제거하고 대칸의 권력을 강화하다

귀위크 칸은 당시로는 꽤 늦은 나이인 40세에 대칸으로 추대되었다. 그 나이면 인생의 경험이 풍부하여 얼마든지 친히 국가를 다스릴 수 있다. 하지만 퇴레게네는 이미 초로의 나이에 접어든 아들에게 권력을 이양하지 않고 계속 섭정을 맡았다. 그녀는 친친카이·마흐무드 아라와치 등 자신을 지지하지 않은 대신들을 끝까지 추적하여 죽이려고 했다. 귀위크 칸은 모후의 부당한 처사에 분노했다. 이윽고 모자지간에 권력 다툼이 벌어졌다.

귀위크 칸은 먼저 모후가 섭정 기간에 제정한 법령이 일관성이 없다는 이유를 들어 그것을 개편했으며 아울러 그녀가 내린 칙령을 모조리 취소했다. 모후의 권력을 약화하기 위한 목적이었다. 그는 모후 곁에서 온갖 사술을 부리고 있는 무녀 파티마를 제거하고 싶었다.

퇴레게네와 갈등을 겪고 있는 이복동생 코단을 끌어들였다. 마침 코단은 중병을 앓고 있었다. 귀위크 칸은 측근을 통해 코단이 파티마의 저주를 받아 시름시름 앓고 있다는 소문을 내게 했다. 코단은 그 소문을 듣고 귀위크 칸에게 파티마를 처벌해달라고 요청했다.

귀위크 칸은 파티마를 감옥에 가두고 모진 고문을 가하게 했다. 파티마에게 허위 자백을 받아낸 후 그녀를 처형하려고 하자, 퇴레게네가 강하게 반발했다. 파티마를 죽이면 자신도 자살하겠다고 으름장을 놓았다.

하지만 귀위크 칸은 파티마 몸에 있는 모든 구멍을 바늘로 꿰맨 후에 그녀를 물속에 던져 죽게 했다. 그녀를 섬기는 시녀들도 모조리 살해당했다. 파티마가 비참하게 죽은 지 2~3개월 후에 퇴레게네도 갑자기 죽었다. 아들이 어머니를 죽였는지는 알 수 없지만, 그녀의 죽음은 곧 귀위크 칸이 본격적으로 몽골 제국을 통치하는 신호탄이었다.

원나라 역대 황제 평전

다음으로 제거할 대상은 압둘 라흐만이었다. 그는 한족이 거주하는 중원 지방에서 가렴주구로 백성들을 도탄에 빠뜨린 원흉이었다. 귀위크 칸은 그가 백성들의 재물을 갈취하여 막대한 부를 쌓았으며 매관매직을 일삼은 죄로 그를 처형했다.

귀위크 칸은 퇴레게네에게 박해를 받고 망명 생활을 하고 있던 친친 카이와 마흐무드 아라와치를 다시 조정으로 불러들여 중책을 맡겼다. 또 야율초재의 둘째 아들 야율주(耶律鑄)에게 아버지의 관직을 세습하게 했다.

귀위크 칸은 대칸의 권력을 강화하기 위하여 파티마와 압둘 라흐만을 죽였다. 이는 귀위크 칸 시대에 몽골 조정에서 이슬람교를 믿는 무슬림의 쇠퇴를 의미했다. 그는 기독교의 일파인 경교(네스토리우스파)를 숭배한 스승 합답흑(合答黑)의 영향을 받아 경교에 대하여 우호적인 태도를 견지했다. 경교 신자 친친카이가 복권되어 중용된 것도 이런 이유에서였다.

귀위크 칸은 교황 인노첸시오 4세에게 국서를 보내 기독교인들이 자기에게 복종하기를 바랐지만, 기독교를 어느 정도 용인하는 태도를 견지했기 때문에 그 후 원나라에 기독교가 전파되었다. 그가 또 유학(儒學)에 정통한 야율주를 중용한 것은 한족 출신 관리들이 다시 몽골 조정에 등장하는 계기가 되었다.

퇴레게네는 몽골의 왕공들을 뇌물로 매수하고 그들에게 막대한 이권을 보장해줌으로써 5년 동안 섭정할 수 있었다. 그들은 아직 대칸이 정식으로 추대되지 않은 틈을 타서 마치 독립 국가의 왕처럼 절대 권력을 부리며 그들의 울루스를 지배했다. 귀위크 칸은 즉위한 직후에 그들을 통제하지 못하면 제국의 질서가 무너진다고 생각했다.

칭기즈 칸의 둘째아들이자 차가타이 칸국의 설립자인 차가타이 칸(?~1242)은 적장자를 후계자로 삼는 한족의 관습을 받아들여 장남 무에투겐(木阿禿干·?~1221)을 후계자로 지명했다. 무에투겐은 할아버지 칭기즈 칸과 아버지 차가타이 칸의 총애를 받으며 강인한 전사로 성장했다. 하지만 그는 1221년에 칭기즈 칸이 호라즘의 바미얀 요새를 공격할 때 적이 쏜 독화살을 맞고 전사했다. 손자의 죽음에 극도로 흥분한 칭기즈 칸은 바미얀 요새를 점령한 후 모든 살아있는 생명은 모조리 죽이게 했다.

장남을 잃은 차가타이 칸은 무에투겐의 막내아들이자 자신의 손자인 카라 훌레구(哈剌旭烈·?~1252)를 후계자로 결정했다. 1241년 차가타이 칸이 임종 직전에 카라 훌레구를 차가타이 칸국의 제2대 칸으로 지명하고 모든 재산을 손자에게 넘겨준 후 세상을 떠났다.

이 시기에 차가타이 칸국은 몽골 제국의 일부였지만 사실상 독립 왕국이나 다름이 없었다. 따라서 차가타이 칸이 결정한 일에 대하여 귀위크 칸이 이래라저래라 간섭할 입장이 못 되었다. 더구나 차가타이 칸은 귀위크 칸의 할아버지 우구데이 카안의 친형이 아닌가.

하지만 귀위크 칸은 차가타이 칸국의 후계 문제에 개입했다. 1246년 카라 훌레구를 쫓아내고 자기와 친한 차가타이 칸의 다섯 번째 아들인 예수 몽케(也速蒙哥)를 차가타이 칸국의 제3대 칸으로 책봉했다. 귀위크 칸의 이런 개입은 자신의 절대 권력과 위엄을 과시하기 위한 목적이었지만, 훗날 차가타이 칸국에서 칸의 자리를 놓고 내분이 일어나는 원인이 되었다.

4. 티베트 왕국이 양주 회담을 통해 몽골 제국에 귀부하다

오늘날 중국에서 '서장자치구(西藏自治區)'라고 부르는 티베트는 중국과 인도 사이에 자리한 세상에서 가장 높은 고원 지대이다. 중국 역사에서는 당나라(618~907) 시대에 티베트인이 세운 왕조를 토번(吐蕃·633~842)으로 기록했다.

제33대 짼뽀(군주)인 쏭짼 감뽀(581~649)는 주변 왕국들을 합병하여 토번을 최초로 통일했을 뿐만 아니라, 당시 동아시아의 최강국인 당나라를 정벌하여 도성 장안을 점령함으로써 제국의 위대한 군주로 자리매김했다.

그 후 토번 제국은 전성기를 누리다가, 842년에 제42대 짼뽀 랑다르마가 통치할 때 여러 왕국으로 분열하여 국력이 쇠약해지자 당나라에 귀부했다.

당나라가 멸망한 이후 중원 지역에서 금나라·송나라·몽골 등 여러 왕조가 각축을 벌일 때 티베트는 그 왕조들과 거의 단절된 외교 관계를 유지했다. 티베트 지역은 험준한 고산 지대였기 때문에 외부 세력의 접근이 아주 어려웠다. 칭기즈 칸이 몽골을 통일한 후에도 티베트는 조공을 거부하고 정체성을 유지할 수 있었다.

티베트인들은 불교를 절대적으로 숭상한다. 오늘날 그들이 믿는 불교는 '티베트 불교'라고 칭한다. 티베트 불교는 밀교(密敎)가 아니라 대승불교의 일파이다. 옛날에 그들의 스승이자 최고 지도자인 라마(Lama)가 종교와 정치를 관장했기 때문에 서구에서는 '라마교'라고 칭하기도 한다.

티베트 불교는 서하의 왕실과 지배층의 사유 세계에 큰 영향을 끼쳤다. 서하를 멸망시킨 몽골도 자연스럽게 티베트 불교의 영향을 받았다. 우구데이 카안의 서방 원정이 시작된 후 티베트도 몽골군의 침략을 피할 수 없었다.

우구데이 카안은 대칸으로 즉위한 직후에 둘째 아들 코단에게 예전의 서하(西夏) 지역을 봉토로 주고 영하(寧夏)·감숙(甘肅)·청해(靑海) 등 오늘날 중국의 서북부를 다스리게 했다.

1239년 우구데이 카안의 명령을 받은 서량왕 코단은 기병 3만 기를 이끌고 티베트를 침공했다. 티베트 동북부 지역의 암도와 중부 지역의 판포를 연이어 점령했다.

코단은 또 다라안 장군에게 티베트의 도성 라싸를 공격하게 했다. 다라안은 라싸로 진격하는 도중에 레팅 수도원(열진사·熱振寺)에서 저항하는 승려 수백 명을 살해했으며, 제라캉 사원(걸랍강사·朰拉康寺)을 잿더미로 만들었다.

당시 티베트 불교의 일파인 사캬(Sakya)파의 사키아 판디타(Sa-skya Pandita·1182~1251)는 티베트인들의 존경을 한 몸에 받고 티베트를 통치하고 있었다. 그는 몽골군이 얼마나 강력하고 잔인한 군대인지 알고 있었다. 그들에게 저항하여 수많은 무고한 사람들의 생명을 잃게 하는 것보다는 평화적인 방법으로 전란을 피하고 싶었다.

그는 다라안 장군이 라싸의 포탈라궁전으로 진격을 준비하고 있다는 첩보를 듣고 다라안 장군에게 사신을 보냈다. 불교를 믿는 사람은 살생을 금지하므로 몽골군과의 어떤 싸움도 원하지 않으며 아울러 몽골 카안의 명령에 복종하겠으니 평화적인 방법으로 문제를 해결하자고 제안했다.

다라안 장군은 사키아 판디타의 제안을 받아들이고 진군을 멈추었다. 그는 2년 동안 라싸 근처에 머물면서 사키아 판디타가 불교에 정통한 고승임을 알고 그를 존경했다. 그는 또 코단에게 서찰을 보내 불법(佛法)의 위력을 갖춘 사키아 판디타를 초청하여 만나 보기를 간청했다.

코단은 사키아 판디타가 생불이라는 얘기를 듣고 그를 잘 설득하면 피 한 방울 흘리지 않고 티베트 지역을 접수할 수 있으리라 생각했다. 1244년 코단은 사키아 판디타에게 사신을 보내 양주(涼州: 감숙성 무위·武威)로 오게 했다. 사키아 판디타가 지혜를 상징하는 문수보살이라고 칭송하면서 그가 정해진 시간에 맞게 도착하면 그에게 티베트 지역을 대신 다스리게 하겠다고 약속했다. 만약 명령을 거부하고 오지 않으면 대군을 동원하여 정벌하겠다는 협박도 마다하지 않았다.

코단이 귀위크 칸의 즉위식에 참석하기 위하여 카라코룸으로 떠난 시기인 1246년에, 사키아 판디타는 조카 파스파(Hphags-pa·1235~1280) 등을 거느리고 티베트를 떠나 험난한 여정 끝에 마침내 양주에 도착했다.

코단을 대신하여 양주를 지키고 있던 다라안 장군은 사키아 판디타 일행을 열렬히 환영했다. 1247년 양주로 돌아온 코단은 중병에 걸려 쓰러졌다. 사키아 판디타가 티베트에서 가지고 온 약재로 그를 치료했다. 죽음의 문턱에서 살아난 코단은 사키아 판디타의 치료술에 감격했다. 그가 불교에 귀의하겠다는 뜻을 밝히자, 사키아 판디타는 부처님이 모든 몽골인에게 자비를 베풀어 줄 것이라고 축원했다.

두 사람은 몽골과 티베트를 대표하여 협상을 시작했다. 티베트는 몽골의 속국임을 인정하고, 몽골은 티베트에 무력을 행사하지 않으며, 티베트의 자치권을 인정하고, 양국 간의 교역과 조세에 대한 세부 사항 등을 문서로 작성하여 협정을 맺었다.

「사키아 판디타가 토번인들에게 보내는 글」의 내용에 의하면, 티베트의 승려·관리·백성 등은 모두 몽골 제국 카안의 신민(臣民)임을 인정하며, 행정 업무를 처리할 때는 몽골에서 지정하거나 파견한 관리들의 지시를 받는다. 또 사찰·승려 등 불교에 관한 일은 카안이 인정한 사키아파의 최고 지도자가 관장한다. 이처럼 귀위크 칸 시대에 이루어진 몽골과 티베트의 협정을 '양주 회담'이라고 칭한다.

이 시기부터 사키아파가 몽골의 지원에 힘입어 티베트 불교의 주류 세력으로 성장한다. 당시 사키아 판디타를 따라서 겨우 9세의 나이에 양주로 들어간 파스파는 훗날 원나라를 정식으로 건국한 쿠빌라이 카안의 스승이 되어 원나라 황실에 지대한 영향을 끼쳤다.

몽골이 티베트를 지배하게 된 것은 뜻밖에도 티베트 불교가 몽골 전역에 전파되는 계기가 되었다. 몽골 황실은 티베트 불교를 광대한 제국을 하나로 묶는 종교적 지주로 삼고자 했다.

오늘날 중국 한족은 이 양주 회담을 근거로 티베트가 중국 판도에 들어왔다고 주장하고 있다.

5. 킵차크 칸국의 바투를 정벌하러 가는 도중에 갑자기 사망하다

귀위크 칸은 어려서부터 몸이 허약하여 병치레가 잦았다. 더구나 장년이 되어서는 아버지 우구데이 카안처럼 주색에 빠져 지냈기 때문에 가끔 사지가 마비되는 지경까지 이르렀다. 대칸의 지위에 오른 뒤에도 몸이 아파서 정사를 제대로 돌볼 수 없을 때면, 친친카이·마흐무드 아라와치 등 측근들에게 정무를 위임했다.

귀위크 칸은 몽골 제국의 명실상부한 대칸으로서 무소불위의 권력을 휘둘렀지만, 그에게도 나름 큰 고민이 있었다. 대칸의 통제에 따르지 않고 독립적으로 행동하는 킵차크 칸국의 바투가 눈엣가시와 같은 존재였다.

바투는 여러 차례 소집된 쿠릴타이와 귀위크 칸의 즉위식에 끝내 참석하지 않았다. 오늘날의 남러시아·중앙아시아·흑해·카스피해 등 광활한 지역을 통치하면서 카라코룸의 대칸과 대립했다. 그는 겉으로는 귀위크 칸에게 복종하는 태도를 취했지만, 마음속으로는 그를 대칸으로 인정하지 않았다. 두 사람의 갈등은 날로 심화하였다. 아버지 시대부터 이어진 악연이었다.

1247년 귀위크 칸이 갑자기 병에 걸려 병상에 누웠다. 얼마 후 기력을 회복한 그는 측근들에게 산수와 공기가 좋은 엽밀립성(葉密立城: 신강·新疆 액민·額敏 부근)으로 요양을 떠나겠다고 했다. 엽밀립성은 그가 즉위하기 전에 거주했던 도시였다. 그는 페르시아의 다루가치인 엘지기데이(野里知吉帶) 장군에게 병사를 거느리고 선발대로 떠나게 했다. 엘지기데이 장군이 거느린 병사가 10만여 명에 달했다.

이는 누가 봐도 대칸이 요양할 목적으로 서쪽을 향해 순행하는 것이 아니라 서정(西征)이었다. 귀위크 칸이 요양을 구실로 삼아 대군을 이끌고 바투를 정벌하러 가는 것이 분명했다.

바투가 대칸의 통제에 벗어나 킵차크 칸국을 통치하면서 몽골 황실과의 관계를 완전히 단절한 것은 아니었다. 그는 수시로 몽골 황실의 내부 사정을 염탐했다.

당시 칭기즈 칸의 직계인 황실 가족은 주치와 툴루이 자손들의 연합 세력과 차가타이와 우구데이 카안 자손들의 연합 세력으로 나누어져 있었다. 두 세력이 무력 충돌로 폭발하지는 않았지만, 은밀히 패권 경쟁을 벌였다. 바투는 카라코룸에 거주하는 주치와 툴루이 계열의 왕공(王公)들에게 은밀히 선을 대어서 귀중한 정보를 얻을 수 있었다.

툴루이의 미망인 소르각타니 베키와 뭉케·쿠빌라이·훌라구·아리크 부케 등 그녀의 네 아들이 바투와 몰래 소통하고 있었다. 소르각타니 베키와 뭉케는 황급히 바투에게 측근을 보내 귀위크 칸이 대군을 이끌고 서쪽을 향해 진군할 계획이니 철저히 대비하라고 일렀다.

그녀의 충고에 깜짝 놀란 바투도 전군을 소집하여 귀위크 칸과의 대결전을 준비했다. 드디어 후손들이 칭기즈 칸 사후에 그의 유언을 망각하고 골육상잔을 벌이는 날이 시시각각 다가왔다.

하지만 1248년 3월에 귀위크 칸이 횡상을아(橫相乙兒: 신강성 청하·靑河 동남쪽)에 이르렀을 때 향년 43세를 일기로 갑자기 붕어했다. 이미 알코올 중독과 지나친 성욕으로 몸이 망가졌는데도 무리하게 서역 원정을 떠난 것이 급사의 원인이었다.

일설에는 바투가 보낸 자객에 의해 암살되었다고 한다. 바투가 그의 최대 정적이었기 때문에 그런 얘기가 나왔을 것이다.

어쨌든 그가 죽었기 때문에 몽골 황실은 골육상잔을 피할 수 있었다. 하지만 차기 대칸의 자리를 놓고 황금 가족 간의 내부 분열이 일어나기 시작했다.

귀위크 칸은 재위 3년 만에 사망했으므로 뚜렷한 정치적 업적을 남기지 못했다. 바티칸의 교황과 국서를 주고받으면서 몽골 제국의 위신을 높였으며 티베트를 복속한 것이 그가 남긴 주요 업적이다.

또 고려와 몽골의 전쟁 기간(1231~1259)에 고려가 강화도로 천도하자, 귀위크 칸은 고려 조정이 강화도에서 나와 몽골에 입조하라고 했다. 1247년 고려 조정이 말을 듣지 않자, 귀위크 칸은 아모간(阿母侃)에게 고려를 공격하게 했다. 이 전쟁이 제4차 여몽 전쟁이다. 귀위크 칸이 사망한 후 몽골군이 철수했다.

원나라가 건국한 후 귀위크 칸은 제3대 황제로 추존되었고 묘호(廟號)는 정종(定宗), 시호(諡號)는 간평황제(簡平皇帝)로 추증되었다.

4

원 헌종 뭉케

제4장

원 헌종 뭉케

1. 툴루이의 장남으로 태어나 문무를 겸비한 청년으로 성장하다

툴루이의 아내 소르각타니 베키(莎兒合黑塔尼別吉·?~1252)는 몽골 제국의 초기 역사에서 대단히 중요한 인물이다. 그녀는 케레이트 부족장 옹 칸의 남동생인 자하감보의 딸로 태어났다. 1203년 테무친이 케레이트 부족을 멸망시킬 때 자하감보는 살아남기 위하여 소르각타니 베키 등 딸들을 테무친에게 바쳤다. 테무친은 그녀를 넷째아들 툴루이에게 주고 아내로 삼게 했다.

소르각타니 베키는 문맹이었지만 지혜롭고 총명한 여자였다. 케레이트 부족은 기독교의 일파인 네스토리우스파를 받아들였다. 이런 이유로 그녀는 기독교와 외부 세계에 대하여 열린 마음을 가지고 있었다.

툴루이가 정복 전쟁의 바쁜 와중에도 그녀와의 사이에서 장남 뭉케 (1208~1259)·넷째아들 쿠빌라이·여섯째아들 훌라구·일곱째아들 아리크 부케 등 네 아들을 둔 것을 보면, 부부 관계가 좋았던 것 같다.

칭기즈 칸 사후에 2년 동안 몽골 제국을 다스렸던 임시 대칸 툴루이가 1232년에 금나라 원정을 마치고 북상할 때 향년 39세를 일기로 급사했다.

졸지에 미망인이 된 소르각타니 베키는 툴루이 가문을 지키며 아들들의 양육과 교육에 헌신했다.

우구데이 카안은 그녀에게 자신의 장남 귀위크에게 개가(改嫁)하라고 했다. 몽골 사회에서는 한 집안의 가장이 죽으면, 그의 형제나 조카가 미망인과 결혼하여 집안의 생계를 책임지는 관습이 있었다. 농경 사회에서는 상상도 할 수 없는 일이었다.

하지만 그녀는 아들들이 아직 어리다는 이유를 들어 거절했다. 정말로 그녀는 아들 교육에 최선을 다했다. 훗날 그녀가 낳은 네 아들이 카안 또는 칸이 되었으므로, 그녀를 '네 황제의 어머니'라고 칭송한다.

한편 칭기즈 칸은 자기가 가장 총애하는 막내아들 툴루이가 손자를 낳았다는 소식을 듣고 기쁨을 감추지 못했다. 몽골의 유명한 점쟁이들을 불러 손자의 관상을 보게 했다. 황쿠다(黃忽笒) 부족 출신의 한 점쟁이는 천문 현상에 밝았다.

그가 갓난아이의 관상을 살펴보고 말했다.

"이 아이는 장차 귀하게 될 관상이오. 이름을 뭉케라고 짓는 게 좋겠소."

'뭉케'는 몽골어로 영원(永遠) 또는 장생(長生)이라는 뜻이다. 죽지 않고 영원토록 부귀영화를 누리겠다는 소망을 담았다.

우구데이는 카안으로 추대되기 전에 자기가 가장 사랑한 앙회(昻灰: 훗날 두 번째 황후가 됨)가 아들을 낳지 못한 것을 안타깝게 생각하여 어린 뭉케를 양자로 들여 그녀에게 키우게 했다.

소르각타니 베키는 아들을 빼앗긴 서러움을 겪었지만 차기 대칸의 자리가 우구데이로 기운 상황에서 불만을 토로할 수 없었다. 그녀는 먼 장래를 내다보며 쿠빌라이 등 다른 아들들의 교육에 혼신의 힘을 기울였다.

뭉케는 성품이 과묵하고 사치를 부리지 않았으며 말을 타고 수렵 활동을 하는 것 이외에는 별다른 취미가 없었다. 또 행동거지에 절도가 있고 엄격하여 왕공들조차도 그를 어려워했다. 남들과 어울리지 않고 혼자서 사색하기를 좋아했으며 몽골 밖의 세계에 대하여 호기심이 많았다. 저명한 학자와 상인 그리고 관료들이 그의 호기심을 풀어주었다. 그들은 몽골인·아랍인·페르시아인·중국인 등 다양한 국적을 가진 사람들이었다.

뭉케는 그들을 통해 몽골과 중국의 전통문화뿐만 아니라, 페르시아·아랍·그리스 등 서방 문화에 대해도 접할 수 있었다. 또 아랍어·페르시아어·중국어 등 외국어도 어느 정도 쓰고 말할 수 있었다.

『연대기의 집성』에 의하면, 뭉케는 유클리드의 「기하학 원론」을 이해했다고 한다. 그는 중국의 전통문화에 대해서는 동생 쿠빌라이와는 다르게 그다지 좋아하지 않았다고 한다. 이 점이 훗날 두 사람이 몽골 제국을 다스리는 사상 기반과 통치 방법에서 큰 차이를 나타내었다.

우구데이 카안은 청년 뭉케를 곁에 두고 총애했다. 자신의 후궁들 가운데 한 명인 화리차(火里差)를 첩으로 삼게 했다. 우구데이 카안이 친히 정벌에 나설 때에는 뭉케도 그의 선봉에 섰다.

1236년 우구데이 카안이 후계자로 생각한 셋째아들 쿠추가 남송 원정 길에 사망했다. 우구데이 카안은 쿠추의 장남이자 자신의 손자인 시레문을 후계자로 결정했다. 하지만 시레문의 나이가 너무 어린 게 문제였다.

만약 상황이 여의치 않으면 뭉케를 차기 대칸으로 추대하게 할 생각도 했다. 뭉케는 우구데이 카안의 친아들이 아니었지만, 백부에게 잠재적인 후계자로 인정될 정도로 총애를 받았다.

2. 대외 전쟁에 참전한 후 몽골로 돌아오다

1230년 우구데이 카안은 동생 툴루이, 조카 뭉케 등 장수들을 거느리고 세 갈래 방향에서 금나라 정벌에 나섰다. 1232년 몽골군이 금나라의 도성 변경(汴京)으로 진격하는 도중에 균주(鈞州: 하남성 우주·禹州) 근교에 있는 삼봉산(三峰山)에서 금나라 군대 15만여 명을 궤멸시키는 대승을 거두었을 때 뭉케도 아버지와 함께 전공을 세웠다. 이 삼봉산 전투는 금나라가 망하는 결정적 계기가 되었다.

1232년 몽골군이 금나라 원정을 마치고 북상하는 도중에, 툴루이가 향년 39세를 일기로 급사했다. 우구데이 카안은 뭉케에게 툴루이의 울루스를 다스리게 했다.

이 시기에 뭉케는 몽골의 관습법에 의하여 아버지의 후궁이었던 오굴 투이미시(斡兀立禿忒迷)를 첩으로 물려받았다. 오굴 투이미시는 귀위크 칸의 카툰(황후)인 오굴 카미시(斡兀立海迷失后·?~1252)와 자매 관계이다. 훗날 오굴 카미시는 귀위크 칸 사후에 섭정을 맡아 권력 투쟁의 소용돌이에 빠진다.

1235년 우구데이 카안은 주치의 차남 바투·차가타이의 손자 부리·자신의 장남 귀위크·툴루이의 장남 뭉케 등 칭기즈 칸의 손자와 증손자들에게 서방 원정을 명령했다. 이른바 '장자(長子)의 서정(西征)'에서 뭉케는 오늘날의 남러시아·우크라이나·동유럽의 여러 나라 등을 유린했다.

1239년 뭉케는 카프카스(코카서스) 북쪽 지방으로 진격하여 이란계 민족인 아스족을 정복하여 자기 휘하에 두었으며, 1240년에는 키예프(키이우)

공국으로 진격했다. 키예프가 아름답고 화려한 성(城)이라는 사실을 알게 된 그는 공후에게 사신을 보내 항복을 요구했으나 거절당하자 키예프성을 초토화했다.

당시 몽골군이 저지른 대학살과 파괴 행위가 서방 사람들에게 엄청난 충격을 주었다. 키예프성이 오늘날 러시아 침략에 맞서 싸우고 있는 우크라이나의 키이우이다.

1240년 바투를 총사령관으로 하는 몽골군이 서방을 원정하는 도중에 바투와 종왕들 사이에서 갈등이 생겼다. 부리와 귀위크가 바투의 아버지, 주치의 혈통을 문제 삼아 바투를 모욕했다. 갈등이 무력 충돌로 비화하지는 않았지만, 소식을 접한 우구데이 카안은 아들 귀위크를 호되게 꾸짖고 몽골로 돌아오게 했으며, 바투와 수부타이에게는 계속 서진하게 했다. 당시 바투와 우호 관계를 유지했던 뭉케도 대칸의 명령을 받고 몽골로 돌아갔다.

귀위크와 뭉케가 몽골로 돌아가는 도중인 1241년 12월에, 우구데이 카안이 사망했다. 대칸의 계승권을 놓고 우구데이 카안의 미망인 퇴레게네와 툴루이의 미망인 소르각타니 베키 사이에서 팽팽한 긴장감이 흘렀다.

퇴레게네는 장남이 아버지의 대를 이어야 하므로 귀위크가 대칸으로 추대되어야 한다고 주장했다. 반면에 소르각타니 베키는 말자 상속이 몽골의 전통이므로, 칭기즈 칸의 막내아들 툴루이의 아들들이 대칸의 자격이 있다고 생각했다. 퇴레게네는 왕공들과 조정 대신들을 자기편으로 포섭하고 자신의 의지를 관철했다.

퇴레게네는 5년 섭정을 마친 후 아들 귀위크를 칸으로 옹립했다. 소르각타니 베키는 퇴레게네와 귀위크 칸에게 복종했다. 아들들의 장래를 위해 숨을 죽이고 살아야 했다.

아버지의 울루스를 물려받은 뭉케는 어머니의 권고에 따라 킵차크 칸국의 바투와 은밀히 교류하면서 권토중래의 각오를 새롭게 했다. 귀위크 칸은 바투에 대해서는 노골적으로 적대감을 드러냈으나, 뭉케에 대해서는 경계심을 늦추었다. 뭉케가 워낙 신중한 성격이고 자중자애하며 아울러 다른 왕공들과 어울리며 당파를 결성하는 일을 좋아하지 않았기 때문에 대칸의 의심을 피할 수 있었다.

3. 귀위크 칸 사후에 오굴 카미시 카툰이 섭정을 맡다

1248년 3월 귀위크 칸이 킵차크 칸국의 바투를 토벌하러 서역 원정에 나섰다가 재위 3년 만에 사망했다. 그의 죽음은 일단 칭기즈 칸 손자들 사이의 무력 충돌을 피하게 했지만, 황실에서는 대칸 계승권을 놓고 설왕설래했다.

왕공들의 시선이 귀위크 칸의 정실부인, 오굴 카미시 카툰에게 쏠렸다. 그녀는 오이라트 부족의 오굴씨 또는 메르키트 부족 출신이라고 한다.

칭기즈 칸이 몽골을 통일하는 전쟁 과정 중에서 오굴씨를 정복했을 때 오굴 카미시를 손자 귀위크의 첩으로 삼게 했다. 피정복지의 여자들을 전리품으로 여기고 첩으로 삼는 행위는 유목민의 관습이었다.

오굴 카미시는 원래 귀위크 칸의 세 번째 카툰이었다. 첫 번째 카툰인 울루 헤이미시(烏兀兒黑迷失)가 사망한 후에는 정실부인으로 인정받았다. 그녀는 귀위크 칸의 장남 쿠차(忽察)과 차남 나쿠(腦忽)를 낳았다. 그녀의 시어머니 퇴레게네와는 다르게 정치적으로 대단히 무능한 카툰이었다. 무당들과 어울려 굿판을 벌이는 일을 좋아할 뿐이었다. 그녀는 황실의 대소사를 점쟁이에게 의탁하는 습관이 있었다.

오굴 카미시는 우구데이 카안과 귀위크 칸 계보의 후손들 중에서 후계자를 지명해야 자기가 섭정을 맡을 수 있다고 생각했다. 하지만 자기가 낳은 아들 쿠차를 지명하면 왕공들의 반발을 피할 수 없었다. 그 대신 우구데이 카안 생전에 지명한 시레문을 지명하는 것이 왕공들을 설득하는 데 훨씬 유리했다. 시레문은 우구데이 카안의 손자가 아닌가.

1248년 오굴 카미시는 우구데이 가문의 영지인 에밀 강 유역에서 우구데이 카안 후손들을 소집한 후 세레문을 차기 대칸으로 추대하며 자신은 섭정을 맡는다고 선포했다. 친친카이 등 우구데이 카안 시대에 중용되었던 신하들이 그녀를 보필했다.

차가타이 칸국의 칸 예수 몽케(也速蒙哥 · ?~1251)는 오굴 카미시의 섭정을 지지했으나, 킵차크 칸국의 칸 바투는 그녀의 통치 능력에 대하여 부정적 시각을 가졌다.

사실 그녀의 섭정은 우구데이 가문과 차가타이 가문의 정치적 연합에서 나왔다. 이에 반하여 주치 가문과 툴루이 가문이 연합하여 그들에 대항한 것이다.

오굴 카미시가 섭정할 때인 1250년에, 프랑스의 독실한 가톨릭 군주였던 루이 9세(Louis IX · 1214~1270)가 몽골에 사절단을 파견했다. 사절단이 카라코룸에 도착하여 그녀를 배알했다.

사절단장 앙드레 드 롱주모(André de Longjumeau)는 그녀에게 공물을 바치고 그녀가 가톨릭으로 개종하기를 바랐다. 아울러 몽골이 프랑스와 연합하여 이슬람 세력과 싸우자고 제안했다. 루이 9세는 자신이 주도한 제7차 십자군 원정에서 몽골의 군사적 도움이 절실하게 필요했기 때문이다.

오굴 카미시는 먼저 루이 9세가 자기에게 신하로 복종해야 협력할 수 있다고 했다. 결국 몽골과 프랑스의 연합은 성사되지 않았다.

4. 바투의 지원으로 대칸이 된 후 정적들을 제거하다

오굴 카미시가 우구데이 가문과 차가타이 가문의 연합으로 시레문을 대칸으로 세우고 섭정을 맡고 있으면서 주치의 아들 바투와 툴루이의 아들 뭉케의 세력을 억누르지 못했다. 칭기즈 칸 후예인 황금 가족의 분열이었다. 바투와 뭉케는 각자 자신의 울루스에서 독립 왕국을 구축하고 있었다.

1250년 바투는 오굴 카미시가 카라코룸에서 시레문을 허수아비 대칸으로 내세우고 섭정을 맡고 있다는 소식을 듣고 분노했다. 그는 시레문이 정식으로 쿠릴타이를 통해 추대된 대칸이 아니라고 생각했다. 그래서 오늘날의 키르기스스탄에 있는 이식쿨 호수(Issyk Kul Lake) 지역에서 모든 황금 가족이 쿠릴타이에 참가하여 새로운 대칸을 선출하자고 제안했다.

사실 바투는 툴루이의 아들 뭉케를 차기 대칸으로 옹립할 계획이었다. 자신도 대칸의 자격이 없지 않았지만, 황금 가족 사이에서 오랫동안 아버지 주치가 할아버지 칭기즈 칸의 장남이 아닐지도 모른다는 의심을 받았기 때문에, 차라리 말자 상속의 전통에 따라 툴루이의 아들 뭉케를 추대함으로써 의심을 피하고 자신의 권력을 유지하는 게 현실적인 선택이었다. 더구나 뭉케는 전공을 많이 쌓았고 제왕의 자질을 갖추었으므로 대칸이 되기에 부족함이 없었다.

만약 몽골 제국의 심장부인 카라코룸에서 쿠릴타이를 개최하면, 바투는 자신의 신변을 지키기가 어려웠다. 그래서 카라코룸에서 멀리 떨어지고 킵차크 칸국에서 가까운 이식쿨 호수 지역에서 쿠릴타이를 개최하자고 한 것이다.

오굴 카미시·우구데이 가문·차가타이 가문의 왕공들도 마찬가지였다. 바투의 의도를 알아차린 그들은 거리가 너무 멀다는 것을 이유로 들어 참석을 거부했다. 황금 가족이 모두 참석하지 않은 상황에서 쿠릴타이를 개최할 수 없었다. 하지만 소르각타니 베키와 바투가 막후에서 수완을 발휘하여 왕공들의 쿠릴타이 참석을 이끌어냈다.

1251년 6월 바투는 몽골 본토의 케룰렌강·오논강·토라강 등 삼하(三河)의 발원지인 코데게 아랄(Kodege-aral) 지역에서 다시 쿠릴타이를 소집했다.

오굴 카미시, 우구데이 가문의 왕공들은 끝내 참석을 거부했다. 하지만 주치 가문과 툴루이 가문뿐만 아니라, 우구데이 가문의 일부와 차가타이 가문의 일부 왕공들도 참석하여 구색을 맞추었다. 소르각타니 베키가 반대파를 포섭한 결과였다.

당시 뭉케를 대칸으로 추대하는 데 결정적 역할을 한 바투는 병에 걸려 참석할 수 없자, 동생 베르케(別兒哥·?~1267)를 대신 보내 쿠릴타이를 주재하게 했다.

마침내 뭉케는 43세의 나이에 제4대 대칸으로 추대되었다. 그가 원나라 헌종(憲宗)이다. 뭉케 카안부터 카안의 계승권은 우구데이 가문에서 툴루이 가문으로 넘어왔다. 이는 훗날 칭기즈 칸의 후손들이 분열하는 결정적 계기가 되었다. 뭉케 카안이 등극한 당일에 소르각타니 베키는 황태후로 추대되었다.

한편 귀위크 칸의 장남 쿠차는 생모 오굴 카미시의 섭정 기간에 자기가 대칸으로 추대되기를 바랐다. 하지만 바투가 뭉케를 대칸으로 추대하자 동생 나쿠, 우구데이 카안의 손자 시레문 등과 함께 반란을 모의했으나 사전에 발각되었다.

뭉케 카안과 소르각타니 베키는 반대파를 몰살시킬 절호의 기회로 보았다. 오굴 카미시는 소르각타니 베키 앞에서 나체 상태로 고문을 당한 후 살해되었다.

훗날 뭉케 카안이 루이 9세에게 보낸 국서에서 그녀를 '최악의 마녀이자 개보다 더 비열한 인간'이라고 표현한 것을 보면, 그가 얼마나 증오했는지 짐작할 수 있다.

반란 모의를 주도한 쿠차·나쿠·시레문 등은 살해되거나 행방불명되었다. 뭉케 카안은 또 우구데이 가문과 차가타이 가문의 왕공들 가운데 70여 명에게 반란 혐의를 씌워 살해했다.

훗날 원나라를 건국한 쿠빌라이 카안은 태묘(太廟)를 건립하면서 오굴 카미시에게 흠숙황후(欽淑皇后)라는 시호를 내렸다. 원나라 황실의 화목과 안녕을 위한 결단이었다.

한편 뭉케 카안은 자기가 대칸으로 추대되는 데 가장 큰 공을 세운 바투에게 킵차크 칸국의 자치권을 허용해주었다. 킵차크 칸국은 오늘날 중앙아시아·북아시아·남러시아·동유럽 등을 포함하는 광활한 지역을 다스렸다.

바투는 아버지 주치의 울루스 킵차크 칸국을 형제들과 분할 통치하기로 결정했다. 바투가 킵차크 칸국의 서부 지역인 청장(淸帳) 칸국을, 바투의 형 오르다(斡兒答)가 동부 지역인 백장(白帳) 칸국을 다스렸다. 킵차크 칸국의 형식적인 대칸은 청장 칸국의 칸이 겸했다.

훗날 킵차크 칸국은 260여 년 동안 여러 나라로 분열되고 쇠퇴를 거듭하다가, 1502년에 모스크바 공국에 의해 멸망했다.

5. 행정 기구를 정비하고 종교에 관용적 태도를 취하다

뭉케 카안은 자신이 다스리는 몽골에서는 "금 항아리를 들고 있는 여성이 제국의 끝에서 끝까지 혼자 걸어가도 아무런 일이 일어나지 않는 세상"을 실현하고 싶었다. 그러기 위해서는 무엇보다도 먼저 자신에게 엄격해야 했다.

그는 음주가무와 사치를 멀리하고 솔선수범함으로써 왕공과 신하들의 탈법과 일탈을 막았다. 그들이 매관매직을 하거나 백성의 재산을 갈취하는 행위를 절대 용서하지 않았다. 법령에 따르지 않고 사람을 사적으로 체포하는 것도 용납하지 않았으며, 또 어떤 중대 사안이 발생하면 반드시 대칸에게 상주한 후 처리하게 했다.

그는 몽골이 왕공과 장군들에 의해서가 아니라 대칸이 임명한 관리들에 의해서 다스려져야 한다고 생각했다. 그는 또 관리들에게 업무를 지시하면 반드시 그 실행 여부와 결과를 파악함으로써 신상필벌에 활용했다.

툴루이의 가신 출신인 몽게세르(忙哥撒兒·?~1254)는 뭉케 카안 휘하에서 많은 전공을 세웠다. 뭉케 카안이 서방 원정 중에서 얻은 전리품을 장수들에게 분배할 때면, 몽게세르는 언제나 사양하며 받지 않으려고 했다. 또 대칸이 위임한 업무는 어떤 외부의 간섭도 배제한 채 공정하고 철저하게 수행했다. 친척들이라도 비리를 저지르면 가차 없이 처벌했다. 왕공들조차도 그의 추상같은 법 집행이 두려워 감히 월권행위를 하지 못했다.

뭉케 카안은 대칸으로 즉위한 직후에 몽게세르를 모든 관리들의 우두머리인 대단사관(大斷事官)에 임명하여 국정의 전반을 보필하게 했다.

몽게세르는 뭉케 카안의 속마음을 읽고 우구데이 가문과 차가타이 가문의 왕공들 가운데 70여 명에게 반란 혐의를 씌워 살해했다. 또 그들을 따르는 관리 수백 명을 가혹한 형벌로 죽였다. 그는 중범죄를 저지른 자는 지위고하를 막론하고 죽였다. 설령 대칸에게 먼저 아뢰지 않고 죽였더라도, 뭉케 카안은 오히려 그를 책망하지 않고 칭찬할 정도로 신임했다.

1253년 몽게세르는 알코올 중독으로 사망했다. 사람들은 그가 너무 많은 사람들을 죽였기 때문에 "너도 결국은 뒈졌구나!"라고 비난했지만,

뭉케 카안은 자기에게 충성을 다한 그를 끝까지 두둔하고 후손들을 우대했다.

베이루환(孛魯歡·?~1264)은 개국 공신 시라오쿠르(昔刺斡忽勒)의 아들로 태어나 젊었을 적부터 툴루이의 집안에서 숙위(宿衛)와 서리(書吏) 업무를 맡았다. 그는 문자에 능통한 덕분에 뭉케 카안의 신임을 얻어 조칙·법령·상주문 등 각종 문서를 관장했다.

뭉케 카안은 자기가 내린 명령이 몽골 제국의 각 나라와 여러 민족에게 정확하게 전달되기를 바랐다. 베이루환은 몽골어와 한어는 말할 것도 없고 페르시아어·회흘어·아랍어 등을 구사하는 색목인들을 관리로 채용하여 그들의 문자로 몽골의 법령과 시책을 전파하게 했다.

몽게세르와 베이루환은 뭉케 카안을 보필하는 국정의 두 기둥이었다. 몽게세르가 사망한 후에는 베이루환이 국정을 전담했다. 당시 한족 관리들은 그를 '중서우승상(中書右丞相)'이라고 불렀다.

금나라 시대에 중서성(中書省)의 대신이 지방에 가서 군정(軍政)을 관장할 때 행상서성(行尙書省)이라는 임시 관직을 설치했다. 1251년 뭉케 카안은 금나라의 행정 조직을 받아들여 연경(燕京)에 행상서성을 설치함으로써 지방의 한족을 다스렸다. 또 신강(新疆), 중앙아시아 등 지역에도 행상서성을 설치했다.

이것은 나중에 몽골 제국의 각지를 다스리는 지방의 최고 군정 기관으로 발전했다. 몽골 제국은 뭉케 카안 시대에 이르러 비로소 대칸 중심의 중앙 정부와 그것의 통제를 받는 지방 정부로 완성되었다.

뭉케 카안은 몽골 제국의 지배와 통제를 받고 있는 지역에 호구(戶口)가 얼마나 되는지 무척 궁금했다. 즉위 직후에 대대적으로 호구 조사를 실시했는데 몽골 본토뿐만 아니라, 정복지와 속국도 조사 대상이었다. 아울러 각 지역에서 생산하는 특산물도 파악하게 했다. 정확한 호구에 근거하여 세금을 징수하며 장정을 징집하고 공물을 거둘 목적이었다.

특히 한족이 거주하는 중원 지역은 재부(財富)의 중심이었으므로 정확한 조사와 관리가 필요했다. 뭉케 카안은 관리들이 조사한 호구에 근거하여 매년 호구마다 은(銀) 여섯 냥을 세금으로 내게 했다. 나중에는 넉 냥으로 경감해 주었는데 그 가운데 두 냥은 은으로, 나머지 두 냥은 그 가치에 해당하는 비단, 염료 등 현물로 받았다.

가축을 키우는 사람들에게는 백 마리당 한 마리를 세금으로 내게 했으며, 백 마리 미만을 키우는 사람들에게는 세금을 면제했다. 대체로 어느 지역에서나 가난한 사람은 부자와 비교하여 10분의 1만 내게 했으며, 재해를 당하여 세금을 연체한 사람에게는 아예 면제해주었다.

뭉케 카안은 또 카라코룸에서 파견한 관리들 이외에는 왕공·귀족·토호 등 그 누구도 멋대로 세금을 징수하지 못하게 했다. 그의 이러한 위민 정책에 따라, 몽골 제국은 지배자와 피지배자 사이의 갈등을 줄이고 더욱 발전할 수 있었다. 그의 통치 시대에 전국 각지에서 공물을 나르는 거대한 수레 500여 승(乘)이 매일 카라코룸으로 들어왔다고 한다.

몽골인은 전통적으로 천신(天神) 신앙의 일종인 텡그리교를 믿었다. 일반적으로 종교는 유일신을 숭상하며 절대성과 다른 종교에 대한 배타성을 특징으로 한다. 인류 역사상 종교 전쟁이 끊이질 않는 이유가 바로 이런 특징 때문이다.

하지만 칭기즈 칸 이래 역대 대칸들은 다른 종교에 대하여 무척 관용적 태도를 취했다. 이는 몽골이 동서양을 아우르는 거대한 제국을 건설할 수 있었던 원동력 가운데 하나가 되었다.

뭉케 카안 시대에는 불교·도교·기독교·이슬람교 등 여러 종교가 혼재되어 있었다. 몽골 제국의 강역이 워낙 넓었기 때문이다. 뭉케 카안이 특정 종교를 맹목적으로 숭상했다면 엄청난 비극이 일어났을 것이다.

뭉케 카안도 선대의 대칸들처럼 여러 민족이 믿는 종교들에 대하여 탄압하거나 집착하지 않았다. 만약 탄압하면 오히려 반발을 불러올 게 분명했다. 차라리 피지배자들이 믿는 종교를 인정함으로써 그들의 반발을 무마하고 세금을 안정적으로 거두어들이는 실리를 택했다.

서양의 중세 시대에 몽골은 인류 역사상 유일무이한 대제국으로 발전했다. 기독교 세력은 몽골에 기독교를 전파하는 활동을 끈질기게 도모했다. 로마 교황과 기독교를 수호하는 유럽의 군주들은 몽골의 대칸에게 여러 차례 사신을 보내 기독교로 개종하기를 바랐다. 그들은 대제국 몽골이 기독교의 '하나님의 나라'가 되기를 종교적으로 열망했을 뿐만 아니라, 몽골과 연합하여 이슬람 세력의 팽창을 억제하고자 하는 정치적 목적도 있었다. 역대 대칸들은 외래 종교에 대하여 관용적 태도를 취했으므로, 기독교인들의 몽골에 대한 선교 활동 또한 가능했다.

1253년 프랑스의 루이 9세(Louis Ⅸ·1214~1270)가 또 프란체스코회 선교사 기욤 드 뤼브룩(Guillaume de Rubrouck)을 몽골에 파견했다. 다음 해 기욤 드 뤼브룩은 카라코룸에서 뭉케 카안을 배알하고 『성경』을 바쳤다. 그는 대략 7개월 동안 뭉케 카안과 함께 지내면서 설교했으나 대칸을 개종시키지는 못했다.

칭기즈 칸 시대에 장춘진인(長春眞人) 구처기(丘處機·1148~1227)의 활약으로 도교가 유행하기 시작했다. 뭉케 카안 시대에 이르러 구처기를 계승한 전진도사(全眞道士) 이지상(李志常·1193~1256)이 도교 세력을 크게 확장했다.

그런데 도사들은 그의 비호 아래 연경, 하북, 산서 북부 지역에 산재한 사찰 480여 곳을 강점하여 도교 사원으로 개축하고 불상을 훼손했을 뿐만 아니라, 공자를 모신 사당도 파괴했다.

또 서진(西晉·266~317) 시대에 도사였던 왕부(王浮)가 위조한 『노자화호경(老子化胡經)』, 뭉케 카안 시대에 제작한 『노군팔십일화도(老君八十一化圖)』 등 도교에 관한 서적이 대량으로 인쇄되어 사방에 유포되었다.

당시에 출간한 『노자화호경』의 주요 내용은 도교의 시조인 노자가 석가모니 어머니인 마야 부인의 뱃속에 들어가 석가모니로 환생했다는 것이다. 사실 이 황당무계한 얘기는 도교와 불교의 대립 과정에서 도교가 불교보다도 연대가 앞서며 우위에 있음을 강조하기 위한 목적에서 나왔다. 당연하게도 불교계의 거센 반발이 일어났다.

종교에 관대한 뭉케 카안도 고민하지 않을 수 없었다. 특정 종교를 지지하면 대혼란이 일어날 게 분명했다. 이번 기회에 각 종교의 지도자들을 불러 서로 변론을 벌이게 함으로써 종교 갈등을 해소하고 싶었다. 1254년 그는 친동생 아리크 부케에게 종교 대토론회를 주재하게 했다.

프랑스 루이 9세가 몽골에 파견한 선교사인 윌리엄 루브룩(William of Rubruk)의 저서 『순례기』에 의하면 불교·이슬람교·기독교·도교 등의 종교 지도자들은 각자 자기가 믿는 종교의 특징과 우월성을 주장하면서 열띤 논쟁을 벌였다고 한다.

윌리엄 루브룩이 기독교의 하나님만이 유일신이며 구세주라고 주장하자, 뭉케 카안은 기독교의 하나님은 몽골인이 하늘을 관장하는 신으로 섬기는 텡그리와 다르지 않다고 말했다. 이는 뭉케 카안이 한편으로는 기독교를 배척하지 않으면서 또 다른 한편으로는 텡그리교를 숭배했음을 짐작하게 한다.

여러 날 동안 진행된 대토론회의 주된 논쟁은 불교와 도교 간에 벌어졌다. 불교 승려들은 『노자화호경』 등 책을 위서(偽書)로 간주하고 도교의 도사가 얼마나 혹세무민하고 있는지 신랄하게 비판했다.

1255년 뭉케 카안은 복유법사(福裕法師·1203~1275) 등 불교계를 대표하는 승려들과 전진도사 이지상 등 도사들을 초치하여 어전에서 진위를 따지게 했다. 그는 양측의 변론을 듣고 『노자화호경』 등 서적이 위서이며 아울

원나라 역대 황제 평전

러 도사들이 불교 사원을 파괴하고 불상을 훼손한 사실을 인지한 후에 시정 조치를 내렸다. 하지만 도사들은 대칸의 명령에 복종하는 척하면서 각자의 도관(道觀)으로 돌아가 버렸다.

1257년 뭉케 카안은 불교의 최고 지도자인 나마국사(那摩國師)와 함께 친동생 쿠빌라이가 머무르고 있는 육반산(六盤山: 영하·감숙·섬서의 경계에 있는 산)으로 왔다. 육반산에서 대칸의 출정 의식을 치르고 부처님의 가피를 입을 목적이었다.

이때 또 승려들이 도사들의 횡포를 대칸에게 고발했다. 뭉케 카안은 도사들이 자기가 내린 시정 조치를 아직 이행하지 않고 있음을 파악하고 진노했다. 이윽고 그는 진노를 삭이고 다시 불교와 도교 간의 논쟁을 벌이게 했다.

1258년 쿠빌라이는 친형 뭉케 카안의 명령을 받고 자신의 막부인 개평부(開平府)에서 불교와 도교를 대표하는 지도자들을 모이게 했다. 나마국사·라마승 팍파(Phagpa)·소림사 주지 등 300여 명이 불교를, 전진파 최고 지도자 장진인(張眞人)·도사 왕선생(王先生)·도교 사무를 관장하는 도록(道錄) 번지응(樊志應) 등 200여 명이 도교를 대표하여 참석했다. 쿠빌라이는 요추(姚樞), 염희헌(廉希憲) 등 책사들에게 심판을 보게 했다.

불교와 도교는 각기 논쟁 참여자 17명을 선발했다. 만약 불교가 논쟁에서 패하면, 승려 17명이 머리를 기르고 도사로 개종하고, 그 반대인 경우에는 똑같이 도사 17명이 머리를 깎고 승려로 개종한다는 규칙을 정했다.

결국 『노자화호경』 등 서적은 위서로 밝혀지고 도사들의 잘못이 드러났다. 규정대로 번지응 등 도사 17명은 용광사(龍光寺)에서 승려가 되었다.

뭉케 카안은 위서들을 모조리 불에 태우게 하고 원래 사찰 소유였던 땅을 전부 불교 종단에 돌려주게 했다.

어느 날 뭉케 카안이 승려에게 "다른 종교가 손가락이라면, 불교는 손

바닥이다."라고 말한 것을 보면, 불교에 대하여 특별히 우호적 입장을 가진 것 같다. 어쨌든 그의 현명한 판단과 합리적인 결정 덕분에 몽골은 종교 전쟁을 피할 수 있었다.

6. 대외 원정에 나서 영토와 영향력을 확장하다

오늘날 중국 서남부의 운남성 지역에 백족(白族) 출신, 단사평(段思平·893~944)이 세운 대리국(大理國·937~1254)이라는 국가가 있었다. 단사평 집안사람들은 대대로 남조국(南詔國·738~902)의 무장(武將)이었다. 원래 단사평은 운남성 지역에 존속했던 대의녕국(大義寧國·929~937)의 통해절도사(通海節度使)였다.

937년 그는 반란을 일으켜 대의녕국의 제2대 황제 양조(楊詔)를 죽이고 황제를 칭했다. 국호는 대리국으로, 연호는 문덕(文德)으로, 도성은 양저양성(陽苴咩城: 운남 대리성·大理城)으로 정했다.

대리국은 명실상부한 황제 국가로서 중원 왕조의 간섭을 거의 받지 않고 중국의 서남 지방을 다스린 강국이었다. 남조국(南詔國) 문화를 바탕으로 티베트 불교를 받아들여 '백만(白蠻) 문화'를 꽃피웠다. 또 지리적 이점을 활용하여 중원의 송나라와 동남아시아 여러 나라의 중계 무역 요충지가 되었다.

당시 송나라는 대리국을 굴복시킬 힘이 없었을 뿐만 아니라, '화외지지(化外之地: 중화 문명이 미치지 못하는 야만의 땅)'로 간주했기 때문에, 대리국은 오히려 황제의 국가를 자부하며 독자적으로 발전할 수 있었다.

1094년 재상 고승태(高升泰·?~1096)가 황위를 찬탈하여 황제가 되었으며 국호를 대중국(大中國·1094~1096)으로 고쳤다. 하지만 그는 재위 1년 만에 중병에 걸리자 단정순(段正淳: 대리국 제15대 황제)에게 황위를 돌려주라는 유언을 남기고 죽었다. 대리국은 다시 국호를 회복했지만 점차 쇠퇴의 길을 걸었다.

뭉케 카안은 즉위한 직후부터 남송 정벌을 노리고 있었다. 남송을 정벌하기 위해서는 바다처럼 넓은 장강(長江)을 건너야 했다. 하지만 수전에 익숙하지 않은 몽골군은 장강 남쪽 연안에 촘촘히 구축한 남송군의 방어선을 돌파하기가 쉽지 않았다.

1252년 뭉케 카안은 먼저 서남쪽의 대리국을 정벌한 후 북쪽과 남쪽에서 남송을 협공하는 전략을 수립했다. 같은 해 6월 친동생 쿠빌라이, 명장 수부타이의 아들 우량카다이 대장 등에게 대리국 정벌을 명령했다.

1253년 겨울 몽골군은 금사강(金沙江)을 건너 여러 성채를 격파하고 대리성(大理城)을 함락했다. 다음 해 쿠빌라이는 우량카다이에게 계속 동진하여 잔존 세력을 소탕하게 하고 자신은 병사들을 이끌고 북상했다.

우량카다이는 압적성(押赤城: 운남성 곤명·昆明)에서 대리국 제22대 황제이자 마지막 황제인 단흥지(段興智·?~1260)를 사로잡았다. 우량카다이는 아들 아술(阿術)과 함께 대리국의 오성(五城)·팔부(八府)·사군(四郡) 그리고 조만(烏蠻), 백만(白蠻) 등 37개 부족을 완전히 평정했다. 이로써 대리국은 317년 만에 역사 속으로 사라졌다.

포로로 잡힌 단흥지는 카라코룸으로 압송되어 뭉케 카안 앞으로 끌려왔다. 뜻밖에도 뭉케 카안은 그에게 위로의 말을 건네며 금부(金符)를 하사했다. 대리의 땅으로 돌아가 대칸을 대신하여 부족들을 관리하라는 뜻이었다.

대칸의 은혜에 감읍한 단흥지는 그 후 운남 지역에 설치한 운남행성(雲南行省)의 대리총관(大理總管)이 되어 몽골의 앞잡이 노릇을 하다가 죽었다.

뭉케 카안이 정복 전쟁에 나섰을 때 지금의 중동 지역은 아바스 칼리파국(아바스 왕조·750~1258)이 다스렸다. 이 칼리파국은 이슬람교의 창시자인 무함마드(570~632)를 계승한 세 번째 칼리파국이자, 최초의 세습 칼리파 왕조인 우마이야 왕조(661~750) 다음의 두 번째 세습 왕조이다.

'칼리파'는 '계승자'라는 뜻의 아랍어로 이슬람 국가의 종교와 정치를 모두 아우르는 최고 지도자이다. 서기 9세기경 아바스 칼리파국은 오늘날의 이라크 바그다드를 중심으로 서아시아·아라비아 반도·중앙아시아·북아프리카 등 광대한 강역을 다스린 이슬람 대제국이었다.

아바스 칼리파국은 제34대 칼리파인 알 나시르(1158~1225) 시대에 제2차 중흥기를 이루었다. 뭉케 칸이 몽골 제국을 다스릴 때는, 알 무스타심(Al-Musta'sim · 1213~1258)이 아바스 칼리파국의 통치자였다.

그는 몽골에 대하여 공포를 느끼고 있었다. 1231년 이웃의 강대국이었던 호라즘 왕국이 칭기즈 칸의 몽골군에게 얼마나 비참하게 멸망했는지 잘 알고 있었다.

몽골은 호라즘을 멸망시킨 후 분견대를 파견하여 아바스 칼리파국을 공격한 적이 있었다. 알 무스타심은 가까스로 분견대의 침입을 막아냈지만, 정말로 몽골의 정규군이 쳐들어온다면 도저히 막아낼 자신이 없었다.

그는 몽골에 침략의 빌미를 주지 않기 위하여 카라코룸에 정기적으로 조공을 바쳤으며, 귀위크 칸·뭉케 카안의 즉위식에는 축하 사절단을 파견하기도 했다.

하지만 뭉케 카안은 즉위 직후부터 이슬람 세계의 칼리파를 복종시킴으로써 몽골 제국보다 더 넓은 세계의 위대한 황제가 되고 싶었다. 그는 알 무스타심에게 사신을 보내 직접 카라코룸으로 와서 신하의 예의를 갖추라고 했다. 알 무스타심은 칼리파로서 자존심을 버리고 해마다 몽골 대칸에게 공물을 바치고 있는데도, 또 자기를 소환한 것에 불만을 품고 응하지 않았다.

뭉케 카안은 자신의 명령을 거역한 알 무스타심에게 본때를 보여주고 싶었다. 1252년 친동생 훌라구(1217~1265)에게 총사령관이 되어 제3차 서방 원정을 떠나라고 명령했다.

훌라구는 18세 때 사촌형 바투를 따라 제2차 서방 원정에 참여하여 오늘날의 헝가리까지 유린한 맹장(猛將)이다. 나이만 부족 출신으로 네스토리우스파 기독교 신자인 킷부카(Kitbuqa) 장군이 기병 12,000여 기를 이끌고 선발대로 떠났다. 뭉케 카안은 이슬람교에 적대적이었던 기독교인을 이용하여 아바스 칼리파국을 정벌하고자 했던 것이다.

1253년 훌라구가 주력군을 이끌고 출정했다. 1255년 중앙아시아의 중심 도시로 유명한 사마르칸트에 이르렀으며, 1256년에는 아무다리야 강을 건너 오늘날의 이란으로 진격하여 아사신파(Assaassins)의 본거지인 알라무트(이란의 카스피 해 남쪽 알보르즈 산맥에 위치한 요새)를 점령했다.

아사신파는 이슬람 시아파의 한 갈래인 이스마일파의 급진 분파인데 암살 행위를 정치적 무기로 삼았다. 훗날 아사신이 영어로 암살을 뜻하는 '어쎄시네이션(assassination)'의 어원이 되었다.

훌라구는 아사신파를 정복한 후 알 무스타심에게 서신을 보내 무기를 버리고 항복하라고 종용했다. 칼리파가 항복하고 몽골 대칸의 신하가 된다면, 아바스 칼리파국을 망하게 하지 않겠다는 약속도 했다.

당황한 알 무스타심은 조언자이자 재상인 이븐 알 알카미에게 어떻게 하면 좋겠냐고 물었다. 이븐 알 알카미는 몽골군이 바그다드에 쳐들어오면, 온 세상의 무슬림들이 칼리파를 구하러 올 것이니 걱정할 필요가 없다고 말했다. 알 무스타심은 그의 말을 믿었다.

훌라구는 알 무스타심이 투항을 거부하고 자신을 젊은이 취급하며 조롱하는 서신을 받고 분노했다. 1258년 1월 훌라구는 몽골인·튀르크인·여진족·한족 공성(攻城) 기술자·기독교인 등으로 조직된 10여만 대군을 동원하여 바그다드를 철저하게 봉쇄했다.

알 무스타심도 병사 5만여 명을 동원하여 바그다드 수성에 사활을 걸었다. 몽골군은 공성 장비·투석기 등 공격용 무기를 총동원하여 성벽을 부수고 돌진했다. 공방전이 시작된 지 13일 만에 성 안에서 저항하던 병사들이 궤멸하였다. 알 무스타심은 생포되어 훌라구 앞에서 무릎을 꿇었다.

몽골군은 점령한 바그다드에서 일주일 동안 대학살과 방화를 저질렀다. 10여만 명을 살해했으며 심지어 어린아이들까지 살해한 만행을 저질렀다. 사람만 죽인 게 아니라, 수백 년 동안 바그다드의 보물 창고와 도서관에 보관한 수많은 귀중품과 서적들이 잿더미로 사라졌다.

특히 철학·역사학·의학·천문학 등에 관한 서적들을 소장하던 '지혜의 집'이 불타 사라진 것은 훗날 아랍인들의 천추의 한으로 남았다.

1258년 1월 29일부터 2월 10일까지 13일 동안 바그다드에서 전개된 싸움을 '바그다드 공성전'이라고 한다. 이때 이슬람 문명의 정수(精髓)가 몽골군에 의하여 산산조각이 났다.

훌라구는 알 무스타심에게 칼리파의 백성들이 어떻게 살해되고, 바그다드가 어떻게 파괴되는지 지켜보게 했다. 훌라구는 알 무스타심을 양탄자로 감싼 후에 말발굽으로 밟아 죽이게 했다. 피를 흘리지 않고 죽게 하는 몽골인의 처형 방식이었다. 또 그는 금은보화가 가득한 방에 감금되어 굶어 죽었다는 얘기도 있다. 그가 어떻게 죽었든, 그의 죽음은 아바스 칼리파국의 종말을 의미했다. 뭉케 카안은 다루가치를 파견하여 바그다드를 다스리게 했다.

또 뭉케 칸이 즉위하기 전인 1248년에 인도 북부에 있는 델리 술탄국(1206~1526)에서 술탄 계승권을 놓고 내분이 일어났다. 나시루딘 마흐무드가 술탄을 계승하자, 그의 동생 잘랄 웃딘 마수드는 몽골로 망명했다.

그 후 잘랄 웃딘 마수드는 뭉케 카안 즉위식에 참석하고 자신이 조상의 강토를 되찾게 해달라고 요청했다. 뭉케 카안은 델리 술탄국의 내분을 이용하여 인도를 점령하고 싶었다.

1252년 훌라구에게 서방 원정을 명령했을 때 타타르족 출신인 살리 바하두르 장군에게도 인도를 정벌하게 했다. 살리 바하두르 장군은 히말라야 산맥을 넘어 인도로 진격하여 인도 북부를 점령했다.

뭉케 카안은 인도 전체를 점령하지 못했지만 북부 지역에 다루가치를 파견하여 다스렸다. 오늘날 인도 동북부 지역에 몽골계 주민 3,000여만 명이 거주하고 있는 것도 뭉케 카안의 인도 침략과 무관하지 않다.

한편 바그다드를 짓뭉개버린 훌라구는 뭉케 카안의 명령에 따라 1259년 9월에 몽골군 3,000여 명을 바그다드에 남겨놓고 시리아와 이집트를 정복하러 떠났다. 다음 해 훌라구는 시리아의 다마스쿠스와 알레포를 점령했다.

당시 다마스쿠스와 알레포는 이슬람 수니파의 쿠르드족이 세운 아이유브 왕조(술탄국·1171~1260)의 수도이자 거점 도시였다. 이 아이유브 왕조가 훌라구에 의해 멸망했을 때 뭉케 칸이 다스린 몽골 제국의 판도가 가장 넓어졌다.

훌라구의 몽골군은 이집트의 카이로를 중심으로 세력을 떨치고 있는 맘루크 왕조(술탄국·1250~1517)를 정복하기 위하여 계속 남서진하여 지중해 동쪽 해안의 팔레스타인 지역에 이르렀다.

이보다 앞서 1259년 8월에 뭉케 카안이 남송 사천(四川)의 조어성(釣魚城: 중경시 합천·合川)을 공격할 때 남송군이 포(炮)로 쏜 돌에 맞아 사망했다.

다음 해 비로소 대칸의 사망 소식을 접한 훌라구는 쿠릴타이에 참석하기 위하여 킷부카 장군에게 이집트 정벌을 위임하고 주력군을 이끌고 동쪽 몽골을 향해 떠났다.

1260년 9월 3일 맘루크는 몽골의 주력군이 떠난 틈을 이용하여 아인 잘 루트(팔레스타인 갈릴리 남동부의 제즈리엘 계곡)에서 킷부카 장군이 이끈 몽골군을 섬멸했다.

이 전투에서 맘루크가 폭발하는 대포인 '모이드파'를 최초로 사용하여 몽골군의 기병과 말들을 놀라게 하여 승리했다고 한다. 근접전에서 패배한 적이 거의 없던 몽골군은 처음으로 패배의 쓰라림을 맛보았다. 말에서 떨어져 생포된 킷부카 장군은 굴종을 거부하여 참수형을 당했다.

이 '아인 잘 루트 전투'는 몽골 제국의 칭기즈 칸 시대부터 40여 년 동안 지속된 서방 원정의 종말을 의미했다.

그 후 맘루크 왕조는 훌라구가 세운 일 칸국(1259~1355)과 40여 년 동안 여러 차례 전쟁을 치렀다. 시리아와 팔레스타인 지역에서 몽골군의 침략을 물리치고 이슬람 세계의 수호자로서 명성을 얻고 번영을 누렸다.

한편 훌라구가 서방 원정을 떠나서 바그다드를 유린했을 때 카라코룸의 뭉케 칸도 가만히 있지 않았다. 그는 장강 이남의 남송을 친히 정벌하여 중국 대륙을 완전히 통일하고 싶었다.

1258년 가을 몽골군은 세 갈래 방향에서 남송을 침공했다. 뭉케 카안이 이끄는 서로군은 섬서(陝西) 지방에서 사천(四川) 지방으로, 칭기즈 칸의 친동생 테무게 옷치긴의 손자인 타가차르(塔察兒: 타가차르 장군과 동명이인)가 이끄는 동로군은 하남(河南) 지방에서 형양(荊襄) 지방으로, 전설적인 명장 수부타이의 아들인 우량카다이 대장이 이끄는 남로군은 운남(雲南) 지방에서 광서(廣西), 호남(湖南) 지방으로 진격했다.

뭉케 카안의 서로군이 삼로군의 주력군이었으며 병사가 10여만 명에 달했다. 뭉케 카안은 사천 지방의 대도시 성도(成都)를 점령한 후 장강의 지류인 타강(沱江) 연안을 따라 남하하여 서주(叙州: 사천성 의빈·宜賓)를 공략했다.

서로군이 장강 연안을 따라 계속 동진했을 때 우량카다이가 이끄는 남로군이 담주(潭州: 호남성 장사·長沙)에서 남송 군민의 거센 반격을 받고 더 이상 진격하지 못했다.

타가차르가 이끄는 동로군도 영주(郢州: 호북성 무창·武昌)에서 남송 장수 장세걸(張世杰)의 결사 항전에 후퇴하는 수밖에 없었다.

뭉케 카안은 친동생 쿠빌라이에게 타가차르를 대신하여 동로군을 지휘하여 계속 악주(鄂州: 호북성 악주)로 진격하게 했다. 1258년 12월 뭉케 카안은 사천의 대량평(大良坪)을 공략한 후, 다음 해 2월에 합주성(合州城: 사천성 중경시 합천·合川)에 이르렀다.

서로군은 성도(成都)·용문(龍門)·검각(劍閣)·낭주(閬州)·파주(巴州), 장녕(長寧)·대량(大良) 등 서남부 지방의 도시들과 요충지 10여 개를 연이어 공략했다.

1259년 봄 날씨가 점차 따뜻해지기 시작했다. 몽골군은 추위에는 익숙했지만, 더위에는 잘 적응하지 못했다. 더구나 사천 지방의 습한 기후와 풍토병은 몽골군의 진격에 큰 장애가 되었다. 뭉케 카안은 중귀산(重貴山)에서 작전 회의를 열었다. 무더위가 기승을 부리기 전에 신속히 북상하고, 점령지는 관리를 파견하여 다스리자고 장수들이 건의했다.

하지만 뭉케 카안은 장수들의 건의를 묵살하고 조어성으로 진격했다. 흥원도통제(興元都統制) 왕견(王堅)은 조어성에 군민 17만여 명을 집결시키고 몽골군의 침략에 만반의 대비를 하고 있었다.

뭉케 카안은 이미 항복한 남송 장수, 진국보(晋國寶)를 성안으로 보내 왕견에게 투항을 요구했다. 왕견은 진국보를 군민들이 지켜보는 앞에서 참수형에 처했다. 결사 항전하겠다는 결연한 의지의 표현이었다.

이윽고 몽골군은 조어성을 향해 총공격을 개시했으나 남송군의 거센 반격을 받고 함락하지 못했다. 양군의 공방전이 여러 달 동안 진행되는 동안 혹서가 찾아왔다. 몽골군 군영에 풍토병이 돌아, 사기가 크게 저하되었다.

1259년 8월 뭉케 카안은 남송군이 포(炮)로 쏜 돌에 맞아 부상당했다. 며칠 후 상처가 악화되어 나이 50세, 재위 9년 만에 후계자를 지명하지 못한 채 사망했다.

뭉케 카안은 28년 동안 벌어진 여몽 전쟁 기간에 5·6·7·8·9차 침략을 주도한 대칸이기도 하다. 특히 1258년 9차 여몽 전쟁 기간 중 고려 최씨(崔氏) 정권의 마지막 집권자인 최의(崔竩)가 피살된 후, 고려는 몽골과의 오랜 협상 끝에 전쟁을 끝내고 속국이 되었다.

뭉케 카안은 고려를 속국으로 만들 수 있을지언정 정복할 수 없다고 판단했기 때문에, 고려의 정부 조직과 전통문화를 인정하고 간섭하지 않았다. 그의 통치 시대에 고려의 백성과 강토는 엄청난 피해를 겪었지만, 아이러니하게도 고려는 종묘사직을 보존하고 전쟁의 긴 터널에서 빠져나올 수 있었다.

원나라가 건국되기 전에 몽골 제국의 강토가 뭉케 카안의 통치 시대에 가장 넓었던 것을 상기하면, 그는 할아버지 칭기즈 칸과 아버지 우구데이 카안 못지않은 정복 군주였음을 알 수 있다.

뭉케 카안은 유클리드의 기하학 문제를 풀 정도로 두뇌가 명석했다고 한다. 동서양의 달력을 통일하여 시간을 정확하게 계산하기 위하여 페르시아의 천문학자 자말 알-딘(Jamal al-Din)에게 카라코룸에 천문대를 설치하게 했다.

그 후 자말 알-딘 등 이슬람 세계에서 온 과학자들은 천문학·지리학·의학·화학 등 여러 분야에서 중국에 엄청난 영향을 끼쳤다. 당시 이슬람 문명은 과학 분야에서 중국을 압도했다. 뭉케 카안의 열린 세계관과 종교에 대한 포용은 결과적으로 동서 문명의 교류를 활발하게 했다.

뭉케 카안 사후인 1266년 10월에, 원나라의 태묘가 완공되었을 때 원세조 쿠빌라이는 그의 묘호를 헌종(憲宗)으로, 시호는 환숙황제(桓肅皇帝)로 추존했다.

5

원 세조 쿠빌라이

원 세조 쿠빌라이

1. 출신 배경과 성장 과정

쿠빌라이(忽必烈·1215~1294)는 툴루이의 넷째아들로 태어났다. 생모는 툴루이의 본부인, 소르각타니 베키이다. 뭉케가 친형, 훌라구와 아리크 부케(阿里不哥·?~1266)가 친동생이다. 1216년 금나라 정벌을 멈추고 케룰렌 초원으로 돌아온 칭기즈 칸은 아장아장 걷는 손자의 모습을 한참 동안 살펴보고 막내아들 툴루이에게 말했다.

"우리 부족의 아이들은 모두 피부가 붉은색인데, 뜻밖에도 이 아이는 거무칙칙하게 생겼구나. 정말로 아이의 외삼촌들을 닮았네. 이 아이를 유모에게 맡겨 키우게 해라!"

소르각타니 베키는 케레이트 부족 출신이다. 케레이트 부족의 선조들은 얼굴색이 검었기 때문에, 부족 이름이 까마귀라는 의미의 몽골어 '케리예(Keriye)'에서 유래되었다고 한다.

칭기즈 칸은 자기 부족을 닮지 않고 외가를 닮은 쿠빌라이에게 별다른 관심이 없었던 것 같다. 어쨌든 칭기즈 칸의 지시에 따라, 쿠빌라이는 툴루이의 나이만 부족 출신 후궁인 살로흑(撒魯黑)의 젖을 먹고 자랐다. 어린 쿠빌라이는 유모와 생모의 보살핌을 받으며 무럭무럭 자랐다.

1224년 봄 칭기즈 칸은 서역 원정을 마치고 이르티시(Irtysh) 강변으로 돌아와 마중 나온 친족을 만났다. 마침 아홉 살 먹은 쿠빌라이와 일곱 살 먹은 훌라구가 생애 최초로 사냥을 마치고 돌아와 할아버지를 배알했다. 쿠빌라이는 토끼 한 마리를, 훌라구는 산양 한 마리를 할아버지에게 바쳤다.

몽골 풍습에는 어린아이가 처음으로 사냥을 나가서 짐승을 잡아 오면, 어른은 그 잡은 짐승의 고깃덩어리와 피로 어린아이의 엄지를 닦아주는 의식이 있었다. 칭기즈 칸은 원정길에 피로했지만 기쁜 마음으로 친히 두 손자의 의식을 주관했다. 훌라구는 의식을 치를 때 할아버지의 손을 얼마나 세게 잡았는지, 칭기즈 칸은 심한 통증을 느끼고 말했다.

"너는 이렇게 힘을 멋대로 쓰는 것을 보니, 내가 부끄러울 따름이구나."

반면에 쿠빌라이는 공손하게 할아버지의 손을 받들고 의식을 끝냈다. 칭기즈 칸은 쿠빌라이의 침착하고 공손한 모습에 크게 만족하면서 말했다.

"이 아이는 장차 위대한 지도자가 될 것이다."

어린 쿠빌라이가 할아버지 칭기즈 칸에게 인정받는 순간이었다.

쿠빌라이는 성품이 어질고 현명했으며 머리가 영특하여 하나를 듣고 열 가지를 미루어 알았다. 특히 생모 소르각타니 베키에게 효성을 다하여 그에 대한 칭송이 자자했다. 소르각타니 베키는 아들에게 학업에 열중하고 지식인을 우대하며 종교에 대해 편견을 버려야 한다고 가르쳤다. 또 백성은 정복과 착취의 대상이 아니라 교화와 동정의 대상이라고 말했다. 그녀의 선량한 마음과 애민 정신은 쿠빌라이의 성장 과정에 큰 영향을 끼쳤다.

쿠빌라이는 성장하면서 생모의 권고에 따라 역대 한족 왕조의 성군들에게 깊은 관심을 가졌다. 그들이 어떻게 중국 천하를 통일하고 국태민안을 이루었는지 무척 궁금했다. 특히 당 태종 이세민이 진왕(秦王)이었을 때 사방의 문인·지사·인재들을 진왕부로 초청하여 그들과 더불어 천하 경략의 요체를 논한 일을 무척 흠모했다. 쿠빌라이 자신도 언젠가는 당 태종처럼 천하의 뛰어난 인재들을 두루 초청하여 국가를 다스리는 도(道)를 전수하고 싶었다.

2. 천하의 인재들에게 치국의 도를 전수받다

쿠빌라이가 17세 때인 1232년에, 그의 아버지 툴루이는 향년 39세를 일기로 급사했다. 우구데이 카안은 툴루이 가족에게 중원의 하북 지방을 할양했다. 쿠빌라이는 젊은 나이에 하북 지방을 직접 통치하면서 국가는 어떻게 다스려야 하고, 인재가 얼마나 중요한지 절감했다.

친형 뭉케가 대칸으로 즉위하기 전에, 쿠빌라이는 막북(漠北: 고비 사막 이북) 지역의 영지(領地)인 '우아척(禹兒惕)'으로 돌아왔다. 우아척이란 돌궐어인데 봉토로 받은 토지 또는 군영을 의미한다.

그는 능력이 뛰어난 자라면 누구라도 출신 성분을 따지지 않고 잠저(潛邸)로 끌어들였다. 이른바 '막북왕부(漠北王府)'의 시대가 열렸다.

해운법사(海雲法師)는 금나라 말기의 유명한 선승이다. 금선종(金宣宗) 완안순(完顏珣·1163~1224)은 그에게 '통현광혜대사(通玄廣惠大師)'라는 법명을 하사하고 존경했다. 나중에 그는 몽골군의 포로가 되었다.

칭기즈 칸은 그가 사부대중(四部大衆)에게 존경받는 선승임을 알고 무칼리 장군에게 그를 예우하게 했다. 또 그에게 '적조영오대사(寂照英悟大師)'라는 법명을 친히 하사하고 연경의 경수사(慶壽寺)에 거주하게 했다.

쿠빌라이는 오래전부터 해운법사를 흠모하고 있었다. 그를 직접 만나 불교에 대하여 궁금한 것을 묻고 싶었다. 우구데이 카안이 사망한 후 그의 여섯 번째 카툰인 퇴레게네가 섭정을 맡은 해인 1242년에, 쿠빌라이는 해운법사를 막북왕부로 초청했다.

두 사람이 나눈 대화는 이러했다.

"불법(佛法) 중에서 천하를 안정시키는 법이 있습니까?"

"법계(法界)를 포함하고 사생(四生: 난생·卵生, 습생·濕生, 태생·胎生, 화생·化生)을 자식처럼 기르는 일들은 모두 불법의 경지(境地)에 갖추어져 있습니다."

"그렇다면 불교·유교·도교 등 삼교 가운데 어떤 종교가 가장 존귀하고, 어떤 법이 가장 뛰어나며, 어떤 사람이 가장 높은 위치에 있는가요?"

"성인 중에서 우리 부처님이 가장 높은 위치에 있습니다. 또 여러 종교의 법(法) 중에서 불법이 가장 진실하며, 사람 중에서 오직 승려만이 삿된 행동을 하지 않습니다. 따라서 삼교 중에서 불교가 으뜸이라고 할 수 있습니다."

해운법사의 설법에 크게 공감한 쿠빌라이는 불교에 귀의하기로 결심했다. 아울러 그는 해운법사가 자기 곁에서 머물면서 조언해주기를 진심으로 바랐다.

해운법사는 현실 정치에서는 삼교에 능통한 선비들을 중용하여 그들에게 천하 흥망의 도리를 배워야 한다고 했다. 그는 자신과 함께 온 제자 자총(子聰·1216~1274)을 쿠빌라이에게 소개했다.

자총이 바로 쿠빌라이가 카안으로 추대되어 원나라를 건국하는 데 지대한 공로를 세운 유병충(劉秉忠)이다. 유병충의 원래 이름은 유간(劉侃)이며, 법명은 자총이다. 관직에 임용된 후 쿠빌라이에게 병충이라는 이름을 하사받았다.

유병충은 금선종 정우(貞祐) 4년(1216)에 태어났다. 그의 집안은 원래 요(遼)나라의 명문거족이었다. 요나라(907~1125)가 금나라에게 망하고, 그의 증조부가 금나라의 형주절도사(邢州節度使)로 임용된 후, 유씨 가문은 다시 형주(邢州)에서 번창했다.

1220년 무칼리 장군이 금나라의 형주성을 함락했을 때 유병충의 아버지 유윤(劉潤)은 무칼리 장군의 군영으로 들어가 속관이 되었다. 유병충은 어린 시절에 몽골군의 인질로 있다가 17세 때 학식이 뛰어남을 인정받아 형대절도부(邢台節度府)의 영사(令史)가 되었다. 유병충은 천하 대란의 시대에 지방의 하급 관리에 해당하는 영사 노릇을 하는 게 무척 속상했다.

어느 날 그가 탄식하며 말했다.

"우리 집안의 선조들은 대대로 고위 관직을 역임했는데도, 나는 미관

말직을 맡아 공문서나 작성하는 일에 빠져 지내는 게 참으로 부끄럽다. 대장부가 시대를 만나지 못하면 마땅히 은거하여 때를 기다리는 것이 도리가 아니겠는가."

유병충은 관직을 버리고 무안산(武安山)에서 몇 년 동안 은거하다가 불문(佛門)에 귀의했다. 해운법사가 쿠빌라이의 초청을 받고 막북왕부로 가는 도중에 운중(雲中: 산서성 대동·大同)의 남당사(南堂寺)에 머물고 있던 유병충이 삼교에 능통하다는 얘기를 듣고 그를 만나 제자로 삼았다.

쿠빌라이는 자기보다 한 살 어린 유병충이 박학다식한 인재임을 알고 그에게 왕부 서기(書記)의 일을 맡겼다. 유병충은 왕부의 문서를 관장하면서 쿠빌라이에게 한족 왕조의 성군들이 어떻게 국태민안을 이루었는지 수시로 구체적인 예를 들어 설명했다.

쿠빌라이는 점차 유목민 지도자의 단순하고 거칠며 직선적인 통치 스타일에서 벗어나, 제왕의 도를 실천하겠다는 원대한 포부를 품기 시작했다.

훗날 유병충은 쿠빌라이가 원(元)이라는 국호를 결정하고 원나라의 정치 제도를 세우고, 상도(上都)·대도(大都) 등 도성을 건설하는 데 결정적 도움을 준 일등 공신이 된다.

한족 출신의 유학자 조벽(趙璧·1220~1276)은 22세 때인 1242년에 쿠빌라이의 초청으로 막북왕부(漠北王府)로 갔다. 그는 쿠빌라이에게 진정으로 천하의 주인이 되고자 한다면 공맹(孔孟)의 도를 실천해야 한다고 주장했다.

"수신제가(修身齊家)하여 치국평천하(治國平天下)를 이룬다."는 의미를 알게 된 쿠빌라이는 젊은 유학자 조벽을 곁에 두고 수시로 자문을 구했다. 그가 얼마나 조벽을 존중했는지, 왕비에게 명하여 특별히 제작한 옷을 그에게 하사했으며, 그와 대화를 나눌 때는 언제나 이름을 부르지 않고 '수

재(秀才)'로 칭했다.

조벽도 쿠빌라이를 중원의 한족이 그토록 두려워하고 야만인 취급을 했던 몽골의 대칸으로 여기지 않고, 천하를 통일하여 도탄에 빠진 모든 백성을 구원할 위대한 군주의 자질을 타고난 영웅으로 간주했다.

그는 금나라가 멸망한 이후 중원에서 은거하던 한족 유학자들에게 쿠빌라이가 얼마나 영명하며 선비를 존중하고 애민 정신이 뛰어난 군주인지를 알리는 데 혼신의 노력을 했다. 요추(姚樞), 왕악(王鶚) 등 원나라 초기의 저명한 학자이자 정치가들이 조벽의 설득에 의해 막북왕부에 들어와 쿠빌라이를 섬겼다.

조벽은 쿠빌라이를 자주 배알하면서 언어 소통이 자유롭지 않음을 느꼈다. 쿠빌라이는 통역을 통하여 한족의 언어를 이해했으며, 조벽도 몽골어를 이해하지 못했다.

조벽은 하루빨리 몽골어를 배워서 직접 쿠빌라이와 소통하고 싶었다. 또 그가 가르치는 몽골 귀족 자제들에게 몽골어로 유가 경전을 설명하고 싶었다. 몽골어를 배운지 몇 년 지나지 않아 몽골어에 능통했다. 쿠빌라이는 조벽을 "한인(漢人) 신분으로 몽골어를 이처럼 정확하고 자세하게 이해한다."며 칭찬해 마지않았다.

왕악(王鶚·1190~1273)은 금나라 정대(正大) 원년(1224)에 장원 급제한 수재이다. 금나라에서 상서성(尙書省), 낭중(郎中) 등 고위 관직을 역임했는데 천흥(天興) 3년(1234)에 채주성(蔡州城)이 몽골군에게 함락될 때 포로로 잡혀 처형될 운명에 처했다.

하지만 금나라 출신 몽골 장수 장유(張柔)가 왕악이 학식이 깊은 인재라는 소문을 듣고 그를 죽이지 않고 보주(保州)의 관아에서 지내게 했다.

왕악은 쿠빌라이가 중원의 명사들을 널리 구할 때인 1244년에 왕부로 들어왔다. 그는 쿠빌라이에게 『효경』·『서경』·『역경』 등 유가 경전을 가르쳤다. 또 틈틈이 수신제가의 방법, 치국의 도, 시대에 따른 사물의 변화 등도 강술했다. 한번 강의를 시작하면 밤이 되어서야 끝났다.

어느 날 쿠빌라이는 왕악의 강론을 듣고 말했다.

"내가 지금 당장 그대가 말한 도리를 실천할 수는 없지만, 언젠가는 반 드시 실천하지 않겠는가."

쿠빌라이는 친형 뭉케 카안이 통치하고 있는 시대에 감히 치국의 도 를 실천하겠다고 말할 수 없었기 때문에 그렇게 말했을 것이다. 그는 쿠 쿠(闊闊)·시정(柴禎) 등 자신의 신변을 지키는 시위(侍衛) 5명에게 왕악을 스 승으로 모시고 배우게 했다.

천흥 3년(1234) 정월 금애종(金哀宗) 완안수서(完顏守緒·1198~1234)는 채주성 이 몽골군에게 함락되자 망국의 군주가 되는 치욕을 피하기 위하여 황위 를 완안승린(完顏承麟·1202~1234)에게 황급히 양위하고 목매어 자살했다. 이 때 금나라(1115~1234)는 역대 황제 10명, 건국된 지 119년 만에 망했다.

왕악은 이미 쿠빌라이의 신하가 되어 충성을 다했지만, 예전에 자신 이 섬겼던 금애종을 그리워했다.

어느 날 그가 쿠빌라이에게 간곡하게 청원했다.

"예전에 천병(天兵: 몽골군)이 채주성을 점령할 때 금나라 군주(금애종)가 목매어 자살했습니다. 그의 시종 완안강산(完顏絳山)이 시신을 수습하여 불에 태운 후 여수(汝水)의 옆에서 장사를 지냈습니다. 저는 예전에 섬겼 던 군주의 영혼을 달래고자 금나라 관복을 입고 제사를 지내고 싶습니 다."

새로운 국가가 건국되었는데 망국의 군주를 그리워하는 행위는 대역죄에 해당했다. 하지만 쿠빌라이는 왕악이 참으로 의로운 신하라고 칭찬하고 허락했다.

왕악이 금애종의 묘소를 찾아갔을 때 그곳은 이미 수몰 지역으로 변했다. 그는 물가에 제물을 차리고 신위를 세운 후 정중하게 제사를 지내면서 통곡했다.

왕악의 충절을 높이 산 쿠빌라이의 도량이 얼마나 넓었는지 짐작할 수 있는 미담이다.

원나라 초기에 쿠빌라이는 왕악에게 한림학사승지·자선대부 등 관작을 하사했다.

어느 날 왕악이 황제에게 상주했다.

"옛날부터 지금까지 역대 제왕들의 성공과 실패는 모두 역사서를 통해 고증하고 귀감을 삼을 수 있습니다. 대원 제국은 신무(神武)로써 사방을 평정하고 천병(天兵)이 정벌하는 지역마다 신하로 복종하지 않은 자가 없었던 것은, 모두 태조 황제(칭기즈 칸)의 신묘한 계책과 용단 덕분입니다."

"만약 태조 황제의 위대한 업적을 시기에 맞게 기록하지 않는다면, 그것은 오랜 세월이 지난 후 잊히지 않을까 두렵습니다. 따라서 역사서를 편찬하는 관청을 설립하여 역사를 기록해야 합니다. 아울러 요나라와 금나라의 역사도 부수적으로 기록해야 합니다."

중국 한족의 기록 문화와 역사를 통해 귀감을 얻고자 하는 전통은 인류 역사에서 보기 드물게 찬란한 업적을 남겼다. 그들의 관점에서 보면 몽골인은 기록을 남기지 못하는 야만인이었을 것이다. 원나라의 시조 칭기즈 칸만큼 위대한 군주가 또 있을까. 하지만 그에 대한 기록을 남기지 않으면 그의 위대한 업적은 망각 속으로 사라지고 말 것이라는 충고이다. 왕악은 쿠빌라이를 유목민의 군주에서 한족 황제의 반열로 조금씩 끌어들였다.

그가 또 상주했다.

"당 태종(唐太宗)은 천하를 안정시킨 직후에 홍문관(弘文館)을 설치하고 학사 18명을 두었으며, 송 태종(宋太宗)은 송 태조(宋太祖)가 건국한 송나라의 황위를 계승한 후 내외학사원(內外學士院)을 설치했습니다. 이에 따라 사책(史冊)의 기록은 찬란하게 빛나고 문치(文治)가 이루어진 것입니다. 위풍당당한 국조(國朝: 원나라)에 어찌 당나라·송나라 시대의 뛰어난 인재와 같은 영재들이 없겠습니까?"

쿠빌라이는 왕악의 건의를 모두 수용하고 한림학사원을 설립하게 했다.

유학자 장덕휘(張德輝·1195~1274)는 금나라가 망하자 몽골의 명장 사천택(史天澤·1202~1275)의 휘하로 들어가 문서 출납을 담당하는 경력관이 되었다. 그는 사천택이 사방을 정벌할 때 전략을 세우고 민심을 위무하는 계책을 많이 내어 명성을 얻었다.

1247년 쿠빌라이가 그를 왕부로 초청하여 그에게 치국의 도와 유가의 학문에 대하여 물었다.

"공자는 아주 오래전에 세상을 떠났소. 지금 공자의 정신은 어디에 있소?"

"성인은 천지(天地)와 함께 하므로 어느 곳에나 다 있습니다. 전하께서

성인의 도를 행할 수 있으면, 성인의 정신은 바로 전하에게 있습니다."

"요나라는 불교를 믿었기 때문에 망했고, 금나라는 유학을 숭상했기 때문에 망했다는 얘기를 들었소. 모두 맞는 말인가?"

"신(臣)은 요나라의 일에 대해서는 알지 못하기 때문에 말씀드릴 수 없습니다. 하지만 금나라가 망하는 모습은 두 눈으로 똑똑히 지켜보았기 때문에 자세히 말씀드릴 수 있습니다. 금나라 조정 중신들 가운데 유신(儒臣)은 한두 명에 불과했으며, 나머지는 모두 집안 대대로 장수의 직위를 물려받은 무장(武將)들이었습니다. 게다가 군국(軍國)의 중요한 일을 논할 때면 유신들의 참여를 허락하지 않았습니다. 유신 신분으로 재상이 된 자는 대략 30명 가운데 1명뿐이었습니다. 따라서 금나라가 망한 원인은 다른 책임자에게 있는 것이지, 유신에게 무슨 허물이 있었겠습니까?"

당시 쿠빌라이는 요나라는 불교 때문에 망하고, 금나라는 유교 때문에 망했다는 인식을 가지고 있었던 것 같다. 하지만 장덕휘는 그에게 금나라는 유가의 학문을 숭상하는 유신들이 정치를 잘못해서 망한 게 아니라, 세습 무장들이 전횡을 부렸기 때문에 망했다고 주장했다. 따라서 성인(공자)의 도를 일으키면 태평성대를 이룰 수 있다고 은연중에 강조했다. 오래전에 죽은 공자는 다시 쿠빌라이를 통해 부활할 것이라는 암시이기도 했다.

쿠빌라이는 그의 말에 공감하고 계속 질문했다.

"조종(祖宗)의 법도는 이미 다 갖추어져 있는데도, 아직도 제대로 실행되지 않는 것이 아주 많소. 어떻게 하면 좋겠소?"

장덕휘는 은쟁반을 가리키며 말했다.

"창업 군주는 이 은쟁반을 만드는 것처럼 행동해야 합니다. 먼저 백금을 잘 다루는 장인을 선발하고 제작 원리와 공정에 맞게 만들어 완성한 후, 후세 사람에게 넘겨주면 영원히 전해질 것입니다. 다만 신중하고 성실한 사람을 구하여 그에게 은쟁반을 전해주어 잘 관리하게 해야 합니다. 그러면 은쟁반은 진귀한 보물로 영원히 사용될 것입니다. 그렇지 않으면 은쟁반은 파손되거나 다른 사람에게 강탈당할 위험이 있습니다."

창업 군주는 쿠빌라이를, 은쟁반은 국가를, 장인은 신하를, 신중하고 성실한 사람은 후계자를 지칭한다. 창업 군주가 건국한 국가는 신중하고 성실한 후계자에게 넘겨주며, 그 후계자는 어질고 능력이 뛰어난 신하들의 보필을 받아 태평성대를 이루었을 때 비로소 완벽하게 만들어진 은쟁반처럼 대대손손 전해진다. 하지만 후계자를 잘못 결정하면 국가는 망하고 말 것이라는 충고이다.

쿠빌라이는 한참 동안 생각에 잠긴 후 말문을 열었다.

"그대의 충고를 마음속에서 영원히 간직하겠소."

쿠빌라이가 또 물었다.

"농민들은 열심히 농사를 짓고 누에를 기르는데도, 어찌하여 그들에게는 언제나 양식과 의복이 부족한가?"

"농업과 양잠은 천하의 근본이며 양식과 의복이 나오는 곳입니다. 남자는 농사를 짓고 여자는 베를 짜면서 1년 내내 힘들게 일합니다. 그들이 생산한 것들 가운데 가장 좋은 것은 모두 관가에 바치고, 나머지 조악한 것은 부모를 섬기고 자식을 양육하는 데 사용합니다. 하지만 백성을 보살펴야 할 관리들이 그나마 그들에게 남은 것들을 남김없이 수탈하고 있습니다. 이런 까닭에 백성들 가운데 추위에 시달리지 않고 굶지 않는 사람이 드물게 있습니다."

당시 몽골인에게 무슨 농사와 양잠의 개념이 있었겠는가. 유목(遊牧)이 생활의 근본이며 굶주리거나 추위에 시달리면 기마 군단을 이끌고 남쪽 한족 거주지를 급습하여 약탈하면 그만이다. 이런 '약탈 문화'에 익숙한 몽골의 지도자에게 농경 민족인 한족의 국가 경영 방식을 이해시키는 게 쉽지 않았을 것이다.

하지만 쿠빌라이는 여느 몽골 지도자와는 달랐다. 그는 한족의 사상·문화 등을 이해하고 받아들이려는 노력을 게을리하지 않았다. 훗날 이는 그가 한족 중심의 중국 역사에서 원나라를 건국하여 몽골인이 주인공이 되는 사상적, 문화적 바탕이 되었다.

1248년 봄 쿠빌라이의 왕부에서 일하는 한족 관리들이 공자를 추모하는 석전제(釋奠祭)를 지낸 후 제육(祭肉)을 쿠빌라이에게 보냈다. 쿠빌라이가 장덕휘에게 물었다.

"왜 공자에게 제사를 지내야 하는가?"

"공자는 만대(萬代) 제왕들의 스승이므로 국가의 주인이 된 자는 마땅히 그를 존숭해야 합니다. 따라서 그를 모신 사당을 엄격하게 관리하며 때에 맞게 제사를 지내야 합니다. 성인에 대한 군주의 숭배 여부는 성인에게는 손해도, 이익도 아닙니다. 하지만 그것을 통하여 군주가 유학을 숭상하는지, 아울러 성인의 도를 어떻게 생각하는지 알 수 있을 따름입니다."

공자에 대한 숭상 여부는 쿠빌라이, 당신이 알아서 결정할 일이지, 내가 강요해서 되는 것이 아니라는 얘기이다. 다만 공자를 숭상하지 않으면 수준 낮은 군주라는 것을 간접적으로 표현했다.

쿠빌라이가 단숨에 말했다.

"앞으로 이 의식(儀式)을 절대 폐지하지 마라!"

쿠빌라이가 또 물었다.

"군대를 통솔하는 자와 백성을 다스리는 자 중에서, 누가 백성에게 더 많은 해악을 끼치는가?"

"군대에서 군기가 문란하면 군인이 백성에게 난폭한 행위를 합니다. 따라서 백성에게 끼치는 해악이 결코 가볍지 않습니다. 그런데 관리가 가렴주구를 일삼아 천하에 해악을 끼쳐서 백성을 홍수와 불구덩이에 빠지게 하면, 그 피해는 이루 다 말할 수 없을 정도로 심각합니다."

탐관오리의 수탈이 군기가 문란한 군인이 저지른 만행보다 더 무섭다는 얘기이다. 금나라가 망하고 원나라가 건국되는 과정에서 관리들이 얼마나 가혹하게 백성들을 착취했는지 미루어 짐작할 수 있다.

쿠빌라이는 묵묵히 듣고 있다가 말했다.

"그러면 어떻게 해야 하는가?"

"황족 가운데 어질고 현명하여 존경을 받는 쿤 부카(口溫不花)를 파견하여 병권을 장악하게 하고, 훈구대신 쿠두후(忽都虎)에게 민정을 주관하게 한다면, 천하의 백성들은 모두 폐하의 은혜를 입을 것입니다."

칭기즈 칸 이복동생 벨구테이의 아들인 쿤 부카는 우구데이 카안을 따라 전장을 누비면서 수많은 전공을 세운 명장이다. 그는 항복한 적군을 함부로 죽이지 않았으며, 점령지에서 백성의 가산을 약탈하는 행위도 삼갔다. 사람들은 그를 '몽골의 현자'라고 칭송했다.

타타르족 출신인 쿠두후는 어린 시절에 몽골군의 포로가 되었다. 적군의 어린이는 죽이지 않고 집안의 노예로 삼는 몽골인의 전통에 따라, 그는 칭기즈 칸 집안에서 자랐다. 1234년 몽골이 금나라를 멸망시킨 후, 우구데이 카안은 그를 중주단사관(中州斷事官)에 임명했다.

쿠두후는 중원 지방에 거주하는 한인들의 호구를 정리하고 조세법을 합리적으로 제정함으로써 재화를 늘렸을 뿐만 아니라, 한인들의 조세 부담도 줄여주었다. 한인들은 그를 '호승상(胡丞相)'이라고 칭송했다.

아주 오래전부터 중원의 한족은 몽골인을 사나운 맹수와 다를 바 없는 잔인하고 야만적인 종족으로 생각했다. 그들이 그런 몽골인에게 지배를 당하게 되었으니 얼마나 많은 두려움을 느꼈겠는가.

하지만 장덕휘는 몽골인들 중에서도 쿤 부카·쿠두후 등 백성을 사랑하고 행정 능력이 뛰어난 인물이 있다는 사실을 알고 있었으므로 그들을 쿠빌라이에게 천거한 것이다.

1251년 뭉케가 마침내 제4대 대칸으로 추대되었다. 뭉케 카안은 친동생들 가운데 가장 나이가 많고 총명한 쿠빌라이에게 고비 사막 이남의 한족 거주지를 다스리게 했다.

쿠빌라이는 대칸의 명령을 받들어 금련천(金蓮川: 내몽골 정남기·正藍旗 상도진·上都鎭과 하북성 장가구·張家口 난하·灤河 상류 일대)에 막부를 설치했다. 이른바 '금련천막부(金蓮川幕府)'이다. 이 막부는 명칭이 1256년에는 개평부(開平府)로, 1263년에는 상도(上都)로 바뀐다.

쿠빌라이가 금련천막부를 설치한 직후인 1252년에, 장덕휘는 금나라 말기의 대학자이자 대문호인 원호문(元好問·1190~1257)과 함께 다시 쿠빌라이를 알현했다. 원호문은 금나라가 망한 후 충절을 지키고 은거하면서 저술에 몰두하며 제자들을 양성했다. 쿠빌라이는 그의 명성을 듣고 만나기를 희망했다. 쿠빌라이가 제왕의 자질을 갖춘 군주라는 얘기를 들은 원호문은 장덕휘와 함께 쿠빌라이를 배알하러 온 것이다.

장덕휘와 원호문, 두 사람은 쿠빌라이에게 '유교대종사(儒敎大宗師)'라는 존호를 받아달라고 간청했다. 아울러 유생들을 관리로 선발하여 그들에게 백성들을 다스리게 하면 막부의 안정을 꾀할 수 있다고 주장했다.

쿠빌라이는 두 사람의 건의를 흔쾌히 수용했다. 이는 그가 향후 유학을 국가 경영의 사상적 기반으로 삼고 유생들을 정치에 참여시키겠다는 의미였다. 원호문은 쿠빌라이의 거듭된 출사 권고에도 불구하고 병을 핑계로 낙향하여 여생을 마쳤다.

쿠빌라이는 금련천막부에서 유병충·장덕휘 등 신료들의 충고와 도움을 받고 본격적으로 천하의 뛰어난 인재들을 초빙하기 시작했다.

유병충의 천거로 쿠빌라이의 책사가 된 형주 출신, 장문겸(張文謙·1216~1283)은 몽골군이 남송을 원정하는 과정에서 쿠빌라이에게 무분별한 살육과 방화를 억제함으로써 민심 이반을 막아야 한다고 주장했다.

그의 주장을 수용한 쿠빌라이는 황제의 군대는 정벌은 하되 정복당한 백성을 인의로 대하면 피를 흘리지 않고도 민심을 얻을 수 있다는 사실을 깨달았다.

장문겸은 또 원나라가 건국된 이후인 지원(至元) 17년(1280)에 역법과 천문에 능통한 학자들을 동원하여 『수시력(授時曆)』을 완성, 보급함으로써 농업 발전에 크게 기여했다.

두묵(竇黙 · 1196~1280) · 요추(姚樞 · 1203~1280) · 허형(許衡 · 1209~1281) 등 정주이학(程朱理學)을 숭상하는 유학자들도 쿠빌라이의 포섭 대상이었다. 그들은 금나라 말기와 원나라 초기의 혼란한 시대에 세상을 등지고 지내고 있었는데 쿠빌라이의 적극적인 인재 발굴 정책에 의해 다시 세상에 나와서 포부를 펼칠 수 있었다.

두묵은 이학과 의학 분야에 업적을 남겼으며, 요추는 제왕의 학문과 치국의 도를 쿠빌라이에게 전수했으며, 허형은 원나라 초기의 학술과 교육에 지대한 공헌을 했다.

금나라 출신 학경(郝經 · 1223~1275)도 쿠빌라이에게 큰 영향을 끼친 유학자이다. 그는 젊어서 유가 등 제자백가의 학설에 정통하고 북송 시대의 유학자 정호(程顥)와 정이(程頤) 형제가 창도한 성리학(性理學)을 깊이 연구한 후, 천하의 백성들을 구제하는 일을 자신의 임무로 삼았다. 그는 중원의 북부 지방에서 원호문(元好問) 등 대문호와 교류하면서 뛰어난 문장 실력으로 명성을 얻었다.

1251년 학경은 보주부(保州府: 하북성 보정 · 保定)의 부원수 가보(賈輔)의 대저택에서 학동들을 가르치고 있었다. 어느 날 학경의 고향인 능천(陵川: 산서성 능천현 · 陵川縣)에서 도사 한 사람이 연경(燕京)으로 가는 도중에 보주(保州)에 이르렀다. 그는 보주에서 학경을 만나 고향 사람들이 몽골 관리들의 착취를 견디다 못해 유리걸식하는 비참한 현실을 호소했다.

학경은 분노를 금치 못하고 즉시 「하동죄언(河東罪言)」이라는 글을 써서 막부에 상소했다.

원나라 역대 황제 평전

하동(河東: 산서성 서남부 지역) 지방은 토지가 비옥하고 인구가 많으며 물산이 풍부하고 교통의 요지이므로, 자고이래로 역대 제왕들은 이곳에 도읍을 정하고 국가를 다스려 태평성대를 이루었는데도, 어찌하여 몽골의 지방 관리들은 하동의 백성들을 착취하여 도탄에 빠지게 했는가. 또 한편으로는 쿠빌라이가 정말로 천하 통일의 원대한 포부를 품고 있다면 백성들을 친자식처럼 돌봐야 한다는 충고이기도 했다. 쿠빌라이에게 이런 상소문을 보내는 것은 목숨을 담보할 수 없는 지극히 위험한 일이었다.

그런데도 쿠빌라이는 그의 충고를 받아들였다. 그에게 두 차례 사신을 보내 그를 금련천막부로 초청했다. 1256년 학경은 사타(沙陀)에서 쿠빌라이를 배알했다. 쿠빌라이는 그에게 백성을 편안하게 하는 방법과 제왕이 해야 할 일에 대하여 물었다.

학경은 그에게 요임금·순임금·우왕·탕왕·주무왕 등 고대의 성군들이 어떻게 어진 정치를 폈는지 구체적인 예를 들어 설명했다. 또 맹자의 "어버이를 친애하고 나서 백성을 인(仁)으로 대하며, 백성을 인으로 대하고 나서 만물을 아낀다."라는 말의 의미를 설명했다. 쿠빌라이는 그의 가르침에 감복하고 기뻐했다.

그 후 쿠빌라이의 총애하는 신하가 된 학경은 "지금 유가의 선비를 등용하고 중국의 도(道)를 행할 수 있는 자는 중국의 주인이 된다."라는 전제 아래, 한족이 아닌 이민족의 군주도 중국 역사의 주인공이 된다고 보았다.

이는 중화(中華)와 만이(蠻夷)를 분별하는, 이른바 '화이지변(華夷之辨)'을 반대하고 사해(四海)가 한 집안이므로 천하를 통일해야 한다는 이론으로 발전했다. 아울러 쿠빌라이에게 중국 통일의 야망을 심어주는 계기가 되었다.

쿠빌라이가 무력과 회유를 번갈아 가며 쓰면서 남송을 멸망시킨 이면에는 학경의 이러한 논거가 있었다. 또 쿠빌라이가 유목 민족의 전통적인 통치 방법에서 벗어나 유가 사상으로 국가를 통치하게 된 것에도 학경의 충고와 도움이 있었다.

쿠빌라이는 인재를 얻고자 하는 욕심이 아주 많았다. 한족 출신의 전직 관리·유학자·장군·승려 등은 말할 것도 없고, 서역 출신 인재들도 그의 적극적인 인재 영입 정책을 통해 왕부(王府)로 들어와 부하가 되었다.

위구르족 출신 아리카이아(阿里海牙)와 예셴나이(葉仙鼐)는 쿠빌라이 수하의 용감한 장수로서, 위구르족 출신 멍수스(孟速思)와 회족 출신 아흐메드(阿合馬)는 재정을 관리하는 대신으로서 명성을 날렸다.

또 페르시아인 자말 앗 딘(Jamal al Din)은 쿠빌라이의 전폭적인 지원 아래 세계 지도와 역서(曆書)를 제작하고 천문대를 건설함으로써 이슬람 문명의 천문학과 역법 분야의 선진 기술을 중국에 전파했다. 중국 고대의 천문학은 이슬람권 국가에서 전해졌다고 해도 과언이 아닐 정도로 많은 영향을 받았다.

염희헌(廉希憲·1231~1280)은 위구르족 출신임에도 불구하고 젊었을 때부터 유가 경전과 한족의 역사서를 탐독했다. 1249년 그는 18세의 나이에 쿠빌라이 왕부로 들어가 케식(친위대)이 되었다. 그는 쿠빌라이의 신변을 지키면서 책을 손에서 뗀 적이 거의 없었다.

어느 날 그가 『맹자』를 읽고 있었을 때 쿠빌라이가 갑자기 그를 찾았다. 독서삼매경에 빠져 있던 염희헌은 황급히 책을 가슴에 품고 쿠빌라이에게 달려갔다.

"너는 무슨 책을 가슴에 품고 있느냐?"

"『맹자』입니다."

"그 책에는 어떤 일이 쓰여 있느냐?"

"사람은 본래 선하며, 군주는 의리를 중시하고 백성의 이익을 우선하며, 포악한 정치를 멀리해야 한다는 얘기가 쓰여 있습니다."

쿠빌라이는 염희헌의 학구 정신을 크게 칭찬하며 그를 '염맹자(廉孟子)'라고 칭했다. 염맹자는 경조(京兆), 사천(四川) 등지에서 선무사(宣撫使)를 맡으면서 유가의 이상적 통치를 구현하고 인재를 양성하며 발탁하는 일에 큰 업적을 남겼다.

나이얀(乃燕)은 한족 문명의 세례를 받은 지식인이다. 그는 칭기즈 칸 시대에 사준(四駿) 가운데 한 명인 무칼리 장군의 후손이다. 성품이 온화하고 학문을 좋아했다. 쿠빌라이가 황제로 등극하기 전에 나이얀과 함께 수시로 천하의 일을 토론했다. 나이얀은 쿠빌라이의 질문에 막힘없이 대답했으며, 아울러 구체적인 사례를 들어 이해하기 쉽게 설명했다.

쿠빌라이는 측근들에게 "나이얀은 장차 큰일을 맡을 것이다."라고 말하며, 그를 '세첸'이라고 불렀다. 몽골어 세첸은 매우 어질고 지혜로운 사람이라는 의미이다.

나이얀은 몽골의 대표적인 권문세족으로서 연경(燕京), 요양(遼陽) 등에서 고위 관직을 맡았지만, 매사에 신중하고 겸손했다.

그는 틈나는 대로 자제들에게 이렇게 당부했다.

"우리 선조는 온몸을 무장하고 태조 황제(칭기즈 칸)를 따라 수많은 전쟁터에서 40여 년 동안 목숨을 걸고 싸우면서 적장들을 죽이고 적의 깃발을 뽑은 공로를 인정받아 명성을 얻게 되었다. 황제께서 우리 집안에 베푸신 은혜는 이미 극을 다했구나. 너희들은 매사에 신중하고 겸손해야 하며, 교만과 타락에 빠져서 선조를 욕되게 해서는 절대 안 된다."

훗날 나이얀이 병으로 사망했다는 소식을 들은 쿠빌라이는 비통함을 감추지 못하고, 그를 노군공(魯郡公)으로 추봉했다.

무칼리 장군의 또 다른 후손인 바가투르(霸突魯)는 쿠빌라이가 원정에 나서면 언제나 선봉에 서서 많은 전공을 세웠다. 어느 날 쿠빌라이는 잠저(潛邸: 제왕으로 등극하기 전에 거주하던 저택)에서 바가투르에게 조용히 물었다.

"이제 천하가 어느 정도 안정되었으니 우리 군대를 회골(回鶻: 신강 위구르 자치구) 지역에 주둔시켜 병사와 백성들이 휴식을 취할 수 있도록, 내가 황제에게 건의하고 싶은데 그대의 의견은 어떠한가?"

"유연(幽燕) 지역은 용이 서리고 호랑이가 웅크리고 앉아 있는 웅장한 형세입니다. 남쪽으로는 장강(長江)과 회하(淮河)를 통제하고, 북쪽으로는 고비 사막과 연결되어 있습니다. 천자는 반드시 그 유연의 중심에 자리를 잡고 사방 제후와 왕들의 알현을 받아야 합니다. 대왕께서 천하를 경영하고 싶다면, 군대의 주둔지는 유연 지방이 아니면 안 됩니다."

유연 지역은 오늘날 하북성 북부·북경·천진·요녕성 일대를 지칭한다. 쿠빌라이는 뭉케 카안의 허락을 받아 군대를 이끌고 회골 지역으로 들어가고 싶었다. 중원에서 멀리 떨어진 곳에서 자신의 세력을 키울 속셈이었다. 하지만 바가투르는 쿠빌라이가 정말로 천하를 쟁취하고자 한다면 유연 지역에서 웅거해야 한다고 충고했다.

쿠빌라이가 깜짝 놀라 말했다.

"경이 충고하지 않았다면 내가 실수할 뻔했소."

훗날 쿠빌라이는 연경(燕京)을 도성으로 정하고 이렇게 말했다.

"짐이 연경에서 거주하면서 천하를 다스릴 수 있게 된 것은 바가투르
가 능력을 발휘한 덕분이오."

바가투르는 쿠빌라이를 위하여 끝까지 충성하다가 군중(軍中)에서 죽었
다. 대덕(大德) 8년(1304) 동평왕(東平王)으로 추증되었다.

이처럼 쿠빌라이가 민족·국적·직업 등을 따지지 않고 뛰어난 인재라
면 자기 휘하에 두어 적극적으로 활용한 것은, 결과적으로 그가 남송을
멸망시키고 원나라를 건국하게 하는 강력한 힘이 되었다. 그는 이전 몽골
의 통치자들과는 다르게 '제국'은 결코 무력에 의해서만 다스려지는 게 아
니고, 법치와 문치로써 다스려야 번영과 평화를 유지할 수 있다는 사실을
깨달은 군주였다.

쿠빌라이에게 제왕의 도를 전수하고 통치술을 가르친 신하들은 대체
로 한족 계열의 유가 사상에 정통한 사대부들이었다. "천하는 말을 타고
싸워서 쟁취할 수 있지만, 결코 말 위에서 다스릴 수 없다."라는 그들의
전통적 통치 이론이 쿠빌라이에게 큰 영향을 끼쳤다.

3. 고비 사막 이남의 한족 거주지를 다스리다

1251년 제4대 대칸으로 추대된 뭉케 카안은 친동생들 가운데 가장 나
이가 많고 영리한 쿠빌라이에게 고비 사막 이남의 한족 거주지인 중원 지

방을 다스리게 했다.

이때부터 쿠빌라이는 36세의 나이에 뭉케 카안의 지휘를 따르긴 했지만, 금련천막부를 설치한 후 본격적으로 자신의 정치적 역량을 발휘하기 시작했다. 그는 막북왕부 시대부터 법사·유학자·책략가·경세가 등 다양한 사상을 가진 인재들로부터 천하를 어떻게 다스려야 하는지 이미 많은 조언을 듣고 있었다.

쿠빌라이가 막부 정치를 시작한 직후에 형주(邢州)를 봉토로 받은 두 타르칸(Tarqan)이 쿠빌라이에게 말했다.

"형주는 우리가 봉토로 받은 땅입니다. 처음 봉토로 받을 때는 민가가 일만여 호(戶)나 되었습니다. 그런데 나날이 줄어들어 지금은 겨우 5~7 백여 호뿐입니다. 어질고 능력이 뛰어난 관리를 선발하여 그에게 형주의 백성들을 위무하게 해야 합니다."

'타르칸'은 칭기즈 칸이나 그의 가족이 위험에 처했을 때 도움을 준 자에게 보답으로 하사한 봉호(封號)이다. 이 봉호를 받은 자는 몽골의 종왕(宗王)과 같은 대우를 받았다. 대개 타르칸은 한족을 통치한 경험이 없었기 때문에 이런 얘기를 한 것이다.

형주 출신 장문겸과 유병충이 쿠빌라이에게 간언을 올렸다.

"오늘날 민생의 피폐함이 형주보다 심각한 곳은 없습니다. 그런데도 어찌하여 관리들을 선발하여 그곳으로 보내 다스리게 하지 않습니까? 만약 그들이 책임을 완수하여 사방에서 그들의 업적을 본받게 한다면, 천하의 백성들은 모두 대왕의 두터운 은혜를 입을 것입니다."

어질고 능력이 뛰어난 관리들을 선발하여 그들에게 형주를 다스리게 하라는 충고이다. 이는 중원에서 거주하는 한족은 몽골인에게 익숙한 무력으로 다스리지 말고, 관치(官治)로 다스려야 한다는 의미를 내포하고 있다.

쿠빌라이는 두 사람의 권고를 수용하여 시종 토오토(脫兀脫)·상서 유숙(劉肅)·시랑 이간(李簡) 등을 선발하여 형주로 가게 했다. 그들은 서로 합심하여 온갖 폐단을 바로잡았으며 탐욕스럽고 포악한 자들을 제거했다.

이윽고 유랑민들이 다시 형주로 돌아오기 시작했다. 마침내 채 한 달도 안 되어 호구 수가 열 배로 늘어나는 성과를 거두었다. 보고 받은 쿠빌라이는 기뻐하며 유가 선비들을 더욱 신임했다. 당연하게도 형주의 백성이 다시 폭발적으로 증가하는 모습을 보고, 그는 백성은 어떻게 다스려야 하며, 한족의 법률과 관리 선발의 중요성을 깨달았을 것이다.

1252년 뭉케 카안은 아라와치(牙魯瓦赤), 포지르(布智兒) 등 몽골인 단사관(斷事官)들에게 나라 안의 재물과 세금을 거두어들여 연경(燕京)으로 보내라고 명령했다. 그들은 재정 업무를 맡은 지 하루 만에 죄를 지은 28명을 참살했다.

그런데 살해된 사람들 가운데 말을 훔친 자도 있었다. 원래 그는 중죄를 저지른 것이 아니었기 때문에 곤장 몇 대를 맞고 풀려났다. 마침 어떤 사람이 한 단사관에게 환도(環刀) 한 자루를 선물로 바쳤다. 그러자 그 단사관은 말을 훔친 사람을 다시 잡아 오게 했다. 그는 단지 칼의 성능을 시험하기 위하여 그를 찔러 죽였다. 그 소식을 듣고 분노한 쿠빌라이는 즉시 단사관들을 소집하고 질책했다.

"무릇 사형은 범죄 사실을 자세히 밝히고 난 뒤에 시행해야 한다. 하지만 너희들은 하루아침에 28명을 살해했다. 그들 중에는 억울하게 살해된 자도 많을 것이다. 곤장을 몇 대 맞고 석방된 자를 다시 잡아들여 참수했으니, 이것이 무슨 형벌이란 말인가."

단사관은 형벌을 집행하고 소송을 관장하는 관리이다. 몽골인 단사관에게 한족 백성은 파리 목숨과 다를 바 없었다. 단지 새 칼을 시험하기 위하여 이미 석방한 사람을 다시 잡아다 죽인 만행은, 몽골인 관리들에게 대수롭지 않은 일이었는지도 모른다.

하지만 쿠빌라이는 그렇지 않았다. 단사관들은 그의 호통에 아무 말도 하지 못하고 두려워 벌벌 떨었다. 그는 한족 유학자들의 가르침을 받은 덕분에 어진 정치를 펴는 방법을 터득했을 것이다. 바로 이 점이 그가 몽골인이었지만 몽골인의 습성과는 다른 면을 가지게 했다. 훗날 그는 중국 통일 과정에서 민심을 얻기 위하여 사람을 죽이는 일을 가능한 한 피했다.

1253년 뭉케 카안이 중주(中州) 지방을 성(姓)이 같은 왕들에게 분봉할 때 쿠빌라이는 관중(關中) 지역의 중추인 경조(京兆: 섬서성 서안·西安)를 봉토로 받았다. 당시 몽골군은 경조의 주현(州縣)에 주둔하면서 사람을 죽이고 부녀자를 겁탈하는 만행을 서슴없이 저질렀다. 또 장수들은 백성들을 강제로 동원하여 호화 저택을 짓는 데 혈안이 되었다. 그들의 폭정으로 백성들의 원성이 자자했다. 민심 이반을 우려한 쿠빌라이는 병사들의 군기를 바로잡고 장수들을 변방으로 보내 지키게 했다.

쿠빌라이는 해주염지(解州鹽池: 산서성 운성·運城의 해지·解池)에서 생산한 소금 일부를 군대의 재원으로 활용하자고 뭉케 카안에게 상주했다. 해주염지는 중국 내륙의 소금 생산지로 가장 유명한 곳이다. 자고이래로 이곳에서 생산한 소금은 역대 왕조의 중요한 재원 가운데 하나였다. 쿠빌라이가 이런 제안을 한 것은 백성들의 조세 부담을 덜어주고 변방의 수비를 강화할 목적이었다.

쿠빌라이는 봉상(鳳翔: 섬서성 봉상)에 둔전을 설치하여 군대의 군량을 자체적으로 해결하게 했다. 그리고 왕부상서 요추(姚樞)에게 경조선무사(京兆宣撫使)를 설치하게 하고, 보란(李蘭), 양유중(楊惟中) 등을 선무사(宣撫使)로 임명하여 백성을 위무하게 했다. 또 요추를 권농사(勸農使)로 임명하여 농사를 장려하게 하고, 허형(許衡)을 경조제학(京兆提學)으로 임명하여 교육을 일으키게 했다.

이에 따라 관중 지방의 백성들은 쿠빌라이의 연이은 선정(善政)에 감격하여 공공연하게 그를 '성왕(聖王)'으로 칭송했다. 관중 지방의 정치와 민생이 크게 안정되었다는 이른바 '관롱대치(關隴大治)'가 이 시기 쿠빌라이의 업적이다.

쿠빌라이는 여느 몽골 왕들과는 다르게 사대부들의 유가 사상과 문치주의를 이해했다. 아울러 그들에게 한족의 법률로 형주·하남·관중 등 한족의 영역을 다스리게 하여 한족에게 몽골인에 대한 두려움과 거부감을 완화하게 했다. 이는 그가 한족 지식인들의 지지를 받는 결정적 계기가 되었을 뿐만 아니라, 중국 통일의 야망을 실현하는 데 한 걸음 더 전진하는 힘으로 발휘되었다.

4. 티베트 불교에 귀의하고 대리국 정벌에 나서다

1252년 6월 뭉케 카안은 쿠빌라이에게 대리국 정벌을 명령했다. 쿠빌라이는 대장 우량카다이, 몽골 왕 50여 명, 자총·요추·학경 등 한족 출신 신하들을 거느리고 정벌에 나섰다. 다음 해 육반산(六盤山)에 주둔하면서 사천과 티베트 지역을 지나 남하하여 대리국을 정벌할 전략을 세웠다.

당시 티베트는 라마교의 일파인 사캬(Sakya)파의 제5대 교주, 파스파

(Hphags-pa·1235~1280)가 다스리고 있었다. 티베트는 귀위크 칸 시대인 1247년에 이미 몽골과의 '양주 회담'을 통해 몽골의 지배권을 인정하고 자치권을 획득했다.

쿠빌라이는 평소 불교에 대하여 호의적인 태도를 보였다. 그는 파스파를 만나 대리국 정벌에 필요한 노역과 군수 물자를 얻고 싶었다. 1253년 여름 파스파는 쿠빌라이의 초청을 받고 육반산의 몽골군 군영에 당도했다.

쿠빌라이는 나이가 자기보다 스무 살 아래인 파스파를 깍듯이 예우하면서 티베트로 병사들을 파견하여 전쟁에 필요한 노역과 재물을 징수하겠으니 협조하라는 뜻을 밝혔다.

파스파가 황급히 말했다.

"토번(티베트)은 궁벽한 지역에 있는 소국입니다. 땅이 비좁고 백성의 형편이 곤궁하여 노역과 재물을 감당할 수 없습니다. 대왕께서는 우리 백성의 불쌍한 처지를 고려하시어 명령을 거두시기를 바랍니다."

쿠빌라이는 들은 척도 않고 계속 압박했다.
파스파도 단호하게 말했다.

"대왕께서 정녕 이러시겠다면, 저희는 이곳에 머무를 이유가 없습니다. 저희는 토번으로 돌아가겠습니다."

파스파 일행은 일단 숙소로 돌아갔다. 쿠빌라이의 아내 차브이(察必·?~1281)는 지혜롭고 현명한 여자였다. 쿠빌라이가 정치적으로 중요한 선택을 할 때마다 곁에서 조언을 아끼지 않았다. 그녀는 남편에게 파스파가 젊은

원나라 역대 황제 평전

나이이지만 고승들보다도 도과(道果)와 공덕(功德)이 높으므로 그를 머무르게 해야 한다고 조언했다. 차브이의 중재로 두 사람은 다시 대면했다.

쿠빌라이가 파스파에게 물었다.

"그대의 조상은 무슨 업적을 남겼는가?"

"중원·서하·토번 등 지역에서 통치한 제왕(帝王)들은 우리 조상을 상사(上師)로 모셨습니다. 그래서 우리 조상의 위엄과 명망은 아주 높았습니다."

"토번에 언제 왕이 있었던가? 그대의 주장은 불서(佛書)의 내용에 부합하지 않으니 허망한 말에 불과하오."

파스파는 토번(티베트) 역사를 모르는 쿠빌라이에게 제33대 짼뽀(군주) 쏭짼 감뽀(581~649)가 어떻게 토번을 통일하고 당나라 장안을 점령하여 제국의 위대한 군주로 자리매김했는지 설명했다.

특히 중국 한족이 가장 존경하고 성군으로 칭송하는 당 태종(唐太宗) 이세민(李世民)이 그에게 굴복하여 문성공주(文成公主)를 공녀로 보낸 이야기를 자세히 설파했다. 아울러 이런 역사적 사실은 불교 서적에는 나오지 않지만, 당나라 역사서에는 분명히 기록되어 있다고 말했다.

쿠빌라이는 사실 여부를 확인하기 위하여 측근에게 당나라 역사서를 살펴보게 했다. 그는 파스파가 말한 내용이 모두 사실임을 확인하고 그를 진정한 법사로 여겼다.

한편 왕비 차브이는 파스파에게 후한 예물을 주고 자기를 속가(俗家)의 제자로 받아들여달라고 간청했다. 파스파는 차브이 등 왕실 인사 28명을 불문(佛門)에 귀의하게 했다.

얼마 후 쿠빌라이는 차브이의 설득으로 파스파가 주관한 희금강(喜金剛)의 관정(灌頂) 의식을 받아들이고 불교 신자가 되었다. 희금강은 라마교 사캬파에서 가장 중요한 본존(本尊)으로서 생명의 근원이라고 한다.

이때부터 쿠빌라이는 파스파를 상사(上師)로 섬겼으며, 파스파도 티베트 각 지역을 통치하는 승려들에게 서찰을 보내 몽골군에게 협력하게 했다.

이 두 사람의 만남과 협력을 정치적 관점에서 보면 아주 중요한 의미를 지닌다. 쿠빌라이는 무력을 사용하지 않고 불교에 귀의함으로써 티베트의 협력을 끌어낼 수 있었다. 파스파는 쿠빌라이에게 불교를 전파함으로써 훗날 원나라가 티베트 불교(라마교)를 국교로 받들게 했으며, 역대 달라이 라마가 황제의 스승이 되는 계기가 되게 했다.

1252년 여름 쿠빌라이는 뭉케 카안의 여름 휴양지인 곡선뇌아(曲先腦兒)로 가서 대칸을 배알했다. 뭉케 카안은 쿠빌라이에게 대리국 정벌을 명령했다.

어느 날 저녁 쿠빌라이가 연회를 베푸는 자리에서, 책사 요추가 그에게 말했다.

"예전에 송 태조(조광윤)가 조빈(曹彬)에게 남당(南唐)을 정벌하게 했을 때 무고한 백성은 한 사람도 죽이지 말고, 백성의 생업을 보장해주어야 한다고 신신당부했습니다. 그 결과 송나라는 피를 흘리지 않고 남당을 평정할 수 있었습니다. 대왕께서도 대리국을 정벌할 때 송 태조처럼 해야 합니다."

쿠빌라이는 요추의 말을 묵묵히 듣고만 있었다.

다음 날 아침 쿠빌라이는 말안장에 올라타고 요추를 향해 소리쳤다.

"네가 어젯밤에 나에게 조빈이 사람을 함부로 죽이지 않았다는 얘기를 했었지. 나도 그렇게 할 수 있어. 반드시 그렇게 할 거야."

몽골군은 항복을 권유했는데도 항복하지 않고 성안에서 끝까지 저항하는 적군은 성을 함락한 후 모조리 도살하는 군령이 있었다. 하지만 쿠빌라이는 도살령(屠殺令)을 폐지하고, 무고한 백성을 죽이지 않으며 그들의 가산을 약탈해서는 안 된다는 군령을 내렸다.

1253년 가을 쿠빌라이는 특자(武刺: 사천성 송판·宋潘)에서 정벌군을 편성했다. 그는 중군을, 우량카다이 대장은 서로군을, 무게(木哥)·타가차르(塔察兒)·아비시카(阿必失哈) 등 종왕들은 동로군을 이끌고 토번으로 들어갔다. 예상대로 토번의 승려와 백성들은 몽골군에게 군량을 제공하고 길잡이가 되었다.

몽골군은 험준한 대설산(大雪山)의 초원 지대를 지나고 대도하(大渡河)와 금사강(金沙江)을 건너 대리성(大理城)으로 진격했다. 남방의 대리국 병사들은 맹수와 같은 몽골군의 적수가 되지 못했다. 1254년 쿠빌라이는 진군한 지 1년도 안 되어 대리국을 멸망시켰다. 유시중(劉時中)을 선무사로 임명하여 점령지의 백성들을 위무하게 하고, 자신은 군대를 이끌고 육반산으로 돌아갔다.

5. 뭉케 카안의 의심을 사서 실권을 잃을 위기에 빠지다

쿠빌라이는 1251년에 금련천에서 막부를 설치한 이래 막료들과 군대를 이끌고 여름에는 금련천 또는 육반산, 겨울에는 무주(撫州) 또는 봉성주(奉聖州) 등 지역으로 이동했다. 아직 그에게는 뿌리를 내리고 정주할 도성이 없었으며, 유목민의 수령처럼 계절에 따라 이곳저곳을 돌아다닐 뿐이었다.

유병충 등 한족 출신 신하들은 그에게 천하 통일의 야망을 실현하기 위해서는 반드시 제왕의 기운이 서린 명당을 찾아 도성을 건설해야 한다고 역설했다. 그들의 주장에 공감한 쿠빌라이는 명당을 찾게 했다.

1256년 쿠빌라이는 유병충과 사중온(謝仲溫)의 건의에 따라 환주(桓州) 동쪽, 난수(灤水) 북안에 자리한 용강(龍崗)에 새로운 도성을 건설하게 했다.

도성이 완성된 후 명칭을 개평(開平)으로 정했다. "천하태평의 세상을 연다(開天下泰平之世)."라는 의미를 함축한다. 개평부(開平府)는 오늘날 내몽골자치구 정람기(正藍旗) 상도진(上都鎭)에 자리하고 있다. 북쪽으로는 몽골 제국의 각 지역과 연결되어 있으며, 남쪽으로는 중원 지방을 통제하기에 유리한 전략적 요충지이다. 훗날 개평부는 상도(上都)로 개칭되었다.

쿠빌라이는 몽골군을 거느리고 정벌에 나설 때마다 무자비한 살육과 약탈을 금지했을 뿐만 아니라 빈민을 구휼하였다. 또 현자를 만나면 예의를 갖추고 초빙하여 막료로 삼았다. 쿠빌라이의 군대가 지나는 길마다 백성들이 나와 환호했다. 그의 명성과 인기가 중원 지방에서 나날이 올라갔다.

뭉케 카안은 쿠빌라이가 한족 인사들을 막료로 삼고 한족의 법률로 백성들을 통치하는 것에 의구심을 품었다. 물론 그도 처음에 막북(漠北) 이남의 한족 거주지를 다스릴 적임자로 쿠빌라이를 선택한 것은 그의 어진 인품을 높이 평가했기 때문이다. 쿠빌라이라면 정복 지역 백성들의 반발을 억누를 수 있을 거라고 보았다. 하지만 예기치 않게 쿠빌라이의 위세가 대칸에 버금가자 불편한 감정을 느끼기 시작했다.

뭉케 카안은 평소에 "몽골 조종(祖宗)의 법도를 준수하지, 다른 나라 군주들이 하는 일을 답습하지 않는다."라는 얘기를 자주 했다. 이는 그가 한족의 법률과 관습으로 몽골 제국을 다스리지 않겠다는 의미이기도 하다. 한족 문명에 대하여 쿠빌라이와는 상반된 생각을 하고 있었음을 알 수 있다.

뭉케 카안을 추종하는 인사들의 쿠빌라이에 대한 의구심은 더욱 깊어갔다. 만약 쿠빌라이가 대칸의 권력을 장악하면 그들은 모두 추풍의 낙엽이 될 수 있다는 두려움에 떨었다. 어떻게 해서라도 쿠빌라이의 부상을 막아야 했다. 쿠빌라이가 한족의 민심을 얻어 딴 마음을 품고 있다는 소문을 냈다. 몽골 조정에서 점차 그를 비판하는 여론이 빠르게 확산하였다.

1257년 궁정의 일을 관장하는 아란다르(阿藍答兒)가 뭉케 카안에게 참소했다.

"쿠빌라이가 자신의 영지인 경조(京兆), 하남(河南) 등지에서 한족의 법률을 시행하여 중원 사람들의 민심을 얻었습니다. 그가 필시 딴마음을 품고 있음이 분명합니다."

그렇지 않아도 쿠빌라이의 행동에 의구심을 품고 있던 뭉케 카안은 즉시 그의 병권을 회수하라는 명령을 내렸다. 또 아란다르, 유태평(劉太平) 등 측근들을 쿠빌라이의 영지로 파견하여 곡식·화폐·재물 등 물자를 샅샅이 뒤지게 했을 뿐만 아니라, 조세(租稅) 장부도 정확하게 파악하게 했다.

아란다르 등은 일종의 감찰 조직인 구고국(鉤考局)을 설치하고 비리 조사 항목 124개를 반포했다. 표면적으로는 재정 파악과 관리들의 부패를 막기 위한 조치라고 했지만, 사실은 쿠빌라이의 세력을 와해시킬 목적이었다. 쿠빌라이 왕부에서 일하는 관리들은 대부분 부패 혐의를 뒤집어쓰고 언제 처형을 당할지 모르는 처지가 되었다.

쿠빌라이도 당황하여 요추에게 말했다.

"왜 대칸께서 심복들을 보내 내 영지를 이 잡듯 뒤지는지 모르겠소. 내가 무슨 잘못이라도 했는가?"

요추가 대답했다.

"황제(뭉케 카안)는 몽골 백성의 임금이자 대왕의 형입니다. 대왕은 황제의 동생이자 신하입니다. 따라서 누구의 잘잘못을 따지기가 어렵습니다. 대왕은 카라코룸에서 멀리 떨어진 곳에 있으므로 모함으로 불행을 당하지 않을까 두렵습니다."

"장차 어찌하면 좋겠는가?"

"지금 왕부에 거주하는 왕비와 아들들을 모두 카라코룸으로 보내고 그곳에서 오래 머물게 해야 합니다. 이렇게 하면 대칸의 의심이 해소될 것입니다."

왕비와 아들들을 인질로 보냄으로써 자신의 결백을 증명하라는 얘기이다. 쿠빌라이는 처자식을 사지로 보내는 일이 영 불편했다.

다음 날 요추가 또 말했다.

"대왕께서 직접 카라코룸으로 가서 억울함을 호소하고 형제의 정을 나누어야 합니다."

요추의 건의를 받아들인 쿠빌라이는 위험을 무릅쓰고 카라코룸으로 가서 뭉케 카안을 배알했다. 쿠빌라이는 뭉케 카안에게 눈물을 흘리면서 술잔을 올리고 저간의 사정을 자세히 설명했다.

뭉케 카안은 오랜만에 만난 동생의 간절한 모습을 보고 마음이 누그러졌다. 이윽고 구고국을 폐지하라는 명령을 내렸다. 쿠빌라이 왕부의 관리들은 비로소 혐의를 벗고 살아남을 수 있었다.

하지만 뭉케 카안은 쿠빌라이에게 병권을 돌려주지 않고 계속 카라코룸에 머물게 했다. 요추 등 한족 출신 관리들의 책략이 없었다면, 이때 쿠빌라이는 제거되었을 것이다.

6. 남송 정벌 도중에 뭉케 카안의 사망 소식을 듣고 북상하다

1258년 가을 뭉케 카안이 친히 이끄는 서로군과 타가차르가 이끄는 동로군 그리고 우량카다이가 이끄는 남로군, 즉 삼로군(三路軍)이 남송을 침략했다. 당시 쿠빌라이는 병권을 빼앗긴 채 카라코룸에서 허송세월하고 있었다. 그런데 타가차르의 동로군이 영주(郢州: 호북성 무창·武昌)에서 남송 장수 장세걸(張世杰)의 거센 반격을 받고 후퇴하는 일이 벌어졌다.

뭉케 카안은 쿠빌라이에게 다시 병권을 주고 동로군을 지휘하여 악주(鄂州)로 진격하게 했다. 쿠빌라이가 한족 출신 책사들을 많이 거느리고 있으며 남송의 지형과 군대에 대하여 누구보다도 밝은 사정을 고려한 조치였다.

1259년 5월 쿠빌라이는 소복(小濮: 산둥성 견성현·鄄城縣)에서 군사 회의를 개최했다. 산둥 지방에서 유명한 유학자인 송자정(宋子貞)에게 남송 정벌에 대한 계책을 물었다.

송자정이 아뢰었다.

"본조(本朝)의 무력과 위엄은 넘쳐납니다. 하지만 인덕(仁德)은 아직 부족합니다. 그래서 송나라 백성들은 패배하면 몰살당하지 않을까 두려워하기 때문에 끝까지 저항하는 것입니다. 만약 투항하는 자는 죽이지 않으며, 송나라의 협박에 못 이겨 어쩔 수 없이 싸우는 자에게는 죄를 묻지 않는다면, 송나라의 군읍(郡邑)은 우리가 보낸 격문 한 장에 평정될 것입니다."

정곡을 찌른 대답이다. 몽골군이 천하무적이며 잔인하다는 것은 한족이면 누구나 알고 있다. 그들은 항복해도 도륙을 피할 수 없으므로 결사항전한다. 그래서 인덕을 베풀어야 싸우지 않고도 민심을 얻어 남송의 도시들을 쉽게 함락할 수 있다는 주장이다.

'인덕'은 몽골군에게는 낯선 개념이었지만, 쿠빌라이는 송자정의 건의를 흔쾌히 받아들였다. 동로군은 투항한 자는 죽이지 않고 오히려 구휼하겠다는 기치를 내걸고 진격했다.

같은 해 8월 뭉케 카안이 조어성(釣魚城)을 공격하는 와중에 나이 50세, 집권 9년 만에 후계자를 지명하지 못한 채 붕어했다.

쿠빌라이는 회하(淮河)를 건너 악주로 진격하는 도중에 뭉케 카안의 서거 소식을 들었다. 대몽골 제국을 지배한 뭉케 카안의 갑작스러운 서거는 종왕들 사이에서 권력 투쟁의 서막을 열었다.

"장차 몽골 천하의 대권을 누가 잡을 것인가?"

쿠빌라이·훌라구·아리크 부케 등 뭉케 카안의 친동생들에게 시선이 쏠렸다. 그들 가운데 쿠빌라이가 가장 나이가 많고, 아리크 부케가 막내였다.

당시 훌라구는 서방 원정을 떠나 바그다드를 함락하고 시리아 영토로 진격하던 중이었다. 몇 개월 후 그도 뭉케 카안이 사망했다는 첩보를 입수했지만, 카라코룸으로 돌아가기에는 거리가 너무 떨어져 있었다. 이미 중앙아시아의 광활한 대지를 정복한 그는 군사를 거느리고 알레포 등 도시들에서 주둔하면서 카라코룸의 형세를 관망했다.

뭉케 카안은 남송 정벌을 떠날 때 아리크 부케에게 카라코룸의 수비를 맡겼기 때문에, 아리크 부케는 몽골 제국의 심장부에서 대칸을 대신하여 도성의 백성을 다스리고 있었다. 형들이 원정을 떠나면 막내가 감국(監國)을 맡는 전통에 따른 조치였다.

그는 평소에 뭉케 카안과 마찬가지로 둘째 형 쿠빌라이의 한화(漢化) 정책에 불만을 품고 있었다. 뭉케 카안의 사망 소식을 가장 먼저 들은 그는 뭉케 카안의 셋째아들 우룽타시(玉龍答失) 등 왕족들의 지지를 받고 카라코룸을 장악했다. 측근들과 함께 쿠릴타이를 개최하여 자신을 차기 대칸으로 추대하게 한 후 쿠빌라이를 제거할 음모를 꾸몄다.

아리크 부케는 1257년에 쿠빌라이를 탄핵한 적이 있는 아란다르에게는 막북(漠北) 지역을 장악하게 하고, 심복 토리치(脫里赤)에게는 막남(漠南) 지역에서 병사들을 소집하게 했다. 아란다르가 병사들을 이끌고 개평에서 100여 리 떨어진 곳에 이르렀을 때 쿠빌라이의 부인 차브이는 군대가 움직인다는 소식을 듣고 사람을 보내 책망했다.

"군대를 파견하는 중대한 일을 하면서 어찌하여 개평부에 있는 친킴(眞金·1243~1285)에게 알리지 않았는가?"

친킴은 쿠빌라이와 차브이 사이에서 태어난 적장자이다. 칭기즈 칸의 증손자이기도 하다. 차브이는 변고가 일어났음을 직감하고 비밀리에 전선에 나가 있는 남편에게 소식을 전했다. 쿠빌라이의 일부 측근들은 쿠빌라이에게 송나라 정벌을 중지하고 북상하여 대칸의 자리를 차지해야 한다고 주장했다.

책사 학경이 말했다.

"아리크 부케는 이미 행동에 들어갔을 것입니다. 지금 대왕께서 대군을 장악하고 있지만, 아리크 부케가 뭉케 카안의 유지를 조작하여 대칸으로 등극한다면, 우리가 돌아갈 곳이나 있겠습니까? 대왕께서는 사직을 보위하는 일념으로 일단 송나라와 화친한 후, 친히 병사들을 거느리고 연경으로 달려가 저들의 음모를 분쇄해야 합니다."

"이와 동시에 별동대를 파견하여 뭉케 카안의 운구를 장악하고 대칸의 옥새를 수습해야 합니다. 그리고 훌라구, 아리크 부케 등 여러 왕들에게 사신을 보내 카라코룸으로 와서 대칸의 서거를 조상하라고 해야 합니다. 또 관리들을 각 지방에 파견하여 백성을 위무해야 하며, 왕자 친킴에게 연경을 지키게 해야 합니다. 이렇게 하면 대칸의 자리를 차지할 수 있습니다."

하지만 쿠빌라이는 남송 함락을 목전에 두고 경솔하게 회군할 수는 없었다. 계속 남진하여 장강 북안(北岸)에 이르렀다. 전략적 요충지인 악주성이 눈앞에 보였다. 악주성을 함락하고 장강 연안을 따라 동진하면 남송의 도성, 임안(臨安) 함락도 시간문제였다.

한편 남송 조정에서는 격렬한 화전(和戰) 논쟁이 벌어졌다. 승상 정대전(丁大全)은 다른 곳으로 도읍을 옮겨 몽골군의 예봉을 피해야 한다고 주장했다. 그는 송이종(宋理宗) 조윤(趙昀 · 1205~1264)에게 몽골군의 침략을 속이고 국정을 농단한 주범이었다.

반면에 가사도(賈似道)는 항전을 주장했다. 그는 송이종이 총애한 혜순귀비(惠順貴妃) 가씨(賈氏)의 남동생이다. 누나 덕분에 송이종의 눈에 들어 출세했다. 정대전이 국정을 망쳤다는 원망이 들끓었다. 송이종은 정대전을 내치고 가사도를 우승상 겸 추밀사로 임명했다. 가사도에게 10만 금위군을 이끌고 악주로 가서 몽골군의 침입을 막게 했다.

1259년 9월 사천 지방으로 진격하고 있던 종왕 모게(末哥)가 악주성을 포위하고 있던 쿠빌라이에게 사신을 보내 뭉케 카안의 부고를 정식으로 알리고 속히 북상하여 대칸의 지위를 계승하라고 권했다. 모게는 쿠빌라이의 이복동생이다.

쿠빌라이가 선뜻 결정을 내리지 못하자, 학경이 또 간곡하게 북상을 권유했다.

"진격해야 할 때는 진격하며, 후퇴해야 할 때는 후퇴합니다. 무릇 큰일을 할 때는 조종(祖宗)과 사직(社稷) 그리고 천하의 백성을 염두에 두어야 합니다. 그리고 군주의 위력과 권세를 사방에 떨치며 과감하게 군사를 돌림으로써 대계(大計)를 신속하게 결정한다면, 불행을 미연에 막을 수 있습니다."

쿠빌라이는 장고 끝에 그의 충고를 받아들였다. 하지만 남송과 어떤 협정도 맺지 않고 철군하면 오히려 후방에서 공격을 당할 위험이 있었다. 한양(漢陽: 호북성 무한·武漢)에서 장강 방어선을 구축하고 있던 가사도도 적지 않은 병사들을 거느리고 있었지만, 몽골군의 강력한 무력과 잔인함에 전의를 상실한 상태였다.

쿠빌라이는 철군하기 전에 가사도를 위협하여 협상으로 끌어낼 계책을 세웠다. 가사도에게 사신을 보내 남송의 도성, 임안을 직접 공격하겠다고 협박했다. 가사도는 급기야 송이종을 속이고 쿠빌라이와 굴욕적인 화의를 맺었다. 장강 이북 지역은 모두 몽골에 귀속하며, 남송은 몽골에 신하를 칭하고, 해마다 은 20만 냥, 비단 20만 필을 바치겠다고 약속했다.

마침내 쿠빌라이는 악주성 포위를 풀고 북상했다. 임안으로 돌아온 가사도는 송이종에게 몽골군을 물리쳤다고 허위 보고했다. 송이종은 감격하여 그를 사직을 구한 고굉지신(股肱之臣)으로 칭송했으며, 문무백관에게 가사도가 입조할 때면 임안 교외에서 그를 영접하게 했다. 이윽고 그에게 소사(少師)·숙국공(肅國公)·위국공(衛國公) 등 관작을 연이어 하사했다.

쿠빌라이는 남송을 멸망시키기 직전에 뭉케 카안의 사망으로 북상하지 않을 수 없었지만, 언젠가는 반드시 남송을 평정하여 중국을 통일하겠다는 야망을 포기하지 않았다. 반면에 남송은 백척간두의 위기에서 가까스로 빠져나왔지만, 망국의 길은 막을 수 없었다.

7. 대칸으로 등극한 후 아리크 부케와 패권 다툼을 벌이다

1259년 겨울 쿠빌라이는 북상하여 연경 근교에 머물면서 아리크 부케의 심복 토리치가 소집한 부대를 해산하고 토리치를 감금했다. 아리크 부케는 쿠빌라이에게 카라코룸으로 와서 쿠릴타이에 참석하라고 통보했다.

하지만 쿠빌라이가 아리크 부케가 이미 장악하고 있는 카라코룸으로 가는 것은 호랑이굴로 들어가는 격이었다.

쿠빌라이는 자신의 세력 근거지인 개평부로 가서 지지 세력을 규합했다. 마침 쿠빌라이를 지지하는 야율초재의 둘째아들 야율주(耶律鑄)와 이복동생 종왕 모게가 카라코룸을 탈출하여 개평부로 왔다.

두 사람은 쿠빌라이에게 아리크 부케가 카라코룸에서 대칸의 자리를 찬탈하려는 음모를 꾸미고 있으니 서둘러 대칸으로 등극해야 한다고 했다. 이윽고 왕공·대신·장수 등 쿠빌라이를 추종하는 인사들이 속속 개평부로 모여들었다.

중통(中統) 원년(1260) 3월 쿠빌라이는 개평부에서 쿠릴타이를 소집했다. 종왕 모게 등 이복동생, 타가차르·예송게(也松哥) 등 동도제왕(東道諸王), 카단(合丹)·아비시카(阿必失哈) 등 서도제왕(西道諸王), 도합 왕 40여 명이 참석했다. 그들은 모두 몽골 제국의 각 지방을 봉토로 받아 다스리고 있는 왕들이었다. 아울러 파도로·우량카다이 등 몽골 대장, 유병충·요추·학경·왕악 등 책사, 사천택·장유 등 한족 군대를 지휘하는 장군, 토번과 대리국에서 파견한 사신들도 참석했다.

쿠빌라이는 서방 원정을 떠난 친동생 훌라구와 바투의 동생 베르케를 기다렸다. 황금 가족 가운데 실세이자 종왕인 두 사람이 자신을 지지해야만 명실상부한 대칸의 지위를 얻을 수 있었다. 하지만 두 사람은 개평부로 오지 않았다.

염희헌 등 측근들이 쿠빌라이에게 말했다.

"먼저 상대를 제압하지 않으면 나중에 상대에게 제압을 당하는 법입니다. 지금 실기하면 다시는 기회를 잡을 수 없습니다."

쿠빌라이는 측근들의 의견을 따를 수밖에 없었다. 사실 훌라구는 첩보를 통해 친형 쿠빌라이와 친동생 아리크 부케가 패권 다툼을 벌이고 있음을 알고 있었다. 골육상잔을 벌이느니 차라리 중앙아시아에서 독립하여 대칸이 되는 것이 자신에게 유리하다고 판단하여 쿠릴타이에 참석하지 않았다. 그 후 그는 오늘날의 튀르키예·이란·이라크 등 지역에서 일 칸국의 창시자가 된다.

베르케도 이슬람교로 개종하고 킵차크 칸국을 통치하면서 훌라구와 대립했다.

쿠빌라이의 주도로 시작된 쿠릴타이는 24일 동안 진행되었다. 참석자 모두 만장일치로 쿠빌라이를 차기 대칸으로 추대했다. 그런데 대칸을 추대하는 의식이 몽골의 전통 방식과는 조금 달랐다.

쿠빌라이는 한족 봉건 왕조의 전통에 따라 즉위 직후 천하에 조서를 반포하고 '카안' 대신에 '짐(朕)' 또는 '황제'로 자신을 칭했으며 사망한 뭉케 카안을 선황제(先皇帝)로 칭했다. 또 몇 개월 후에 '중통(中統)'이라는 연호를 몽골 제국 최초로 사용했다. 이러한 일련의 한족 문명화 과정은 한족 출신의 책사들에 의하여 진행되었다. 쿠빌라이가 한족 문명의 세례를 받았기 때문에 가능한 일이었다.

이 시기부터 몽골 역사의 일부분이 점차 중국 역사의 일부분과 겹치기 시작한다.

쿠빌라이는 즉위 직후에 100명으로 구성된 사절단을 아리크 부케에게 보내 즉위식을 알리고 복종을 요구했다. 아리크 부케는 말자 상속의 전통을 근거로 친형의 즉위식을 인정하지 않았다.

그도 자기를 지지하는 세력을 끌어모았다. 차가타이의 손자 아루쿠(阿魯忽), 우구데이 카안의 손자 엘치(爾赤), 카이두(海都) 그리고 뭉케 카안의 아들 아수타이(阿速台)와 우룽타시(玉龍答失) 등이 아리크 부케를 지지했다. 중통 원년(1260) 4월 아리크 부케는 카라코룸에서 쿠릴타이를 열고 대칸의 옥좌에 앉았다.

이렇게 하여 몽골 제국에는 두 명의 대칸이 존재하게 되었다. 하늘에는 두 개의 태양이 존재할 수 없듯이, 두 사람은 명실상부한 대칸의 자리를 놓고 자웅을 겨루어야 했다.

당시 몽골 제국 동쪽 지역의 왕들은 쿠빌라이를 지지했고, 서쪽 지역의 왕들은 아리크 부케를 지지하는 세력과 쿠빌라이를 지지하는 세력으로 양분되어 있었다. 대체로 쿠빌라이는 중국의 중원 지역을 통제했고, 아리크 부케는 서역 지역에서 세력을 확장하는 형국이었다.

중통 원년(1260) 여름 쌍방의 군대는 감주(甘州: 감숙성 장액·張掖) 동쪽에서 접전을 벌였는데 쿠빌라이 진영이 승리했다. 섬서(陝西)와 사천(四川) 일대에서의 전투에서도 승리했다.

같은 해 겨울 아리크 부케의 군대는 서북방의 겸겸주(謙謙州: 러시아 예니세이강 중상류)로 철수했다. 쿠빌라이는 카라코룸을 점령하고 주치 카사르(칭기즈 칸의 친동생)의 아들인 예센게(也先哥)에게 지키게 했다. 또 차가타이의 증손인 아부시카(阿卜失合), 하사르(哈薩兒) 형제를 차가타이 칸국으로 보내 국정을 장악하게 했다.

하지만 아부시카 형제가 차가타이 칸국으로 가는 도중에 아리크 부케를 지지한 종왕, 아수다이(阿速帶: 뭉케 카안의 둘째아들)에게 잡혀 살해되었다.

아리크 부케는 차가타이의 손자 아루쿠를 차가타이 칸국으로 보내 나라를 다스리게 하고 자기에게 군수 물자를 제공하게 했다. 그는 또 쿠빌라이에게 사신을 보내 가을이 오면 그를 배알하러 가겠다고 했다. 일단 쿠빌라이에게 복종하는 척하면서 기회를 보아 다시 도전할 생각이었다.

중통 2년(1261) 가을 아리크 부케는 예센게가 카라코룸을 방비하지 않은 틈을 타서 카라코룸을 점령하고 중원 지방으로 진격했다. 아리크 부케가 아부시카 형제를 죽였으며 카라코룸을 습격하여 점령했다는 소식을 들은 쿠빌라이는 진노하여 친히 군사를 이끌고 아리크 부케를 토벌하러 떠났다.

양군은 시무토노르(昔木土腦兒: 몽골 수흐바타르주 남쪽)에서 조우하여 격전을 벌였다. 아리크 부케가 대패하여 겸겸주로 달아났다. 그를 따르던 많은 부하들은 쿠빌라이에게 투항했다.

아리크 부케는 궁지에 몰리자 아루쿠에게 여러 차례 사신을 보내 병력 지원을 요청했다. 아루쿠는 대세가 이미 쿠빌라이에게 기울고 있음을 감지하고 아리크 부케가 보낸 사신을 죽였다. 아리크 부케는 분노하여 아루쿠를 공격했으나 패배하고 말았다.

중통 3년(1262) 아루쿠는 정식으로 쿠빌라이를 지지하고 나섰다. 이 시기에 쿠빌라이와 아리크 부케의 싸움을 서역에서 관망하고 있던 훌라구와 베르케가 연이어 쿠빌라이를 지지한다는 의사를 밝혔다. 아리크 부케를 지원했던 뭉케 카안의 아들, 우룽타시도 쿠빌라이에게 귀부했다.

중통 5년 (1264) 7월 고립무원의 처지에 빠진 아리크 부케는 측근들을 거느리고 개평부로 가서 쿠빌라이에게 항복했다.

쿠빌라이가 그에게 물었다.

"너는 우리 두 사람 중에서 누가 대칸의 지위를 계승해야 이치에 맞는다고 생각하느냐?"

아리크 부케가 대답했다.

"이치대로 하자면 당연히 내가 계승해야죠. 하지만 지금은 형님이 이겼기 때문에 대칸으로 등극하는 게 옳다고 생각해요."

몽골인의 관습으로는 장자 계승이 아닌 말자 계승이 원칙이므로, 원래는 아리크 부케가 대칸이 되어야 했다. 그래서 그는 형님에게 그렇게 당당하게 말했다.

쿠빌라이는 아리크 부케 등 칭기즈 칸의 후손들은 살려주고, 그들의 부하들은 처형했다. 아리크 부케는 구금 생활을 하다가 투항한 지 2년 만에 사망했다. 독살을 당했다는 설도 전한다. 몽골 천하의 패권을 놓고 싸우다가 패배한 그는 자기 명을 다하지 못하고 죽을 수밖에 없는 운명이었을 것이다.

쿠빌라이는 몽골의 왕족과 귀족은 말할 것도 없고 중원의 한족 세력을 자신의 막부로 흡수하는 데 탁월한 능력을 발휘했다. 대체로 한족 지식인과 장수들은 한족 문명을 이해하고 존중하는 쿠빌라이를 천하 대란을 종식할 진정한 군주로 여기고 그에게 충성을 바쳤다. 더구나 쿠빌라이는 한족 백성을 탄압의 대상이 아닌 다스림의 대상으로 간주함으로써 중원의 풍부한 물자와 많은 인력을 얻을 수 있었다.

반면에 아리크 부케는 몽골인의 전통과 관습에서 벗어나지 못했다. 몽골인은 몽골 천하의 주인으로서 한족과 구별되는 몽골인의 생활 방식을 지켜야 한다고 생각했다. 그는 쿠빌라이에 비해 전투 경험이 부족했을 뿐만 아니라 유능한 책사들을 자기 수하에 두는 일도 실패했다.

뭉케 카안이 남송 정벌을 떠난 기간에 그는 몽골의 관습에 따라 한동안 카라코룸을 다스렸지만, 국가를 어떻게 다스려야 하는지 통찰하지 못했다. 뭉케 카안이 급서하자 그는 당연히 말자 계승의 원칙에 따라 자기가 대칸의 지위를 계승해야 한다고 생각했을 뿐이다. 그런 그가 오랜 세월 동안 대칸으로 등극하려는 야망을 품고 하루하루 실력을 쌓은 쿠빌라이의 적수가 되지 못한 것은 당연하다.

8. 이단의 반란을 평정하다

금나라 말기에 시장에서 말안장 재료를 팔던 양안아(楊安兒)가 산동 지방의 익도(益都: 산동성 청주·靑州)에서 무뢰한들을 모아 약탈을 일삼고 소요를 일으켰다. 금나라 조정은 주현의 관리들에게 무뢰한들을 소탕하게 했다.

그런데 양안아는 자진해서 투항하여 목숨을 건졌다. 금나라 군대에 예속된 그는 여러 차례 전공을 쌓아 방어사(防禦使)로 승진했다. 1211년 몽골군이 금나라를 침략하자 금나라 조정은 그에게 변방을 지키게 했다.

하지만 양안아는 병사들을 이끌고 계명산(雞鳴山: 하북성 탁록·琢鹿)으로 가서 수비하다가 고향 산동으로 달아났다. 얼마 후 그는 장여즙(張汝楫)과 함께 금나라에 반기를 들고 농민 반란을 일으켰다. 양안아는 자신을 따르는 농민군이 많아지자 금나라 군인과 구별하기 위하여 농민군에게 홍오(紅襖: 붉은 색의 저고리)를 입게 했다. 당시 사람들은 그가 이끄는 부대를 홍오군(紅襖軍)이라고 불렀다.

홍오군은 일시에 익도 등 여러 주현(州縣)을 장악하고 세력을 떨쳤다. 홍오군의 위세에 놀란 금나라 조정은 명장 복산안정(僕散安貞)에게 홍오군을 토벌하게 했다.

양안아는 익도에서 복산안정에게 패했지만, 산동의 등주(登州)·내주(萊州) 등지로 후퇴하여 다시 세력을 키웠다. 당시 유주(濰州: 산동성 유방·濰坊)에 이전(李全·1190~1231)이라는 자가 있었다. 철창(鐵槍)을 다루는 솜씨가 뛰어나, 사람들은 그를 이철창(李鐵槍)이라고 불렀다. 1213년 몽골군이 산동 지방을 침략했을 때 이전의 부모와 형이 몽골군에게 살해되었다. 복수를 맹세한 이전은 양안아의 수하에 들어갔다.

1214년 양안아는 자신을 따르는 병사가 10여만 명에 이르자 내주에서 감히 황제를 칭하고 연호를 천순(天順)으로 정했다. 하지만 양안아는 금나라 군대에 연전연패를 당한 끝에 배를 타고 바다로 도망가다가 죽었다.

이에 홍옥군은 거의 와해되었지만, 양안아의 여동생 양묘진(楊妙眞)이 잔당을 수습했다. 이 무렵에 이전은 평소에 정을 통한 양묘진과 결혼하여 홍옥군의 수령이 되었다.

1218년 이전은 남송에 귀부하여 금나라와 싸웠다. 남송 조정은 그를 무익대부(武翼大夫) 및 경동부총관(京東副總管)에 임명했다. 1226년 몽골군이 산동 지방을 침략했다. 이전은 청주성(靑州城)에서 1년여 동안 항거하다가 양식이 떨어져 군마를 잡아먹는 지경에 이르자 성문을 열고 투항했다.

우구데이 카안 시대에 그는 익도행성(益都行省) 장관에 등용되어 사실상 산동 지방을 다스리는 군벌로 성장했다. 1231년 그는 남송군과 싸우다가 전사했다. 익도행성 장관직은 그의 아들 이단(李璮)에게 세습되었다. 이단도 아버지처럼 산동 지방의 실질적인 통치자가 되어 30여 년 동안 권세를 누렸다.

당시 익도에 왕문통(王文統)이라는 자가 있었다. 그는 젊었을 때부터 권모술수에 관한 책을 즐겨 읽고 사람들에게 책략을 강론하는 일을 좋아했다. 금나라 말기에 관리가 되었으나 금나라가 망하고 몽골이 흥성하자 중원을 떠돌며 지방의 권력자들에게 자신의 정치적 식견을 유세했다.

어느 날 그는 이단을 만나 몽골과 남송이 대치한 국면에서 실리를 취하면 명실상부한 제왕으로 독립할 수 있다고 말했다. 이단은 귀가 솔깃하여 그를 자신의 막부에 머물게 하고, 아들 이언간(李彦簡)의 스승이 되게 했다. 얼마 후 왕문통은 딸을 이단에게 시집보냈다. 이렇게 왕문통과 이단은 장인과 사위의 관계가 되었다. 그 후 이단은 중요한 군사 행동을 할 때마다 항상 장인에게 조언을 구했다.

한편 쿠빌라이는 아리크 부케와 패권 다툼을 벌일 때 산동 지방을 다스리는 이단의 움직임에 민감하지 않을 수 없었다. 특별히 이단에게 강회 대도독(江淮大都督)이라는 관직을 별도로 하사함으로써 자기편으로 끌어들였다. 유병충·염희헌 등 한족 출신 관료들은 쿠빌라이에게 왕문통을 천거했다. 쿠빌라이는 왕문통을 중서성 평장정사에 임용했다.

이단은 왕문통과 은밀히 내통하면서 쿠빌라이 진영의 사정을 손금 보듯 환하게 파악했다. 중통 3년(1262) 2월 이단은 마침내 산동 지방에서 반란을 일으켰다. 현지에 주둔하고 있는 몽골군을 섬멸한 후 남송의 도성 임안(臨安)으로 사자를 파견했다. 연수현(漣水縣)의 대성(大城)·동성(東城)·서성(西城) 등 성(城) 세 개를 남송에 바치고 남송군과 연합하여 몽골군을 공격하자고 제안했다.

송이종 조윤은 이단의 세력을 이용하여 몽골군을 견제하고자 이단을 보신영무군절도사(保信寧武軍節度使)에 제수하고 제군왕(齊郡王)으로 책봉했다.

한편 이단의 반란 소식을 들은 쿠빌라이와 책사 요추가 대책을 의논했다.

"경(卿)의 의견은 어떠하오?"

"이단이 반란군을 이끌고 연경(燕京)을 공격하고 거용관(居庸關)을 장악한다면, 이는 그에게 상책(上策)이 될 것입니다. 송나라와 연합하여 변방에서 소요를 일으킨다면 중책(中策)이 될 것입니다. 제남성(濟南城)으로 출병하여 세후(世侯)들의 호응을 기다리면 하책(下策)이 될 것입니다."

"향후 반란군은 어떻게 행동할 것 같소?"

"이단은 필시 하책을 선택할 것입니다. 그는 지원병을 기다리다가 결국 생포될 것입니다."

요추는 이단의 입장에서 그가 어떻게 행동할지 세 가지로 예측했다. 아니나 다를까, 이단은 제남성에서 남송과 세후들의 지원군을 기다릴 뿐 적극적으로 몽골군과 맞서 싸우려고 하지 않았다. 그는 계속하여 남송 조정에 사신을 보내 지원군을 요청했다. 하지만 남송 조정은 강 건너 불구경하듯 모른 척했다. 애초에 이단을 이용할 생각뿐이었기 때문이다.

세후들도 쿠빌라이에게 복종하는 것이 그들의 이익을 보장받는 길이었으므로 이단에 호응하지 않았다. '세후'란 원나라 시대에 한족 출신으로서 만호·천호·백호 등을 통치하는 지방의 군벌이다.

중통 3년(1262) 4월 쿠빌라이는 몽골인과 한인으로 조직한 군대를 동원하여 이단의 반란을 토벌하게 했다. 중서성 우승상 사천택(史天澤·1202~1275), 동평만호(東平萬戶) 엄충범(嚴忠范) 등 한족 출신 장수들이 토벌군을 지휘했다.

사천택은 한족이었으나 칭기즈 칸 시대에 몽골에 투항하여 수많은 전공을 쌓은 명장이었다. 쿠빌라이는 그를 절대적으로 신임하여 중서성 우승상 관직에 임용한 것이다.

토벌군은 제남성을 물샐틈없이 포위했다. 이단은 성안에서 몇 개월을 버티다가 탈출할 가망이 없음을 깨닫고 대명호(大明湖: 산동성 제남·濟南에 있는 호수)로 투신했지만, 물의 깊이가 낮아서 빠져 죽지 않고 생포되었다.

엄충범이 이단에게 반란을 왜 일으켰냐고 호되게 심문하자 이단이 대답했다.

"내가 거병하면 당신도 호응한다고 약속하지 않았는가. 그런데 어찌하여 약속을 지키지 않았는가?"

그의 말에 당황한 엄충범은 칼로 그를 찔렀다. 이단이 죽지 않고 사천택을 노려보자 사천택이 말했다.

"너는 황제의 은총을 받았는데도 어찌 반란을 일으켰느냐?"

이단이 가쁜 숨을 몰아쉬면서 대답했다.

"당신은 나에게 서찰을 보내 함께 군사를 일으키자고 하지 않았소? 이
제 와서 약속을 저버린 이유가 무엇이오?"

분노한 사천택은 부하들에게 이단의 팔다리를 자르고 심장을 도려내
며 몸을 토막 내도록 했다. 이단은 사지가 갈기갈기 찢겨 죽었다.

사천택 등 한인 장수들이 이단을 그처럼 잔인하게 서둘러 죽인 이유
는, 이단이 쿠빌라이에게 끌려가면 자기들도 살아남을 수 없음을 두려워
했기 때문일 것이다. 그들이 정말로 거병하여 중원에서 몽골족을 몰아내
고 한족 왕조를 세우려고 했는지 알 수 없지만, 몽골 제국에 반감을 지니
고 있었던 것은 분명하다.

이단의 반란은 반년도 못되어 진압되었지만, 쿠빌라이는 자신이 그토
록 믿었던 한족 출신의 장수와 관료도 배신자가 된 사실에 큰 충격을 받
았다. 왕문통 등 이단의 반란과 관련된 자들을 색출하여 살해했다. 또 유
병충·염희헌 등 왕문통을 천거한 관리들과 좌고우면한 세후들의 죄는 불
문에 부쳤지만, 그들을 예전처럼 믿지 않았다.

쿠빌라이는 이단의 반란을 진압한 후 크고 중요한 지역인 '대번(大藩)'
을 다스리는 자는 그의 아들이 대번의 정치에 참여할 수 없게 했다. 그리
고 아버지와 아들이 함께 벼슬아치를 하는 경우는 아들을 사직하게 했으
며, 제후와 총병의 경우는 그들의 아들들이 군대에 관한 일을 맡지 못하

게 했다. 또 민간인이 사병과 무기를 소지하는 것도 엄격하게 금했다.

지원 2년(1265) 쿠빌라이는 특별한 조서를 반포했다.

"몽골인은 각 노(路)의 다루가치로, 한인(漢人)은 총관(總管)으로, 회회인 (回回人)은 동지(同知)로 충당함을 영원히 변치 않는 제도로 결정한다."

쿠빌라이 시대에는 지방 최고의 행정 기관인 행중서성(行中書省)을 설치했으며, 그것의 아래에 노(路)·부(府)·주(州)·현(縣) 등 4단계 행정 조직을 별도로 두었다.

원래 다루가치는 칭기즈 칸 시대에 설립한 관직이다. 몽골 제국의 지방이나 정복지에서 군정·행정·민정 등을 감독하는 감독관 역할을 했다. 나중에는 지방 행정 조직인 노(路)의 행정과 군권을 관장하는 장관이 되었다. 정복지에서는 총독 노릇을 했는데, 고려 후기에 원나라에서 파견한 다루가치가 고려의 내정을 사사건건 간섭한 일이 실례(實例)가 된다.

쿠빌라이는 다루가치는 몽골인만이 될 수 있게 법으로 정했다. 한족은 주로 행정 실무에서, 회회인은 재정 분야에서 다루가치를 보좌하게 했다. 이는 훗날 신분을 몽골인·색목인·한인·남인 등 4등급으로 나누는 시발점이 되어 인종과 민족 간의 많은 갈등을 야기하였다. 이단의 반란이 규모는 작았지만, 원나라 시대의 계급 갈등에 큰 영향을 끼친 것이다.

9. 한족의 제도를 수용하고 원나라를 건국하다

쿠빌라이는 몽골 역사상 중통(中統)이라는 연호를 최초로 반포한 직후인 1260년에, 황제 중심의 중앙집권체제를 완성하기 위하여 한족의 행정

제도를 모방하여 중서성(中書省)을 설립했다.

한(漢)나라 때 처음 설치한 중서성은 수·당(隋·唐)에 이르러 중앙 정부 최고의 행정 기관으로 발전하였으며 전국의 행정 사무를 총괄했다. 중서성의 최고위직은 중서령(中書令)이며 주로 황태자가 명예직으로 겸직했다. 중서령 아래에 우승상·좌승상·평장정사 등 관직을 두었다. 두 승상과 평장정사가 사실상 재상의 직무를 수행했다.

그리고 두 승상 아래에 우승·좌승·참지정사 등을 두어 부상(副相)으로 삼았다. 또 중서성 아래에 이부·호부·예부·공부·형부·병부 등 육부를 설치했으며, 상서와 시랑에게 정무를 분담하게 했다.

쿠빌라이는 처음에 한족 출신 왕문통(王文統)을 평장정사에, 장문겸(張文謙)을 좌승에 임명하여 중서성의 업무를 관장하게 했다. 앞서 언급했듯이 왕문통은 이단의 반란에 연루되어 살해되었다.

쿠빌라이는 한족 출신 관료들에 대한 의심을 거두지 않았지만, 한족의 봉건왕조 제도가 여전히 자신의 권력을 강화하기에 가장 유리하다고 보았다. 또 중통 4년(1263)에 금나라와 송나라의 제도를 모방하여 추밀원(樞密院)을 설치하고 전국 군대의 일을 관장하게 했다.

중통 5년(1264) 쿠빌라이는 아리크 부케의 항복을 받아낸 직후에 조서를 반포했다.

"천명에 순응하는 자는 오로지 지극한 정성(精誠)을 다해야 하며, 백성을 구제하는 일에서는 그들에게 실질적인 이익을 주는 것보다 더 나은 것은 없다. 짐은 덕행이 부족하지만, 역대 선황제들이 이룩한 대업과 복록을 계승하였다. 하지만 내란은 아직 종식되지 않았으며, 다른 나라를 정벌하는 일도 끝나지 않았다. 이러한 내우외환이 어찌 하루 만에 끝나겠는가. 이미 5년의 세월이 흘렀다. 짐은 하늘과 땅이 부여한 강인함에 의지하고 게다가 조종(祖宗)이 전해 준 복록을 입게 되었다. 이제 짐과 뜻을 같이 하는 인사들이 모두 상도(上都)에 모였다."

"짐은 약간의 성공을 이루었지만, 어찌 조금이라도 방심할 수 있겠는가. 근래에 별자리 모양이 이상하며, 비가 제때 내리지 않는다. 이러한 현상들은 위정자들이 정치를 잘못하여 생기는 하늘의 경고이다. 백성들에게 무슨 잘못이 있겠는가. 이에 짐은 새로운 법령을 반포함으로써 어진 정치를 널리 베풀고자 한다. 부르카(不魯花)·쿠차(忽察)·투만(禿滿)·아리차(阿里察)·투휘스(脫火思) 등은 황실 집안에 재앙을 일으켰다. 짐은 태조 황제(칭기즈 칸)께서 제정한 법령에 의하여 그들에게 형벌을 내렸다. 지금 천하에 대사면을 반포하며 연호를 중통 5년에서 지원(至元) 원년으로 바꾼다."

쿠빌라이는 덕행은 부족하지만, 천명과 조상의 복록을 받아 황제가 될 수밖에 없었다는 정당성을 밝혔다. 그리고 자신은 만백성의 안락한 삶을 보장해야 할 책임이 있으므로 한시라도 방심하지 않겠다고 다짐했다. 이제 반란을 일으킨 무리를 처단했으니, 천하에 대사면을 반포하고 국정 분위기를 쇄신하기 위하여 연호를 바꾼다는 설명이다.

이 조서의 내용과 형식은 역대 한족 왕조의 제왕들이 등극할 때 반포하는 조서와 유사하다. 물론 쿠빌라이의 한족 출신 신하들이 작성한 조서였을 것이다. 쿠빌라이는 그들에 의하여 몽골 제국의 대칸에서 중국의 황제로 화려하게 변신했다.

금나라의 유명한 장수 장종(張琮)의 아들, 장웅비(張雄飛)는 금나라가 망할 무렵에 부모를 잃고 떠돌이 생활을 하다가 연경에 정착했다. 그는 머리가 무척 영리하여 짧은 기간에 몽골어와 다른 소수 민족의 언어를 배워

능통했을 뿐만 아니라 학문적 식견도 깊었다.

지원 2년(1265) 그는 염희헌의 천거로 쿠빌라이를 배알할 수 있었다. 쿠빌라이는 그의 재능을 높이 평가하여 그를 동지평양로전운사사(同知平陽路轉運司事)에 임용했다. 평양로(平陽路)는 산서성 임분(臨汾)을 중심으로 1부(府)·6현(縣)·9주(州)를 관장하는 규모가 큰 행정 기관이다. 장웅비는 관리들의 부패를 척결하고 민생 안정에 주력하여 큰 호응을 얻었다.

어느 날 쿠빌라이가 처사 나영(羅英)에게 "누가 크게 쓰일만한 인재인가?"라고 물었다. 나영은 "장웅비가 진정한 재상감이다."라고 대답했다. 그의 말에 공감한 쿠빌라이는 역리(驛吏)에게 장웅비를 도성으로 오게 했다. 쿠빌라이는 장웅비에게 당면한 시무(時務)가 무엇이냐고 물었다.

장웅비가 대답했다.

"황태자는 천하의 근본이므로 하루빨리 황태자를 결정하여 인심을 얻어야 합니다. 길거리의 가난한 백성들은 가산이 기껏해야 곡식 몇 말뿐입니다. 그들이야 어찌 후계자가 있어야 할 필요성을 느끼겠습니까? 하지만 천하는 지극히 크고 사직은 지극히 중요합니다. 만약 황태자를 빨리 세우지 않는다면, 이는 좋은 계책이 아닙니다. 예전에 선황제(뭉케 카안)께서 이런 이치를 알고 계셨다면, 폐하께서 지금 혼란한 상황에 직면했겠습니까?"

쿠빌라이가 침상에서 벌떡 일어나 말했다.

"경이 참으로 옳은 말을 했소."

사실 쿠빌라이도 친동생 아리크 부케와 피비린내 나는 권력 다툼을 벌인 아픔이 있었다. 만약 아버지 뭉케 카안이 자신을 미리 황태자로 책봉했다면 골육상잔의 비극은 없었을 것이다. 몽골 제국은 말자 상속의 전통이 있었지만, 명문화(明文化)된 것이 아니었기 때문에 형제지간의 갈등을 피할 수 없었다.

쿠빌라이는 한족 왕조의 장자 계승의 원칙이 가장 합당하다고 생각했다. 이에 따라 황태자를 책봉하는 원칙과 의례를 제정하고 황태자가 거주하는 동궁을 지었다. 이는 몽골 제국에서 최초로 후계자를 법률에 의거하여 결정하는 계기가 되었다.

하지만 쿠빌라이가 집권을 시작했을 때는 법률과 제도가 제대로 정비되지 않았고 관료 조직이 부패했으며 행정 효율도 아주 낮았다.

지원 5년(1268) 어느 날 쿠빌라이가 장웅비와 강효경(江孝卿)을 대전으로 불러들이고 말했다.

"지금 관직을 맡고 있는 자들은 대부분 능력이 부족하여 정사(政事)가 나날이 피폐해지고 있소. 이는 마치 거대한 집이 무너지려고 하는데 뛰어난 장인(匠人)이 아니면 고칠 수 없는 상황과 같소. 경들은 이 일을 맡을 수 있겠소?"

강효경은 능력이 부족하여 대임을 맡을 수 없다고 사양했다.
장웅비가 아뢰었다.

"옛날에 어사대(御史台)라는 관청이 있어서 천자의 귀와 눈 역할을 했습니다. 무릇 정치의 득실과 백성의 고통은 모두 어사대에서 사실 그대로 말할 수 있었습니다. 또 관리들이 간사하고 부패하여 직무를 제대로 수행하지 못하면, 어사대에서 그들을 탄핵했습니다. 지금 다시 어사대를 설치하면, 기강이 바로 서고 천하가 잘 다스려질 것입니다."

쿠빌라이는 어사대를 설립하게 하고, 예전에 승상을 했던 타가차르를 어사대부로, 장웅비를 시어사로 임명하고 두 사람에게 특별히 당부했다.

"이제 경들은 어사대의 고위 관리가 되었으니 직언을 직무로 삼아야 하오. 짐은 경들의 군주로서 올바르지 못한 행위를 하면, 경들은 반드시 적극적으로 짐에게 간언해야 하오. 하물며 관리들이 잘못하면 더 말할 나위가 있겠는가. 경들은 마땅히 짐의 의도를 알아야 하오. 사람들이 경들을 시기하더라도, 짐은 결코 의심하지 않고 지지하겠소."

쿠빌라이의 이런 열린 마음과 언로 창달 의지에, 장웅비는 감격해 마지않았다. 그 후 장웅비는 쿠빌라이 시대에 청렴하고 직언을 아끼지 않는 관리로 자리매김했다.

쿠빌라이가 정식으로 원나라를 건국하기 전에 몽골 제국의 중심은 카라코룸이었다. 하지만 쿠빌라이의 집권 세력은 이미 중원 지방에서 뿌리를 내렸기 때문에, 오늘날 몽골의 어워르항가이 주(州)의 하르허링 군(郡)에 위치한 카라코룸은 제국의 수도(首都)로 적합하지 않았다. 쿠빌라이의 막부가 있던 개평부도 마찬가지였다.

뭉케 카안 시대인 1252년에 장군 파도로(霸都魯)가 쿠빌라이에게 이런 건의를 했다.

"유연(幽燕)의 땅은 용이 서려 있고 호랑이가 웅크리고 앉아 있는 모습의 천하 명당입니다. 형세가 웅장하여 남으로는 장강(長江)과 회하(淮河) 유역을 통제할 수 있으며, 북으로는 북방의 사막과 연결됩니다. 게다가 천자는 반드시 천하의 중심에 거주하면서 사방 속국 왕들의 조공을 받아야 합니다. 대왕께서 천하를 경영하고 싶다면, 임시 거처는 연(燕) 지방이 아니면 안 됩니다."

유연은 오늘날 하북성 북부·천진·북경·요녕성 등 지역을 지칭한다. 특히 연(燕)나라의 도성이었던 북경은 아주 오랜 세월 동안 중국의 북방과 남방을 연결하는 정치·경제·군사·문화의 중심지였다.

중통 원년(1260) 쿠빌라이는 황제로 등극한 직후에 상도(上都: 이전의 개평부)를 도성으로 삼았다. 하지만 상도는 북쪽에 치우쳐 있어서 중원 지방을 통치하기에 불리했다. 중통 5년(1264) 쿠빌라이는 연경(燕京: 북경)을 중도(中都)로 개칭하고 배도(陪都)로 삼았다.

지원 4년(1267) 쿠빌라이는 유병충 등 신하들의 건의를 수용하여 중도로 도성을 옮길 것을 결정했다. 아울러 유병충과 아랍 출신의 유명한 건축가인 아미르 앗 딘(Amīr al-Dīn)에게 새로운 도성을 짓게 했다. 유병충은 유교와 불교에 정통한 학자이기도 했다. 『주례(周禮)·고공기(考工記)』와 『주역(周易)』 중의 음양팔괘 원칙에 근거하여 도성을 설계했으며, 아미르 앗 딘이 시공(施工)을 주도했다.

지원 9년(1272) 마침내 도성의 근간이 완성되자, 쿠빌라이는 중도를 대도(大都)로 개칭하고 수도로 정했으며 아울러 상도를 배도로 삼았다. 이 시기부터 북경은 원나라·명나라·청나라 그리고 오늘날의 중화인민공화국에 이르기까지 중국의 명실상부한 수도로 자리매김한다.

쿠빌라이는 대도를 수도로 정하기 1년 전인 지원 8년(1271) 12월 18일에 새로운 국가를 건국한다는 조서를 반포했다.

다음은 이른바 「건국호조(建國號詔)」의 일부 내용이다.

"우리 왕조의 태조성무황제(太祖聖武皇帝: 칭기즈 칸)께서는 천명(天命)을 따라 천자의 부서(符瑞)를 손에 쥐고 북방의 초원 지대에서 일어났다. 뛰어난 무공(武功)으로 제왕의 대업을 성취함으로써 위엄과 명성을 천하에 떨치고 강토를 아득히 먼 곳까지 넓혔다. 자고이래로 우리 왕조의 강토보다 넓은 강토를 다스린 왕조는 없도다."

"근래에 이르러 원로 중신들은 조정(朝庭)에 와서 이미 건국의 대업을 이루었으므로 조속히 천추에 길이 남을 국명(國名)을 결정해야 한다고 상주하고 있다. 이는 고대의 제도에 따르면 지극히 당연한 일이다. 짐의 마음도 어찌 이와 다르겠는가. 지금 국호를 대원(大元)으로 결정한다. 이는 『역경(易經)』 중의 '참으로 크구나, 건원(乾元)이여!'라는 구절에서 취했다."

쿠빌라이가 중통 원년(1260)에 황제로 등극한 지 11년 만에 마침내 원나라를 개국했다. 이 시기부터 몽골 제국은 원나라가 되어 중국 역사의 일부분으로 편입한다. 아울러 중국 역사의 일부분도 몽골 역사로 편입한다.

쿠빌라이는 몽골 제국의 제5대 카안이자, 원나라의 개국 황제가 된다. 중통 원년을 기준으로 하면, 그는 1260년부터 지원 31년(1294)까지 34년 동안 원나라를 통치했다. 그의 묘호(廟號)는 원 세조(元世祖: 이하 쿠빌라이를 원 세조로 칭함)이다.

10. 남송을 멸망시키고 중국을 통일하다

1260년 원 세조가 연호 중통(中統)을 반포한 직후에, 한림원시독학사 학경을 국신사(國信使)의 자격으로 남송에 보냈다. 송이종에게 자신이 황제로 등극했음을 알리고, 1259년에 가사도와 맺었던 화친 조약을 이행하라고 촉구할 목적이었다.

당시 남송 조정은 가사도가 좌지우지했다. 송이종은 그가 정말로 악주성에서 몽골군을 물리친 구국의 영웅으로 생각하고 그에게 전권을 부여했다.

가사도는 학경 일행이 임안에 당도하면 자기가 한 거짓말이 하루아침에 들통이 날 수밖에 없음을 알고 두려워했다. 송이종이 아무리 그를 총애하고 신임했더라도 국가 존망의 위기에서 황제를 속인 죄는 죽음을 피할 수 없었다. 그는 수단과 방법을 가리지 않고 학경 일행을 저지해야 했다.

학경 일행이 진주(眞州: 강소성 의정·儀征)에 이르렀을 때 가사도는 회동제치사(淮東制置司)에게 몽골군이 변경을 침입한 사건을 구실로 삼아 그들을 구금하게 했다.

졸지에 진주에서 발이 묶이게 된 학경은 송이종에게 여러 차례 서찰을 보내 방문 목적을 알렸다. 하지만 가사도가 중간에서 번번이 서찰을 가로채는 바람에 무위로 돌아갔다.

어느 날 송이종은 북방에서 사신이 왔다는 이야기를 풍문으로 듣고 가사도에게 물었다.

"북조(北朝)에서 사신이 왔다는데 서로 화친을 맺는 일을 의논해야 하지 않겠소?"

"화친을 논하자는 것은 저들의 간교한 계략일 뿐입니다. 어찌 풍문을 믿고 쉽게 따르겠습니까?"

송이종은 가사도의 말을 철석같이 믿고 몽골 침략에 대비하지 않았다. 한편 원 세조는 여러 달이 지났는데도 학경 일행이 돌아오지 않자, 다시 사신을 보내 학경의 행방을 수소문하게 했다. 또 가사도의 농간으로 학경의 소재를 파악할 수 없었다.

양성(穰城: 하남성 등주·鄧州) 출신인 유정(劉整)은 금나라 말기에 남송에 투항하여 경호제치사(京湖制置使) 조방(趙方)의 휘하에서 금나라를 물리치는 데 많은 전공을 세웠다.

나중에 태중대부 및 형부상서 관직에 오른 조방이 임종 직전에 아들 무안절도사 조규(趙葵)에게 이런 당부를 했다.

"유정은 재기(才氣)가 넘치는 자이므로 그를 중용해서는 안 된다. 적당한 기회에 그를 죽여서 후환을 남기지 말아야 한다."

조방은 유정이 의지가 굳세고 지모가 뛰어나서 언젠가는 송나라에 위해를 가할 위험인물로 보았기 때문에 아들에게 그렇게 말했다. 하지만 조규는 아버지의 유언을 따르지 않았다. 유정은 맹공(孟珙)·이증백(李曾伯) 등 남송의 명장, 신하들의 휘하에서 혁혁한 전공을 세웠다. 송이종은 그의 공적을 인정하여 경정(景定) 원년(1261)에 그를 노주지부(瀘州知府) 겸 동천로안무부사(潼川路安撫副使)로 임용했다.

유정의 부하 장수들은 그의 출세를 시기하여 그가 금나라에서 귀부한 북방 출신이라고 비아냥거렸다. 유정의 직속상관이자 명장인 여문덕(呂文德)도 그를 시기했다.

여문덕은 유정이 전공을 세우면 감추고 조정에 보고하지 않았다. 유정은 여문덕의 처사에 분노했다. 두 사람 간의 갈등이 나날이 깊어졌다. 여문덕은 유정과 사이가 나쁜 유흥(俞興)을 사천제치사(四川制置使)로 임용하여 유정을 해칠 음모를 꾸몄다. 또 가사도에게 은밀히 선을 대어 유정을 제거하지 않으면 큰 불행이 닥칠 거라고 말했다.

유정도 눈치를 채고 평소에 자기를 지지한 강만재(江萬載)·향사벽(向士璧)·조세웅(曹世雄) 등 대신, 장수들에게 억울함을 호소하고자 임안 조정으로 측근을 보냈다.

하지만 가사도와 갈등을 빚은 강만재는 사직하고 고향으로 낙향했으며, 향사벽과 조세웅은 가사도의 흉계에 걸려 옥중에서 사망했다. 유정은 조정에서 자기를 변호할 대신들이 없게 되자 경정 원년(1261) 6월에, 노주(瀘州)의 15군(郡) 30만 호(戶)를 이끌고 몽골군에 투항했다.

원 세조는 유정의 투항 소식을 듣고 천군만마를 얻은 것 같은 기쁨을 느꼈다. 그 후 유정은 성도(成都), 동천(潼川) 등 사천 지방에서 남송군을 격멸한 공로를 인정받아, 지원 3년(1266)에 소무대장군(昭武大將軍) 및 남경로선무사(南京路宣撫使)로 승진했다.

다음 해 유정은 원 세조에게 남송 정벌에 대한 책략을 올렸다.

"송나라를 평정하려면 먼저 양양(襄陽: 호북성 양양)을 점령해야 합니다. 양양을 취한 후 한수(漢水)에서 장강(長江)으로 진출하면, 송나라를 정복할 수 있습니다."

당시 남송은 장강을 방어선으로 삼고 몽골군과 대치하고 있었다. 장강 연안의 전략 거점 도시로는 상류의 중경(重慶), 중류의 악주(鄂州), 하류의 건강(建康: 강소성 남경)과 양주(揚州)가 있었다.

악주의 서북쪽에 자리 잡은 양양은 장강 중류의 전초기지 역할을 했다. 유정의 책략을 받아들인 원 세조는 먼저 양양을 공격하여 장강 중류를 돌파하기로 결정했다.

원 세조는 지원 5년(1268)부터 우량카다이의 아들 아술, 유정 등 장수들에게 양양을 공격하게 했다. 한수 남쪽 구릉지의 양양은 삼면이 강으로 둘러싸인 천혜의 요새였다. 송나라 조정은 경서안무부사(京西按撫副司) 여문환(呂文煥)을 그곳에 보내 지키게 했다. 그리고 한수 북쪽 구릉지에는 양양과 강을 사이에 두고 마주 보고 있는 번성(樊城)이 있었다. 번성도 남송의 정예군이 지키고 있었다.

아술과 유정은 양양과 번성을 여러 달 동안 포위 공격했으나 함락하지 못했다. 두 사람은 수군(水軍)에서 열세임을 인정하고 배 5천여 척을 건조하고 수군 7만여 명을 훈련하여 끊임없이 공격했다. 남송군은 결사 항전했다. 지원 8년(1271) 원나라가 건국된 후에도 양국 간의 치열한 전투는 끝나지 않았다.

지원 10년(1273) 원나라 장수 아리카이아(阿里海牙)가 서역에서 가지고 온 회회포(回回砲: 지레의 원리를 이용한 투석기의 일종)로 번성을 맹렬히 포격하여 함락했다. 여문환은 조정에 급보를 띄워 지원군을 요청했다.

당시 송나라 황제는 송도종(宋度宗) 조기(趙禥·1240~1274)였다. 그는 경정(景定) 5년(1264)에 병으로 사망한 송이종 조윤보다 더 우매한 군주였다. 모든 국정을 가사도에게 일임하고 오직 주색과 사치만을 탐닉했다. 양양에서 전해 온 급보는 모두 그의 수중으로 들어갔다.

어느 날 송도종은 양양에서 급히 지원군을 요청한다는 소문을 듣고 가사도에게 그 진상을 물었다.

가사도가 말했다.

"북조(北朝)의 병사들이 이미 퇴각했는데 누가 감히 그런 유언비어를 퍼뜨린답니까?"

송도종은 궁녀에게 들은 얘기라고 말했다. 가사도는 즉시 그 궁녀를 찾아내어 살해했다. 이처럼 황제가 우매하고 가사도가 농간을 부리며 아무런 대책도 세우지 않자, 상황을 보다 못한 대신들은 격론 끝에 영강군 절도사(寧江軍節度使) 고달(高達)을 보내 여문환을 구원하려고 했다.

하지만 고달과 여문환은 원한 관계였고, 가사도가 여문환을 두둔하는 바람에 고달을 보내기가 쉽지 않았다. 여문환은 고달이 지원병을 이끌고 올지도 모른다는 첩보를 듣고 즉시 조정에 대승했다고 거짓 보고함으로써 그가 오는 것을 막았다.

이처럼 남송 조정에서 내분이 일어나 대신들이 우왕좌왕하고 있을 때 아리카이아는 회회포로 바윗돌을 쏘아 양양성 망루를 파괴했다. 양양성이 혼란에 휩싸였다. 적지 않은 병사들이 성벽을 넘어 원나라 군대에 투항했다. 여문환은 성안의 군민들을 독려하며 필사적으로 저항했다.

원 세조는 여문환에게 투항을 권고하는 서찰을 보냈다.

"너희들은 고립무원의 양양성에서 항전한 지 5년이나 되었구나. 너희들이 군주를 위하여 사력을 다해 싸우는 것은 당연하다. 하지만 대세가 이미 결정되었고 원조마저도 끊긴 상황에서, 너희들은 어찌 무고한 백성 수만 명의 생명을 돌보지 않을 수 있겠는가. 만약 너희들이 투항한다면 너희들을 사면하여 죄를 묻지 않을 뿐만 아니라, 관직도 하사하겠다."

여문환은 아무런 반응도 보이지 않았다. 예전에 유정이 양양성 아래에서 여문환에게 투항을 권고하다가 여문환이 쏜 화살에 맞아 부상 당한 적이 있었다. 유정은 양양성을 파괴하고 여문환을 생포하여 전공을 과시하고 싶었다. 하지만 아리카이아는 황제의 뜻을 받들어 여문환 같은 맹장은 죽이지 않고 끝까지 회유하여 항복을 받아내야 한다고 주장했다. 그는 친히 양양성 아래로 달려가 여문환에게 원 세조의 뜻을 거듭 전했다.

양양행성랑중(襄陽行省郎中) 장전진(張庭珍)도 투항을 권유했다.

"우리 군대는 공격하면 점령하지 못한 곳이 없다. 지금 너는 외부에서 구원병 한 명도 오지 않는 상황에서 성안에 고립되어 있다. 상황이 이러한데도 너는 필사적으로 싸워서 허망한 명성을 추구하려고 한다. 성안의 모든 사람은 너의 부질없는 만용 덕분에 목숨을 잃게 되었다. 너는 속히 투항하여 무고한 백성들을 구해야 한다."

결국 여문환은 아들과 함께 성문을 열고 투항했다. 원 세조는 그를 양한대도독(襄漢大都督)으로 임명했다. 5년이나 끌었던 양양성 공방은 결국 이렇게 끝났다.

훗날 여문환은 원나라 군대의 선봉에 서서 남송을 멸망시키는 데 맹활약을 한다. 인생 말년에 강회행성우승(江淮行省右丞) 관직까지 승진하여 부귀영화를 누리다가 죽었다.

한편 남송 조정의 대신들은 양양성이 원나라군의 수중에 들어갔다는 소식을 듣고 큰 충격에 빠졌다. 이제 원나라군이 장강 연안을 따라 악주·지주(池州)·건강(남경)·임안(항주) 도성으로 진격하면 종묘사직이 무너지지 않을까 두려웠다.

일부 대신들은 패배의 원인을 따지고 대책을 세워야 한다고 했다. 하지만 가사도는 그들의 주장을 무시하고 오히려 반대 세력을 탄압하는 데 골몰했다.

지원 11년(1274) 6월 원 세조는 좌승상 바얀(白顏·1336~1295)과 평장정사 아술에게 20만 대군을 이끌고 임안을 향해 총공세를 개시하게 했다.

20만 대군이 원정을 떠나기 전에, 원 세조는 바얀 장군에게 특별히 당부했다.

"옛날에 조빈(曹彬)이라는 장수만이 강남을 큰 혼란 없이 평정했다고 들었소. 경이 무고한 백성을 죽이지 않고 강남을 얻는다면, 과인의 조빈이 될 것이오."

1252년 여름 원 세조가 대리국 정벌을 떠나기 전에 책사 요추가 그에게 한 충고를 정확하게 기억했다. 송 태조 조광윤이 조빈에게 무고한 백성을 함부로 죽이지 말게 했듯이, 자기도 바얀에게 똑같은 당부를 했다.

원 세조는 치국의 도를 잘 알고 있었으며, 대제국을 통치하기 위해서는 민심을 얻는 일이 무엇보다도 중요하다는 것을 깊이 깨닫고 있었다.

당시 남송에서는 송도종이 과도한 주색잡기로 34세의 나이에 세상을 떠났다. 그의 둘째 아들 송공제(宋恭帝) 조현(趙㬎·1271~1323)이 황위를 계승했는데 나이가 겨우 세 살이었다.

황제가 어리면 태황태후나 황태후가 일정 기간 수렴청정을 하는 것이 관례였다. 송이종의 황후였던 태황태후 사도청(謝道淸·1210~1283)이 대신들의 간곡한 권유를 뿌리치지 못하고 대임을 맡았다.

원나라군은 바얀과 아술이 한수에서 장강을 따라 진격하고, 여문환은 수군의 선봉에 섰다. 지원 11년(1274) 12월 바얀이 이끄는 원나라군은 청산기(靑山磯: 호북성 무한·武漢 동북쪽)에서 장강을 건너 연전연승을 거듭하며 동쪽으로 진격했다.

다음 해 3월 바얀은 장강 최대의 전략 거점인 건강을 점령했다. 같은 해 7월 원 세조는 바얀에게 임안 공격을 명령했다. 바얀은 건강에서 임안을 향해 파죽지세로 진격했다.

이보다 앞서 가사도가 이끄는 남송군은 지주(池州: 안휘성 귀지·貴池) 하류의 정가주(丁家洲)에서 바얀의 원나라군에게 궤멸당했다. 가사도가 양주(揚州)로 달아나자 우승상 진의중(陳宜中)이 사태황태후에게 가사도의 죄상을 밝히고 그를 죽여야 한다고 상소했다.

사태황태후가 말했다.

"가사도는 삼대(三代: 송이종·송도종·송공제)의 조정에서 부지런히 일한 원로 중신이오. 그가 한 시대의 죄를 지었다고 해서, 어찌 그에게 원로 중신에 대한 예우를 거둘 수 있겠소?"

사태황태후는 인품이 후덕했지만 우유부단한 성격이었다. 가사도가 저지른 죄상을 보고받고도 그를 단죄하지 못하고 주요 관직에서 물러나게 하는 것으로 사태를 마무리했다.

하지만 가사도를 탄핵하는 상소가 빗발쳤다. 조정에서 고립무원의 처지에 빠진 가사도는 목숨을 부지하고자 자진해서 고향으로 돌아가겠다고 하여 사태황태후의 승낙을 받았다. 신하들이 또 거세게 반발했다.

좌승상 왕약(王爚)이 사태황태후에게 아뢰었다.

"본조(本朝)의 권세 있는 신하들 가운데 가사도보다 많은 재앙을 일으킨 자는 아직 없습니다. 신하·백성들이 그를 탄핵하는 상소를 얼마나 많이 올렸는지 모를 지경입니다. 그런데도 태황태후께서는 진상을 덮고 그를 처벌하지 않고 있습니다. 이는 태황태후께서 다만 언로(言路)를 무시하는 것에 그치지 않습니다. 장차 천하의 백성들에게 어떻게 사죄하겠습니까?"

결국 가사도는 무주(婺州)·순주(循州)·장주(漳州) 등지로 유배 다니다가 그에게 원한을 품은 회계현위(會稽縣尉) 정호신(鄭虎臣)에게 살해당했다.

얼마 후 바얀의 원나라군이 임안을 압박했다. 도성의 관리들이 신분을 숨기고 달아나는 사태가 빈번했다. 사태황태후는 참담한 심정을 억누르지 못하고 조당(朝堂)에 방문(榜文)을 내걸게 했다.

"우리나라는 300여 년 동안 사대부들을 우대했다. 지금 나와 어린 황제가 많은 고난을 겪고 있는데도, 너희들은 직위고하를 막론하고 모두 계책 한 가지라도 내어 국난을 극복하고자 하는 노력을 하지 않고 있다. 도성의 관리는 관직을 버리고 달아나며, 지방의 관리는 관인을 남에게 맡기고 성읍을 포기하고 있다. 그들은 모두 국난을 피해 구차한 목숨을 구걸하고 있으니, 어찌 사람의 도리를 다 한다고 할 수 있겠는가. 또 어찌 죽어서 지하에 계신 선황제들을 뵐 낯이 있겠는가. 천명은 아직 바뀌지 않았으며, 국법은 여전히 존재하고 있다. 관부에서 직무를 성실히 수행하는 자에게는 상서성에서 한 차례 녹봉을 지급하겠으며, 국가를 배신하고 달아난 자는 어사대에서 그의 죄상을 조사하여 보고하라!"

송나라는 유달리 문신(文臣)을 우대한 왕조이다. 여느 왕조보다도 과거 급제를 통하여 정계에 진출한 사대부들이 왕권(王權)에 비견할만한 신권(臣權)으로 국가를 다스리는 주도 세력이었다. 송나라가 망한 이유 가운데 한 가지는 문(文)을 지나치게 숭상하고 무(武)를 경시했기 때문이다.

사태황태후는 송나라가 문신들을 특별 대우했는데도 누구 한 명 백척간두의 위기에 빠진 국가를 구하려고 하지 않는 것에 대한 불만을 드러냈다. 그녀의 간절한 호소는 끝내 무위로 끝났다.

사태황태후는 최후의 수단으로 원나라와 종속 관계를 맺음으로써 국난을 극복하고자 했다. 바얀에게 사자를 보내 송나라가 스스로 원나라의 조카를 칭하고 조공을 바치겠으니 사직만은 지키게 해달라고 간청했다. 이 간청이 받아들여지지 않으면 손자를 칭할 수 있고, 손자를 칭하는 것도 받아들여지지 않으면 신하를 칭하겠다고 애원했다.

바얀이 사자에게 말했다.

"너희 나라는 어린아이에게서 천하를 얻었고 또 어린아이에게서 천하
를 잃었다. 그 이치가 이러한데, 아직도 무슨 말이 더 필요한가?"

송 태조 조광윤은 후주(後周·951~960)의 일곱 살에 불과한 어린 황제 시
종훈(柴宗訓·953~973)을 폐위시키고 송나라를 건국했다. 이제 우리가 너희
들의 어린 황제를 폐위시키고 다시 새로운 나라를 세우는 것은 너희들의
업보가 아닌가. 그런데도 너희들은 또 무슨 구차한 이야기를 하는가. 참
으로 정곡을 찌르는 말이었다. 남송의 애원에 가까운 간청은 무시되었다.

지원 13년(1276) 정월 바얀의 원나라군은 임안 동북쪽 고정산(皐亭山)에
진주했다. 사태황태후는 우승상 진의중을 바얀에게 보내 최후의 담판을
벌이고 싶었다. 원나라에 항복하겠으니 역대 황제들의 제사라도 모실 수
있게 해달라고 애원할 생각이었다. 하지만 진의중은 바얀을 상대할 자신
이 없었다. 정무를 내팽개치고 온주(溫州)로 달아나버렸다.

사태황태후는 충신 문천상(文天祥·1236~1283)을 우승상으로 임명한 후 바
얀에게 보내 다시 화의를 청하게 했다. 문천상은 원나라 장수들의 위협
에 조금도 굴하지 않고 쌍방 간의 동등한 입장에서 협상해야 한다고 주장
했다. 그의 정정당당한 태도에 놀란 바얀은 그를 가두고 원나라 도성으로
압송하게 했다.

사태황태후는 문천상이 북으로 끌려갔다는 소식을 듣고 더 이상 희망
이 없음을 깨달았다. 지원 13년(1276) 2월 그녀는 어린 황제 송공제를 품에
안고 궁궐의 상희전(祥曦殿)에서 바얀에게 투항했다.

같은 해 5월 송공제 일행은 대도(大都)로 끌려갔다. 원 세조는 송공제를

죽이지 않고 영국공(瀛國公)으로 책봉했다. 사태황태후는 수춘군(壽春郡) 부인으로 강등되었다.

한편 사태황태후가 투항하기 직전에, 일부 신하들은 익왕(益王) 조하(趙昰·1269~1278)와 광왕(廣王) 조병(趙昺·1272~1279)을 모시고 남부 지방 복건성(福建省)으로 달아났다. 육수부(陸秀夫), 장세걸(張世杰) 등 신하들은 복주(福州)에서 조하를 황제로 옹립했다. 조하가 송나라의 제17대 황제인 송단종(宋端宗)이다. 육수부 등은 어린 황제를 모시고 남검주(南劍州)를 거점으로 저항을 시도했다.

하지만 원나라군은 복건·광동 일대를 유린하며 진격해왔다. 육수부 등은 천주(泉州)·조주(潮州)·혜주(惠州) 등 남서부 지역으로 쫓겨 다니며 유랑하는 처지가 되었다.

지원 15년(1278) 3월 조하가 유랑 도중에 사망했다. 육수부 등은 남해의 외딴섬 강주(碙州)에서 또 나이 겨우 7세에 불과한 조병을 황제로 옹립했다. 조병이 송나라의 제18대 황제이자 마지막 황제인 송소제(宋少帝)이다. 그들은 조병을 모시고 신회(新會)의 애산(崖山: 광동성 신회현 남쪽 해안)으로 달아났다.

원 세조는 도원수 장홍범(張弘範)에게 남송의 잔당을 소탕하게 했다. 같은 해 11월 장홍범은 광주(廣州), 장주(漳州) 등의 지역을 점령했다.

당시 남송의 마지막 희망이었던 문천상의 군대도 광동성 조양(潮陽)에서 궤멸당했다. 문천상은 원나라군 천호 왕유의(王惟義)에게 생포되었다. 용뇌(龍腦)를 삼키고 자살을 시도했으나 뜻대로 되지 않았다.

장홍범은 그가 얼마나 충직하고 백성들의 존경을 받는 인물인지 잘 알고 있었다. 진심으로 그를 설득하여 원 세조의 신하가 되기를 바랐다.

"승상은 망한 송나라 황제에게 충성을 다하고 의리를 지켰소. 이제 마음을 바꾸어 원나라 황제를 섬긴다면 재상의 지위를 잃지 않을 것이오."

문천상이 눈물을 흘리며 대답했다.

"국가가 망국의 위기에 처해 있는데도 신하된 자가 국가를 보위할 수 없으면 죽어서도 여죄가 있는 것이오. 어찌 감히 딴마음을 품고 구차하게 살아가기를 바라겠소?"

장홍범도 그의 충절에 감동하여 차마 그를 죽이지 못하고 대도로 압송했다. 원 세조는 문천상이 왔다는 소식을 듣고 흥분을 감추지 못했다. 그는 오래전부터 문천상을 자기 신하로 중용하고 싶었다. 문천상에게 예의를 갖추고 마음을 바꿀 것을 여러 차례 종용했다. 감옥에 갇힌 그를 3년 동안 설득했지만, 그의 마음을 바꿀 수 없었다.

지원 20년(1283) 송나라 유민들과 연계되어 있다는 혐의를 받고 있던 문천상을 원 세조가 친히 국문했다.

"당신이 원하는 것은 무엇이오?"

"저는 송나라 황제의 두터운 은혜를 입었습니다. 제가 송나라 재상으로서 어찌 성씨가 다른 임금을 섬길 수 있겠습니까? 저를 죽이시면 그것으로 만족하겠습니다."

원 세조는 끝까지 그를 설득하고 싶었다. 하지만 신하들의 빗발치는 요청을 거절하지 못하고 그를 죽이게 했다. 오늘날 문천상과 육수부 그리고 장세걸은 송나라 말기의 3대 충신으로 추앙받고 있다.

지원 16년(1279) 정월 장홍범은 애산을 공격하여 남송의 잔존 세력을 완전히 소탕했다.

장세걸은 작은 배를 이용하여 조병을 모시고 탈출을 시도했다. 하지만 육수부는 조병이 원나라군에게 잡혀 치욕을 당하는 것을 원치 않았다. 그는 어린 황제를 등에 업고 절벽에서 바다로 투신했다.

송나라 최후의 황제는 세상 물정을 알기에는 너무나 어린 나이에 충신 육수부의 등에 업혀 바다로 사라졌다. 송 태조 조광윤이 960년에 송나라를 건국한 지 319년 만에 송나라는 역사 속으로 사라졌다. 결국 광활한 중국 대륙은 칭기즈 칸의 손자, 원 세조 쿠빌라이에 의해 몽골인의 차지가 되었다.

11. 파스파 문자를 반포하고 지폐를 발행하다

1253년 원 세조가 육반산에서 티베트 라마교의 지도자 파스파의 설교에 감복하여 부인 차브이 등과 함께 수계(受戒)하여 라마교 신자가 되었다. 중통 원년(1260) 원 세조는 파스파를 국사(國師)로 모시고 그에게 중원 지방의 불교를 관장하게 했다. 이 시기부터 라마교(티베트 불교)는 원나라의 국교로 발전했다.

원 세조는 또 파스파에게 새로운 몽골 문자를 만들어 달라고 특별히 부탁했다. 파스파는 티베트 문자 등을 참고하고 여러 민족의 언어에 능통한 상가(桑哥·?~1291)의 도움을 받아 네모 모양의 몽골 문자를 창제했다. 이 문자를 '파스파 문자'라고 칭하기도 하는데, 자음과 모음 41개로 구성된 표음 문자이다.

지원 6년(1269) 원 세조는 파스파 문자를 공식 문자로 반포했다. 이 문자를 만든 목적은 원나라 지배 아래에 있는 모든 민족의 언어를 표기하기 위해서였다. 훗날 세종대왕이 훈민정음을 창제할 때 이것을 참고했다는 설도 있다.

원 세조는 파스타의 공로를 인정하여 그에게 '제사(帝師)'라는 존칭을 하사했다. 그 후 파스파 문자는 원나라의 쇠망에 따라 사라졌지만, 전성기에는 각 민족의 언어를 통합하는 수단으로 활용되었다.

원 세조는 또 지원 6년(1269)에 세계 화폐 역사에서 기념비적 업적물인 '중통원보교초(中統元寶交鈔)'라는 지폐를 발행했다. 칭기즈 칸 시대에 몽골은 은(銀)을 화폐로 사용했다. 은은 화폐로서 절대적 가치가 있지만 대량으로 유통하는 데 가벼운 종이돈보다는 불편했다. 원 세조는 금·은·동 등 귀금속은 정부에서 독점하고, 지폐를 공식 화폐로 사용하게 함으로써 일거양득을 얻었다.

하지만 사람들이 종이돈의 가치를 이해하지 못하자, 원 세조는 은본위제(銀本位制)를 채택하여 중통원보교초를 관부에서 은 가격에 근거하여 은으로 교환해주었다. 이에 따라 원나라 상인들뿐만 아니라 외국 상인들도 이 종이돈의 가치를 인정하고 무역 거래에 사용했다. 원나라 이전 송나라 시대에도 지폐가 존재했다고는 하지만, 지금까지 실물로 남아 있는 지폐 가운데 가장 오래된 것은 이것이다.

『동방견문록』의 저자 마르코폴로(Marco Polo·1254~1324)가 원 세조 시대에 원나라를 여행하면서 이 지폐를 처음 보고 경탄을 금치 못했다고 한다. 당시 서양 사람들은 섬유질 재료로 돈을 만든다는 생각을 미처 하지 못했기 때문이다.

12. 칭기즈 칸 후예들의 반란을 진압하다

원 세조는 몽골인이었지만 몽골 제국 카안의 자리에 만족하지 않고 중국의 명실상부한 황제로 등극하고 싶었다. 그는 한족 문명의 사상적 근간인 유가 사상을 적극적으로 수용하고 유생들을 책사로 활용했다. 유가 사상의 관점에서 볼 때 왕조의 정통성은 천명에 의하여 제왕으로 등극한 자가 국가를 세운 후 그의 자손이 대를 이어 가는 것에 있다. 그 왕조의 역대 제왕들을 모신 태묘(太廟)가 정통성의 상징이 된다. 따라서 태묘를 건립하고 제사를 지내는 일은 국가의 가장 중요한 사업이자 행사이다.

원 세조는 중통 3년(1262)에 공자를 기리는 선성묘(宣聖廟)를 건립하여 유가 사상을 공식적으로 수용했다. 중통 4년(1263)에는 중도(中都)에 원나라 최초의 태묘를 건립한 후 신주(神主) 7위(位)를 봉안했으며, 아울러 칭기즈 칸의 묘호를 태조(太祖)로 추존하고 제사를 지냈다.

이 시기부터 몽골 황족의 종실 제사는 중원 한족 왕조의 전통 예법과 의례에 의하여 진행되었다. 이는 원 세조에 의하여 몽골의 전통 문화가 한족 문화로 변질하는 과정 가운데 한 가지 구체적인 사례가 된다.

하지만 칭기즈 칸의 직계 후손들은 원 세조가 한족 문명을 수용한 것에 불만이 많았다. 그들은 광활한 초원 지대에서 약육강식에 익숙한 자들이었다. 힘의 논리가 지배하는 쿠릴타이에서 결정하면 반드시 따라야 했다. 공자를 운운하는 원 세조가 그들의 눈에는 몽골의 전통을 말살하고 자신들의 영지를 빼앗는 배신자로 보였다.

지원 6년(1269) 우구데이 카안의 손자이자 우구데이 칸국의 카이두(海都·1234~1301) 칸, 차가타이 칸국의 파라(八剌) 칸, 킵차크 칸국의 망게 테무르(忙哥帖木兒) 칸 등 칭기즈 칸의 후손들이 각자의 병사들을 거느리고 탈라스 강(Talas River: 키르기스스탄과 카자흐스탄의 국경 지역을 흐르는 강) 유역에서 회합했다. 그들은 원 세조와 일 칸국의 아파카(阿八哈) 칸에 대항하고자 동맹을 결성하고 카이두 칸을 대칸으로 추대했다.

카이두 칸이 원 세조에게 사자를 보내 항의했다.

"우리 몽골 제국의 풍습은 한족의 법률과 다르오. 하지만 당신은 한족의 땅에 머물면서 도읍과 성곽을 건설하며 한족의 법률로 의례와 각종 제도를 정비하고 있소. 도대체 무슨 이유 때문인가?"

카이두 칸은 평소에 몽골 제국 대칸의 계승권이 우구데이 카안에서 툴루이 칸의 아들들에게 넘어간 것에 불만을 품고 있었다. 우구데이 카안의 손자인 자신이 대칸이 되어야 한다고 생각했다. 그는 원 세조가 몽골인의 정체성을 망각하고 몽골을 한족 문명화하는 것을 구실로 삼아 반란을 일으킨 것이다. 우구데이 칸국과 우호 관계를 유지한 차가타이 칸국과 킵차크 칸국도 반란에 호응했다.

원 세조는 넷째아들 북평왕(北平王) 노무간(那木罕)을 아력마리(阿力麻里: 신강성 곽성현·霍城县 서북쪽의 극간평원·克干平原)로 파견하여 반란군을 평정하게 했다. 노무간은 먼저 파라 칸의 반란군을 진압했다. 하지만 카이두 칸은 파라 칸의 아들 두아(都哇)를 차가타이 칸국의 새로운 칸으로 세우고 세력을 확장했다.

지원 12년(1275) 원 세조는 종정부(宗正府)의 다루가치 시반(昔班)을 카이두 칸에게 보내 복종을 요구했으나 거절당했다. 얼마 후 우구데이 카안의 손자 후쿠(火忽)가 반란을 일으켜 카이두 칸의 반란군에 합류했다. 카이두 칸은 천산산맥 이남의 타림 분지 지역을 장악했다.

노무간은 혼자의 힘으로는 카이두 칸의 반란군을 진압할 수 없었다. 원나라 조정에 사자를 보내 지원군을 요청했다. 당시 원 세조는 남송 정벌에 여념이 없었다. 북방의 반란을 진압하지 못하면 남송 정벌도 성공할 수 없는 상황이었다. 지원 12년(1275) 그는 우승상 안동(安童)을 노무간에게 보내 돕게 했다.

뭉케 카안의 넷째아들 시레기(昔里吉)는 원래 아리크 부케의 편에 서서 원 세조와 싸웠다. 그는 아리크 부케가 패배하자 원 세조에게 투항했다. 원 세조는 그를 처벌하지 않고 하평왕(河平王)으로 책봉했다. 아리크 부케의 장남 멜릭 테무르(明里帖木兒)와 둘째 아들 요무쿠르(藥木忽兒)도 왕으로 책봉되었다.

원 세조는 자기 조카들이자 황금 가족의 핵심인 그들을 우대함으로써 황실의 단결을 도모했다. 노무간이 반란군을 정벌하러 떠날 때 그들도 함께 가게 했다. 사촌 형제들끼리 힘을 모아 반란군을 진압하고 우애를 다지라는 의미였다.

지원 13년(1276) 뜻밖에도 시레기, 아리크 부케의 두 아들 등이 아력마리에서 반란을 일으켰다. 그들은 생포한 노무간과 안동을 카이두 칸의 반란에 참여한 킵차크 칸국으로 압송하고 지원을 요청했으나 거절당하자, 상도(上都)로 진격하여 약탈을 자행했다.

원 세조는 남송 정벌에 나선 바얀 장군에게 북상하여 시레기의 반란군을 진압하게 했다. 바얀 장군은 악이혼하(鄂爾渾河) 강변에서 반란군을 대파하고 상도를 수복했다. 그 후 시레기는 반란군 내부의 싸움에서 패배하여 원나라 조정에 압송된 후 절해고도에서 죽었다.

나얀(乃顏·?~1287)은 칭기즈 칸의 친동생 테무게 옷치긴의 현손(玄孫)이자 동도(東道) 왕들의 우두머리인 타가차르의 손자이다. 그는 원나라 동부 지역을 세습 봉토로 받아 다스렸다. 동도의 왕들 가운데 가장 강력한 군대를 보유하고 있었다. 그는 중국의 황제가 된 원 세조를 인정하지 않고 독립하여 몽골의 대칸이 되고 싶었다.

지원 24년(1287) 그는 동도의 왕들과 함께 반란을 일으켰다. 서부의 카이두 칸도 서도(西道)의 왕들과 동맹을 맺고 원나라 동북부와 서북부에서 협공을 시도했다.

다음 해 나얀의 반란군이 상도 일대를 유린했다는 첩보를 들은 원 세조는 73세의 고령임에도 불구하고 친히 40만 대군을 이끌고 반란군 평정에 나섰다.

나얀도 12만 대군을 거느리고 살아도로(撒兒都魯: 내몽골 내만기·奈曼旗 남쪽)에서 결전을 준비했다. 양군의 격렬한 싸움은 원 세조의 승리로 끝났다. 원 세조는 반란군을 진압하고 도망간 나얀을 붙잡아 극형에 처했다. 반란에 가담한 동도의 왕들도 모조리 처형되었다.

원나라 조정은 요동(遼東) 지방 곳곳에 행중서성(行中書省)을 설치하여 나얀 등 동도의 왕들이 다스렸던 지역을 중앙 정부의 관할 아래 두었다.

하지만 원 세조는 끝내 카이두 칸의 반란을 진압하지 못하고 지원 31년(1294)에 향년 79세를 일기로 파란만장한 삶을 마감했다.

원 세조는 원나라를 건국하여 대제국의 위대한 황제가 되어 중국을 지배했으며 칭기즈 칸의 후손들이 건국한 국가들을 통제했다. 하지만 그가 사망한 후에는 우구데이 칸국과 차가타이 칸국은 원나라와 형식적인 주종 관계를 유지했을 뿐이며, 킵차크 칸국과 일 칸국은 원나라의 간섭에서 벗어나 독립 국가로 발전했다.

원나라 역사는 「건국호조(建國號詔)」를 반포한 지원 8년(1271)년을 기준으로 하면 97년 동안 유지되었다. 한나라·당나라 등 다른 왕조에 비하여 역사가 상대적으로 짧은 이유는 한화(漢化)된 중원의 몽골인이 고비사막 이북의 몽골인과 서로 융합하지 못했고, 또 중원 지방의 한족과 장강 이남의 남인을 차별했기 때문이다.

남송 말기의 애국 시인 사방득(謝枋得·1226~1289)은 원 세조의 거듭된 출사(出仕) 요청을 거부하고 굶어 죽었다. 그는 원나라가 사람의 신분을 관(官: 고위 관리)·이(吏: 하급 관리)·승(僧: 승려)·도(道: 도사)·의(醫: 의사)·공(工: 노동자)·장(匠: 기술자)·창(娼: 기생)·유(儒: 유생)·개(丐: 거지) 등 10등급으로 나누어 차별한다고 비난했다.

유생(儒生) 신분은 8등급의 몸을 파는 기생보다 낮고 제일 천한 신분인 10등급의 거지보다 한 등급 위였다.

원 세조가 한족의 법률과 제도를 도입하고 유학자들을 등용하여 정치에 활용했지만, 사회 저변에 깔린 한인(漢人)에 대한 차별은 여전히 심각했다.

이를테면 몽골인이 아무런 이유 없이 한인을 구타해도 한인은 대응할 권리가 없었으며, 한인을 때려죽이면 변방으로 쫓아내고 유가족에게는 장례 비용을 지급하면 그만이었다. 그리고 한인 관리는 몽골인이 저지른 잘못을 처벌할 수 없었으며, 한인과 남인은 무기와 말을 보유할 수 없었다. 심지어 관중 앞에서 공연을 벌이는 일, 밤중에 돌아다니는 일, 사냥·집회 등도 금지되었다. 때에 따라서는 그들은 밤중에 등불을 밝히는 일도 할 수 없었다. 만에 하나 그들이 음모를 꾸며 반란을 일으키지 않을까 걱정했기 때문이다. 원나라 시대에 한인과 남인의 처지가 얼마나 비참했는지 짐작할 수 있다. 이런 신분 차별이 원나라 사직을 100년도 못 채우고 무너지게 했다.

13. 고려를 복속시키고 정복 전쟁을 일으키다

고려 고종 18년(1231) 우구데이 카안이 살리타이 장군에게 고려를 처음으로 침략하게 한 이후, 고종 46년(1259)에 뭉케 카안이 사망할 때까지 28

년 동안, 몽골은 고려를 무려 아홉 번이나 침략했다. 몽골은 천하무적의 기병으로 유라시아대륙을 유린하여 수많은 국가를 정복했지만, 동방의 작은 나라인 고려는 끝내 정복하지 못했다. 물론 고려도 왕조의 질서가 붕괴할 정도로 엄청난 피해를 입었다.

1259년 고려 왕세자 왕전(王倎·1219~1274)이 참지정사 이세재(李世材)·추밀원부사 김보정(金寶鼎) 등 40여 명으로 구성된 사절단을 이끌고 연경(燕京)으로 떠났다. 연경에 도착한 직후에 뭉케 카안이 사천 지방에서 남송군과 싸우고 있다는 이야기를 듣고 대칸의 행재소가 있는 육반산으로 갔다. 그곳에서 기다리고 있다가 뭉케 카안이 돌아오면 사신 업무를 수행할 계획이었다. 그런데 뜻밖에도 뭉케 카안이 조어성에서 사망했다는 소식을 들었다.

양국 간의 평화 협정을 체결하기 위하여 만 리 길도 마다하지 않고 찾아온 왕전은 크게 당황했다.

'과연 누가 차기 대칸으로 등극할까. 누구에게 신하의 예를 갖추어야 양국 간의 평화를 보장받을 수 있을까.'

그는 고려의 왕세자로서 선택을 잘못하면 몽골이 또 군사를 일으켜 고려를 침략할지 모른다는 생각에 모골이 송연했다. 당시 원 세조와 아리크 부케는 대칸의 자리를 놓고 치열하게 싸우고 있었다. 왕전과 동행한 신하들은 여러 가지 정보를 취합하여 분석한 끝에 원 세조가 승리할 것으로 확신하고 그에게 신하의 예를 갖추기로 결정했다.

왕전은 몽골인들에게 원 세조를 지지한다는 입장을 공개적으로 표명하고 서둘러 남하하여 1259년 윤(閏) 11월에 양초(梁楚)의 교외에서 원 세조를 배알했다. 왕전과 수행원들은 모두 고려의 관복을 착용하고 원 세조에게 정식으로 신하의 예를 갖추었다.

감격해 마지않은 원 세조가 말했다.

"고려는 만 리 밖에 있는 나라가 아닌가. 옛날에 천하의 영웅이라던 당 태종도 고려를 복속시키지 못했는데 지금 고려의 세자가 자발적으로 나를 찾아와 귀부했구나. 이는 하늘의 뜻이 아니겠는가."

왕전이 원 세조를 찾아가 신하의 예를 갖춘 사건은 양국에 엄청난 영향을 끼쳤다. 고려는 이때부터 원나라를 상국으로 인정하고 신하를 칭하여 전쟁의 재앙을 피할 수 있었다. 원 세조는 아리크 부케와의 패권 다툼에서 고려의 귀부를 이용하여 천명이 자기에게 있음을 확신했다.

조량필(趙良弼)·염희헌(廉希憲) 등 원 세조의 막료들은 고려에 우호 정책을 펴고 왕전을 특별 대우해주어야 한다고 건의했다. 원 세조는 그들의 건의를 수용했다. 원 세조와 왕전은 함께 연경으로 돌아왔다.

왕전은 연경에서 아버지 고종 왕철(王瞮·1213~1259)이 붕어했다는 소식을 들었다. 다음 해 원 세조는 개평부에서 왕전을 고려의 왕으로 책봉하고 고려로 돌아가게 했다. 왕전은 즉위 직후에 이름을 왕식(王禃)으로 개명했다. 그가 고려 제24대 왕 원종(元宗)이다.

원 세조는 왕식을 고려로 보낼 때 속리대(束里大)를 고려의 다루가치로 임명하고 왕식을 호송하게 했다. 이 시기부터 고려는 평화를 얻었지만, 원나라의 간섭을 피할 수는 없었다.

지원 11년(1274) 원 세조는 원나라와 고려의 혼인 동맹을 결성하기 위하여 자기 딸, 쿠틀룩 케미시(忽都魯揭里迷失·1259~1297)를 당시 대도에 인질로 있던 고려 세자 왕심(王諶·1236~1308)에게 시집보냈다. 훗날 왕심이 고려 제25대 국왕인 충렬왕(忠烈王)이며, 이름을 왕거(王昛)로 개명했다.

그의 부인 쿠틀룩 케미시는 사후에 원나라에서는 제국대장공주(齊國大長公主)로 추증되었으며, 고려에서는 장목인명왕후(莊穆仁明王后)와 인명태후(仁明太后)로 추증되었다. 충렬왕부터 고려의 역대 왕들은 원나라의 공주 또는 종실의 딸과 혼인했으며, 고려는 원나라의 부마국(駙馬國)이 되었다.

원나라는 지원 3년(1266)부터 지원 10년(1273)까지 일본에 다섯 차례 사신을 파견하여 귀부를 요구했다. 일본의 가마쿠라 막부(鎌倉幕府)가 귀부 요구를 거절하자, 원 세조는 부마국(駙馬國)이 된 고려에 정동행중서성(征東行中書省)을 설치하고 일본 침략을 준비하게 했다. 원나라와 고려의 연합군은 지원 11년(1274) 제1차 침략, 지원 18년(1281)에 제2차 침략을 단행했지만, 태풍 등 자연재해와 가마쿠라 막부의 거센 방어를 뚫지 못하고 두 차례 모두 실패했다.

원 세조는 일본 이외에도 베트남·태국·미얀마·캄보디아·인도네시아 등 동남아의 여러 국가를 침략했다. 캄보디아 등 일부 국가는 원나라의 속국이 되었지만, 베트남은 원나라의 세 차례나 되는 침략을 끝까지 막아냈다.

14. 마르코 폴로의 원나라 여행이 동서 문명의 교류를 촉진하다

원 세조의 대외 확장 정책은 주변 국가들과 많은 마찰을 빚었지만, 원나라가 세계 경제와 무역의 중심 국가로 자리매김하게 한 것은 의심할 여지가 없다. 당시 유럽 국가들은 육로와 해로를 개척하여 동방의 대제국 원나라와 직접 교류하기를 간절히 바랐다. 그들은 원나라를 세상에서 가장 부유한 제국으로 간주하고 원나라와 무역을 하면 엄청난 이익을 얻을 수 있다고 생각했다. 또 그들의 정신적 지주였던 로마 교황은 가톨릭교

원나라 역대 황제 평전

를 원나라에 전파하고자 하는 열망이 무척 강했다. 이미 오래전부터 선교사들을 몽골에 파견하여 포교 활동을 했다. 유럽 사람들은 경제적 이익과 포교 활동을 위하여 생명의 위험을 무릅쓰고 동방으로 떠났다.

마르코 폴로(Marco Polo·1254~1324)는 이탈리아 베네치아 공화국의 한 무역상인 가정에서 태어났다. 그의 아버지 니콜로 폴로(Niccolo Polo)와 숙부 마테오 폴로(Matteo Polo)는 그가 태어나기 직전에 중계 무역을 하고자 실크로드로 떠났다.

니콜로 폴로 형제는 킵차크 칸국에서 무역을 하고 귀국길에 부하라(우즈베키스탄 부하라주의 주도·州都)에서 일 칸국의 사신 일행을 만나 함께 몽골로 들어갔다. 중통 연간(1260~1264) 니콜로 폴로는 상도(上都)에 머무르고 있으면서 황제로 즉위한 원 세조 쿠빌라이에게 유럽 각국의 사정을 소개했다.

원 세조는 유럽 문명이 고도로 발전했으며 로마 교황이 유럽의 왕들을 다스린다는 얘기를 듣고 교황에게 큰 관심을 가졌다. 얼마 후 그는 니콜로 폴로 형제를 이탈리아 로마 교황에게 파견하여 수학·천문·지리 등 학문에 정통한 학자·기술자·선교사 등 100명을 원나라에 보내달라고 요청했다. 그리고 원 세조의 생모 소르각타니 베키가 가톨릭교 신자였으므로 니콜로 폴로 형제에게 가톨릭 의식에 필요한 성유(聖油)를 가지고 오게 했다.

그 후 니콜로 폴로 형제는 수많은 고난과 온갖 우여곡절을 겪은 끝에 지원 12년(1275)에 상도로 돌아와 원 세조를 배알할 수 있었다. 그때 아버지를 따라온 마르코 폴로는 19세의 건장한 청년이었다.

원 세조는 교황이 보낸 예물과 국서를 받고 크게 기뻐했으며 니콜로 폴로 형제와 마르코 폴로에게 관직을 하사하고 궁궐에 머물게 했다. 마르코 폴로는 머리가 영특하여 몽골어와 한어를 빠르게 익혔다.

원 세조는 호기심이 무척 많은 황제였다. 수시로 마르코 폴로에게 베네치아에서 동유럽·아랍·페르시아·중앙아시아 등 지역을 거쳐서 원나라로 들어오는 여정 중에 본 각국의 기이한 풍습과 풍물을 이야기하게 했다. 마르코 폴로의 생동감 있는 묘사는 원 세조의 호기심을 풀어주었다.

마르코 폴로는 대도에서 황제의 말벗이 되어 주기도 하고 외국과 관계된 사무를 처리하기도 했다. 원 세조는 마르코 폴로를 무척 총애했다. 마르코 폴로는 황제의 어명을 받들어 원나라의 수많은 성읍(城邑)은 말할 것도 없고 원나라와 주종 관계를 맺고 있거나 교류하고 있는 미얀마·베트남·인도네시아·인도·스리랑카 등 여러 나라들을 방문하여 사신 업무를 수행했다. 그가 직접 보고 들은 각국의 사정을 황제에게 낱낱이 보고했다. 그는 17년 동안 원나라에서 거주하면서 황제의 눈과 귀가 되었으며 그에게 충성을 다했다.

지원 29년(1292) 마르코 폴로 부자는 복건성 천주(泉州)에서 일 칸국으로 시집가는 공주와 수행원 1천여 명을 태운 거대한 배 14척을 이끌고 항해에 나섰다. 그들은 공주를 일 칸국의 칸에게 보내는 일 이외에도 프랑스·영국·폴란드 등 유럽 국가에 원나라의 국서를 전달하는 대임도 맡았다.

그들은 거친 파도가 몰아치는 바닷길과 풍토병이 만연하는 육지에서 대부분 사망했으며, 마르코 폴로 일행 18명만이 가까스로 일 칸국에 도착했다. 1295년 마르코 폴로는 고향 베네치아에 돌아왔다.

당시 베네치아 공화국과 제노바 공화국 간에 전쟁이 났다. 베네치아 함대 소속이었던 마르코 폴로는 패배하여 감옥에 갇혔다. 그는 감옥에서 만난 전기 작가 루스티치아노(Rusticiano)에게 자기가 원나라 등 여러 나라에서 경험한 일을 기록하게 했다. 그렇게 해서 탄생한 책이『동방견문록』이다.

이 여행기는 주로 원나라가 얼마나 부유한 제국이며 도시들이 얼마나 화려한지 설명하고 있다. 마르코 폴로는 세상에서 가장 규모가 큰 도시는 원나라 대도(大都)이며, 가장 아름다운 도시는 항주(杭州)라고 했다. 그는 지나치게 원나라를 미화하여 오늘날 여행기의 내용이 사실이 아닐 수 있다는 의심을 받기도 한다.

1324년 마르코 폴로는 중병에 걸려 병석에서 일어나지 못했다. 그가 임종을 앞두고 친구들은 여행기 가운데 사실이 아닌 부분은 삭제하는 게 좋겠다고 충고했다.

그의 대답은 이러했다.

"나는 아직 내가 직접 보고 들은 것을 절반도 쓰지 못했네."

『동방견문록』은 서양 사람들에게 중국을 최초로 소개한 책이다. 그 내용의 사실 여부를 떠나서, 이 여행기가 세계사에 미친 영향은 엄청났다. 서양 사람들은 중국에는 금은보화가 산더미처럼 쌓여있다는 소문을 듣고 목숨을 걸고 해로를 개척하여 중국으로 향했다. 서양의 대항해 시대는 인도를 거쳐 중국으로 들어가려는 욕망에서 시작되었다. 원 세조가 외래 문명에 강한 호기심을 느끼고 개방 정책을 적극적으로 시행한 것은 서구 문명이 발전하게 된 원인 가운데 한 가지가 되었다고 생각한다.

유목 민족의 평균 수명이 농경 민족보다 짧다는 것을 감안하면, 79세에 세상을 떠난 원 세조는 천수를 누린 군주였다. 그는 몽골인임에도 중원의 한족 문명과 티베트 불교를 적극적으로 받아들였다. 유학은 그에게 국가를 다스리는 방법을 알려주었으며, 불교는 그에게 깨달음을 통하여 성불할 수 있다는 종교관을 가지게 했다. 그는 몽골인 특유의 강자만이 세상을 지배할 권리가 있고, 약자는 강자에게 복종해야 하는 동물적 인생관과는 거리가 먼 군주였다.

성품이 잔인하지 않고 도량이 넓으며 지략이 뛰어난 것이 그를 위대한 군주로 만든 가장 큰 원인이었겠지만, 지식인들을 우대하고 그들의 가르침을 따른 것도 그를 성공한 군주로 만들었다.

『원사』에서는 그를 이렇게 평가했다.

"원 세조는 도량이 넓었으며 유능한 인재를 적재적소에 기용하고 유가의 학술을 활용했다. 또 그는 중원 문명으로 미개한 민족을 변화시켰으며 도덕과 기율을 바로 세웠다. 그가 한 시대에 이루어 놓은 업적은 참으로 크다."

고려 후기에 원나라를 방문하여 문인들과 교유한 고려 문신, 이제현(李齊賢·1287~1367)도 원 세조를 평가했다.

"원 세조는 사해를 통일하고 고상한 유학자들을 등용했다. 그의 시대에 제정한 헌장(憲章)과 문물(文物)은 모두 중화의 옛것을 복원한 것들이다."

원 세조는 선대의 대칸들이 세운 몽골보다 더 광대하고 강대한 대제국을 이룩하고자 했다. 원나라는 천하의 중심이며 자기는 황제 중의 황제라는 자부심이 대단히 강했다. 주변 국가들이 복종하지 않으면 서슴지 않고 침략 전쟁을 일으켰다. 하지만 그가 일으킨 전쟁이 모두 승리로 끝난 것은 아니었다. 일본·베트남·미얀마·캄보디아 등 국가들을 정복하려고 했지만 실패했다.

오늘날 중국의 한족은 대체로 원 세조를 긍정적으로 평가하고 있다. 그가 몽골인임에도 불구하고 적극적으로 한화(漢化) 정책을 추진하여, 예기치 않게 오늘날의 내몽골이 중국의 강역에 편입되게 했기 때문이다.

이는 몽골인의 관점에서 보면 불행한 일이다. 몽골인들은 그가 몽골 제국의 영토를 넓힌 위대한 군주로 평가하고 있지만, 다른 한편으로는 그의 한화 정책 때문에 몽골인의 정체성을 상실했다는 부정적 인식도 존재하는 이유이다.

6

원 성종 테무르

제6장

원 성종 테무르

1. 황태자 친킴이 포부를 펼치지 못하고 사망하다

원 세조 쿠빌라이의 첫 번째 부인은 테구룬(帖古倫·?~1260)이다. 그녀는 중통 원년(1260)에 사망했기 때문에 황후의 자리에 오르지 못했다. 두 번째 부인 차브이(察必·?~1281)는 몽골의 명문 부족인 옹기라트 출신으로 쿠빌라이가 황제로 등극하는 데 든든한 조력자 역할을 했다. 그녀는 중통 3년(1262)에 황후로 결정되었으며, 지원 9년(1273)에 정식으로 책봉되었다.

원나라 최초의 황후가 된 차브이는 도르지(朶兒只)·친킴(真金·1243~1285)·망갈라(忙哥剌)·노무간(那木罕) 등 원 세조의 네 아들을 낳았다. 원 세조는 또 다른 부인들로부터 쿠게치(忽哥赤) 등 아들 8명을 얻었다.

총 12명의 아들 가운데 차브이가 낳은 네 아들이 정실 아들로 인정받았으며, 도르지가 적장자였다. 하지만 도르지가 요절하는 바람에 사실상 둘째아들 친킴이 적장자가 되었다. 원 세조는 금련천에서 막부를 설립했을 때부터 한족 문명을 빠르게 이해하기 시작했다. 특히 후계자를 선정하는 일에서는 몽골의 말자 상속 전통보다는 한족 왕조의 적장자 계승에 관심을 보였다.

원 세조는 요추(姚樞), 두묵(竇默) 등 한족 출신의 저명한 학자들을 초청하여 어린 아들에게 유가 사상을 가르치게 했다. 요추는 매일 친킴에게 『효경(孝經)』을 가르치면서 삼강오륜의 중요성을 일깨우게 했다. 친킴이 아버지 앞에서 『효경』을 암송하자, 원 세조는 그를 칭찬해 마지않았다. 그는 또 라마교의 교주 파스파에게 불교를 전수받았을 뿐만 아니라, 도사 장유손(張留孫) 등과 교류하면서 도교를 적극적으로 옹호하기도 했다.

원 세조가 황제로 등극한 후인 중통 2년(1262)에 친킴은 연왕(燕王)으로 책봉되어 중서성의 업무를 관장했다. 원 세조는 친동생 아리크 부케와의 패권 다툼에서 승리한 후 몽골 제국의 명실상부한 대칸이자 황제가 되었다.

친킴은 자신의 외가인 옹기라트 부족 출신의 코코진(闊闊眞·?~1300)과 혼인하여 장남 카말라(甘麻剌·1263~1302)·차남 다르마발라(答剌麻八剌·1264~1292)·셋째 아들 테무르(鐵穆耳·1265~1307)를 얻었다. 그는 성품이 호방할 뿐만 아니라 학식도 갖추고 있어서 그를 따르는 자들이 많았다.

요추·장웅비 등 한족 출신 신하들은 원 세조에게 황태자를 책봉하여 사직의 안정을 도모해야 한다고 주장했다. 지원 10년(1273) 원 세조는 적장자 친킴을 황태자로 책봉했다.

이는 쿠릴타이를 통하여 차기 대칸을 결정하는 몽골인의 전통이 적장자가 황태자로 책봉되는 한족 왕조의 전통으로 바뀌는 시초가 되었다. 친킴은 중서성에서는 한족 출신 관료들의 지지를, 귀족 집단에서는 생모 차브이를 배출한 옹기라트 부족의 지원을 받고 국정을 주도했다.

위구르족 출신 재정 장관인 아흐메드(阿合馬)는 화북 지역 백성들의 가산을 착취하여 국고에 재물이 넘치게 했다. 원 세조는 그를 능력이 뛰어난 신하로 여기고 총애했다.

하지만 친킴은 조세와 부역을 줄여서 백성들의 삶을 편안하게 해야 한다고 주장했다. 친킴은 아흐메드를 악인으로 몰아세우고 증오했다. 아흐메드를 만날 때마다 욕설을 퍼부으며 꾸짖지 않은 적이 없었다. 심지어 원 세조의 면전에서 그를 폭행한 적도 있었다. 하지만 원 세조는 엄청난 재물을 수시로 바치는 아흐메드를 여전히 총애했다.

지원 19년(1282) 익도(益都) 출신 왕저(王著)라는 협객이 원 세조가 상도(上都)로 출행한 틈을 타서 아흐메드를 궁궐 밖으로 유인하여 살해했다. 백성들은 아흐메드가 살해당했다는 소식을 듣고 환호했다. 친킴도 눈엣가시를 제거한 느낌이었다. 친킴은 조정을 장악하여 정무를 관장했지만, 아버지의 미움을 받기 시작했다. 그는 한때 몽골고원 북쪽으로 쫓겨난 적도 있었다. 조정 중신들이 원 세조에게 탄원한 덕분에 대도로 돌아올 수 있었다.

지원 22년(1285) 봄 어느 강남행대어사(江南行台御史)가 조정에 상소문을 보냈다. 황제께서 연로하시니 황태자에게 양위하셔야 한다는 충격적인 내용이었다. 친킴은 상소 내용을 듣고 두려움에 떨었다. 자칫하다간 아버지의 분노를 일으킬 수 있는 사안이었기 때문이다. 상서성의 도사(都事: 상서성의 사무를 관장하는 관직) 상문(尙文)이 상소문을 숨기고 처리하지 않았다.

살해당한 아흐메드의 심복인 다지구아산(答即古阿散)은 상문이 상소문을 은닉했다는 소문을 듣고 황제의 면전에서 까발렸다. 원 세조는 진노하여 대종정(大宗正) 설척(薛尺)에게 진상을 파악하게 했다. 우승상 안동(安童), 어사대부 이시 테무르(玉昔帖木兒) 등 친킴을 옹호하는 대신들이 다지구아산 등 색목인 관리들의 비리와 죄상을 적은 고발장을 황제에게 바쳤다. 원 세조는 비로소 노여움을 풀고 다지구아산 등 아흐메드의 잔당을 척결하게 했다.

사실 이 사건은 친킴을 지지하는 한족 출신 신하들과 한족 문명의 세례를 받은 몽골인 신하들이 연합하여 원나라의 재정을 담당한 색목인들을 제거하는 정치 투쟁에서 비롯되었다.

결국 황태자를 옹호하는 세력의 승리로 끝났지만, 아버지에게 의심을 받은 친킴은 마음의 상처를 입고 우울증에 걸렸다. 날마다 술에 절어 살다가 지원 22년(1285)에 향년 42세의 나이에 아버지보다 먼저 세상을 떠났다.

원 세조는 황태자의 죽음에 큰 충격을 받았다. 자기가 정치를 잘못하여 아들을 죽였다고 자책했다. 다음 해 정월 새해맞이 하례를 금지하고 아들에게 '명효(明孝)'라는 시호를 내리고 아들을 추모했다.

2. 성장 과정과 황위 계승

지원 22년(1285) 친킴 황태자가 사망했을 당시에, 원 세조의 나이는 70세였다. 고대에 고희(古稀)의 나이까지 산 사람은 드물었다. 그래서 당나라의 위대한 시인 두보가 '인생칠십고래희(人生七十古來稀)'라고 하지 않았던가.

일반적으로 왕조 시대에 황제가 지나치게 연로하면 황태자에게 양위하고 태상황(太上皇)으로 물러나는 것이 관례였다. 친킴의 죽음은 조정 중신들을 당황하게 했다. 황제는 너무 늙어 언제 세상을 떠날지 모르는 상황인데도, 황태자의 자리가 비어있으니 불안할 수밖에 없었다. 그들은 황제가 하루라도 빨리 다시 황태자를 책봉하기를 바랐다.

하지만 원 세조는 황태자 책봉을 차일피일 미루기만 할 뿐 결단을 내리지 못했다. 그는 친형 뭉케 카안의 뒤를 이었지 않은가. 형제지간에 대권을 이양하는 것은 몽골인의 황금 가족에서 크게 문제될 것이 없었다.

친킴의 두 동생, 안서왕(安西王) 망갈라와 북평왕(北平王) 노무간 중에서 한 명을 새로운 황태자로 책봉하는 것도 자연스러운 일이었다. 그런데 망갈라는 이미 지원 17년(1280)에 병으로 사망했기 때문에, 노무간이 유일하게 황태자의 자리에 앉을 수 있었다.

하지만 노무간은 중대한 약점이 있었다. 지원 6년(1269) 카이두 칸이 반란을 일으켰을 때 원 세조의 명령을 받고 카이두 칸의 반란을 진압하러 간 노무간이 지원 13년(1276)에 뜻밖에도 반란군의 포로가 되어 킵차크 칸국으로 압송된 적이 있었다. 당시 킵차크 칸국의 제5대 칸, 망게 테무르는 카이두 칸을 지지하고 있었다.

지원 19년(1282) 망게 테무르가 사망한 후에야, 노무간은 가까스로 석방되어 대도로 돌아올 수 있었다. 그가 킵차크 칸국에서 6년 동안 인질로 보낸 일은 아버지의 총애를 받지 못하게 되는 결정적 계기가 되었다.

한족 봉건 왕조의 황태자 계승 제도에 의하면, 황태자가 사망한 후 황태자에게 아들이 있으면 그 아들이 황태자의 자리를 계승하며, 아들이 없는 경우에는 황태자의 동생들이 계승하는 것이 원칙이다. 따라서 한족의 법률로 국가를 통치해야 한다고 주장하는 한법파(漢法派)는 친킴의 장남 카말라·차남 다르마발라·셋째 아들 테무르 중에서 한 아들을 황태자로 책봉해야 이치에 맞는다고 보았다. 세 아들 모두 능력이 출중했으며 할아버지 원 세조의 총애를 받았다.

카말라는 어렸을 적에 할머니 차브이의 보살핌을 받고 자랐다. 성장한 후에는 항상 원 세조의 곁을 지키며 시중을 들었다. 그는 품성이 온화하고 겸손하며 언행이 신중했다. 지원 27년(1290) 양왕(梁王)으로 책봉되었고, 지원 29년(1292)에는 또 진왕(晉王)으로 책봉되어 원나라의 북부 지방을 다스렸다. 원나라 왕들 중에서 가장 많은 군마와 넓은 봉토를 가지고 있었다.

원나라 역대 황제 평전

다르마발라는 지원 28년(1291)에 처음으로 원 세조의 어명을 받들어 회주(懷州: 하남성 심양·沁陽)의 지방 장관으로 부임하는 도중에 병을 얻었다. 다음 해 대도에서 병을 치료하다가 향년 28세를 일기로 요절했다. 그는 원세조가 가장 총애한 손자였다. 훗날 그는 아들 원 무종 카이샨(海山)에 의해 황제로 추존되었으며, 묘호는 순종(順宗)이다.

지원 24년(1287) 동도(東道) 왕들의 우두머리인 나얀이 반란을 일으켰다. 칭기즈 칸의 친동생 하치운의 손자인 카단(哈丹)도 나얀에 호응하여 영북행성(嶺北行省) 지역에서 반란을 일으켰다.

다음 해 원 세조는 고령의 나이에도 불구하고 손자 테무르를 대동하고 친히 정벌에 나섰다. 테무르는 나얀의 반란군 진압에 혁혁한 전공을 세워 원 세조를 기쁘게 했다. 나얀이 패망한 후, 원 세조는 테무르에게 카단을 토벌하게 했다. 테무르는 또 카단을 토벌한 후 북상하여 반란을 일으킨 카이두 칸의 남침을 막았다.

조정 중신들은 원 세조에게 친킴의 두 아들, 카말라와 테무르 중에서 한 명을 황태자로 책봉함으로써 종묘사직을 공고히 해야 한다고 여러 차례 진언했다. 적장자 계승의 원칙에 의하면 장남 카말라가 황태자로 책봉되어야 했다.

『원사(元史)·본기(本紀) 권18』에 이런 기록이 있다.

"지원 30년(1293) 6월 테무르는 황태자의 보인(寶印)을 받은 후 병사들을 거느리고 북방 변경으로 가서 지켰다. 다음 해 정월 세조가 붕어했다. 친왕과 대신들은 사신을 테무르에게 보내 황제의 붕어를 알렸다. 같은 해 4월 테무르가 상도(上都)에 도착했으며, 전국의 왕과 제후들도 모두 상도에 모였다."

"이보다 앞서 어사중승 최욱(崔彧)이 한 원로 대신의 저택에서 옥새(玉璽)를 얻었다. 옥새에는 '수명우천(受命于天), 기수영창(旣壽永昌)'이라는 문구가 새겨져 있었다. 최욱은 그 옥새를 휘인유성황후(徽仁裕聖皇后)에게 바쳤다. 휘인유성황후는 그것을 테무르에게 수여했다. 4월 14일 테무르는 대안각(大安閣)에서 왕·종실·제후 등의 하례를 받고 황제로 등극했다."

'수명우천(受命于天), 기수영창(旣壽永昌)'은 "하늘의 명령을 받아서 백성들을 오래 살게 하고 국운을 영원히 번성하게 한다."라는 의미이다. '수명우천'은 일종의 왕권신수설(王權神授說)이며, '기수영창'은 황제가 된 자의 의무이다.

진시황이 최초로 중국을 통일하고 만들었다는 옥새에 이 문구가 새겨져 있다고 한다. 이 옥새를 가진 자만이 천명에 따라 명실상부한 황제가 될 수 있다는 것이다.

휘인유성황후는 친킴의 정부인이자 테무르의 생모인 코코진이다. 위의 내용에 의하면, 원 세조는 세상을 떠나기 1년 전에 손자 테무르에게 황태자의 보인을 하사함으로써 그를 황태자로 인정했음을 알 수 있다. 따라서 원 세조가 붕어한 후에 테무르가 생모에게 옥새를 받아 황제로 등극했음을 알 수 있다.

그렇다면 어째서 장남 카말라(훗날 원 현종·元顯宗으로 추증됨)는 배제되었을까.

『원사(元史)·현종전(顯宗傳)』에는 이런 기록이 있다.

"지원 31년(1294) 세조가 붕어했다. 진왕(晉王) 카말라는 부음 소식을 듣고 상도로 달려갔다. 왕과 대신들이 모여 있는 자리에서 그가 말했다. '예전에 황조(皇祖)께서 나에게 북방을 진무함으로써 사직을 보위하라고 명령을 내리셨소. 나는 오랫동안 변방의 일을 맡아왔소. 앞으로도 이 일을 계속 맡고 싶소. 친동생 테무르는 성품이 어질고 효성이 지극하므로 마땅히 황제의 지위를 계승해야 하오. 그래서 테무르는 황제로 등극했으며, 진왕은 다시 잠저(潛邸)로 돌아갔다."

이 기록이 사실이라면 진왕 카말라가 장남임에도 불구하고 스스로 황위를 포기했다는 얘기이다. 하지만 대원 제국 황제 옥좌의 주인이 어떻게 말 한 마디에 의해 결정되었겠는가. 필시 까닭이 있었을 것이다.

『원사 · 바얀전(伯顔傳)』에는 위의 기록들과는 사뭇 다른 내용이 나온다.

"지원 31년(1294) 정월 세조가 붕어한 후 성종(成宗: 테무르)이 상도의 대안각(大安閣)에서 즉위했는데 친왕들이 복종하지 않았다. 바얀 장군은 칼을 손에 쥐고 궁전의 계단에 서서 세조의 고명(顧命)을 선포했다. 그는 왜 성종을 새로운 황제로 추대해야 하는지 자세히 설명했는데 언사와 안색이 너무 엄격했다. 친왕들은 모두 다리를 떨며 궁전으로 달려가서 성종에게 무릎을 꿇고 절을 했다."

바얀(1236~1295) 장군이 누구인가. 칭기즈 칸의 후손은 아니었지만, 젊었을 적에 훌라구의 서방 원정에 참전하여 전공을 세웠으며, 원 세조 시대에는 남송을 멸망시킨 전설적인 명장이 아닌가. 또 종친과 왕들의 반란을 진압하여 사직을 보위한 공로로 중서성 우승상 등 최고위직을 맡아 국정을 주도한 위대한 정치인이기도 했다.

그는 한평생 전장에서 수많은 승리를 거두었지만, 결코 자신의 전공을 자랑하지 않았으며 소박한 삶을 살았다. 원 세조는 그를 절대적으로 신임했다.

원 세조 사후에 친왕들이 후계자 문제를 놓고 서로 갈등을 겪었던 것 같다. 당시 군부의 실력자였던 바얀 장군이 진왕(晉王) 카말라 등 친왕들의 세력을 억누르고 테무르를 추대한 게 아닌가 한다.

황후 코코진도 시어머니 차브이가 키운 장남 카말라보다는 셋째 아들 테무르를 더 총애했다. 바얀과 코코진이 테무르를 추대하기로 밀실에서 합의를 했을지도 모른다.

또 『연대기의 집성』에도 흥미로운 기록이 있다. 원 세조가 사망한 후 코코진이 쿠릴타이를 소집하여 친왕·황족·대신들에게 후계자 문제를 논의하게 했다. 쿠릴타이는 12일 동안 진행되었으나 결론을 내지 못했다. 카말라와 테무르의 대립 때문이었다.

코코진이 두 아들에게 말했다.

> "선황제(쿠빌라이 카안)께서 태조(칭기즈 칸)의 예케 자사크(yeke Jasak)를 잘 암송하는 아들에게 황위를 계승하게 하라고 분부하셨다."

'예케 자사크'는 칭기즈 칸이 몽골을 통일하고 만든 몽골 최초의 성문 법전이다. "모든 사람이 하는 일은 동등하며, 부자가 가난한 사람을 차별하거나 윗사람이 아랫사람을 괴롭히면 안 된다."등의 여러 조항으로 이루어져 있다고 한다. 현재 원문은 실전되었으며 일부 내용이 전해지고 있다.

코코진의 결정에 따라, 두 아들은 쿠릴타이에 참가한 사람들이 지켜보는 가운데 각자 예케 자사크를 암송하기 시작했다. 테무르는 막힘없이 암송했지만, 카말라는 말을 더듬었다. 이에 따라 테무르가 만장일치로 새 황제로 추대되었다.

어쩌면 한법파(漢法派) 대신들은 장자 계승의 원칙에 따라 카말라를 지지했는지도 모른다. 하지만 몽골인에게는 말자 계승의 전통이 있었다. 코코진과 바얀은 테무르가 카말라보다 능력이 뛰어나다고 여기고 몽골인의 전통에 따라 테무르를 추대한 게 아닌가 한다.

어쨌든 원나라 건국 이후 처음으로 이루어진 황위 계승은 이렇게 끝났다. 테무르가 원나라 제2대 황제이자 몽골 제국 제6대 카안이 되는 원성종(元 成宗)이다.

바얀은 황제의 스승인 태부(太傅)에 임명되어 국정을 관장하다가 지원 31년(1294) 12월에 향년 59세를 일기로 병사했다. 원 성종은 그를 회왕(淮王)으로 추증하고, 시호 충무(忠武)를 하사했다. 자신을 황제로 만들어 준 신하에 대한 최고의 예우였다.

훗날 적장자 계승의 원칙이 확립되지 못했기 때문에, 역대 황제들이 사망한 후에 궁정 변란이 끊이질 않았다. 이는 또 원나라가 100년도 채 못되어 망한 원인 가운데 하나가 되었다.

3. 금전을 아낌없이 하사하여 국고를 탕진하다

원 성종은 29세의 나이에 황제로 등극했다. 즉위 직후에 공묘(孔廟)에 제사를 지내고 유가 사상을 바탕으로 천하를 다스리겠다고 선포했다. 유가는 덕치(德治)를 정치의 중요한 실천 과제로 간주한다. 그래서 원 성종이 즉위 직후의 연호였던 원정(元貞·1295~1297)을 대덕(大德·1297~1307)으로 바꾼 게 아닌가 한다.

몽골 제국의 왕들은 쿠릴타이를 통하여 대칸으로 추대되면, 엄청난 재물을 자기를 지지한 왕공·대신들에게 아낌없이 나누어주는 전통이 있었다. 이는 유목민은 가축 등 재산이 늘어나면, 그것을 구성원과 함께 공평하게 분배하는 전통에서 나왔다.

칭기즈 칸은 전리품을 독점하는 행위를 아주 증오했다. 상하를 막론하고 전공에 근거하여 공평하게 나누어줌으로써 여러 부족민을 강철처럼 단단한 공동체로 결성했다.

원 성종은 즉위하자마자 천하에 대사면을 반포했다. 대도(大都)와 상도(上都), 양도(兩都)에 거주하는 백성들에게는 부역과 조세를 1년 동안 면제해주었고, 다른 지방에 거주하는 백성들에게는 정구세(丁口稅)와 전세량(田稅糧)의 10분의 3을 감면해주었다. 또 관부에 아직 내지 않은 세금은 일괄적으로 면제해주었으며, 고향을 버리고 달아난 자들에게도 부역과 세금을 내지 않게 했다.

어느 날 중서성의 한 신하가 원 성종에게 아뢰었다.

"폐하께서는 이제 새롭게 대위(大位)를 계승하셨습니다. 예전에 쿠릴타이가 끝나면 종왕(宗王), 부마(駙馬) 등에게 재물을 하사했습니다. 이 관례에 근거하여, 그들에게 금(金)은 예전보다 5배를, 은(銀)은 3배를 더하여 하사해야 합니다."

원 성종은 흔쾌히 윤허했다. 이에 따라 원 세조의 딸 낭가진공주(囊加眞公主)의 남편이자 제녕왕(濟寧王) 만스타이(蠻子台)에게는 은(銀) 76,500냥을, 친킴 황태자의 딸 쿠다 디미시(忽答迭迷失)의 남편이자 고당왕(高唐王) 쿠리지스(闊里吉思)에게는 15,450냥을, 원 세조의 딸 쿠틀룩 켈미시(제국대장공주)의 남편이자 고려 25대 국왕 충렬왕 왕거에게는 30,000냥을 하사했다. 세 사람 모두 원나라 황실의 부마(사위)였다.

또 한 달 후에 칭기즈 칸 시대의 공신 무칼리의 후손이자 노(魯)나라 왕 화동(和童)에게는 금(金) 250냥을, 공신 월아로(月兒魯)에게는 150냥을, 또 다른 공신 바얀(伯顔)과 웨치차르(月赤察兒)에게는 각각 50냥을 하사했으며, 그리고 이와는 별도로 은(銀)·교초(交鈔: 원나라 시대의 지폐)·비단 등을 그들에게 차등 지급했다. 또 얼마 뒤 원 세조의 손자이자 안서왕(安西王) 아난다(阿難答)에게는 교초 10,000정(錠)을 하사했다. 그리고 예수다이르(也速帶而) 장군과 왕유정(汪惟正) 장군은 이미 사망했지만, 두 사람이 거느렸던 부하 장수들에게는 양식 50,000석(石)을 하사했다.

원 성종이 돈을 물 쓰듯 한다는 소문이 원나라 천하에 퍼졌다. 제왕(諸王) 이리 부카(亦里不花)가 황제를 배알하러 대도의 황궁에 왔다. 그는 말라빠진 말들을 관부에 넘기고 금전을 요구했다. 관부에서는 그에게 말값으로 115,000정(錠)을 지급했다. 황제가 묵인하지 않았다면 불가능한 일이었을 것이다.

어사대의 한 대신이 조정에서 국고의 재화를 낭비하는 모습을 보고 황제에게 상주했다.

"조정 안팎에서 쓸데없이 관부를 증설하는 일이 날로 심해지고 있습니다. 경사(京師)에서 녹봉을 타는 자가 만여 명이나 됩니다. 지방에서는 훨씬 많습니다. 법률에 근거하여 꼭 필요한 관직은 남겨두되, 불필요한 관직은 폐지해야 합니다."

당시 이른바 '위인설관(爲人設官)'의 풍조가 심각했다. 원 성종은 중서성의 대신들에게 이 문제를 논의하게 했다. 하지만 얼마 후 어사중승 최욱(崔彧)의 건의를 받아들여 사법 기관인 숙정염방사(肅政廉訪司)의 공문서를 총관부(總管府)에서 조사하지 못하게 했으며, 오히려 관리의 녹봉을 올려주는 일을 논의하게 했다. 관리들의 반발을 무마하기 위한 조치였다.

원 성종은 서역의 부족장들에게도 은전을 베풀었다. 고창(高昌: 신강성 투루판) 외올아(畏兀兒)의 이디쿠트(亦都護)에게는 금 550냥과 은 7,500냥을, 합미리(合迷里: 신강성 하미·哈密)의 테진테린(的斤帖林)에게는 금 50냥과 은 450냥을 하사했다.

중서성의 한 신하가 진언했다.

"지금 조정에서 막대한 금액의 교초를 신하들에게 하사하고 남은 것이 겨우 270,000정(錠)뿐입니다. 향후 돈과 양식을 요구하는 자가 있으면, 법률로 정한 액수에 근거하여 하사하시기 바랍니다."

이에 따라 정서평왕(定西平王) 아후르쿠치(奧魯赤)·녕원왕(寧遠王) 쿠쿠추(闊闊出)·진남왕(鎭南王) 투환(脫歡)·운남왕(雲南王) 예선 테무르(也先帖木兒) 등 종왕(宗王)들에게는 금 500냥·은 5,000냥·교초 2,000정·비단 200필을 하사하기로 결정했다. 또 테무르 부카(帖木而不花)·예지리 부카(也只里不花) 등 여러 왕들에게는 금 400냥·은 4,000냥·교초 1,600정·비단 160필을 하사하기로 결정했다.

사실 이러한 액수도 예전에 쿠릴타이에서 정한 것보다 훨씬 많았다. 원 성종은 종왕들에게 과도한 은전을 베풀어 그들의 지지를 끌어내었다. 아울러 그는 덕치를 실현한 성군(聖君)이라는 것을 그들에게 인식시켜주고자 했다.

원 성종은 이런저런 이유를 들어 왕공과 신하들에게 막대한 재물을 나누어주었다. 원나라가 아무리 천하제일의 부국이었더라도, 원 성종의 상식 밖의 '퍼주기'는 그가 등극한 지 1년도 못 되어 대도의 국고(國庫)를 바닥나게 했다. 원 성종은 텅 빈 국고를 채우기 위하여 각 지방의 부고에 쌓아놓은 재물을 대도로 옮기게 했다.

원래 원나라는 원 세조 시대부터 은본위제를 채택하여 종이돈 교초(交

鈔)를 발행했다. 교초와 은은 일정한 비율로 교환이 되었으므로, 사람들은 안심하고 교초로 물건을 거래를 했다. 이에 따라 물가가 크게 안정되었다.

하지만 원 성종은 종왕들에게 나누어 줄 교초가 부족하자 은본위제를 무시하고 교초를 마구 찍게 했다. 이는 결국 화폐의 가치를 떨어뜨려서 물가 상승의 폐단을 낳았다.

중서성의 강직한 신하들은 원 성종에게 종왕 등에게 금전을 무분별하게 하사하는 일을 멈추어야 한다고 끊임없이 상소했다.

이를테면 원정 2년(1296) 중서성의 한 신하가 황제에게 진언했다.

"폐하께서는 황제로 등극하신 이래로 종왕·공주·부마·공신 등에게 하사하신 금액이 적지 않습니다. 그래서 국고에 비축해 놓은 금전은 거의 다 소진되었습니다. 국가의 재정 상태가 이처럼 심각한데도, 지금 금전을 요구하는 자들은 오히려 늘어나고 있습니다. 폐하께서 그들을 엄격하게 심사하시어 정말로 생활이 곤궁한 자와 변방으로 부임하는 자에게만 금전을 하사하시고, 나머지 사람들에게는 하사하시지 않기를 저희들은 간절히 바랍니다."

원 성종은 신하의 간언은 받아들였으나 여전히 '퍼주는 습관'을 고치지 않았다. 예전에 원 세조는 종왕 등에게 금전을 하사할 때마다, 자기가 규정에 맞게 하사했는지 중서성의 신하들에게 따져보게 했다.

이는 어명에 의한 포상이라도 일 년 세입과 세출의 범위 안에서 이루어져야 한다는 원 세조의 생각에서 나왔으며, 아울러 원 세조 시대에 재정이 탄탄했던 원인이 되었다.

대덕 2년(1298) 원 성종이 우승상 완택(完澤)에게 물었다.

"해마다 국가에서 거두어들이는 금·은·교초 등 금전의 수입이 얼마나 되는가? 또 여러 왕과 부마에게 하사하는 금전과 변방의 모든 군영을 건설하고 유지하는 데 필요한 재물이 얼마나 되는가? 짐은 국가의 수입과 지출을 비교하여 계산한 것을 알고 싶소."

원 성종도 할아버지 원 세조처럼 국가의 재정 형편을 파악하고 싶었던 것 같다.

완택이 대답했다.

"해마다 국고로 들어오는 금전은 금 19,000냥, 은 6,000냥, 교초 3백 6십만 정입니다. 하지만 온갖 명목으로 지출하는 금액이 너무 많아 언제나 재원이 부족합니다. 그래서 또 지원(至元) 시대에 교초를 발행할 때 남겨놓은 예비금에서 20만 정을 빌려 썼습니다. 앞으로는 폐하께서 금전을 절약하시기를 감히 청원합니다."

원 성종은 그의 충언에 연신 고개를 끄덕이며 칭찬하면서 앞으로는 더 이상 종왕 등에게 규정에 벗어난 과도한 포상을 하지 않겠다고 약속했다.

하지만 그는 언제나 말뿐이었다. 종왕·부마·종친, 심지어는 변방에서 황제를 배알하러 온 지방 관리, 장수 등을 접견할 때마다 그들을 빈손으로 돌려보내는 일은 거의 없었다. 그는 13년 동안 국가를 다스리면서 대규모로 은전을 베푼 행사가 수십 차례나 달했다. 더구나 예전의 규정보다 3~5배 더 하사하는 것이 관례였다.

원 성종의 이러한 파격적인 씀씀이는 원나라의 지배 세력이 그를 옹호하는 계기가 되었다. 하지만 그들의 사치와 부정부패를 조장했으며 결과적으로 국가의 재정을 파탄으로 가게 한 후과를 초래했다.

4. 지나치게 덕치를 베풀어 부패가 만연하다

지원 31년(1294) 원 성종은 즉위한 후에 공자를 존중하고 유학을 숭상한 다는 내용이 담긴 칙서를 반포했다. 유가 사상으로 국가를 다스리겠다는 황제의 의지 표명이었다.

유가는 어진 정치를 펴고 덕으로 백성을 다스리는 것을 이상적인 정 치 실천으로 삼는다. 그리고 국가의 근본은 백성이며, 부의 원천은 농업 에서 나온다고 보았다. 백성을 다스리는 관리는 유가 경전에 능통한 사대 부여야 하며, 사대부는 백성을 어루만지고 보살피며 농사에 힘쓰게 함으 로써 그들의 삶을 안락하게 할 책임이 있다는 것이다.

원 성종은 사대부를 존중한 군주였다. 가현옹(家鉉翁)은 남송 말기에 첨 서구밀원사(簽書樞密院事) 관직을 맡았다. 원나라군이 임안을 포위했을 때 원나라 진영에 사신으로 파견되었다가 구금되었다. 남송이 망한 후에도 절개를 지키고자 하간부(河間府)에서 거의 20여 년 동안 구금되어 지내다 가 팔순의 나이가 되었다. 가현옹의 충절을 높이 평가한 원 성종은 그에 게 의복을 하사하고 고향으로 돌아가게 했다.

원 성종은 국가의 재원은 농업에서 나오며 농업의 주체는 농민이므로 관리들에게 농민들의 경작 활동을 최대한 보장하게 했다. 농번기에는 농 민을 동원하는 일을 가능한 한 피했으며, 변방에서 군마(軍馬)를 기르는 관 리가 현지 농민에게 마초와 양식을 요구하거나 군마를 방목하여 전답을 훼손하는 일을 엄격히 금했다.

지원 31년(1294) 겨울 강절행성(江浙行省)의 한 관리가 상주했다.

"폐하께서 즉위하신 직후에, 금년 논밭에 대한 조세는 10분의 3을 감면하라는 조서를 반포하셨습니다. 하지만 강남과 강북은 농민들의 생활 환경이 다릅니다. 가난한 농민이 부자들의 전답을 빌려 경작하면, 해마다 그들에게 조세를 바쳐야 합니다. 지금 조세 면제는 전답의 주인들에게만 해당할 뿐, 가난한 농민들은 여전히 조세를 부담하는 실정입니다. 폐하께서 베푸신 하해와 같은 은택은 부자들에게만 미칠 뿐, 가난한 농민들에게는 미치지 않습니다. 따라서 가난한 농민들이 부자들에게 바치는 조세도 똑같이 감면해주어야 합니다."

원 성종은 신하의 건의를 수용하고 즉시 실시하게 했다. 요양행성(遼陽行省) 관내의 9개 지역에 수해가 발생했다. 굶주림에 시달린 백성이 도적이 되어 남의 재물을 훔치고 약탈했다. 원 성종은 선량한 백성이 도적으로 변한 일은 심각한 자연재해로 인한 불가피한 것으로 보았다. 그들을 징벌하지 않고 오히려 양식을 보내 구휼하니 도적들이 저절로 사라졌다.

또 강서행성(江西行省)의 한 관리가 상주했다.

"야금장(冶金場)에서 해마다 은자(銀子) 11,000냥을 주조하지만, 규정 수량을 채우지 못하여 백성들의 고통이 이만저만이 아닙니다."

원 성종은 대장공들의 노고를 고려하여 은자를 정해진 규정에 따라 주조하지 말고 형편에 맞게 했다. 또 황제 스승의 건의를 받아들여 경사에서 사형 판결을 받은 죄수 30명과 장형(杖刑) 이하의 판결을 받은 죄수 100명을 석방하여 고향으로 돌아가게 했으며, 과부·홀아비, 가난한 백성들에게는 교초 300정을 하사했다. 그에게 애민 정신이 없었다면, 이런 조치를 베풀지 못했을 것이다.

물론 원 성종이 선정을 펼 수 있었던 것은 중서성 우승상 완택(完澤) 같은 현명하고 능력이 출중한 신하가 있었기에 가능했다. 원래 완택은 몽골인 출신의 용맹한 장수였다. 그는 국가는 유가 사상에 기반을 두고 경영해야 한다는 신념이 있었다.

『원사·완택전』에 이런 내용이 있다.

"원정(元貞·1295~1297) 이래 조정 대신들은 국가의 법률과 제도를 각별하게 준수했으며, 황제께서는 많은 재물과 곡식을 아끼지 말고 백성들에게 골고루 나누어 하사하라는 조서를 여러 차례 반포하셨다. 사람들은 완택을 현명한 재상이라고 칭찬했다."

대덕 6년(1302) 원 성종은 도성 대도에 공자를 모신 문선왕묘(文宣王廟)를 건립하게 했다. 공자를 숭배함으로써 자신이 천하에 덕치를 구현하겠다는 의지를 밝혔다. 원나라 조정에는 한족 문명의 세례를 받고 적극적으로 유학을 선양한 몽골 출신의 신하가 적지 않았다.

몽골인 카라카슨(哈剌哈孫·1257~1308)은 젊었을 때부터 한자를 배우고 유가 사상에 심취했다. 대덕 2년(1298) 상도에서 원 성종을 배알하고 절강행성 좌승상으로 임명되었다. 강남 지방에서 재직하는 중에 폐단을 혁파하고 국가에 이익이 되는 일에 관한 자신의 견해를 70여 항목으로 정리하여 상소했다.

그의 정치적 견해를 높이 평가한 원 성종은 그를 대도로 불러들여 중서성 좌승상에 임용했다. 카라카슨은 조정에 중대한 일이 생길 때마다 신하들과 함께 토론하는 것을 좋아했다.

어느 날 그는 황제에게 간곡하게 청했다.

"경사(京師)에는 오랜 세월 동안 공자를 모신 사당이 없었기 때문에, 국자학(國子學)은 다른 부서에 소속되어 있습니다. 이제 공자를 모신 사당 안에 학교를 설치하고 이름난 유학자들을 학관(學官)으로 선발하여 그들에게 대신들의 자제를 가르치게 해야 합니다."

국자학(국자감)은 봉건 왕조 시대에 국가에서 경사(京師)에 설치한 최고 교육 기관이다. 일반적으로 공자를 모신 사당인 공묘(孔廟) 옆에 세워진다. 공묘가 공자에게 제사를 지내는 장소라면, 국자학은 유가 사상을 배우고 연구하는 학교이다. 이른바 '좌묘우학(左廟右學)'의 전통이 원 성종 시대에 복원되었다.

원 성종은 여느 한족 황제보다도 더 열렬한 '덕치주의자'였다. 백성에게 무한한 인덕을 베풀면 천하가 저절로 다스려진다고 생각했다. 그래서 그는 그처럼 많은 재물을 아랫사람들에게 아낌없이 하사하는 것을 좋아했다. 황제에게 두터운 은총을 입은 사람들은 그를 성군으로 칭송했다. 유가에서 말하는 '국태민안'이 성종 시대에 이르러 실현되는 것 같았다.

주청(朱淸)과 장선(張瑄)은 송나라 말기에 장강 하류와 동남 연안에서 소금을 밀매하거나 해적질로 떼돈을 벌었다. 그들은 원나라군이 남송을 정벌할 때 투항하여 앞잡이가 되었다. 남송이 멸망한 후, 바얀 장군이 그들에게 임안 도성의 국고에 보관한 많은 서적들을 대도로 옮기게 했다. 그들은 배를 이용하여 무사히 대도로 옮겼다. 이때 그들에 의하여 강남 연안을 따라 북상하는 해로가 처음으로 개척되었다.

원 세조는 그들의 공적을 인정하여 동남 지방의 조운을 관장하게 했다. 그 후 주청은 해도도조운만호부(海道都漕運萬戶府)의 만호(萬戶)가 되었으며, 장선도 해운천호(海運千戶)가 되었다가 나중에 만호(萬戶)로 승진했다.

원 성종 시대에 이르러 주청과 장선은 해마다 강남 지방에서 대도의 관문인 천진(天津)에 이르는 바닷길을 따라 조운선을 이용하여 양식 1백만 석(石)을 운반했다. 어느 해에는 무려 300만 석을 운반했다. 경기 지방의 각 부고(府庫)에 비축한 양식이 산더미처럼 쌓였다. 기쁨을 감추지 못한 원 성종은 두 사람에게 30만 석만 보내게 했으며, 자신이 선정을 베푼 덕분에 바야흐로 태평성대가 도래했다고 생각했다.

하지만 강남행성좌승으로 승진한 주청은 권력을 이용하여 매관매직을 일삼다가 수뢰죄로 처벌을 받게 되자 자살했다. 장선도 강서행성참정으로 승진한 후에 역모 혐의와 수뢰죄로 피살되었다.

사실 원 성종이 지나치게 선정을 베풀어 부작용을 일으킨 일은 이미 집권 초기부터 나타났다.

원정 원년(1295) 7월 어사대의 한 신하가 상주했다.

"나라 안에서 날이 갈수록 도적들이 들끓고 있는 이유는 사면령을 자주 내리기 때문입니다. 폐하께서 어명을 내리시어 중서성에서 관련 법령을 제정하고 소속 관리들에게 권한과 책임을 부여한 후 정해진 기간에 도적을 소탕하게 해야 합니다."

원 성종은 신하의 주장을 받아들였다. 얼마 후 지방 장관들에게 유가 경전과 지방 행정에 통달한 자를 추천하게 했다. 관군을 동원하여 도적을 소탕하는 방법보다는 지방에서 신망받는 유생들을 관리로 등용하여 현지 백성들을 다스리게 하는 것이 더 효과적이라고 보았다. 그는 무력 통치보다는 문치(文治)를 선호했음을 알 수 있다.

하지만 원 성종의 유화적 통치는 현실 정치에 맞지 않았다. 대덕 7년(1303) 어명을 받들어 지방으로 파견된 봉사선무관(奉使宣撫官)이 행성(行省)의 7개 도(道)에서 관리들의 근무 현황을 대대적으로 조사했다.

이에 뇌물죄로 처벌받은 관리는 18,473명, 공금 횡령 액수는 15,865 정, 백성이 모함당한 사건을 조사한 것이 5,176건이나 달했다. 한 지방 행성 관할 아래의 7개 도에서의 부패가 이처럼 심각한 상황이었음을 미뤄보면, 전국적으로는 관리들의 매관매직과 공금 횡령이 얼마나 만연했었는지 짐작할 수 있다.

원 성종은 대신들이 비리를 저지를 때마다 그들을 엄벌로 다스리겠다고 했지만, 측근이면 오히려 용인하는 경우도 적지 않았다.

대덕 7년(1303) 어사대의 한 신하가 상주했다.

"절강행성의 평장(平章) 아리(阿里), 좌승(左丞) 고저(高翥)와 안우(安祐), 첨성(僉省: 관직명) 장우(張祐) 등 관리들은 이름을 속이고 소금 15,000인(引)을 매입한 후 몇 배의 이윤을 붙여서 시장에서 사람들에게 되팔았습니다. 어사대의 관리를 파견하여 그들의 비리를 조사하게 해야 합니다."

인(引)은 고대에 길이의 단위인데 일인(一引)은 10장(丈)에 해당한다. 소금 15,000인은 엄청난 분량이다. 자고이래로 소금은 중앙 정부에서 매매를 독점했다. 절강행성의 고위 관리들이 황제와 조정의 허가를 받지 않고 소금을 몰래 매매한 것은 국법을 어긴 중죄에 해당했다. 원 성종은 조사하겠다고 약속했지만, 차일피일 미루었다. 몇 달이 지난 후 어사대의 한 관리가 다시 아리 등을 탄핵했다.

원 성종이 말했다.

"아리는 짐이 신임하는 신하이오. 어사대의 신하들이 그에 대하여 여러 번 언급했소. 그들이 언급한 내용은 짐이 대신에게 충고할 만한 것이 못되오. 향후 또 그를 비난하는 자가 있으면, 용서하지 않겠소."

원 성종이 자기가 총애하는 신하의 비리는 눈감아주었다는 얘기이다. 그 후 아리는 중서성 평장정사로 발탁되었다.

『연대기의 집성』에 이런 이야기가 나온다. 어느 날 한 상인이 궁궐로 찾아와 진귀한 보물로 만든 장식품들을 조정에 팔겠다고 했다. 중서성의 한 대신이 그것들의 가격을 60만 바리스(Balish·巴里失)로 책정하고 국고에서 돈을 꺼내 상인에게 지급했다. 상인은 받은 돈에서 15만 바리스를 아미르(Amir: 장군 또는 총독의 의미)와 승상들에게 뇌물로 주었다.

바리스는 칭기즈 칸 시대 몽골의 화폐 단위이다. 1바리스는 대략 은자(銀子) 두 냥에 해당한다. 당시 한인(漢人)의 목숨값은 겨우 당나귀 한 마리 가격과 비슷하고, 색목인의 목숨값은 40바리스였다고 한다.

60만 바리스는 거금이다. 얼마 후 어떤 사람이 그것들의 가격이 실제로는 30만 바리스라고 고발했다. 원 성종은 어사대에 사건의 진상을 파악하게 했다. 상인과 대신들이 서로 짜고 공금을 횡령한 것이 드러났다.

중서성 평장정사 바얀·양덕규(梁德珪)·단정(段貞)·아로훈사리(阿魯渾薩里)·우승 바두마신(八都馬辛)·좌승 웨구 부카(月古不花)·장사립(張斯立) 등 조정 중신들이 대거 독직 사건에 연루되었다.

특히 충직한 신하로 명성을 날린 바얀도 뇌물을 받았다는 것이 원 성종에게 큰 충격을 주었다. 원 성종은 들끓는 여론을 잠재우고자 그들을 모두 파직시켰다. 하지만 1년 후에 바얀과 양덕규는 중서성 평장정사로, 바두마신은 우승으로, 미르휘저(迷而火者)는 좌승으로 복직되었다.

원 성종은 신상필벌의 원칙을 분명히 하지 않고 조정 중신들의 부패를 용서하거나 묵인하는 정치적 행위를 황제가 마땅히 지녀야 하는 미덕으로 착각했다. 황제의 유화적 태도에 만족한 대신들은 자기들의 기득권을 지키는 일에만 급급했다.

돌궐족 출신인 평장정사 부쿠무(不忽木·1255~1300)는 강직하고 청렴한 신하로 유명했다. 원 세조 시대에 황제에게 직언을 서슴지 않아 신망을 얻었다. 원 성종도 그를 신임하여 국가의 중대사를 결정할 때마다 그의 의견을 구했다.

어느 날 어떤 하인이 자기가 섬기는 주인이 중대한 범죄를 저질렀다고 고발했다. 주인은 혐의가 드러나 처형을 당했다. 원 성종은 주인이 맡았던 관직을 그 하인에게 수여하라는 어명을 내렸다.

부쿠무가 아뢰었다.

"폐하께서 내리신 어명은 천하의 풍속을 크게 해치고 인정을 더욱 각박하게 하여, 다시는 윗사람과 아랫사람의 구별을 없게 할 것입니다."

겉으로 보기에는 부쿠무의 주장이 틀리지 않는 것 같지만, 사실은 문제가 있다. 인정(人情)을 법치(法治) 위에 두었으며, 주인과 하인의 불가역적 신분을 옹호함으로써 평등사상을 크게 위배했다.

물론 유가 사상이 지배하던 시대에 사회 안정과 질서를 유지하는 데 부쿠무 같은 신하가 정의로운 관리로 평가될 수 있었을 것이다. 어쨌든 원 성종은 즉시 어명을 취소했다.

또 이런 일도 있었다.

"추밀원의 한 관리가 어떤 사람에게 옥대를 뇌물로 받은 일이 드러났다. 하지만 조정에서는 뇌물을 받은 관리를 제대로 조사하지 않았다. 한 어사가 관리의 뇌물죄를 너무 가볍게 처리한다고 비판했다. 부쿠무가 그의 말을 듣고 말했다. '고대의 예법에 따르면, 대신들이 뇌물을 받은 일은 처벌하지 않는다고 하오. 만약 그들을 매로 때리고 모욕을 준다면, 이는 형벌은 사대부에게 내리지 않는다는 원칙에 위배되는 것이오.'"

원나라를 대표하는 신하이자 청백리인 부쿠무마저도 사대부 계급의 이익을 대변한 사람임을 알 수 있다.

유가 사상이 지배하는 봉건 사회에서 양반들은 생산의 주체인 백성의 인권을 자기들과 동등하게 인정하지 않았다. 다만 백성의 의식주가 풍족해야 만 신분 질서를 유지하고 사회 안정을 이룰 수 있었기 때문에, 고위 관리들은 백성을 마치 소나 양 떼를 키우듯이 조심스럽게 다스리고자 했다. 그래서 이른바 '목민관(牧民官)'이라는 반민주적 단어가 나온 것이다.

원 성종의 고위 관리들에 대한 지나친 예우는 그들을 탐욕과 부패의 늪으로 빠지게 했다. 그 후 원나라는 "안으로는 조정에서, 밖으로는 주현에 이르기까지 폐단이 생기지 않은 일은 한 가지도 없었으며, 병들지 않은 일 또한 한 가지도 없었다."

5. 종왕들의 반란을 평정하여 평화를 이루다

지원 31년(1294) 원 세조는 우구데이 칸국 카이두 칸의 반란을 평정하지 못하고 세상을 떠났다. 원 세조와 카이두 칸 사이의 오랜 갈등과 싸움의 이면에는, 칭기즈 칸 사후에 후계자 계승 문제가 있었다. 칭기즈 칸 사후에 그의 셋째 아들 우구데이가 대칸의 지위를 계승했으며, 우구데이 카안 사후에는 그의 장남 귀위크가 아버지의 뒤를 이어 대칸으로 등극했다.

귀위크 칸 사후에는 칭기즈 칸의 넷째아들 툴루이 칸의 장남 뭉케가 대칸의 지위를 계승했다. 이는 몽골 제국 대칸의 계승권이 우구데이 카안의 후손에서 툴루이 칸의 후손으로 넘어가는 계기가 되었다. 황금 가족 간의 갈등과 분열은 이 시기부터 본격적으로 시작되었다.

뭉케 카안 사후에 그의 두 친동생, 쿠빌라이와 아리크 부케가 대칸의 자리를 놓고 싸웠다. 결국 쿠빌라이가 승리하여 대칸으로 추대되었다. 바로 이 시기에 카이두 칸이 쿠빌라이 카안의 정통성에 시비를 걸고 반란을 일으킨 것이다. 내막을 따지고 보면 우구데이 카안 후손들과 툴루이 칸 후손들과의 패권 다툼이었다.

지원 26년(1289) 원 세조는 친히 군사를 이끌고 카라코룸을 점령한 카이두 칸을 공격했다. 카라코룸을 수복했지만, 카이두 칸의 반란군을 완전히 진압하지 못했다. 카이두 칸은 서북 지역에서 여러 차례 원나라군을 공격했으나 바얀 장군이 이끄는 원나라군의 방어선을 뚫지 못했다.

지원 29년(1292) 원나라 장수 토토카(土土哈)가 카이두 칸의 근거지인 알타이 산을 공격하여 3,000여 호(戶)를 빼앗았다. 카이두 칸은 원나라군의 공세에 밀려 알타이 산 이북으로 철수하고 재기를 노렸다. 지원 31년(1294) 원 성종이 새로운 황제로 등극했다는 소식을 들은 카이두 칸은 차가타이 칸국의 두아(都哇) 칸 등과 함께 군사를 일으켜 다시 서북 변경을 공격했다. 원 성종은 진왕 카말라·안서왕 아난다·녕원왕 쿠쿠추 등 종왕들을 북방으로 보내 카이두 칸의 연합군을 토벌하게 했다.

정원 2년(1296) 카이두 칸 진영에서 내부 분열이 일어났다. 아리크 부케의 두 아들, 위무크르(玉木忽兒)와 내라쿠 부카(乃剌忽不花) 그리고 타르타카(朵兒朵哈) 장군 등이 병사 12,000명을 이끌고 원나라에 투항했다. 수십 년 동안 지속되었던 종왕들의 반란을 평정할 절호의 기회였다.

원 성종은 다음 해부터 연호를 천하에 덕을 널리 베푼다는 의미인 대덕(大德) 원년(1297)으로 바꾸었다. 그리고 투항한 종왕들에게 봉토를 하사하고 많은 재물을 하사했다. 아울러 카이두 칸의 반란에 가담한 자들도 투항하면 반란죄를 불문에 부치고 오히려 우대하겠다고 했다. 그들을 적극적으로 포섭함으로써 황제의 권위와 위엄을 드러내고 변방의 안정을 이루려는 목적이었다.

원나라 역대 황제 평전

대덕 2년(1298) 겨울 두아 칸이 막북(漠北) 지역을 급습하여 고당왕 쿠리지스를 생포했다. 쿠리지스는 원 세조의 외손자인데 황태자 친킴의 딸 쿠다 디미시 공주를 부인으로 맞이한 후, 또 원 성종의 딸 아이아 시리(愛牙失里) 공주를 후처로 맞이한 원나라 황실의 대표적인 부마였다. 당시 공주 두 명을 아내로 취한 왕은 그가 유일했다.

그는 문무를 겸비한 장군으로서 소수의 병력을 이끌고 카이두 칸과 두아 칸의 침입을 여러 차례 격퇴했으나, 적진으로 너무 깊숙이 진격하다가 포위되어 두아 칸에게 생포된 것이다. 두아 칸은 그의 재능을 높이 평가하여 그를 사위로 삼고 병권을 위임하려고 했다.

하지만 쿠리지스는 단호하게 거절했다.

"나는 황제의 사위요. 황제와 황후의 윤허를 받지 않고 또 다시 아내를 취하는 것이 어찌 말이 되는 소리인가."

두아 칸은 쿠리지스가 끝내 차가타이 칸국의 부마가 되기를 거부하자 그를 살해했다. 두아 칸의 진격에 놀란 원 성종은 조카 카이샨(海山)에게 막북 지역의 원나라 군대를 총지휘하게 했다. 아울러 웨치차르(月赤察兒), 상올아(床兀兒) 등 장수들에게는 카이샨을 도와 북방에서 반란을 일으킨 왕들을 토벌하게 했다.

대덕 5년(1301) 카이두 칸은 우구데이 계열과 차가타이 계열의 후손 왕공 40여 명을 거느리고 카라코룸을 향해 진격했다. 카이샨의 원나라군과 카이두 칸의 연합군이 질겁리길(迭怯里吉: 몽골 찰포하·扎布河 부근) 등 지역에서 대결전을 벌였다.

결국 카이두 칸이 대패하여 퇴각하는 도중에 사망했다. 차가타이 칸국의 두아 칸은 목숨은 건졌으나 무릎에 화살을 맞고 절름발이가 되었다.

원나라에 가장 위협적인 세력이었던 카이두 칸의 죽음은 북방 왕들의 반란을 와해시키는 계기가 되었다.

카이두 칸의 장남 차파르(察八兒)가 두아 칸의 지지를 받아 우구데이 칸국의 새로운 칸으로 추대되었다. 두아 칸과 차파르 칸은 자기들이 다스리는 칸국이 오랜 내전을 겪으면서 국력이 쇠잔해졌음을 절감했다. 원나라에 대항하여 병사를 일으킨 왕들이나 원 성종도 모두 칭기즈 칸의 후예가 아닌가. 원 성종에게 화의를 청하여 일단 전쟁을 끝낸 후에 후일을 도모하는 게 유리했다.

대덕 7년(1303) 두아 칸과 차파르 칸은 카이샨 군영에 사자를 보내 차가타이 칸국과 우구데이 칸국이 원나라를 상국으로 섬기고 원나라 황제에게 복종하겠다는 뜻을 밝혔다. 보고를 받은 원 성종은 두 사람에게 막대한 재물을 하사했다. 아울러 그들이 계속 자기들의 칸국을 다스리게 했다.

대덕 10년(1306) 두아 칸과 차파르 칸 사이에 내분이 발생하여 북방 지역이 다시 전란에 휩싸였다. 카이샨은 기회를 틈타 알타이산맥을 넘어 차파르 칸의 우구데이 칸국을 공격했다. 차파르 칸이 대패하여 달아날 길이 없자 어쩔 수 없이 두아 칸에게 귀부했다.

두아 칸과 원나라는 우구데이 칸국 영지를 나누어 가졌다. 같은 해 두아 칸이 사망하자 원나라는 그의 아들 콘첵(寬闍)을 차가타이 칸국의 제11대 칸으로 책봉했다. 그 후 차가타이 칸국은 1370년에 티무르 제국의 창시자인 티무르 베그 구르카니(1336~1405)에 의해 멸망했다.

한편 차파르 칸은 원 성종이 사망한 후인 원 무종(元武宗) 지대(至大) 3년(1310)에 원나라에 투항했다. 이로써 몽골 제국의 4대 칸국 가운데 우구데이 칸국이 가장 먼저 소멸되었다.

일 칸국의 제7대 군주 가잔(合贊·1271~1304) 칸은 이슬람교로 개종한 후 자기 이름을 이슬람식 이름인 '마흐무드'로 바꾸고 술탄을 칭했다. 마흐무드 술탄은 원나라의 간섭을 받지 않고 독립국의 군주로서 국가를 다스렸지만, 원나라를 종주국으로 인정하고 원 성종에게 조공을 바쳤다.

킵차크 칸국의 제8대 군주이자 바투 칸의 증손인 토크타 칸도 원나라가 두아 칸과 차파르 칸의 반란을 토벌할 때 군대를 파견하여 원나라를 도왔다. 원 성종이 사망한 다음 해인 지대 원년(1308)에 숙녕왕(肅寧王)으로 책봉되었다. 칭기즈 칸의 후손들이 다스린 4대 칸국은 각자 독립 왕조로 발전했지만, 원 성종 시대에는 원나라를 종주국으로 인정하고 형식적이나마 원나라와 주종 관계를 맺었다. 원 성종이 뛰어난 외교적 수완을 발휘하여 칭기즈 칸 후손들의 구심점이 되었기 때문이다.

옛날에 몽골인들은 혹독한 추위를 견뎌내기 위하여 도수가 높은 술을 즐겨 마셨다. 몽골 제국 카안과 원나라 황제들은 대부분 알코올 중독자였다. 원 성종도 예외가 아니었다. 장년이 되어서는 하루도 술을 마시지 않는 날이 거의 없었다. 반란을 일으킨 왕들이 투항하러 대도의 황궁에 왔을 때는 몸이 너무 쇠약해져서 그들을 접견조차 할 수 없을 정도였다.

불루간 황후(?~1307)와 중서성 우승상 카라카슨이 황제를 대신하여 국정을 주도했다.

대덕 11년(1307) 1월 원 성종은 향년 42세를 일기로 황궁의 옥덕전(玉德殿)에서 붕어했다. 그는 할아버지 원 세조와는 다르게 정복 전쟁을 싫어한 군주였다. 즉위 직후에 일본·베트남 등 주변 국가에 대한 침략을 멈추고 외교를 통하여 평화를 추구했다. 성품 또한 어질고 남에게 베푸는 것을 좋아했으며 유가 사상에 바탕을 둔 통치술로 천하의 안정을 도모하고자 했다.

하지만 원 성종은 재물을 낭비하고 관리들의 부패를 용인한 결점이 있었다. 칭기즈 칸 시대부터 원 세조에 이르는 기간 동안 비축해 놓은 엄청난 재물을 물 쓰듯 했다. 자신의 통치 권력을 유지하기 위한 수단이었다. 관리들이 부패해도 모르는 척 넘어간 것도 이런 이유 때문이다.

　그는 마음씨 좋은 군주였을지언정 국가를 제대로 다스린 군주는 아니었다. 선황제들이 이루어놓은 업적을 지키는 데에는 성공했지만, 국가를 더 이상 발전시키지 못하고 쇠퇴의 길로 접어들게 했다. 그는 절반쯤 성공한 군주였다. 훗날 그의 묘호를 성종(成宗)으로 정한 까닭은 수성(守城)에는 어느 정도 성공했기 때문이다. 하지만 무작정 '퍼주는' 지도자는 반드시 실패한다는 교훈도 남겼다.

원나라 역대 황제 평전

7

원 무종 카이샨

제7장

원 무종 카이샨

1. 성장 과정과 황위 계승

원 성종 테무르의 첫 번째 부인은 옹기라트 부족 출신인 시린다리(失怜答里·?~?)이다. 『원사』에 의하면 그녀는 원 성종의 유일한 아들 테이슈(德壽·?~1306)를 낳았다고 한다. 그녀는 원 성종이 지원 31년(1294)에 즉위하기 전에 사망했기 때문에, 사후에 정자정의황후(貞慈靜懿皇后)로 추존되었다.

원 성종은 즉위한 후에 바야우트(伯岳吾) 부족 출신인 후궁, 불루간(卜魯罕·?~1307)을 정비로 승격시키고 황후로 책봉했다. 라시드 앗 딘의 『연대기의 집성』에 의하면 불루간이 테이슈를 낳았다고 한다. 또 『원사』의 다른 기록과 원말명초의 역사학자 도종의(陶宗儀)가 쓴 『남촌철경록(南村輟耕錄)』에서도 테이슈의 생모는 불루간이라고 했다.

테이슈의 생모가 누구인지, 역사서마다 내용이 다르므로 정확히 알 수 없다. 그리고 테이슈가 언제 태어났는지도 정확히 모르지만, 어쨌든 대덕 9년(1305) 6월에 황태자로 책봉되었다.

당시 원 성종은 병환에 시달리고 있었으며, 불루간 황후가 사실상 국정을 관장하고 있었다. 그런데 테이슈가 황태자로 책봉된 지 6개월 만에 병으로 세상을 떠났다. 졸지에 유일한 아들이자 황태자를 잃은 원 성종은 큰 충격을 받고 병석에서 일어나지 못했다. 대덕 11년(1307) 1월 원 성종은 끝내 후계자를 지명하지 못하고 붕어했다.

봉건 왕조 시대에 아들과 손자가 없는 군주가 후계자를 지명하지 못하고 죽으면, 그의 형제가 왕위를 계승하며 형제도 없으면 그의 조카가 계승하는 게 일반적 원칙이다.

원 성종은 삼형제 중 막내였는데 큰형 카말라와 작은형 다르마발라는 동생보다 먼저 사망했다. 원 성종이 사망한 직후에 회녕왕(懷寧王) 카이샨(海山·1281~1311)과 안서왕(安西王) 아난다(阿難答·?~1307), 두 종왕이 차기 황제의 물망에 올랐다.

다르마발라의 아들이 카이샨이므로, 성종은 카이샨의 숙부(작은아버지)가 된다. 성종의 숙부 망갈라의 아들이 아난다이므로, 성종은 아난다의 사촌 형이 된다.

원나라의 황금 가족은 성종 사후에 황위 계승권을 놓고 카이샨을 지지하는 세력과 아난다를 지지하는 세력으로 분열하기 시작했다.

카이샨은 원 세조 쿠빌라이의 시대인 지원 18년(1281)에 다르마발라의 장남으로 태어났다. 원 세조의 증손자이기도 하다. 카이샨의 생모는 원나라의 명문 부족인 옹기라트 출신의 다지(쫄근·?~1322)이다. 다르마발라의 둘째 아들 아유르바르와다(愛育黎拔力八達·1285~1320)의 생모도 다지이다. 따라서 아유르바르와다는 카이샨의 친동생이 된다.

원 세조는 황손 다르마발라의 적처(嫡妻), 다지가 증손자 두 명을 연이어 낳자 기쁨에 겨워 덩실덩실 춤을 추었다. 도사 장유손(張留孫)을 특별히 황궁으로 초청하여 두 증손자의 이름을 짓게 했다.

장유손은 다르마발라의 장남을 카이샨(海山)으로, 둘째 아들을 수산(壽山)으로 작명했다. 훗날 한자어 수산은 '장수의 산'을 뜻하는 산스크리트어 '아유르-바르바다'로 번역되었으며, 이것이 몽골어 아유르바르와다로 변했다.

원 세조는 카이샨과 아유르바르와다, 두 증손자를 무척 총애했다. 카이샨 형제는 증조부의 각별한 사랑을 받으면서 유가 경전을 학습했다. 원 성종의 시대에는 친할머니 코코진(친킴의 부인이자 다르마발라의 생모)이 유학자로서 명망이 높았던 이맹(李盟)에게 두 손자를 가르치게 했다.

당시 원나라는 카이두 칸·두아 칸 등 종왕들이 서북 지역에서 일으킨 반란을 진압하느라 여념이 없었다. 원 성종은 영원왕 코코추를 총사령관으로 임명하여 북방을 지키게 했다. 원 성종의 부마이자 고당왕(高唐王) 쿠리지스도 코코추와 함께 변방 수비의 책임을 맡았다.

대덕 2년(1298) 겨울 두아 칸이 원나라 군영을 급습했다. 마침 코코추는 연회석에서 술에 취해 제대로 대응하지 못하고 달아났다. 이때 쿠리지스는 분전했지만, 생포되었다.

대덕 3년(1299) 쿠리지스가 피살되었다는 소식을 들은 원 성종은 코코추를 해임하고 조카 카이샨을 총사령관으로 임명하여 반란군을 토벌하게 했다. 카이샨은 웨치차르, 상올아 등 장수들을 거느리고 반란군을 성공적으로 진압했다.

원 성종은 그의 전과를 높이 평가하여 그에게 초(鈔: 지폐) 23,000여 정(錠)을 하사했다. 카이샨은 대도로 돌아가지 않고 계속 북방 지역에 머물면서 백성들을 위무하고 병사들을 조련했다.

대덕 8년(1304) 원 성종은 카이샨을 회녕왕으로 책봉하고 금인(金印)을 하사했다. 또 서주(瑞州: 요녕성 수중현·綏中縣 북쪽) 65,000호(户)를 식읍으로 주

원나라 역대 황제 평전

었다. 카이샨은 북방 지역에서 계속 반란군의 잔당을 토벌하면서 장졸과 현지 백성들의 지지를 받고 강력한 세력을 구축했다.

한편 안서왕 망갈라의 아들로 태어난 아난다는 몸이 허약했다. 이슬람교를 신봉한 망갈라는 어린 아들을 무슬림 가정에 보내 자라게 했다. 아난다는 양아버지이자 유모의 남편인 하산 아이아치의 영향으로 독실한 이슬람교 신자가 되어 매일 메카를 향해 기도를 하며 『쿠란』을 암송했을 뿐만 아니라, 페르시아어도 자유자재로 구사했다.

아난다는 아버지가 병으로 세상을 떠난 후인 지원 17년(1280)에 왕위를 물려받았다. 그는 영하·감숙·섬서 지방 등 영지를 다스리면서 곳곳에 이슬람교 사원을 세우고 무슬림의 신앙생활을 적극 지원했다.

원 성종은 원 세조 이래 원나라의 국교인 티베트 불교를 수호한 황제였다. 그는 아난다가 이슬람교를 신봉하는 것에 큰 불만을 품었다. 아난다에게 사신을 보내 이슬람교를 신봉하지 말고 불교로 개종하라고 강권했다. 하지만 아난다는 알라만이 유일한 신이며 만물의 창조자이자 구세주라고 반박하며 개종을 거부했다.

원 성종은 아난다가 '조종(祖宗)의 도(道)'를 위배했다는 것을 구실로 삼아 그를 대도로 소환하여 감금했다.

두 사람은 이런 대화를 나누었다.

"마귀가 너에게 이슬람교를 믿게 했구나."

"마귀가 나에게 이슬람교를 믿게 했다면, 가잔(合贊) 칸도 마귀의 인도
로 독실한 이슬람교 신자가 되었다는 말인가요?

가잔(1271~1304) 칸은 칭기즈 칸의 후예이자 일 칸국의 제7대 군주이다.

그는 원나라를 종주국으로 인정한 대가로 원나라로부터 종교 간섭을 받지 않고 이슬람교로 개종하여 술탄을 칭하고 일 칸국을 다스렸다.

사실상 원나라는 일 칸국을 통제할 힘이 부족했기 때문에, 가잔 칸이 이슬람교 율법으로 일 칸국을 통치하는 것에 반대할 수 없었다. 아난다는 가잔 칸도 이슬람교로 개종한 사실을 예로 들어 자신을 적극 변호했다.

원 성종은 아난다를 제거하고 싶었다. 하지만 아난다는 이미 자신의 영지에서 이슬람교로 무장한 무슬림 병사, 15만여 명을 거느리고 있었다. 그를 자극했다가는 오히려 더 큰 불행을 자초할 수 있었다.

황태후 코코진이 아들 원 성종에게 충고했다.

"황제는 보위에 오른 지 2년이 지났는데도, 원나라는 아직도 변방에서 안정을 이루지 못했소. 아난다는 아주 많은 병사들을 거느리고 있으며, 그가 다스리는 서하 지역의 군민(軍民)들은 모두 이슬람교를 맹신하고 있다고 들었소. 만약 그들의 종교를 탄압하면 엄청난 불행이 닥칠 수 있소. 아난다에게 개종을 강요하지 말고 그의 종교와 신앙을 인정하는 게 원나라의 번영과 평화를 이루는 데 훨씬 유리하오."

원 성종은 생모의 충고를 듣고 즉시 아난다를 석방하게 했다. 아울러 그에게 많은 재물을 하사하고 영지로 돌아가게 했다.

그 후 아난다는 변방의 반란군을 토벌하고 굶주리는 백성을 구제해야 한다는 명목으로 수시로 원나라 조정에 양식과 무기를 요구했다. 원 성종은 즉위한 지 다음 해인 원정 원년(1295)에 갑옷·투구·창·활·화살·말안장 등 무려 158,500여 개를 아난다에게 하사했다. 대덕 원년(1297) 또 아난다에게 초(鈔: 지폐) 3만 정을 하사했다. 다음 해 아난다는 또 사신을 파견하여 백성들이 굶주리고 있으니 양식을 하사해 달라고 요청했다.

원 성종이 짜증을 내며 말했다.

"일찍이 세조(쿠빌라이)께서 왕, 제후들에게 재물을 나누어 하사하는 일이 참으로 어렵다는 것을 깨닫고 성훈(聖訓)을 남기셨다. 안서왕도 그 성훈의 내용을 알고 있을 것이다. 그런데 또 사신을 보내 백성들이 빈곤하다고 말하는구나. 어찌 너희 나라의 백성만 힘들게 살고 있겠느냐? 짐은 작년에 왕들에게 초(鈔: 지폐) 20만 정을 하사했을 뿐만 아니라 양식도 보내주었다. 지금 짐이 아난다에게만 하사하면, 다른 왕들이 불공평하다고 떠들어댈 것이다. 그렇다고 해서 하사하지 않으면 너희들은 백성들이 굶어 죽는다고 말하겠지. 여러 가지 형편을 고려하여 양식 1만 석을 하사하니 정말로 굶주리는 자를 선별해서 구휼하라!"

앞 장에서 얘기했듯 원 성종은 왕들에게 '퍼주기'를 좋아한 군주였다. 아난다가 여러 차례 그에게 재물을 하사해달라고 요청하여 받아낸 것은, 원 성종의 이런 품성과 관련이 있지만, 본질적인 이유는 원 성종이 변방에서 대군을 거느리고 있는 아난다를 회유함으로써 국가의 안정을 도모할 목적이었다. 아난다는 원나라 조정에 위협이 될 정도로 세력을 가진 군왕이었던 것이다.

원 성종은 집권 후반기에 이르러 중병에 걸려 정무를 살피지 못했다. 불루간 황후가 황제를 대신하여 어명을 내리면 우승상 카라카슨이 집행했다. 조정의 정치는 사실상 두 사람의 손에서 결정되었다.

원 성종의 유일한 아들이자 황태자인 테이슈가 병환에 시달릴 때 불루간 황후는 원나라의 국사(國師) 단파(丹巴·1230~1303)에게 측근을 보내 물었다.

"폐하와 나는 부처님의 법을 숭배하여 그대를 스승으로 섬기고 있습니다. 지금 한 명뿐인 아들이 병고에 시달리고 있는데 어찌 그의 생명을 연장할 방법이 없겠습니까?"

불루간 황후는 황태자 테이슈가 황위를 계승하기를 간절히 바랐기 때문에 단파에게 부처님의 원력으로 황태자의 질병을 낫게 해달라고 부탁한 것이다.

단파가 말했다.

"불법(佛法)은 등잔불과 같아서 비바람이 몰아치면 꺼질 수밖에 없습니다. 생과 사는 사람이 인위적으로 결정하는 게 아닙니다."

불루간 황후는 단파의 말에 실망을 감추지 못했다. 만약 황태자가 제 명대로 살지 못하고 죽으면 궁중에서 자신의 지위가 위협을 받을 수 있었다.

원나라 역대 황제들의 정처(正妻)는 대대로 명문 부족인 옹기라트에서 선발하는 게 관례였다. 칭기즈 칸의 아내 브르테, 원 세조의 아내 차브이, 황태자 친킴의 아내 코코진, 원 성종의 아내 시린다리 등은 모두 옹기라트 부족 출신이었다.

반면에 불루간 황후는 바야우트 부족 출신이었다. 만약 시린다리가 사망하지 않았다면, 불루간은 황후가 될 수 없었을 것이다.

카이샨과 아유르바르와다의 생모 다지도 옹기라트 부족 출신이었다. 이처럼 원나라 황실의 외척이 여러 대에 걸쳐서 옹기라트 부족 출신이었기 때문에, 그들의 조정에 대한 영향력이 막강했다.

불루간 황후는 중병에 걸린 원 성종이 세상을 떠나기 전에 자기 세력을 심고 옹기라트 부족 세력을 억제해야 하는 절박한 심정이었다. 사실 카이샨이 반란군을 토벌했는데도 대도로 돌아오지 못하고 북방 지역에서 계속 주둔할 수밖에 없었던 것도, 불루간 황후의 방해 공작 때문이었다.

좌승상 아쿠타이(阿忽台), 평장정사 파두마신(八都馬辛), 종왕 야지리(也只里), 아리크 부케의 아들 메릭 테무르(明理帖木兒) 등이 불루간 황후를 중심으로 은밀히 세력을 결성했다. 그들은 카이샨 형제를 가장 두려운 경쟁자로 생각했다. 먼저 대도에 거주하고 있는 아유르바르와다와 그의 생모 다기를 제거할 계획을 세웠다.

대덕 9년(1305) 불루간 황후는 아구타이 등과 짜고 아유르바르와다와 다기를 회주(懷州: 하남성 심양·沁陽)로 추방했다. 기회를 보아 자객을 보내 암살할 음모를 꾸몄다.

몇 개월 후 테이슈 황태자가 사망했다. 대덕 11년(1307) 1월 초 침전에 누워있는 원 성종의 호흡이 가빠졌다. 황제의 목숨이 얼마 남아있지 않다고 판단한 불루간 황후는 황급히 안서왕 아난다에게 사자를 보내 대도의 황궁으로 오게 했다. 아난다가 도착한 지 며칠 후 원 성종이 붕어했다.

불루간 황후와 그녀의 측근들은 대상(大喪)을 치른 후, 같은 해 3월 3일에 불루간 황후가 임조칭제(臨朝稱帝)한다는 조서를 반포할 계획을 세웠다. 아울러 아난다는 그녀를 보좌하다가 일정한 시간이 흐르면 황제로 추대한다는 각본을 짰다. 사실 불루간 황후는 아난다를 꼭두각시 황제로 추대하여 자신의 절대 권력을 유지할 속셈이었다.

당시 카이샨은 북방의 변경에 있었지만 그를 지지하는 세력도 만만치 않았다. 우승상 카라카슨, 대종정부의 단사관 겸 양성병마도지휘사 아사부카(阿沙不花) 그리고 친동생 아유르바르와다와 그의 스승 이맹(李孟) 등은 평소에 병약한 원 성종이 붕어하면, 전공을 가장 많이 세우고 황제와 혈통이 가장 가까운 카이샨이 황위를 계승해야 이치에 맞는다고 생각했다.

특히 카라카슨은 원 성종이 사경을 헤매고 있을 때 황제의 침전을 장악하고 탕약을 직접 황제의 입에 넣어주었을 정도로 최측근이었다. 원 세조와 원 성종 양조(兩朝)에서 고위직을 역임하고 충직한 신하로 명성을 얻었으므로, 불루간 황후도 그의 눈치를 보지 않을 수 없었다.

카라카슨은 불루간 황후의 세력이 아난다를 추대하는 것은 '조종(祖宗)의 법(法)'에 어긋난 역모로 간주했다. 불루간 황후와 카라카슨의 충돌은 불가피했다.

카라카슨은 비밀리에 북방으로 사자를 파견하여 카이샨에게 하루빨리 대도로 오게 했을 뿐만 아니라, 회주에 머물고 있던 아유르바르와다와 다기도 오게 했다. 카라카슨은 그들이 도착하기 전에 대도에 있는 관청들의 관인을 모두 회수하고 무기와 식량을 보관한 창고를 봉쇄했다. 또 자기가 병에 걸렸다고 속이고 궁궐 안에서 드러누웠다.

불루간 황후는 여러 날 동안 그에게 지시를 내렸으나, 그는 병을 핑계로 일절 대응하지 않았으며, 어떤 문서에도 서명을 하지 않았다. 그가 이렇게 한 이유는 궁중 정변의 빌미를 차단하기 위해서였다.

한편 카라카슨이 보낸 사자가 회주에 당도하여 아유르바르와다에게 조정의 변고를 알리고 속히 대도로 가야 한다고 재촉했다.

아유르바르와다의 곁에 있던 이맹이 말했다.

"서자는 황위를 계승할 수 없음은 세조의 유훈입니다. 지금 폐하(원 성종)께서는 갑자기 붕어하셨으며, 황태자(카이샨)는 만 리 밖 북방에 있기 때문에 종묘사직이 위태로운 지경에 이르렀습니다. 전하께서는 당장 어머님을 모시고 궁정으로 돌아가셔서 저들의 간사한 음모를 분쇄하고 민심을 안정시켜야 합니다. 그렇게 하지 않으면 국가의 안정을 보장할 수 없습니다."

원나라 역대 황제 평전

아유르바르와다가 선뜻 결정을 내리지 못하고 주저했다.

이맹이 또 말했다.

"저들의 사악한 음모가 성공하면 조서 한 장으로 우리를 소환할 것입니다. 황궁으로 소환되면 전하의 모자(母子)는 목숨을 지킬 수 없습니다. 그런데도 어찌하여 전하께서는 한가롭게 가족의 정을 운운하십니까?"

아유르바르와다는 자신의 스승이자 측근인 이맹의 충고를 듣고 사태의 심각성을 깨달았다. 먼저 이맹을 카라카슨에게 보내고, 자기도 어머니를 모시고 대도로 떠났다. 이맹이 카라카슨을 찾아갔을 때 공교롭게도 불루간 황후가 파견한 신하와 마주쳤다. 불루간 황후는 카라카슨의 거처에 측근을 보내 동태를 염탐하던 중이었다.

이맹은 진맥하러 온 의원이라고 속이고 불루간 황후의 이목을 따돌렸다. 카라카슨을 만나 불루간 황후가 아구타이 등 측근들과 안서왕 아난다를 황제로 추대하려는 음모를 꾸미고 있다는 얘기를 자세히 들었다.

이맹이 마침 대도에 도착한 아유르바르와다에게 말했다.

"사태가 급하게 돌아가고 있습니다. 먼저 공격하는 자는 상대를 제압할 수 있지만, 나중에 공격하는 자는 상대에게 제압을 당할 수 있습니다."

아유르바르와다의 신하들은 어떻게 해야 하는지 설왕설래했다.

한 신하가 아유르바르와다에게 말했다.

"황후는 구중궁궐에 있으면서 국새를 가지고 있습니다. 황궁을 지키는 케식(친위대)은 황후의 명령 한 마디면 순식간에 만 명이 될 수 있습니다. 더구나 안서왕부에는 아난다를 따르는 장졸들이 숲을 이루고 있습니다. 하지만 전하에게는 호위 병사가 수십 명에 불과하고 무기도 제대로 갖추어져 있지 않습니다. 이는 마치 맨손으로 달려가 적들과 싸우는 꼴입니다. 실패하지 않을까 두렵습니다. 냉정하게 사태를 지켜보면서 카이샨 형님이 도착한 후에 일을 도모해도 늦지 않을 것입니다."

당시 황제와 황궁을 지키는 친위대인 '케식'은 불루간 황후의 세력이 장악하고 있었다. 아난다도 이슬람교로 정신 무장한 15만 대군을 보유하고 있지 않은가. 그 신하의 주장은 틀리지 않았다.

하지만 이맹의 견해는 달랐다.

"사악한 신하들이 선황제의 유훈을 저버리고 황후와 결탁하여 서자를 황제로 옹립하려고 음모를 꾸미는 행위는 천명과 인심에 크게 어긋나는 대역죄입니다. 전하께서는 황궁으로 들어가서서 대의(大義)로써 신하들을 책망하신다면, 임금과 신하의 의리를 아는 신하들은 사악한 무리를 저버리고 전하를 위하여 헌신할 것입니다. 그런데 어찌하여 수수방관하고 있습니까. 전하께서 황궁의 사악한 세력을 제거하고 큰형님을 맞이해야 하지 않겠습니까. 만약 안서왕이 황제가 되면 설사 황태자께서 대도에 도착하더라도, 저들이 어찌 두 손으로 국새를 받들어 황태자에게 바치겠습니까? 황태자는 번국으로 쫓겨날 수밖에 없을 것입니다."

"이렇게 되면 나라 안에서 격렬한 싸움이 일어나, 백성은 도탄에 빠지고 종묘사직은 위태롭게 될 것입니다. 내 몸에 위기가 닥친 것을 내 아버지에게 미치게 하는 행위는 효도가 아니며, 나에게 닥친 불행을 형님에게 미치게 하는 것은 형님을 공경하는 마음이 아닙니다. 또 절호의 기회를 얻었는데도 움직이지 않는 것은 지혜로운 행동이 아니며, 위기에 봉착했는데도 과감하게 나서지 못하는 것은 진정한 용기가 아닙니다."

이맹이 얼마나 지독한 유가의 명분론자임을 알 수 있는 내용이다. 유가 선비들에게는 무기나 병력 숫자가 중요한 게 아니었다. 군신 간의 의리와 대의명분을 위해서라면 목숨을 초개와 같이 버릴 수 있다고 생각하는 교조주의자들이었다.

이맹은 안서왕 망갈라의 아들 아난다가 서자 출신이기 때문에 황위를 계승할 수 없다고 주장했다. 유가의 선비들이 적서 차별을 당연한 것으로 여기던 시대였다. 사실 아난다가 서자 출신이라는 역사 기록은 없다.

아유르바르와다는 이맹의 거듭된 설득에도 불구하고 여전히 망설였다. 얼마 후 그는 점쟁이에게 점을 쳐서 길흉을 알아보게 한 후 결정하자고 했다.

이맹은 몰래 점쟁이에게 찾아가 길한 점괘가 나오게 했다. 이맹에게 거금을 받은 점쟁이가 아유르바르와다에게 지금 행동하면 대길(大吉)할 것이라는 점괘가 나왔다고 말했다. 아유르바르와다는 비로소 하늘이 자신을 돕는다고 여기고 거사를 실행하기로 결심했다.

대덕 11년(1307) 3월 2일 아유르바르와다는 호위 무사, 이맹 등을 거느리고 황궁으로 들어갔다. 이미 아유르바르와다와 같은 편이 된 카라카슨도 병사들을 이끌고 아유르바르와다를 영접했다. 아유르바르와다는 메릭 테무르의 군대를 무찌르고 신속하게 황궁을 장악했다.

아난다, 메릭 테무르 등 종왕들은 체포되어 상도로 압송되었으며, 불루간 황후는 아난다와 사통(私通)했다는 것을 죄명으로 폐위되어 동안주(東安州)로 쫓겨났다. 아쿠타이, 파두마신 등 주모자들은 현장에서 참수형을 당했다.

영원왕(寧遠王) 쿠쿠추(闊闊出), 진원왕(鎭遠王) 아쿠두(牙忽都) 등 종왕들이 아유르바르와다에게 건의했다.

"이제 정변을 일으킨 죄인들은 우리가 다 처리했습니다. 황태자(아유르 바르와다)는 세조(쿠빌라이)의 증손자입니다. 속히 황제로 등극해야 합니다."

아유르바르와다가 말했다.

"종왕들은 어찌하여 이처럼 불경스러운 말을 하는가요? 저 악인들이 황후와 결탁하여 우리 집안에서 분란을 일으켰기 때문에 네가 저들을 주 살한 거요. 그런데도 내가 어찌 위세를 부리며 황제의 자리를 노릴 수 있 겠습니까? 회녕왕(카이샨)은 나의 친형이오. 그가 황제로 등극하는 게 이 치에 맞아요."

아유르바르와다는 사신을 북방에 있는 카이샨에게 보내 자신의 뜻을 알리고 감국(監國)을 맡았다. 그는 황궁에서 카라카슨과 함께 숙식하면서 언제 일어날지도 모르는 반란에 대비하고 카이샨을 영접할 만반의 준비 를 했다. 또 이맹을 참지정사로 임명하여 사무를 처리하게 했다.

아유르바르와다가 황위 계승에 욕심이 없음을 표명하자, 카이샨의 등 극은 시간문제인 것처럼 보였다. 하지만 카이샨 형제의 생모 다기가 제동 을 걸었다. 어느 날 그녀는 십이지(十二支)를 살펴 길흉화복을 예언하는 음 양가에게 두 아들의 운명을 알아보게 했다.

음양가는 다기에게 이런 예언을 했다.

"중광(重光) 대황락(大荒落)에 이르면 재앙이 닥칠 것이며, 전몽(旃蒙) 작악(作噩)에 이르면 영원할 것이오."

중광과 전몽은 고갑자(古甲子)의 십간(十干) 가운데 한 가지이며, 대황락과 작악은 십이지(十二支) 가운데 한 가지이다. 여기서 중광은 카이샨이 태어난 해를, 전몽은 아유르바르와다가 태어난 해를 지칭한다. 이를 다르게 표현하면 카이샨은 제명대로 살지 못하고 죽을 운명이며, 아유르바르와다는 장수할 것이라는 뜻이다.

다기는 측근을 카이샨에게 보내 음양가의 말을 전하게 했다.

"너희 형제는 모두 내가 낳았다. 그러니 어찌 두 아들 가운데 누구를 더 예뻐하고 미워하는 게 있겠느냐. 하지만 음양가의 예언을 믿지 않을 수 없구나. 네가 동생에게 양보하는 게 좋겠구나."

그녀가 단순히 음양가의 말만 믿고 이런 결정을 내린 것 같지는 않다. 두 친아들 가운데 자기와 오랜 시간 동안 함께 지낸 아유르바르와다를 더 총애하거나, 그가 형보다 인품과 능력이 뛰어나다고 판단한 게 아닌가 한다.

카이샨은 생모의 결정에 큰 불만을 품었다. 자칫하다간 형제간의 피비린내 나는 싸움이 벌어질 위급한 상황이었다.

그가 측근 캉글리투투(康里脫脫)에게 말했다.

"나는 북방의 변경에서 10여 년 동안 국가를 힘들게 지켰소. 또 내가 형제 중에서 서열이 가장 높으므로 황위 계승은 당연하지 않은가. 하지만 황태후께서는 점괘의 결과에 근거하여 모호하고 믿을 수 없는 말을 하였소. 만약 내가 하늘의 마음과 백성의 바람에 부합할 수 있는 일을 할 수 있다면, 하루를 살아도 이름을 만세에 영원히 남길 것이오. 그런데 어찌하여 음양가의 말만 믿고서 조종(祖宗)이 맡긴 대업에 어긋나는 행동을 할 수 있겠소? 이는 아마도 조정의 권력을 장악한 신하들이 멋대로 국정을 농단하고 사람을 죽이다가 훗날 나에게 처벌받지 않을까 두려워하여 음모를 꾸민 일일 것이오. 당신은 즉시 대도로 가서 사태가 어떻게 전개되는 지 파악하고 돌아와 나에게 보고하기 바라오."

카이샨은 캉글리투투를 대도로 보낸 후 삼도군(三道軍)을 동원했다. 카이샨은 서도군을, 종왕 안회(按灰)는 중도군을, 상올아는 동도군을 이끌고 대도를 향해 떠났다. 각 군마다 병력은 1만여 명이었다. 대도 근교에 도착한 카이샨은 더 이상 나아가지 않고 캉글리투투의 소식을 초조하게 기다리고 있었다. 가능한 한 골육상쟁의 비극을 피하고 싶었기 때문이다.

한편 캉글리투투는 다기를 배알하고 카이샨의 말을 그대로 전했다. 다기가 깜짝 놀라 말했다.

"점쟁이가 큰아들이 황제로 등극하면 재위 기간이 짧을 것이라고 예언하였기 때문에, 나는 큰아들을 위해서 작은아들에게 황위를 양보하라고 했소. 내가 큰아들을 사랑하는 마음은 조금도 변함이 없소. 큰아들이 기왕 그렇게 말했으니 당장 대도로 와서 황위를 계승하라고 전하시오."

다기는 또 대종정부의 단사관 아사 부카에게 카이샨 일행을 성대하게 맞이하게 했다. 이윽고 아유르바르와다와 종왕, 대신들은 모두 카이샨을 새 황제로 추대하기로 결정했다.

대덕 11년(1307) 5월 카이샨은 26세의 나이에 원나라의 배도(陪都)인 상도(上都)에서 개최된 쿠릴타이를 통하여 황제로 등극했다. 카이샨이 원나라 제3대 황제이자 몽골 제국 제7대 카안인 원 무종(元武宗)이다. 다음 해 (1308)부터 연호를 지대(至大)로 정했다.

원 무종이 등극할 무렵에 불루간 황후·안서왕 아난다·종왕 메릭 테무르 등은 모두 사약을 마시고 죽었다.

사실 카이샨과 아난다의 싸움은 한족 문명에 동화된 몽골 귀족과 이슬람 문명에 동화된 몽골 귀족 간의 패권 다툼이었다. 한족 문명에 동화된 몽골 귀족은 이맹을 대표로 하는 한족 출신 정치인들의 도움을 받아 카이샨을 황제로 추대하는 데 성공한 것이다.

원 무종은 즉위 직후에 선친 다르마발라를 순종황제(順宗皇帝)로 추존하고, 생모 다기를 황태후로 추대했다. 한족 왕조에서 황제가 된 자는 돌아가신 부친을 황제로 추존하고 생모를 황태후로 추대하는 전통에 따른 결과였다.

원 무종은 고려 역사와도 밀접한 관계가 있다. 고려 제26대 국왕인 충선왕(忠宣王) 왕장(王璋·1275~1325)은 충렬왕과 제국대장공주 사이에서 장남으로 태어났다. 제국대장공주는 원 세조 쿠빌라이의 딸이 아닌가. 따라서 왕장은 원 세조의 외손자가 된다. 몽골식 이름은 이지르 부카(益知禮普花)이다.

왕장은 1298년에 고려의 왕으로 즉위하지만 7개월 만에 폐위되어 원나라로 가서 세자 신분으로 대도에서 거주했다. 원 성종 시대에 카이샨 형제와 친하게 지냈다. 카이샨 형제와 아난다가 패권 싸움을 벌일 때 카이샨 형제를 지원했다. 카이샨은 황제로 등극한 후 왕장을 고려의 왕으로 복위시켰다. 또 2년 후 왕장을 심왕(瀋王)으로 책봉했다. 왕장은 고려의 왕으로서 형식상이나마 오늘날 중국 동북 지역의 왕이 된 것이다. 원 무종과 충선왕이 얼마나 가까운 관계였는지 짐작할 수 있다.

2. 아유르바르와다를 황태자로 책봉하다

원 무종이 황제로 등극하는 데 가장 큰 공을 세운 사람은 그의 친동생 아유르바르와다이다. 물론 원 무종은 북방에서 단련된 막강한 장졸들을 거느리고 있었고 아울러 몽골 왕공, 한족 신하, 영지의 백성 등 여러 계층 사람들의 지지를 폭넓게 받고 있었으므로 자신의 능력으로 얼마든지 '대권'을 차지할 수 있었다.

하지만 아유르바르와다가 대도에서 불루간 황후와 아난다의 세력을 미리 제거하지 않았다면, 원 무종이 그처럼 쉽게 황제의 옥좌에 앉을 수 없었을 것이다. 또 아유르바르와다가 원 무종에게 '양보'하지 않았다면 골육상쟁의 비극을 피하지 못했을 것이다.

원 무종은 즉위한 지 한 달여 만에 아유르바르와다를 황태자로 책봉하고 금보(金寶)를 하사했다. 당시 원 무종에게는 장남 쿠살라(和世琜·1300~1329)와 차남 투그 테무르(圖帖睦爾·1304~1332), 두 아들이 있었다. 황제의 아들이 엄연히 살아있는데도 황제의 동생을 미래의 황제가 될 황태자로 책봉한 것은 역대 한족 왕조에서는 법통에 크게 어긋난 일이다.

일반적으로 황제가 사망하면 그의 아들이 왕위를 계승하고 아들이 없으면 손자가, 손자도 없으면 황제의 형제나 조카가 계승하는 게 원칙이다. 황제의 동생이 후계자로 지명되면 그를 황태제(皇太弟)라고 칭한다. 하지만 몽골인은 한족의 제도에 익숙하지 못했기 때문에 아유르바르와다를 황태제가 아닌 황태자로 칭했다.

물론 몽골인의 전통적인 '말자 상속'을 염두에 두면, 원나라의 황위 계승 원칙이 한족 왕조와 다르다고 해도 이상한 일이 아니다. 하지만 원 세조 쿠빌라이 이후부터 원나라는 한족 왕조의 적장자 계승 원칙을 따랐기 때문에, 원 무종이 동생을 황태자로 책봉한 것은 원나라 황실 내부에서 권력의 역학 관계가 작용한 결과였다.

원 무종은 동생의 권력과 위상을 인정하지 않을 수 없었기 때문에 동생에게 '이인자' 자리를 내줄 수밖에 없었다. 또한 두 아들이 아직 어린아이였던 것도 이유가 되었다.

그렇지만 원 무종은 아유르바르와다에게 한 가지 조건을 내걸었다. 자기가 죽고 아유르바르와다가 황제로 등극한 후에는 자기 아들을 황태자로 책봉해야 한다는 것이다. 아유르바르와다는 조정 중신들이 지켜보는 가운데 흔쾌히 동의했다. 형제간의 '권력 나누기'는 이렇게 일단락이 되었다.

삼보노(三寶奴·?~1311)는 원 무종을 황제로 추대하는 데 큰 공을 세운 핵심 측근이다. 원 무종은 그에게 타르칸 봉호를 하사하고 청주(清州)를 식읍으로 주었다. 또 나중에는 그를 초국공(楚國公)으로 책봉하고 상주로(常州路)를 영지로 하사했다. 타르칸은 칭기즈 칸이 본인과 자식들의 목숨을 구해준 은인들에게만 특별히 하사한 봉호(封號)인데 다양한 특권을 보장하고 세습할 수 있도록 배려해주었다. 원 무종이 얼마나 삼보노를 총애했는지 알 수 있다.

지대 3년(1310) 어느 날 삼보노가 원 무종에게 은밀히 아뢰었다.

"폐하의 장남 쿠살라가 명실상부한 적장자입니다. 황태자(아유르바르와다)의 약속은 믿을 수 없습니다. 적당한 기회를 보아 쿠살라를 황태자로 책봉해야 합니다."

당시 원 무종은 20대 후반의 나이였는데 몸이 무척 병약했다. 삼보노는 원 무종이 머지않아 병으로 사망하면, 황태자 아유르바르와다가 청년으로 성장한 쿠살라를 제거하고 자기 아들을 후계자로 삼지 않을까 의심했다.

원 무종도 동생에 대한 의심을 거두지 않고 있었던 터라, 삼보노에게 우승상 캉글리투투와 황태자 폐위 문제를 의논하게 했다. 유림(柳林)에서 사냥을 하고 있던 캉글리투투는 급한 전갈을 받고 황궁으로 돌아왔다.

삼보노와 캉글리투투가 나눈 대화는 이러했다.

"급히 황태자를 책봉하는 일을 의논하고자 승상을 불렀소."

"황태자가 이미 계신데 또 무슨 책봉이란 말이오?"

"황자(皇子: 쿠살라)가 장성하였고 폐하의 성체(聖體)가 근래에 이르러 눈에 띄게 쇠약해지셨소. 하루빨리 황자를 황태자로 책봉해야 이치에 맞는다고 생각하오."

"국가의 대계(大計)는 신중하게 처리하지 않을 수 없소. 예전에 태제(太弟: 아유르바르와다)께서 몸소 국가의 대사를 결정하시어 종묘사직에 공훈을 세우시고 황태자의 거주지인 동궁(東宮)에 계신 지 오래되었습니다. 이미 폐하와 태제는 정해진 운명이 있어서 향후 형이 아우에게, 또 숙부가 조카에게 선양하겠다고 선포했지요. 그런데도 누가 감히 그 순서를 어지럽히겠소? 신하된 자들은 국가의 헌장(憲章)을 멋대로 뜯어고칠 수 없는데도, 어찌 그 황위 계승에 관한 결정을 훼손할 수 있겠소?"

"오늘 형이 동생에게 선양하면, 훗날 숙부가 조카에게 양위하겠다는 약속을 과연 믿을 수 있겠소?"

"내가 우승상 관직을 맡고 있는 한, 변경은 절대 있을 수 없소. 만약 저들이 그 믿음을 저버린다면, 하늘이 저들을 감찰할 것이오."

삼보노는 끝내 캉글리투투를 설득하지 못했다. 캉글리투투가 워낙 충직한 성격이었으며, 그리고 조정 중신들은 대부분 그의 견해에 동조했기 때문이다. 원 무종은 황태자 책봉 논의를 없던 일로 했다.

나중에 아유르바르와다가 황제로 등극한 후, 삼보노는 모반죄를 뒤집어쓰고 살해되었다. 하지만 원 무종의 차남 원 문종 투그 테무르가 다시 즉위한 후인 지순(至順) 원년(1330)에, 삼보노는 억울한 누명을 쓰고 살해된 사실이 인정되어 사후 복권되었으며 영성왕(郢城王)으로 추봉(追封)되었다.

사실 원 무종이 황제의 절대 권력을 행사할 수 있었다면, 동생을 폐위하고 아들을 황태자로 책봉하는 일은 어렵지 않았을 것이다. 하지만 그는 동생을 지지하는 세력을 무시할 수 없었으며 아울러 생모 다기 황태후와의 삼각관계를 고려하여 동생의 황태자 지위를 보장해 줄 수밖에 없었다.

3. 황제와 황태자 그리고 황태후가 권력을 분점하다

왕조 시대에 차기 황제로 결정된 황태자를 황사(皇嗣)·황저(皇儲)·저군(儲君)·국본(國本) 등으로 표현했다. 일반적으로 황태자는 황제의 아들로서 몸가짐을 바르게 하고 제왕의 도(道)를 스승에게 배우면서 황제에게 충효를 다해야 했다. 만약 아버지의 눈 밖에 나면 폐위되거나 심지어는 사약을 받고 죽을 수도 있었다. 따라서 황태자는 언제나 동궁에서 전전긍긍하며 살아야 했으며, 아버지가 감국(監國)을 맡길 때에는 최선을 다해 국정을 보살핌으로써 아버지의 인정을 받아야 했다.

원 무종과 아유르바르와다의 관계는 그렇지 않았다. 원 무종은 아유르바르와다를 황태자로 책봉함과 동시에 중서성의 중서령 겸 추밀원사로 임명했다. 중서성은 중앙 정부 최고의 행정 기관으로서 전국의 행정 사무를 총괄했다. 전국 각지에 설치된 중서성의 산하 기관인 행중서성이 지방 행정을 관장했다. 그리고 중서성의 최고위직은 중서령이다.

추밀원은 오늘날의 국방부와 같은 군사 분야의 최고 행정 기관이며, 추밀원사가 우두머리이다. 추밀원사의 지위와 권력은 재상(宰相)과 같았다.

원 무종은 아유르바르와다에게 사실상 원나라의 행정과 군사를 맡긴 것이다. 또 지대 2년(1309) 상서성을 다시 설치한 후에 황태자를 상서성에서 가장 높은 관직인 상서령으로 임명했다. 상서성은 주로 국가의 재정(財政)을 관장했다. 아유르바르와다는 황태자의 신분으로서 원나라의 행정과 군사 그리고 재정을 총괄했음을 알 수 있다.

이뿐만이 아니었다. 원 무종은 황태자가 조정의 각 부처에 태자부(太子府)의 관리를 파견하는 것을 윤허했다. 이에 따라 조정의 신하들은 황제의 어명뿐만 아니라 황태자의 지시도 받아야 했다. 또 황태자가 거주하는 동궁과 태자부에 사령(司令)·부정사(府正司)·전보서(典寶署)·전선서(典膳署) 등 관서를 설치했을 뿐만 아니라, 궁사대부(宮師大府)도 설치하여 태자태사(太子太史) 등에게 황태자를 보필하게 했다. 이처럼 동궁과 태자부를 중심으로 조직된 일련의 행정 기관은 중앙 정부인 조정과는 별도로 운용되었다.

원 무종은 또 안서로(安西路)·평강로(平江路)·길주로(吉州路) 등 삼로(三路)를 황태자에게 영지로 하사했다. 그리고 추밀원에서 한인(漢人) 출신 병사 1만 명을 선발하여 황태자의 안전을 책임지는 친위군을 조직하는 것도 윤허했다.

이처럼 아유르바르와다가 황제에 버금가는 권력과 위세를 부릴 수 있었던 직접적인 이유는, 원 무종을 황제로 추대하는 데 결정적 역할을 했기 때문이다. 또 원 무종이 즉위 초부터 병치레가 잦아서 국정 장악 능력이 떨어진 것도 이유가 되었다. 더구나 즉위 직전에 음양가의 불길한 예언이 그의 심신을 나약하게 했는지도 모른다.

원 무종은 모후 다기 황태후의 눈치도 보는 처지였다. 그는 모후를 위하여 거대하고 호화로운 흥성궁(興聖宮)을 지었다. 사람들은 다기를 흥성태후(興聖太后)라고 칭했다. 원 무종은 흥성궁에 여러 관서를 설치하고 관리들에게 흥성태후를 극진하게 모시게 했다. 또 흥성궁에 강회재부총관부(江淮財賦總管府)를 설치하여 강회 지방에서 징수한 재물과 조세로 흥성궁에서 필요한 경비를 조달하게 했다.

흥성태후도 조정의 정치에 개입하기 시작했다. 테무테르(鐵木迭兒·?~1322)는 원 세조와 원 성종의 양조(兩朝)에서 고위 관리를 지냈다. 원 무종이 즉위한 후에는 선휘사(宣徽使)로 임용되었으며 흥성태후에게 뇌물을 바치고 아부를 잘하여 그녀의 총애를 받았다.

그는 강서행성 평장정사·운남행성 좌승상 등 지방의 고위직을 맡고 있을 때 막대한 부를 축적했다. 수시로 흥성태후에게 뇌물을 바치고 조정의 관리들과 결탁하고자 무단으로 궁궐을 드나들다가 탄핵을 당한 일이 있었다.

원 무종은 테무테르를 처벌하려고 했으나 모후의 반대로 포기하고 말았다. 흥성태후는 오히려 테무테르를 조정으로 불러들여 중임을 맡겼다. 원 무종의 통치 기간에 황제의 황궁과 황태자의 동궁 그리고 황태후의 흥성궁이 권력의 3축을 이루었다. 세 사람은 모자, 형제 관계였으므로 권력을 놓고 치열한 다툼을 벌이지는 않았지만, 서로 의심하고 견제하면서 자신들의 권력을 유지했다.

4. 우유부단한 성격 때문에 국정을 혼란에 빠뜨리다

원 세조 쿠빌라이가 이룩한 업적은 원 성종 테무르에 의해서 적지 않게 훼손되었다. 특히 재정 분야에서 문제가 심각했다. 원 성종은 국고에 비축해 놓은 엄청난 재화를 왕공, 신하들에게 아낌없이 나누어주었다. 원 무종도 즉위 직후부터 원 성종 못지않게 재물을 하사하는 일을 좋아했다. 대체로 원나라 황제들은 '하사(下賜)'에 익숙했다. 이는 유목 민족의 전통에서 비롯되었다.

유목 민족은 지도자를 중심으로 계절의 변화에 따라 가축을 몰고 이동하면서 집단생활을 한다. 그들의 생활 환경은 농경 민족보다 훨씬 열악했기 때문에, 일치단결과 공정한 분배를 인생 최고의 가치로 여긴다. 전쟁을 통해 획득한 전리품도 반드시 공정하게 분배함으로써 윗사람과 아랫사람의 신뢰를 더욱 견고하게 했다. 몽골인의 군마가 유라시아를 유린할 때도 이 원칙은 철저하게 지켜졌다.

원 세조가 건국한 원나라는 유목이 아닌 농경에 기반을 둔 왕조였다. 이는 유목 국가인 몽골 제국이 농업 국가인 원나라로 변했음을 의미한다. 왕조를 지탱하는 재화의 원천이 변했기 때문에, 농업 국가를 다스리기에 적합한 한족의 법률과 제도가 원나라 시대에도 필요했다. 하지만 황제들은 아직도 유목 민족의 관습을 버리지 않고 국고의 재화를 전리품처럼 여기고 하사하다가 재정 악화를 초래한 것이다.

원 무종도 재물을 지나치게 '하사(下賜)'하는 버릇이 있었다. 어느 날 측근 신하들이 황제가 지켜보는 가운데 축국(蹴鞠: 축구와 비슷한 공놀이)을 했다. 원 문종은 한 신하가 공을 기가 막히게 잘 다루는 모습을 보고 감탄했다. 그는 즉석에서 그 신하에게 교초 15만 정을 하사하게 했다.

평장정사 아사 부카가 근심스러운 표정을 지으며 황제에게 말했다.

"축국을 잘해서 거액의 상금을 받는 자가 나타나면, 기이한 기술을 부리고 음란한 짓을 벌이는 자들은 나날이 발전하겠지만, 현자들은 나날이 퇴보할 것입니다. 그렇게 되면 국가는 장차 어떻게 되겠습니까? 신은 죽어도 폐하의 어명을 받들지 못하겠습니다."

원 무종은 아사 부카의 목숨을 건 충언에 어명을 취소할 수밖에 없었다.

산동 제남(濟南) 출신 한인, 장양호(張養浩·1269~1329)는 어린 시절부터 학문에 매진하여 시문 창작에 두각을 나타냈다. 지원 29년(1292) 그는 아버지의 바람에 따라 대도로 가서 일자리를 알아보았다.

당시 평장정사 부쿠무(不忽木)는 돌궐족 출신임에도 유가의 경전에 능통하고 시문을 잘 지었으며 청렴하고 강직한 신하로 유명했다. 우연한 기회에 장양호가 쓴 문장을 읽어보고 감탄해마지 않았다. 그는 장양호를 예부령사(禮部令史)로 천거했다. 장양호도 부쿠무처럼 청렴하고 강직했다. 얼마 후 부쿠무는 그를 다시 어사대의 연리(掾吏)로 천거했다.

어느 날 부쿠무는 장양호가 병이 났다는 얘기를 듣고 문병을 갔다. 작고 누추한 집안에는 온전한 세간살이가 거의 없었다.

부쿠무가 감탄을 금치 못하고 말했다.

"이 사람이 참으로 어사대의 지주(支柱)로구나."

장양호는 원 무종이 즉위한 후 감찰어사로 임명되었다. 지대 3년(1310) 그는 조정의 정치를 신랄하게 비판한 『시정만언서(時政萬言書)』를 원 무종에게 올렸다.

그 핵심 내용은 이렇다.

"첫째, 포상으로 하사하는 재물이 너무 많습니다. 둘째, 국가의 법망이 허술합니다. 셋째, 관작을 가볍게 하사합니다. 넷째, 어사대의 기강이 문란합니다. 다섯째, 거대한 토목 공사를 자주 벌입니다. 여섯째, 조정의 명령이 일관성이 없습니다. 일곱째, 부정한 방법으로 관직을 얻은 사람이 많습니다. 여덟째, 풍습이 경박합니다. 아홉째, 이단이 횡행합니다. 열째, 사람의 외모를 보고 길흉화복을 예언하는 술법을 너무 관대하게 처리합니다."

이는 원 무종 시대의 열 가지 폐해인 '십해(十害)'를 지칭한다. 역시 가장 큰 폐해는 원 성종 시대부터 원 무종이 즉위한 직후까지 엄청난 재화를 아낌없이 하사하여 국고를 탕진한 것이다. 하지만 원 무종은 장양호의 간언을 받아들이지 않았으며 오히려 그를 파면하고 평민으로 강등시켰다. 후환을 두려워한 장양호는 이름을 고치고 대도를 떠났다. 훗날 그는 원 인종(元仁宗) 시대에 복권되었다.

원 무종은 즉위 직후에 중서성의 대신들에게 재물을 하사하는 기준을 마련하게 했다. 대신들은 원 성종 시대에는 쿠빌라이 시대에 황금 50냥을 받은 자에게는 250냥으로 늘려주었으며, 백은 50냥을 받은 자에게는 150냥으로 늘려주었다고 아뢰었다. 원 무종은 그 기준으로 하사하게 했다.

원 성종은 즉위 초기에 재화를 물 쓰듯 했지만 그의 할아버지 원 세조가 남긴 재화가 엄청나게 많았으므로 재정 파탄에는 이르지 않았다. 하지만 원 무종은 국고에 비축한 재화가 얼마 남지 않았는데도 원 성종과 똑같이 하사했다.

원 성종 시대의 명재상이자 원 무종의 태보(太保) 겸 녹군국중사(錄軍國重事), 카라카슨이 국고 손실을 우려하여 원 무종에게 간곡하게 건의했다.

"예전에 여러 왕, 부마들이 카라코룸에서 개최한 쿠릴타이에 참석했습니다. 당시 많은 재화를 받은 자들에게 다시 재화를 하사하시는 일은 옳지 않습니다."

원 무종이 호기롭게 말했다.

"예전에 카라코룸에서 쿠릴타이를 개최했을 때는 국가가 바야흐로 융성하기 시작했소. 지금은 태평성대이오. 짐은 당시 재화를 받은 자에게도 다시 하사하겠소."

원 무종은 황태후와 황태자에게는 각자 황금 2,750냥, 백은 129,200냥, 교초 10,000정, 비단 22,280필을 하사했다. 또 교초 350만 정을 조회에 참석한 자들에게 나누어주게 했다. 중서성의 관리들은 170만 정은 나누어주었지만, 180만 정은 아직 나누어주지 못했다고 아뢰었다. 대도와 상도, 양도의 국고에 비축해놓은 재화가 바닥을 드러냈기 때문이다. 지대 원년(1308) 2월 중서성 신하들이 상소했다.

"폐하께서 등극한 이래 여러 왕에게 많은 재물을 하사했고 군대의 역량을 강화하기 위하여 재물을 썼으며, 가난한 백성들을 구휼하고 또 특별한 은총을 자주 베풀어 국고에 쌓아놓은 재물을 남김없이 썼습니다. 더 이상 쓸 재물이 없자, 소금을 주기 전에 염인(鹽引)을 미리 팔아서 재원을 마련하는 지경에 이르렀습니다. 지금 카라코룸·감숙(甘肅)·대동(大同)·융흥(隆興)·대도(大都)·상도(上都) 등지에서 필요한 군량미, 여러 요충지의 시설을 보강하는 데 필요한 경비 그리고 기아에 허덕이는 백성들에게 최소한의 생활을 하게 하는 데 필요한 비용 등을 전부 합산하면, 교초

820여만 정이 필요합니다."

"옛날에 국고의 재물이 바닥나면 급히 초본(鈔本)을 지출해야 한다고 황제에게 아뢰었습니다. 저희들은 교초 발행에 관한 법률의 중요성을 잘 알고 있기 때문에, 어찌 멋대로 법률을 개정하여 초본을 발행할 수 있겠습니까? 하지만 국가의 재정 상태가 너무 심각하여 초본을 발행하지 않을 수 없습니다. 초본 710여만 정을 발행하여 급히 돈을 써야 하는 곳에 사용하고, 급하지 않은 경비 지출은 멈추게 할 수 있도록 어명을 내려주시기 바랍니다."

초본은 교초를 발행할 때 예비금으로 찍어낸 지폐이다. 당시 교초는 은본위제에 근거하여 발행했으므로, 초본을 너무 많이 유통하면 시장 교란의 폐단을 낳았다. 원 무종은 당장 필요한 경비를 조달하기 위하여 초본 지출을 윤허할 수밖에 없었다.

그 후 초본이 대량으로 유통되자, 화폐 가치가 폭락하기 시작했다. 이는 원나라 후기에 이르러 경제가 붕괴하고 농민 반란이 일어나는 원인이 되었다.

대덕 11년(1307) 3월 아유르바르와다가 대도 황궁에서 불루간 황후의 추종자들을 제거할 때 그녀의 측근 좌승상 아쿠타이가 거세게 저항했다. 아쿠타이는 힘이 장사여서 감히 그에게 접근하는 자가 없었다. 아유르바르와다를 수행한 종친 투라(禿剌)가 그에게 달려들어 맨손으로 그를 포박했다. 아쿠타이는 현장에서 참수형을 당했다.

원 무종은 즉위한 후 투라를 월왕(越王)으로 책봉하고 금인을 하사했으며 소흥로(紹興路)를 봉토로 주었다. 사실 투라는 아쿠타이를 맨손으로 때려잡은 공로밖에 없었는데도 종친이라는 이유만으로 과분한 대우를 받고 교만해졌다.

어느 날 카라카슨이 원 무종에게 간했다.

"조종의 법제에 의하면 친왕(親王)이 아닌 자에게는 일자(一字)의 책봉(冊封)을 할 수 없습니다. 투라는 폐하의 종친이지 친왕은 아닙니다. 그런데 어찌하여 그가 하루의 공훈을 세웠다고 하여, 만세(萬世)의 제도를 폐지할 수 있겠습니까?"

이른바 '일자의 책봉'이란 월왕(越王)·오왕(吳王)·초왕(楚王)·진왕(秦王) 등 한 글자로 왕을 책봉하는 것이다. 한 글자로 된 왕명(王名)을 일자왕(一字王)이라고 칭하기도 한다.

친왕은 황제와 가장 가까운 혈연관계가 있는 왕을 지칭한다. 일반적으로 일자왕은 친왕이며, 장사왕(長沙王)·발해왕(渤海王) 등 군왕(郡王)은 이자왕(二字王)이 된다. 일자왕은 이자왕보다 품계가 높으며, 황제와 동성(同姓)이 아닌 자는 될 수 없다. 성(姓)이 달라도 혁혁한 공훈을 세우면 이자왕으로 책봉될 수 있었다.

카라카슨은 유가의 원칙주의자였으므로 이런 주장을 했다. 하지만 원 무종은 그의 주장을 무시했다. 그 후 투라는 카라카슨에게 앙심을 품었다. 카라카슨의 증손자가 예전에 안서왕 아난다를 위하여 문서에 서명했다는 것을 구실로 삼아 카라카슨을 탄핵했다.

원 무종은 카라카슨을 파직하고 북방 변경으로 쫓아냈다. 지대 2년 (1309) 투라는 역모죄로 처형을 당했다. 원 무종이 카라카슨의 간언을 받아들였다면 그런 일은 없었을 것이다.

원 무종이 즉위한 지 한 달이 되었을 때 중서성의 재신(宰臣)은 14명, 어사대부는 4명, 추밀원의 관리는 30여 명이었다. 그런데 3개월 만에 황궁에서 내려온 조서에 의하여 관직을 하사받은 자가 180여 명이나 되었다. 원래 관리 임용은 중서성에서 황제에게 적임자를 추천하면, 황제가 비준하는 방법으로 결정되었다. 하지만 원 무종이 즉위한 직후에 황제 · 황태자 · 황태후 등은 이런 절차를 무시하고 자기들의 측근을 멋대로 임용했다.

중서성의 관리들은 원 무종에게 법률과 절차에 따라 관리를 임용해야 한다고 상주했다. 원 무종은 향후 중서성의 추천이 없이는 관리를 임용하지 않겠다고 약속했지만 제대로 지켜지지 않았다.

지대 3년(1310) 상서성의 한 관리가 상소했다.

> "관직의 등급에는 이미 정해진 제도가 있습니다. 그런데 근래에 이르러 성지(聖旨: 황제의 명령) · 의지(懿旨: 황태후의 명령) · 영지(令旨: 황태자의 명령) 등을 받들어 관직을 얻으려고 하는 자들은 대부분 정해진 관직의 등급을 건너뛰고 높은 자리만 차지하려고 합니다. 옛날에 세조 황제께서 정한 제도에 근거하여 관직을 하사해야 합니다."

당시 원 무종 카이샨과 황태후 다기 그리고 황태자 아유르바르와다, 세 사람이 권력을 분점하고 있었음을 알 수 있는 내용이다. 관리 임용이 원 세조 쿠빌라이 시대에 제정된 법률에 따르지 않고, 세 사람의 명령에 따라서 결정되었으니, 장양호가 앞서 지적했듯 부정한 방법으로 관직을 얻은 사람이 너무 많게 된 것이다.

원 무종은 또 자기가 총애하는 사람에게는 능력과 무관하게 고위직을 남발했다. 마모사(馬謀沙)는 각저(角抵: 씨름의 일종) 대회에서 여러 차례 우승했다. 원 무종은 그를 중서성 평장정사에 파격적으로 발탁했다. 일개 씨름 선수가 오늘날의 부총리급에 해당하는 평장정사가 되었으니 당시의 국정

혼란이 얼마나 심각했는지 짐작이 간다.

사실 장양호가 앞서 지적한 열 가지 폐해는 원 무종에게만 국한되지 않았다. 원 성종 이래로 내려온 폐단이었다. 원 성종과 원 무종은 공통점이 있었다. 두 사람은 권력을 유지하기 위하여 재물을 물 쓰듯 했다. 또 위인설관(爲人設官)하여 불필요한 관직이 넘쳐나게 했다. 탐관오리의 횡포가 심해도 친소 관계에 따라 처벌 수위를 결정했다.

원 무종의 음주와 호색도 큰 문제였다.

어느 날 중서성 우승상 아사 부카가 황제의 용안이 날로 초췌해지는 모습을 보고 직간했다.

"옛날의 현자들은 여덟 가지의 진미(珍味)를 맛보고 고관대작이 되어 부귀영화를 누리는 일을 특별히 경계하고 하지 않았습니다. 지금 폐하께서는 조종(祖宗)이 부탁한 막중한 임무와 천하 백성들의 간절한 바람을 생각하지 않고 오로지 주색에 빠져 지내고 있습니다. 이는 마치 사람이 도끼 두 자루로 홀로 서 있는 나무 한 그루를 베는 것과 같습니다. 이에 어찌 쓰러지지 않을 나무가 있겠습니까. 게다가 폐하의 천하는 조종의 천하이며, 폐하의 지위는 조종의 지위이기도 합니다. 그런데도 폐하께서는 어찌하여 자중자애하지 않고 종묘사직을 망치려고 합니까?"

뜻밖에도 원 무종은 그의 간언을 듣고 기뻐하며 말했다.

"경이 아니면 누가 감히 짐에게 이런 충고를 하겠소? 앞으로도 계속 짐에게 고언을 아끼지 않기를 바라오."

원 무종은 아사 부카에게 술 한 잔을 특별히 하사하여 마시게 했다.

아사 부카가 말했다.

"신(臣)은 폐하에게 음주를 줄이라고 간언을 했는 데도 오히려 신에게 술을 하사했습니다. 이는 신의 권고가 폐하에게 믿음을 주지 못했기 때문입니다. 신은 폐하의 명령을 받들지 못하겠습니다."

원 무종은 다시 한번 아사 부카를 칭찬했다. 주위에 있던 대신들도 모두 황제가 충직한 신하를 얻었다고 축하했다.

하지만 원 무종은 언제나 말뿐이었다. 대신들이 직언을 하면 따르겠다고 약속했지만 실천하지 않았다.

원나라 역대 황제들은 대부분 과음으로 건강을 해쳤으며 단명하고 말았다. 원 무종도 개혁의 꿈을 꾸었지만, 주색 때문에 인생의 가장 왕성한 나이인 30세에 세상을 떠났다.

5. 상서성을 설치하여 재정난 타개를 시도했으나 실패하다

원 세조 쿠빌라이는 당나라 이래로 내려온 한족 왕조의 삼성육부제(三省六部制)를 모방하여 정무를 총괄하는 중서성, 군사를 관장하는 추밀원, 감찰을 담당하는 어사대, 불교와 토번의 사무를 관리하는 선정원 등 국가의 중추 기관을 설립했다. 또 제국용사사(制國用使司)를 설립하여 재정을 담당하게 했다.

지원 7년(1270) 제국용사사는 상서성으로 바뀌었으며, 상서성은 중서성과 함께 육부(六部)를 총괄하는 최고 행정 기관이 되었다. 지원 8년(1271) 상서성을 폐지하고 그 기능을 중서성에 넘겼으며, 원 세조의 총신 아흐메드

(阿合馬)가 중서성 평장정사에 임용되어 전국의 재정을 책임졌다. 그 후 아흐메드는 가렴주구를 일삼다가 지원 19년(1282)에 피살되었다.

지원 24년(1287) 원 세조는 다시 상서성을 설립하고 위구르족 출신 상가(桑哥·?~1291)를 상서성 평장정사로 임용하고 재정을 담당하게 했다. 지원 29년(1292) 상가는 조정의 정치를 문란하게 한 죄로 탄핵당하고 처형되었으며, 원 세조는 또 상서성을 폐지했다.

이처럼 원 세조 시대에 재정을 담당하는 기관인 상서성이 설립과 폐지를 반복한 이유는, 서역 출신 중심의 이재파(理財派)와 한족 출신 중심의 한법파(漢法派)가 국가 재정의 운용 방법을 놓고 다툼을 벌였기 때문이다.

원 성종 테무르는 국고에 쌓아놓은 엄청난 재물을 흥청망청 마음껏 쓰고 죽었다. 원 무종은 즉위한 지 몇 개월 만에 날로 심각해지는 재정 위기를 극복하고자 중서성 평장정사 토후토(脫虎脫) 등 대신들의 건의를 받아들여 다시 상서성 설치를 반포했다.

하지만 어사대의 신하들은 원 세조 시대에 상가가 재정을 잘못 운영하여 국정을 혼란에 빠뜨린 것을 예로 들어, 상서성 재설치를 반대하고 계속 중서성에서 재정을 담당해야 한다고 주장했다. 원 무종은 어사대 신하들의 손을 들어주었다.

당시 고려 출신 낙실(樂實·?~1311)이라는 신하가 있었다. 그는 어린 시절에 몽골이 고려를 침략할 때 포로가 되어 몽골로 끌려가 칭기즈 칸의 아우, 주치 카사르 집안의 노예가 되었다. 그 후 카안의 시종 노릇을 하다가 원 세조 쿠빌라이의 총애를 받아 황금 가족의 여자 네 명을 아내로 취하여 '부마도위(駙馬都尉)'라는 영예를 얻고 권세를 누렸다. 일찍이 산동선위사(山東宣慰使)로 임명되어 산동 지방을 관장하다가 부고에 보관한 교초(交鈔)를 도난당한 일로 파직되었지만 몇 년 후 다시 복직했다.

지대 2년(1309) 낙실은 초법(鈔法: 지폐를 발행하여 유통시키는 법)이 너무 문란하니 초법을 새롭게 고쳐야 한다고 주장하고 새로 도안한 지폐를 원 무종에게 바쳤다. 그는 또 중서성 우승상 보팔(保八·?~1311)과 함께 상서성을 다시 설립하여 중서성과 국사를 나누어 관장해야 한다고 주장했다.

중의대부(中議大夫) 타스 부카(塔思不花)는 초법을 고치고 상서성을 다시 설립하는 일은 국가의 중대사이므로 원로 대신들과 상의하여 결정해야 한다고 주장했다.

사실상 그가 반대 의견을 표명하자, 원 무종은 그의 말을 듣지 않고 같은 해 8월에 상서성 설립을 반포했다. 치타이포지(乞台普濟)는 우승상에, 토후토는 좌승상에, 낙실과 삼보노는 평장정사에, 보팔은 우승(右丞)에 임용되었다.

얼마 후 전국 각지의 행중서성은 행상서성으로 개편되었다. 중앙 정부의 상서성은 전국 최고의 행정 기관이 되어 재정·인사·행정 등을 주도했다. 이 시기부터 중서성은 유명무실한 기관으로 전락했다.

원 무종이 상서성에 권력을 몰아 준 이유는 원 성종 시대부터 악화한 재정난을 타개하고 날로 치솟은 물가를 잡기 위해서였다. 상서성을 설립한 직후에 원 세조 시대부터 발행한 중통원보교초(중통초·中統鈔)와 지원통행보초(지원초·至元鈔)가 오랜 세월 동안 유통되어 물가가 오르고 교초(交鈔: 보초·寶鈔라고 칭하기도 함)의 가치가 하락하였다는 것을 이유로 들어, 새로운 지폐인 지대은초(至大銀鈔)를 대량으로 발행했다.

은본위제 지폐인 지대은초는 액면가가 2냥(兩)부터 2리(厘: 100분의 1)까지 13등급으로 나누어져 있으며, 1냥의 가치는 지원초 5관, 중통초 25관, 백은 1냥, 황금 1전에 해당했다. 하지만 고물가를 잡으려고 단행한 화폐 개혁이 오히려 역효과를 내고 말았다. 다음 해까지 발행한 지대은초가 무려 1,450,368정(錠)에 달하여 지폐의 가치를 상실했기 때문이다.

원 무종은 또 상서성의 건의를 받아들여 교초와 더불어 동전을 대량으로 주조하여 유통하게 했다. 대원통보(大元通寶) · 지대통보(至大通寶) 등의 동전이 대도에 설치한 자국원(資國院)과 산동(山東) 등 6개 지방에 설치한 천화감(泉貨監)을 통하여 전국에 유통되었다. 대원통보 1문(文)은 지대은초 1분(分), 지대통보 10문의 가치에 해당했다. 그리고 지대통보 1문은 지대은초 1리의 가치에 해당했다.

상서성의 관리들은 지폐와 동전을 동시에 유통하고 태환(兌換)하게 함으로써 물가 안정과 세금 증대의 효과를 기대했으나, 실제로는 통화 팽창으로 인하여 국가 경제가 붕괴하고 말았다.

원 무종은 또 조정의 재정 위기를 해소하기 위하여 상서성의 관리들에게 더 많은 세금을 징수하는 방법을 강구하게 했다. 이에 조운선을 대량으로 늘리고 소금 가격을 인상함으로써 재정 문제를 해결하고자 했지만 성공하지 못했다.

지대 4년(1311) 1월 원 무종은 즉위하고 만 4년 만인 향년 30세를 일기로 붕어했다. 과도한 음주와 호색으로 몸을 망친 것이 원인이었다.

그가 상서성을 통하여 개혁을 시도한 것은 물거품이 되고 말았다. 그의 통치 기간에 국정 운영 방안을 놓고 신진 세력인 상서성 관리들과 훈구 세력인 중서성 관리들 사이의 다툼이 끊이질 않았기 때문이다. 상서성의 관리들은 개혁을 빙자하여 자기들의 이익 추구에 여념이 없었다. 원무종은 그들을 통제하지 못한 채 세상을 떠났다. 그래서 원 인종 아유르바르와다가 즉위하자마자 상서성의 관리들을 대거 숙청한 것이다.

원 무종은 집권 기간이 길지 않았고 젊은 나이에 사망했기 때문에 정치에 대한 공과(功過)가 뚜렷하게 드러나지 않는다. 그는 개혁을 시도했으나 성격이 우유부단하여 중도에 포기하고 말았다. 또 황제의 권력을 확실하게 장악하지 못한 채 황태후 다기와 황태자 아유르바르와다의 견제를 받은 것도 그의 개혁 의지를 약화하였다. 그는 충직한 신하들의 간언을 받아들였지만 실행에 옮기지는 않았다. 어쩌면 그가 주색에 탐닉하여 젊은 나이에 몸을 망쳤기 때문에 만사를 귀찮게 생각했는지도 모른다.

일설에는 황태후 다기와 황태자 아유르바르와다가 음모를 꾸며 원 무종을 시해했다고 한다. 사실 여부를 확인할 수 없지만, 원 무종과 두 사람의 관계가 좋지 않았기 때문에 그런 소문이 났을 것이다.

원 무종은 재위 기간에 정복 전쟁을 벌이지 않았는데도, 그의 묘호를 무종(武宗)으로 정한 이유는 즉위 전 북방에서 반란을 진압한 공로가 있었기 때문이다.

원나라 역대 황제 평전

8

원 인종 아유르바르와다

원 인종 아유르바르와다

1. 훈구 대신들을 제거하고 화폐 개혁을 시도하다

지대 4년(1311) 1월 원 무종 카이샨이 붕어한 지 3개월 후에, 그의 친동생 아유르바르와다(愛育黎拔力八達·1285~1320)가 황태자의 신분으로서 대도의 대명전(大明殿)에서 26세의 나이에 정식으로 황위를 계승했다. 그가 원나라 제4대 황제이자, 몽골 제국 제8대 카안 원 인종(元 仁宗)이다.

그는 여러 왕과 문무백관의 하례를 받으며 즉위하는 날에 다음과 같은 조서를 반포했다.

"선황제(원 무종)께서는 즉위한 지 한 달도 안 되어 짐(원 인종)에게 황태자의 보인(寶印)을 하사하고 중서령과 추밀사의 관직도 맡게 하였다. 짐은 그때부터 문무백관을 통솔하며 조정의 대소사를 관장한 지 5년이 되었다. 올해 선황제께서 갑자기 붕어하셨다. 이에 왕공, 훈구 대신들 모두 짐이 황위를 계승해야 한다고 말했다. 짐이 천명(天命)을 따르는 것은 옛날에 선황제들이 붕어했을 때 종친들을 소집하여 의논한 끝에 차기 황제를 결정하는 방법과는 다르다. 짐은 주(周)·한(漢)·진(晉)·당(唐) 등 역대 한족 왕조의 제도를 고찰하여 정식으로 황제로 등극한다."

이 조서는 원나라 역사에서 대단히 중요한 의미를 지닌다. 몽골 제국에서는 카안의 친왕·황족·부족장 등 이른바 '황금 가족'이 강변, 목초지 등 특정 장소에서 모여 일정 기간 회의를 진행하면서 새로운 카안을 선출하거나 국가의 중대사를 논의했는데 이를 '쿠릴타이'라고 한다.

특히 카안이 사망할 경우에는 황금 가족 가운데 서열이 가장 높거나 최고 권력자가 쿠릴타이를 소집하여 집단 토론을 벌여서 새로운 카안을 선출하게 했다. 카안 선출은 제국의 미래를 결정하는 중대사였으므로 쿠릴타이가 여러 달 동안 진행되기도 했다.

어떤 면에서는 몽골 제국의 지도자들이 모여 토론과 협의를 통해 차기 카안을 선출하는 것은 일종의 선진적 민주주의의 실천이라고 할 수 있다. 원나라를 건국한 원 세조 쿠빌라이도 무력으로 친동생 아리크 부케를 누르고 초대 황제로 등극했지만, 형식상이나마 쿠릴타이를 열어 황금 가족의 추대 절차를 밟아야 했다.

하지만 쿠릴타이는 권력과 명분에 의해 진행되었을 뿐, 개개인의 민주적 의사 표현이 반영되지 않았으며 법률과 원칙도 작동하지 않았다. 그래서 황금 가족 간에 대칸의 자리를 놓고 빈번한 권력 투쟁이 벌어진 것이다.

원나라가 건국된 이후 역대 황제들은 한족 왕조처럼 미리 '황태자'라는 후계자를 결정해 놓으면 황제가 붕어한 후 골육상쟁을 피할 수 있다고 생각했다. 원 무종이 즉위할 때 친동생 아유르바르와다를 황태자로 책봉한 것도 이런 이유에서였다. 따라서 아유르바르와다는 조서를 통하여 자신은 역대 황제들과는 다르게 천명에 의하여 적법한 절차를 밟아 정식으로 황제로 등극했음을 만천하에 알린 것이다.

원나라 역사에서 최초로 황태자의 신분으로서 황제로 등극한 인물은 원 인종이다. 다음 해(1312)부터 연호를 황경(皇慶)으로 정했으며, 황경 3년(1314)에 연호를 연우(延祐) 원년으로 바꾸었다.

원 인종은 등극하자마자 상서성을 부패의 온상으로 간주하고 전격적으로 폐지했다. 조정의 업무는 중서성에서 총괄하게 하고, 지방의 행상서성은 행중서성으로 바꾸게 했다. 이로써 중서성은 명실상부한 최고 행정기관으로서 전국의 행정을 관장했다.

원 인종은 황태자 시절에 토후토 등 권신들이 상서성의 권력을 장악하고 화폐를 대량으로 발행하여 경제를 파탄으로 몰고 간 것에 분노했다. 마음속으로 언젠가는 반드시 국가를 망친 그들을 주살하겠다고 결심했다. 그는 삼보노 등 대신들에게도 사적인 원한을 품고 있었다. 일찍이 삼보노는 원 무종에게 황태자 아유르바르와다를 폐위하고 원 무종의 장남 쿠살라를 황태자로 책봉해야 한다고 건의하지 않았던가. 그 후 황태자 폐위를 의논해보라는 어명은 유야무야되었으나, 아유르바르와다는 삼보노에게 적개심을 품고 있었다.

원 인종은 원 무종 시대에 활약했던 훈구대신들을 제거하기 시작했다. 상서성의 좌승상·우승상·태사(太師)·녹군국중사(錄軍國重事) 등 관직을 역임하고 의국공(義國公)으로 책봉되어 권세를 누렸던 토후토, 평장정사 삼보노, 고려 출신 부마도위 낙실, 우승상 보팔, 참정 왕비(王羆) 등 대신들은 "옛날의 전장(典章)을 훼손하고 백성들에게 해악을 끼쳤다."라는 죄명으로 처형되었다. 또 좌승상 망게 테무르(忙哥鐵木兒) 등 대신들도 곤장을 맞고 해남으로 유배되었다.

유학자 이맹(李孟·1255~1351)은 원 인종이 가장 존경한 스승이자 책사였다. 그는 아유르바르와다를 도와 불루간 황후와 안서왕 아난다를 제거했지 않은가. 원 무종 카이샨이 황위를 계승하고 아유르바르와다가 황태자로 책봉될 수 있었던 배경에는 이맹의 지략이 있었다. 이맹은 그 공로로 중서성 참지정사에 임용되었지만, 카이샨이 즉위한 후에 황제 측근들이 자신을 모함하자 스스로 사직하고 허주(許州)에서 은거했다.

원 무종이 사경을 헤매고 황태자 아유르바르와다가 조정의 실권을 장악했을 때 이맹은 황태자의 부름을 받고 대도로 돌아와 완택(完澤)과 함께 중서성 평장정사에 임용되었다.

아유르바르와다는 즉위 직전에 이맹을 중심으로 친정 체제를 구축했다. 타스 부카(塔思不花)와 사사(沙沙)를 어사대부에, 타시 테무르(塔失鐵木兒)를 지추밀원사에 임용했다. 또 평장정사 정붕비(程鵬飛)·동사선(董士選)·황태자 태부 이겸(李謙)·소보 장려(張驢) 등 원 세조 시대의 원로 대신들을 다시 조정으로 불러들여 중임을 맡겼다.

원 인종이 즉위한 해인 지대 4년(1311)에, 이맹은 조정의 심각한 재정 상황을 아뢰었다.

"해마다 조정에서 여러 관부를 운영하는 경비로 교초 600만 정(錠)을 지출했으며 또 여러 지방에 있는 군영(軍營) 100여 곳을 보수하는 데 수백만 정을 썼습니다. 게다가 중서성의 의결을 거치지 않고 황제와 황태후의 성지(聖旨)를 받들어 사적으로 신하들에게 하사한 교초는 300여만 정이나 되며, 북방을 지키는 병사들의 군수품을 조달하는 데 6~7백만 정을 쓰고 있습니다. 지금 국고에 비축한 교초는 겨우 11만 정에 불과합니다. 이처럼 국고가 바닥을 드러낸 상황에서, 어떻게 재정을 원만하게 운영할 수 있겠습니까? 지금부터 꼭 필요하지 않은 경비는 지출을 금지해야 합니다."

원 성종과 원 무종은 칭기즈 칸부터 원 세조에 이르기까지 조종(祖宗)이 물려 준 엄청난 재화를 물 쓰듯 했다. 원 인종은 즉위하자마자 이맹의 건의를 수용하고 개혁을 다짐했다.

그는 먼저 원 무종 시대에 화폐를 남발하여 발생한 폐단을 바로잡고자 다음과 같은 조서를 반포했다.

"세조 황제께서 고금(古今)의 사례를 참작하시어 중통(中統)과 지원(至元)의 초법(鈔法)을 제정하시고 지폐를 천하에 유통함으로써 국가와 백성이 모두 이익을 얻게 한 지 이미 50년의 세월이 흘렀다. 하지만 근대에 이르러 상서성의 관리들은 새로운 지폐 발행의 이해(利害) 관계를 규명하지 않고서 초법을 제멋대로 여러 번 바꾸고 지대은초(至大銀鈔)를 발행했다."

"또 얼마 후 대원동전(大元銅錢)과 지대동전(至大銅錢)을 대량으로 주조했다. 이에 따라 지폐가 예전에 비해 너무 많이 유통되어 가치를 상실했으며, 금속으로 주조한 동전도 제대로 통용되지 않자 옛날의 동전과 섞어 쓰게 하여 시장을 교란했다. 이에 화폐 개혁을 통한 희망은 더 이상 기대할 수 없게 되었으며 오히려 그 폐단은 더욱 심각해졌다."

"조정 대신들의 건의를 듣고 백성의 여론을 참작해보니 모두 변통(變通)을 원하고 있음을 짐은 알게 되었다. 이에 옛날의 제도를 다시 실행하는 바이다. 지금부터 대도의 자국원(資國院)과 지방 곳곳의 천화감(泉貨監) 소속의 제거사(提擧司)들이 동기(銅器)를 매매하는 것을 금지함으로써 백성들을 편안하게 해야 한다. 또 상서성에서 이미 발행하여 각 지방으로 보낸 지대초본과 지대동전은 즉시 부고에 봉(封)하고 유통하지 않으며, 민간에서 아직도 그것들을 사용하는 자는 평준행용교초고(平準行用交鈔庫)로 가서 옛날에 발행한 화폐로 교환해야 한다."

원 인종은 원 무종 시대에 상서성에서 국가의 재정을 충당하고자 대량으로 발행한 교초와 동전이 오히려 화폐의 가치를 폭락하게 하여 백성의 생업을 위기에 빠지게 한 것을 통렬하게 비판했다. 그는 황태자 시절에 원 무종과 상서성 관리들의 무모한 화폐 개혁을 지켜보면서 반감을 품었다. 그래서 즉위한 직후에 자신이 임명한 조정 대신들의 의견과 백성들의 여론에 근거하여 화폐 발행에 대한 옛날의 제도를 부활시켰으며 아울러 원 무종 시대에 발행한 화폐의 유통을 금지하였다.

'평준행용교초고'는 원나라 시대에 화폐를 발행하거나 금은을 매매하며 화폐를 바꾸어주는 관서이다. 원 무종 시대에 발행한 화폐는 이곳에서 원 세조 시대에 발행한 화폐로 교환해주겠다는 얘기이다. 원 인종은 화폐를 남발하여 경제를 붕괴시킨 것이 원 무종과 그의 측근들이 저지른 가장 큰 과오로 인식했음을 알 수 있다.

원 인종이 즉위 직후에 단행한 화폐 개혁은 어느 정도 화폐의 기능을 회복했지만, 국가의 재정 문제를 근본적으로 해결하지는 못했다. 연우(延祐) 연간(1314~1320)에 이르자 재원 부족으로 인하여 교초를 대량으로 발행할 수밖에 없었다. 연우 7년(1320) 교초의 가치는 원나라 초기에 비하여 20여 배나 하락했다.

원 인종은 화폐 개혁의 실패를 만회할 방법을 찾아야 했다. 당시 강남의 왕, 토호 세력 그리고 불교, 도교의 각 종파는 많은 관전(官田)과 민전(民田)을 불법으로 점유했다. 그들은 전답은 많이 차지하고 있으면서 조세는 적게 납부했다. 반면에 백성들은 소작인으로 전락했는데도 조세는 납부

해야 했다.

연우 원년(1314) 원 인종은 장려(章閭)·니자마딘(你咱馬丁)·진사영(陈士英) 등 대신들을 절강성·강서성·하남성 등 삼성(三省)으로 파견하여 전답 현황과 조세 납부를 조사하게 했다. 불법으로 점유한 전답을 찾아내고 전답의 면적을 기준으로 조세를 부과하여 재정 수입을 늘릴 목적이었다. 아울러 소작인들에게는 조세를 감해줌으로써 민심을 안정시키고자 했다. 이러한 일련의 조치를 이른바 '연우경리(延祐經理)'라고 한다. 하지만 지방 세력의 거센 반발로 성공을 거두지 못했다.

2. 유학자를 등용하고 혁신을 도모하다

지원 22년(1285)에 태어난 원 인종 아유르바르와다는 어린 시절에 친형인 원 무종 카이샨과 함께 증조부 원 세조 쿠빌라이의 총애를 받고 자랐다. 원 세조는 두 증손자에게 유가 경전을 학습하게 했다.

원 성종 테무르가 통치하던 시기에는 황태후 코코진이 유학자로서 명망이 높았던 이맹에게 두 손자를 가르치게 했다. 아유르바르와다는 스승의 가르침에 따라 유가 경전을 암송하며 몸가짐과 언행을 조심했다. 이맹은 배움의 의지가 강하고 생활 태도가 성실한 아유르바르와다에게 자신의 미래를 걸고 최선을 다해 그를 가르쳤다.

대덕 9년(1305) 불루간 황후가 아유르바르와다와 그의 생모 다기를 회주(懷州: 하남성 심양·沁陽)로 추방했을 때 이맹도 아유르바르와다를 따라갔다. 어느 날 그가 아유르바르와다에게 말했다.

"요순(堯舜)의 도(道)는 효도와 공경일 뿐입니다. 지금 전하의 대형(大兄:

회녕왕 카이샨)은 북방에 있으며, 대모(大母: 생모 다기)는 이곳 회주로 와서 우울하게 지내고 있습니다. 전하께서 대모의 뜻을 잘 받들어 대모를 즐겁고 편안하게 지내게 할 수 있으면, 효도와 공경의 도리를 다하는 것입니다."

이맹은 아유르바르와다에게 효도가 인륜의 근본이며 효자만이 백성을 사랑하는 진정한 군주가 될 수 있다고 역설했다. 아유르바르와다는 그의 가르침대로 매일 어머님에게 문안 인사를 올리고 음식과 잠자리를 보살폈다. 이에 아유르바르와다가 효자라는 소문이 방방곡곡에 퍼졌다.

이맹은 또 아유르바르와다에게 유가의 통치 사상을 가르쳤으며, 국가 흥망성쇠의 원인이 무엇인지 집중적으로 분석하여 알려주었다. 아유르바르와다는 스승을 통하여 "군주는 군주답고, 신하는 신하답고, 부모는 부모답고 자식은 자식답다.(君君臣臣父父子子)"라고 했을 때 비로소 정치가 제대로 다스려질 것이라는 유가의 정명론(正名論)을 이해할 수 있었다.

대체로 한족 출신의 유학자들은 유교·불교·도교 등 삼교(三敎)에 정통했다. 이른바 '삼교합일(三敎合一)'은 그들이 추구한 학문의 통합이자 완성이었다.

아유르바르와다는 이맹의 가르침을 통하여 유교를 통치 사상의 근간으로 삼았으며, 불교의 심오한 정신세계를 이해했다.

『원사·인종본기』에 이런 기록이 있다.

"인종은 유가의 학설에 통달하고 불교 경전의 심오한 뜻을 이해했다. '마음을 맑고 깨끗하게 하여 본성을 깨우치는 일에는 불교가 가장 심오한 이론을 제공하며, 몸을 수양하고 국가를 다스리는 일에는 유가의 도가 가장 적합하다.'라고 말했다. 또 '유학자를 우대함으로써 삼강오상(三綱五

常)의 도(道)를 유지할 수 있게 한다.'라고 말한 적도 있다."

유교와 불교가 원 인종의 통치와 사상에 결정적인 영향을 끼쳤음을 알 수 있다.

그는 유학자를 등용하여 국태민안을 이루고 싶었다.

"짐(朕)이 진정으로 원하는 것은 백성들의 삶을 안락하게 하여 태평성
대를 이루는 것이다. 유학자를 등용하지 않고서 어떻게 나의 바람을 이
룰 수 있겠는가."

원나라 시대에 유생의 신분은 거지보다 한 단계 높다는 이른바 '구유
십개(九儒十丐)'라는 말이 있었을 정도로 비천했지만, 적어도 원 인종이 통
치하던 시기에는 유생들이 관계에 진출하여 정치적 포부를 펼 수 있었음
을 짐작할 수 있다.

원 세조·원 성종·원 무종 3조(朝)에 걸쳐 중임을 맡았던 원로 대신 진
천상(陳天祥·1230~1316)은 사직하고 고향에서 은거하고 있었는데 원 인종의
거듭된 출사 요청을 차마 거절하지 못하고 다시 조정으로 돌아갔다.

원로 대신 상문(尙文·1236~1327)은 대덕 8년(1304), 68세 때 병환으로 사직
하고 고향에 은거했다. 원 인종은 그에게 사신을 세 번이나 보내서 황궁
으로 모셔오게 했다. 그를 태자첨사(太子詹事)에 제수하고 황태자를 가르치
게 했다. 참정 유민중(劉敏中), 왕사렴(王思廉), 시어사 조군신(趙君信), 염방사
(廉訪使) 정거부(程鉅夫) 등 원로 대신들도 원 인종의 성지(聖旨)를 받들어 다시
국정에 참여했다.

송 태조 조광윤의 제11대 후손인 조맹부(趙孟頫·1254~1322)는 남송 정부
에서 고위직을 맡았다. 서예가이자 화가로서의 명성도 대단히 높았는데

남송이 망한 후 고향 오흥(吳興)에서 은거했다. 몇 년이 지난 후 원 세조가 그의 명성을 듣고 그에게 간곡히 출사를 요청했다. 다시 벼슬길에 나선 조맹부는 원 세조·원 성종·원 무종 3조(朝)에서도 고위직을 역임했다.

원 인종은 원로 대신 조맹부를 각별하게 예우하여, 연우 3년(1316)에 한림학사승지·광록대부·지제호(知制誥) 겸 수국사(修國史) 등 관작을 하사했다. 원 인종은 그를 거명할 때면 언제나 그의 이름 대신에 그의 호(號) 자앙(子昂)을 칭함으로써 그에 대한 존경을 나타냈다. 또 신하들과 함께 역사상 유명한 문인들을 언급할 때면 그를 당나라의 이백, 송나라의 소식과 함께 거론했다.

조맹부는 자기보다 31세나 어린 젊은 황제의 부름을 받으면, 국가를 어떻게 다스려야 태평성대를 이룰 수 있으며 성군이 될 수 있는지 자주 역설했다. 그가 말을 할 때면 원 인종은 마치 부모님의 말씀을 경청하듯 했다.

원나라 조정 안팎에서 조맹부를 시기하는 자들이 많았다. 어떤 대신이 망한 송나라 황실의 후손인 조맹부를 역사 편찬 작업에 참여시켜서는 안 된다고 상소했다.

원 인종이 말했다.

"조자앙은 세조 황제께서 발탁한 조정 중신이오. 그는 성품이 강직하며 학문에 조예가 깊고 서화에 일가를 이루었소. 그래서 짐이 특별히 그를 우대하고 있소. 그에게 관각(館閣)에서 역사서를 편찬하게 하여 후세에 길이 전하게 하려는데 경들은 무슨 헛소리를 하는가?"

원 인종은 또 조맹부에게 교초 500정(錠)을 하사한 후, 측근 신하에게 특별히 당부했다.

"중서성의 신하들은 국가에서 지출해야 하는 교초가 언제나 부족하다고 말하고 있소. 그래서 그들은 어명을 거역하고 교초 500정을 조자앙에게 지급하지 않을 수 있소. 보경사(普慶寺)에 따로 보관해 놓은 교초를 지급하는 게 좋겠소."

또 연로한 조맹부가 몇 달 동안 입궐하지 않은 일이 있었다. 원 인종은 시종을 보내 그의 건강 상태를 알아보게 했다. 조맹부가 감기에 걸려 누워있다는 얘기를 듣고 담비 털가죽으로 만든 옷을 하사했다. 원 인종이 얼마나 조맹부를 우대했는지 알 수 있는 일화이다.

원 인종이 원 세조 시대부터 출사한 한족 출신의 원로 대신들을 다시 조정으로 불러들인 이유는 그들을 통하여 자신이 평소에 꿈꾸었던 유가의 정치적 이상을 실현하고 싶었기 때문이다. 아울러 원 무종의 측근들을 제거한 후 조정을 장악하고자 하는 정치적 목적도 있었다.

원 인종이 즉위한 후 원 무종 시대의 권신들은 대부분 제거되었으며, 존경받는 유학자들이 황제를 도와 조정의 정치를 이끌어 갔다. 하지만 원 인종도 원 무종과 마찬가지로 친어머니 다기 황태후(흥성태후)의 국정 개입을 막지 못했다.

다기 황태후의 심복 테무테르(鐵木迭兒·?~1322)는 탐욕스럽고 부패한 대신이었다. 원 무종 시대에 탄핵을 당했지만, 흥성태후의 비호 아래 살아남을 수 있었다. 흥성태후는 조정의 정치를 간섭하고자 원 인종에게 테무테르를 중서성 우승상으로 임용하게 했다. 원 인종은 테무테르가 간신임을 알고 있었지만, 어머니와의 마찰을 피하려면 그를 임용하지 않을 수 없었다.

원 인종은 효성이 지극하여 어머니의 뜻을 어기는 행동을 불효라고 생각했다. 조정 대신들은 황제의 성지(聖旨)뿐만 아니라 황태후의 내지(內

旨)도 받들어 시행해야 했다.

하지만 원 인종은 다기 황태후의 국정 개입에 흔들리지 않고 개혁을 추진했다. 그는 이맹에게 자신의 부족한 점을 보완해달라고 신신당부했다. 이맹은 자기를 알아주는 황제를 위해 헌신했다. 원 성종 테무르 시대부터 고질적인 폐단이었던 재정 낭비, 화폐 남발, 매관매직, 부정부패 등을 일소하기 시작했다.

원 세조 시대에 금나라의 제도를 모방하여 설치한 선휘원(宣徽院)은 황제의 어선(御膳), 궁정 연회, 황제의 하사품, 종묘 제사, 케식(친위대)의 녹봉 등 국가의 중요한 일을 관장하는 기관이다. 선휘원의 최고위직인 선휘사(宣徽使)는 품계가 정이품(正二品)인데 황궁의 재물을 관장했으므로 황제의 최측근이 아니면 임용될 수 없는 요직이었다.

선휘원 소속의 태부감(太府監)에는 좌장고(左藏庫)와 우장고(右藏庫)가 있었다. 좌장고는 금은·주옥·화폐 등을, 우장고는 비단·모피·진상품 등을 관장했다. 태부감에서 지출한 모든 재화는 통제받지 않았기 때문에 국고 손실이 심각했다. 이맹은 태부감의 실태를 철저하게 조사하여 낭비를 막아야 한다고 주장했다.

원 인종이 태부감에 어명을 내렸다.

"앞으로는 비단 한 조각이라도 짐에게 아뢰지 않고서 남에게 주는 일은 없어야 한다."

다기 황태후의 측근 테무테르 등 반개혁파 세력은 이맹의 개혁 정치가 자기들의 이익을 침해한다고 생각하고 그를 증오하여 제거하려고 했지만, 뜻대로 되지 않았다. 황제가 그를 끝까지 신임했기 때문이다.

당시 불교와 도교는 황실의 비호 아래 관부를 설치하고 막강한 권한을 행사하여 조정의 정치를 어지럽혔다.

이맹이 원 인종에게 건의했다.

"군주의 권력은 포상(褒賞)과 형벌에 있습니다. 국가에 이로운 일을 한 사람에게는 포상을 하고 백성들에게 그를 본받게 하며, 국가에 해악을 끼친 사람에게는 형벌을 가하고 백성들에게 경계하게 한다면, 군주의 권력은 빼앗기지 않습니다. 하지만 군주가 권력을 잘못 행사하여 선행을 권하지 못하고 악행도 징벌하지 못한다면, 어떻게 국가가 잘 다스려지겠습니까? 승려와 도사는 이미 속세를 떠나 그들의 종교법을 따르는 자들입니다. 그런데도 어찌하여 관부를 설치하여 그들을 다스리려고 합니까?"

황제가 종교를 관장하는 관부를 설치하게 하고 승려와 도사들에게 각종 관직을 하사하는 행위를 비판한 내용이다. 종교인들은 황제의 총애를 등에 업고 각종 이권을 챙겼다. 그들은 출세간(出世間)의 종교법을 따르는 자들이므로 현실 정치에 개입하지 못하게 해야 한다는 것이다.

원 인종은 그의 건의를 흔쾌히 수용했다. 이에 승려와 도사들에게 내린 관작을 폐지하고 수행에만 전념하게 했다. 이맹은 정치와 종교는 분리되어야 하며 유가 사상으로 국가를 다스린다는 원칙을 가지고 있었기 때문에, 승려와 도사의 정치 개입을 반대한 것이다.

원나라는 건국 이래 원 성종·원 무종·원 인종 3조에 이르러 군대를 대규모로 동원하여 전쟁을 일으키는 일이 거의 없자, 사치와 향락의 풍조가 크게 유행했다. 왕공, 신하들은 거대한 저택과 장원을 소유하고 화려한 복장을 입고 가마를 타고 다니면서 황제가 은총을 베풀어 하사품을 내려주기만을 학수고대했다. 지방의 하급 관리들도 마찬가지였으며 심지어 백성들도 일할 의욕을 잃고 날로 게을러졌다.

이맹이 황제에게 건의했다.

"귀함과 천함에는 명백한 구분이 있으므로 민심을 바로잡을 수 있습니다. 또한 재물을 하사함에는 정해진 규정이 있으므로 신하들을 복종시킬 수 있습니다. 따라서 사람들은 각자 제 분수를 지키며 살아야 합니다."

"귀함과 천함에는 명백한 구분이 있다."라는 것은 오늘날 민주적인 관점에서 볼 때는 어불성설이다. 하지만 이는 중국 고대 사회에서 구성원 각각의 역할과 책임을 강조하여 나온 말이다. 앞서 말한 '군군신신부부자자(君君臣臣父父子子)'도 이런 의미를 바탕에 깔고 있다.

이맹은 사람들이 신분에 맞게 살아야 만이 사회 안정이 유지된다고 보았다. 유가 사상이 국가의 이념이었던 왕조 시대에는 당연한 생각이었다. 그는 또 황제가 신하들에게 재물을 하사할 때도 규정을 지켜야 한다고 했는데 국고의 손실을 막기 위해서였다. 원 인종은 그의 간언을 기꺼이 받아들였다.

이맹도 가끔 자신의 능력 부족을 통감했다. 어느 날 황제에게 이렇게 아뢰었다.

"신은 성인의 도를 배우고 폐하를 우연히 알게 되었습니다. 폐하께서는 요임금과 순임금처럼 위대한 성군이십니다. 하지만 신은 천하의 백성을 요임금과 순임금의 백성으로 만들 능력이 없습니다. 위로는 폐하를 보필하고 아래로는 배운 것을 실천하는 일이 참으로 힘듭니다. 이제 신은 권력을 내려놓고 은퇴함으로써 현자들에게 출사의 길을 열어주고자 합니다."

당시 그는 회갑을 넘긴 나이였다. 조정의 중책을 맡는 데 힘이 부쳤을 것이다.

하지만 원 인종은 그가 사직하고 고향으로 돌아가는 것을 반대했다.

"짐이 재위하는 동안에는 경은 반드시 중서성의 업무를 맡아야 하오. 짐과 경은 한평생을 함께 지내야 하오. 앞으로는 절대 그런 말을 하지 마오."

원 인종이 얼마나 이맹을 신임했는지 알 수 있다. 그는 이맹이 한평생 자기를 충심으로 보필한 덕분에 천하의 백성들이 은택을 입었다고 생각했다. 이맹에게 교초 10만 관(貫)을 하사하고 저택을 짓는 비용으로 충당하게 했다.

이맹은 하사품을 거절하고 아뢰었다.

"신은 재야에서 벼슬이 없는 선비로 지내고 있을 때 우연히 폐하를 만났습니다. 그때 신이 폐하에게 바란 것은 부귀영화가 아니라고 말했습니다."

훗날 이맹은 원 인종 사후에 다기 황태후의 심복 테무테르에게 모함당해 죽었다. 능력이 뛰어나고 충직한 신하도 그를 신임한 군주가 세상을 떠난 후에는 인생 말년이 꼭 편안하지만은 않았음을 알 수 있다. 어쨌든 이맹과 같은 충신이 있었기에 원 인종의 개혁 정치가 성공을 거둘 수 있었다.

물론 원 인종이 유학자들 가운데 이맹만 중용한 것은 아니었다.

지대 4년(1311) 완택, 이맹 등 대신들이 황제에게 건의했다.

"오늘날 유학자들을 관리로 선발하는 일에 있어서 경륜을 쌓은 자들은 날로 노쇠하여 세상을 떠나고 있습니다. 그렇지만 사방의 젊은 유생들 가운데 재능이 뛰어난 자들이 적지 않습니다. 그들을 발탁하시어 국학(國學)·한림(翰林)·비서(祕書)·태상(太常) 또는 유학제거(儒學提擧) 등 관직에 임용하시기 바랍니다. 폐하께서 그렇게 하시면 천하의 공부하는 자들에게 큰 격려가 될 것입니다."

원 인종이 화답했다.

"경들의 말은 옳소. 지금부터는 관리 임용에 자격 제한을 두지 않겠소. 재능이 뛰어나고 현명한 자라면 평민이라도 임용하겠소."

사실 원나라 시대에는 한인(漢人)과 남인(南人)이 출사하여 고위직에 오르기가 아주 어려웠다. 몽골인이 가장 우대받았으며, 색목인이 그다음이었다. 특히 국가의 최고 행정 기관인 중서성의 고위직은 대부분 몽골인의 차지였다.

하지만 원 인종의 통치 기간에는 한인과 남인이 이전 조정에 비하여 중서성의 관리로 임용된 자가 상대적으로 많았다. 중서성 평장정사 장규(張珪), 중서성 우승 고방(高昉), 중서성 좌승 이사영(李士英) 등 대신들이 원 인종에게 능력을 인정받아 정치적 포부를 펼 수 있었다.

원 인종은 측근들에게 이런 얘기를 한 적이 있었다.

"짐이 생각건대, 태조(칭기즈 칸)께서는 온갖 고난을 겪고 창업하셨으며, 세조(쿠빌라이)께서는 천하를 통일하셨소. 짐은 조종(祖宗)이 이룩한 위대한 업적을 조심스러운 마음으로 지키면서 하늘의 마음에 부합하는 일을 하지 못할까 항상 두려워했소. 또 조종의 위업을 제대로 계승하지 못하고 천하의 백성들을 편안하고 즐겁게 살지 못하게 하지 않을까 두려워했소. 짐의 근심이 여기에 있음을, 경들은 예전부터 몰랐을 것이오."

원 인종은 조종의 위대한 업적을 계승, 발전시키는 데 가장 적합한 통치 방법을 유가 사상에서 찾았으며, 그리고 한족 출신의 유학자들에게 그것을 현실 정치에 응용하게 했다. 이는 원 세조가 유가 사상에 바탕을 둔 한족의 법률과 관습으로 수많은 한족을 통치하는 것에서 비롯되었다.

대체로 원나라 시대에는 중앙 정부의 고위직은 몽골인이 차지했다. 한족은 주로 행정, 법률 등 실무를 담당하는 관직을 맡았고, 색목인은 재정을 담당했다. 색목인은 먼 옛날부터 중국과 서역 국가들 사이에서 중계무역을 하면서 이재(理財)에 밝았기 때문에, 몽골의 황제들은 그들에게 재물을 관리하게 한 것이다.

3. 유가 성현을 숭상하고 교육과 과거 제도를 부활하다

원 인종은 즉위 직후에 이맹 등 한족 출신 유신(儒臣)들의 보필을 받아 공자를 숭상하고 한족의 법률을 널리 시행하기로 결정했다. 지대 4년(1311) 그는 국자제주(國子祭酒) 유갱(劉賡)을 공자의 고향 산동성 곡부(曲阜)로 보내 '태뢰(太牢)'의 의례를 갖추어 공자에게 제사를 지내게 했다.

태뢰는 고대에 제왕이 사직에 제사를 지낼 때 소·양·돼지 등 가축 세 마리를 희생물로 바치는 제사 의식이다. 제후는 양과 돼지, 두 마리만 바칠 수 있었는데 그것을 소뢰(小牢)라고 했다. 따라서 원 인종은 제왕만이할 수 있는 태뢰의 제사 의식으로 공자를 숭상했음을 알 수 있다.

경황 2년(1313) 원 인종은 국자감 안에 숭문각(崇文閣)을 건립하게 했다. 3년 만에 완공된 거대한 숭문각은 많은 유학자가 모여 유가 경전을 연구하고 유생들을 교육하는 장소로 발전했다.

또 주돈이(周敦頤) · 정이(程頤) · 정호(程顥) · 주희(朱熹) 등 송나라를 대표하는 이학자(理學者)들과 원나라 초기에 원 세조의 신임을 받아 중서성 좌승을 맡았던 이학자 허형(許衡)을 공자를 모신 사당에 배향하게 했다.

원우 원년(1314) 원 인종은 공자의 제53대 후손 공도(孔濤)에게 연성공(衍聖公)을 세습하게 했다. 연성공은 송나라 지화(至和) 2년(1055) 이래로 역대 왕조의 황제들이 공자의 적장 자손에게 내린 세습 봉호(封號)이다.

원 인종은 공자뿐만 아니라 맹가(孟軻: 맹자)도 존숭하여 그의 부친을 주국공(邾國公)으로, 모친을 주국선헌부인(邾國宣獻夫人)으로 추봉(追封)했다.

원 인종이 이처럼 공자와 맹자를 숭상하고 송나라에서 원나라에 이르기까지 활약했던 이학자들을 공자의 사당에 배향하게 한 것은 유가 사상으로 국가를 다스리겠다는 의지의 표명이었다. 원나라는 건국 초기부터 한족의 문물과 제도를 본격적으로 받아들이기 시작했으며, 원 인종 시대에 이르러서는 여느 한족 왕조와 다르지 않게 유가 사상이 국가의 통치 이념으로 자리매김하게 되었다.

그렇다고 해서 원나라의 지배 계급인 몽골인들은 극소수를 제외하고는 유가 사상을 담은 서적들을 읽고 이해할 수 있는 수준은 아니었다. 원 인종은 어렸을 적부터 한자를 익히고 유가 경전을 공부했으므로 한문 서적을 읽는 데 어려움이 없었다.

그가 황태자로 책봉되었을 때 어느 신하가 그에게 『대학연의(大學衍義)』를 바쳤다.

그는 이것을 정독하고 첨사 왕약(王約)에게 몽골어로 번역하게 한 후 말했다.

"천하를 다스리는 데 이 책 한 권이면 충분하다."

이 책과 더불어 『도상효경』・『열녀전』 등 서적도 간행하여 신하들에게 하사했다. 그는 즉위 직후에 당 태종 이세민의 어록을 담은 『정관정요』를 읽고 크게 깨달은 바가 있었다.

한림시강 아린 테무르(阿林鐵木兒)에게 말했다.

"이 책은 국가에 아주 유익하오. 국어(몽골어)로 번역하여 간행하시오.
몽골인, 색목인에게 번역서를 읽고 공부하게 하시오"

연우 원년(1314) 집현전 학사 쿠투르 켈미시(忽都魯都兒迷失), 이맹 등 신하들은 어명을 받들어 송나라 때 사마광이 편찬한 역사서인 『자치통감』의 핵심 내용을 번역하여 원 인종에게 바쳤다. 원 인종은 이 역사서를 읽고 역대 왕조의 흥망성쇠를 귀감으로 삼았다.

진무제(晋武帝) 함녕(咸寧) 2년(276)에 설립된 국자학(國子學)은 한무제(漢武帝) 원삭(元朔) 5년(기원전 124)에 설립된 태학(太學)과 더불어 국가의 최고 교육 기관이다.

원나라에 이르러 원 세조가 국자학을 처음으로 설치하여 학생들을 가르치게 했다. 그 후 몽고국자학(蒙古國子學)과 회회국자학(回回國子學)이 설립되었다. 전자는 몽골 문자를, 후자는 아랍어 문자를 가르치는 교육 기관이다. 국자학을 국자감이라고 칭하기도 한다.

원 인종은 즉위 직전에 이맹에게 국자감학(國子監學)을 통솔하고 유생들을 선발하여 가르치게 했다.

즉위 직후에는 다음과 같은 조서를 반포했다.

원나라 역대 황제 평전

"국자감의 교수직은 재능과 인덕을 갖춘 자라면, 품계와 관계없이 재
야의 선비도 임용되어야 한다."

벼슬을 하지 못하고 초야에 묻혀 살고 있는 유학자라도 인품과 학식
이 뛰어나다면 국자감의 교수로 등용하겠다는 원 인종의 의지는 한족 출
신의 지식인들에게 몽골 황제에 대한 두려움과 편견을 버리고 적극적으
로 관계에 진출할 수 있는 계기가 되게 했다.

원 인종은 또 중서성의 신하들에게 이렇게 말했다.

"국자학은 세조 황제께서 특별한 관심을 가지고 설립했소. 평장정사
부쿠무(不忽木) 등 몽골인들은 국자학에서 교육을 받고 국가의 동량으로
성장했소. 지금 짐은 친히 국자생의 정원은 300명으로 정하고, 배당생(陪
堂生)은 20명으로 늘리며 그리고 유가의 경전 한 권에 통달한 자는 순서
에 따라 반독생(伴讀生)으로 보충함을 규정으로 결정하겠소."

원 세조와 원 성종 시대에 활약한 부쿠무가 국자학에서 유가의 교육
을 받지 않았다면 어떻게 명재상이자 청백리로 유명할 수 있었겠는가. 이
는 원 인종이 한족의 교육 기관이 몽골인들을 개화시킨 공로를 인정한 증
거이다. 그는 국가를 다스리는 데에는 인재 양성이 절대적으로 중요하다
고 여기고 친히 국자생의 정원을 결정했다.

하지만 국자생은 대체로 왕공 자제만이 될 수 있었다. 배당생과 반독
생은 왕공 자제들의 학업 성취와 국자학 생활을 돕기 위하여 그들과 함께
공부하는 학생이다. 그들의 신분은 국자생보다 낮았다.

원 무종 시대에도 국자생 정원은 300명이었다. 원 인종은 즉위한 지
2년 후에 100명을 추가하여 400명을 선발하게 했다. 국자생 대부분은 몽

골인 왕공 자제들이었지만, 한인도 일정한 비율로 선발되었다.

수(隋)나라 시대부터 입신양명의 등용문이었던 과거 제도는 원 세조·원 성종·원 무종의 3조에 걸쳐서 부활 논의가 있었지만 실행에 옮기지는 못했다. 무력이 정의였던 몽골인들에게 '필기시험'을 통해 관리가 된다는 것은 여전히 낯선 일이었기 때문이다.

하지만 원 인종은 과거 제도는 인재를 등용하는 데 가장 합리적이고 공평한 수단임을 알고 있었다. 더구나 그가 한족의 법률로 한족이 다수를 차지하고 있는 원나라를 통치하면서 한족 지식인들의 황제에 대한 지지와 호응을 끌어내는 방법으로 과거 제도보다 더 좋은 것은 없다고 생각했다.

황경 2년(1313) 11월 원 인종은 정식으로 과거 제도의 부활을 반포했다.

"거인(擧人)은 덕행(德行)을 으뜸으로 하며, 시험(試驗)은 경서(經書)를 우선

으로 하며 시문(詩文)을 그 다음으로 한다."

'거인'은 지방의 향시(鄕試)에 급제하고 다시 중앙 정부의 회시(會試)를 보는 사람 또는 과거를 볼 자격이 있는 사람을 지칭한다. 거인을 선발할 때 응시자의 덕행을 가장 중요한 평가 기준으로 삼으며, 시험은 유가 경전을 위주로 출제하고, 시문 창작 능력을 그 다음으로 평가하겠다는 얘기이다.

과거는 3년에 한 번 실시되었으며 향시(鄕試)·회사(會士)·전시(殿試) 등 세 단계로 나누었다. 몽골인과 색목인, 한인과 남인 두 집단으로 나누어 시험을 보게 했다. 유가 경전을 이해하고 시문을 창작하는 데 몽골인과 색목인이 한인과 남인에 비하여 아주 불리했기 때문에 그들에게는 각종 특혜를 주었다. 몽골인과 색목인은 시험을 두 번, 한인과 남인은 세 번 보았다. 주로 사서오경(四書五經)의 내용을 시험 문제로 출제했다.

원 인종 재위 9년 동안 과거는 단 두 차례만 실시했다. 연우 2년(1315)에 진사 56명을, 연우 5년(1318)에 진사 50명을 배출했다. 한인과 남인이 과거 급제하는 일은 낙타가 바늘구멍에 들어가기보다 어려웠지만, 그들에게 몽골인이 건국한 원나라에서도 시험을 통해 관직에 나갈 수 있다는 희망을 심어주었다.

과거 제도는 원 인종 사후에 폐지와 부활을 반복했으며, 합격자가 아주 적었다. 그럼에도 한족 문명을 이해하고 한족 제도를 활용한 원 인종의 의지와 노력 덕분에 과거 제도가 원나라에서도 일정 기간 유지될 수 있었다.

4. 모후 다기 황태후와 갈등을 빚다

원 인종은 스승 이맹을 중심으로 하는 유학자들을 중서성 등 중앙 정부의 관리로 임용하여 그들에게 재정·법률·교육 등 분야에서 일련의 개혁을 단행하게 했다. 개혁 초기에는 일정한 성과를 거두었지만, 시간이 흐를수록 몽골인 보수 세력의 반발에 부딪쳤다.

그들의 우두머리는 테무테르(鐵木迭兒·?~1322)이다. 그는 젊었을 적에 황궁으로 들어가 원 세조의 시종이 되었다. 원 성종·원 무종·원 인종 3조(朝)에 걸쳐 고위 관리를 역임했다. 사람됨이 탐욕스럽고 행동이 난폭하여 탄핵당한 적이 있었으나, 원 인종의 생모 다기 황태후의 총애를 등에 업고 건재할 수 있었다. 다기 황태후는 자기에게 막대한 뇌물을 바치는 그를 심복으로 삼았다.

테무테르는 다기 황태후에게 뇌물과 보물만 바친 게 아니었다. 그녀의 외로운 밤도 해소해 주었다. 얼마 후 두 사람은 은밀한 연인 관계로 발

제8장 | 원 인종 아유르바르와다

369

전했다. 원 인종은 생모의 불륜을 알고도 모르는 척했다. 아버지 다르마발라(원 순종·元順宗)가 28세의 젊은 나이에 세상을 떠나 생모를 청상과부가 되게 했기 때문이다.

원 인종이 즉위한 직후에 한족 출신의 원로 대신들을 조정으로 불러들여 고위직에 임용했을 때 다기 황태후는 원 인종에게 테무테르를 중서성 우승상으로 임용하게 했다. 그녀는 테무테르를 통하여 조정의 정치를 좌지우지하고 싶었다.

원 인종은 모후의 의도를 알고 있었지만 반대할 수는 없었다. 다기 황태후는 이미 원 무종 시대부터 조정에 자기 세력을 심어 놓고 국정을 간섭하고 있었기 때문이다. 더구나 원 인종은 즉위하기 전에 회주(懷州)에서 어머니를 모시고 고난의 세월을 보내면서 '효자'라는 칭송을 들었으므로 그녀의 뜻에 어긋나는 행동을 하고 싶지 않았다.

다기 황태후는 절강행성 좌승상 흑려(黑驢)의 생모인 이린지발(亦烈失八)을 시녀로 삼아 황실 내부를 감시하게 했으며, 중서성 우승상 테무테르에게는 조정 대신들에게 자신의 뜻을 전하게 했다. 연우 연간에 이르러서는 황제의 어명보다 황태후의 내지(內旨)가 더 권위가 있었다.

테무테르는 다기 황태후의 비호 아래 패거리와 작당이 되어 국정을 농단했다. 조정 대신들이 그를 탄핵하는 상소가 빗발쳤다. 원 인종은 그를 제거하려고 했지만, 어머니의 반대로 손을 쓸 수 없었다.

테무테르는 원 인종이 자기를 증오하고 있음을 모르지 않았다. 황경 2년(1313) 그는 일단 예봉을 피하기 위하여 병을 핑계로 사직했다. 사저에 거주하면서 황제의 환심을 사기 위해서는 무슨 일이든 해야 할 처지였다.

원래 카이샨(원 무종)이 즉위한 직후에 장남 쿠살라(和世㻋·1300~1329)가 황태자로 책봉되어야 했다. 하지만 카이샨은 동생 아유르바르와다(원 인종)을 황태자로 책봉했다. 겉으로는 장남이 너무 어렸기 때문에 동생을 황태자로 책봉할 수밖에 없었다고 했다. 하지만 당시 쿠살라의 나이는 7세였다. 그를 황태자로 책봉해도 크게 문제될 것이 없었다.

카이샨과 아유르바르와다는 모후 다기의 중재로 '권력 나누기'를 했다. 세 사람은 카이샨을 황제로 추대하는 데 아유르바르와다가 가장 큰 공로를 세웠으므로 아유르바르와다를 황태자로 책봉하는 것에 합의했다. 아울러 훗날 아유르바르와다가 즉위하면 카이샨의 장남 쿠살라를 황태자로 책봉해야 한다고 약속했다.

연우 3년(1316) 쿠살라는 어느덧 건장한 청년으로 성장했다. 원 인종은 마음속으로 그를 황태자로 책봉함으로써 형과의 약속을 지키고자 했다.

하지만 테무테르가 은밀히 공작을 꾸몄다. 원 인종의 장남 시데발라(碩德八剌·1303~1323)가 적장자이므로 황태자로 책봉되어야 한다는 소문을 퍼뜨렸다. 테무테르의 측근들은 조정의 여론을 세데발라에게 유리하게 조작했다.

테무테르는 원 인종에게 왜 시데발라를 황태자로 책봉해야 하는지 설명했다. 원 인종은 초심이 흔들리기 시작했다. 조카보다 아들이 후계자가 되는 게 순리에 맞는다고 생각했다. 하지만 황태자를 책봉하는 일 같은 국가의 중대사를 결정하는 데 모후의 눈치를 보지 않을 수 없었다. 사실상 다기 황태후가 결정권을 가지고 있었다. 다기 황태후도 쿠살라와 시데발라, 두 손자 중의 한 명을 황태자로 선택해야 했다.

테무테르는 다기 황태후에게 쿠살라를 비방하는 말을 늘어놓았다. 그를 황태자로 책봉하면 훗날 반드시 사달이 날 것이라고 주장했다. 반면에 성격이 유약하고 효심이 지극한 시데발라를 책봉하면 황태후의 말을 잘 들을 거라고 했다.

다기 황태후는 권력욕이 무척 강한 여자였다. 쿠살라보다는 시데발라가 통제하기 쉬웠다. 더구나 시데발라의 생모 아나시시리(阿納失失里·1283~

1322)가 다기 황태후와 같은 옹기라트 부족 출신이었다. 옹기라트 귀족들은 다기 황태후에게 시데발라를 황태자로 책봉하는 것이 부족의 이권을 지키기 위해 훨씬 유리하다고 말했다. 그리고 쿠살라는 이키레스(亦乞列思) 부족 출신인 여자가 낳았으므로 옹기라트 부족에게 불리한 인물이라고 했다.

연우 3년(1316) 마침내 다기 황태후의 결정에 따라 시데발라가 황태자로 책봉되었다. 쿠살라는 주왕(周王)으로 책봉되어 운남(雲南)으로 떠났는데 사실상 대도에서 쫓겨난 것이다.

다기 황태후는 원 인종에게 황태자 책봉에 공을 세운 테무테르를 다시 조정으로 불러들여 중서성 우승상에 임명하게 했다. 이때부터 테무테르는 그녀의 권세를 믿고 폭정을 일삼았다. 백성들에게 가혹한 세금과 공역을 부과하여 그들을 도탄에 빠뜨렸을 뿐만 아니라 매관매직, 재산 갈취, 동당벌이 등 온갖 악행을 저질러서 양심적인 대신들의 공분을 샀다.

상도(上都)에 거주하는 부자 장필(張弼)이 살인죄로 감옥에 갇혔다. 장필은 교초 5만 관(貫)을 테무테르에게 뇌물로 바치고 풀어달라고 했다. 테무테르는 상도유수(上都留守) 하백안(賀伯顏)을 압박하여 장필을 석방하게 했다.

하백안은 평소에 테무테르의 폭정에 이를 갈고 있었다. 중서성 평장정사 소바이주(蕭拜住), 어사중승 양도르지(楊朶兒只) 등 대신들과 연명으로 테무테르의 죄상을 낱낱이 고발했다.

"테무테르는 흉포하고 간사하며 탐욕에 눈이 멀어 악랄한 수단으로 충신을 해치는 천하의 간신이라고, 조정 안팎의 관찰어사 40여 명이 공동으로 탄핵했습니다. 그놈은 위로는 임금을 속이고 아래로는 백성을 업신여기며, 정사(政事)를 망가뜨리며 백성을 해칩니다. 그리고 곳곳에 앞잡이들을 배치하여 조야의 신하들을 위협하고 있습니다. 또 착한 사람을 모함하고 공적을 탐하여 자기에게 이로운 일이라면, 하지 않는 게 없습니다."

"이를테면 그놈은 진왕(晉王)의 전답 1,000여 무(畝), 흥교사(興敎寺) 뒤편 강변에 있는 정원 3,000여 무, 근위병의 목장 2,000여 무 등을 갈취했습니다. 종묘(宗廟)에서 제사를 지낼 때 제물로 쓰는 말을 훔쳐서 잡아먹기도 했습니다. 또 호다반데(合兒班答·1280~1316: 일 칸국의 제8대 칸)가 보낸 교초 14만 관(貫)과 교초 10여만 관의 가치에 해당하는 각종 금은보화, 비단 등을 뇌물로 받았습니다. 그리고 항주 영흥사(永興寺)의 승려 장자복(章自福)이 뇌물로 준 금 110냥과 살인범 장필이 준 교초 5만 관도 받았습니다."

"그놈은 신하로서 자신의 직위가 최고위직에 이르렀다고 여기고 선정원의 업무도 장악했습니다. 자기 아들 바리지스(八里吉思)를 선정원의 관리로 임용했으며, 그의 많은 아들들은 국가에 아무런 공훈을 세우지 않았는데도 부귀영화를 누리고 있습니다. 이뿐만이 아닙니다. 그놈은 자기 집안의 하인들에게도 만행을 저지르게 했습니다. 그들은 주인의 위세를 믿고 관부의 관리들을 능멸하고 있으니 그 폐해는 이루 다 헤아릴 수 없을 정도로 심각합니다."

"간신 테무테르의 국정 농단은 음과 양이 부조화를 이루게 하여 지진이 발생하고 재해가 끊임없이 일어나 백성들을 도탄에 빠뜨리고 말았습니다. 그놈의 죄상이 하늘을 덮었는데도 조금도 뉘우치지 않고 오히려 활개를 치고 있습니다. 그놈이 긁어모은 엄청난 재산은 원 세조 시대의 재무 대신이자 권신이었던 아흐메드와 상가보다 많습니다. 천하의 모든 백성이 그놈에게 원한을 품은 지 오래 되었습니다. 그놈에게 사지를 갈기갈기 찢는 형벌을 내리시어 백성들의 마음을 통쾌하게 해주소서."

조정 대신들이 테무테르에게 얼마나 깊은 원한을 품었기에, 그의 죄상을 이처럼 적나라하게 고발했겠는가. 그들은 테무테르의 배후에는 다기 황태후가 버티고 있음을 알고 있었으나 국가가 백척간두의 위기에 빠지자 목숨을 걸고 탄핵한 것이다.

원 인종은 진상을 파악하고 진노했다. 즉시 사법부의 관리들에게 테무테르를 체포하여 문초하게 했다. 하지만 테무테르는 이미 황태후전으로 도망갔다. 관리들은 감히 황태후전으로 들어갈 수 없었다. 다기 황태후는 테무테르를 체포하는 자는 엄벌에 처하겠다고 엄포를 놓았다.

원 인종은 모후에게 테무테르의 죄상을 밝히고 처벌해야 한다고 했다. 하지만 다기 황태후는 시종일관 테무테르를 옹호했다. 두 사람은 테무테르를 죽이지 않고 파면하는 것으로 합의를 보았다. 다기 황태후는 테무테르를 탄핵한 자들을 지방의 한직으로 쫓아냈다. 원 인종은 모후의 결정에 냉가슴을 앓았다.

테무테르는 집에서 은인자중한 지 얼마 후 태자태보(太子太保)로 기용되었다. 태자태보는 황태자 시데발라를 가르치고 보필하는 막중한 자리였다. 조야의 인사들이 너무 놀라고 두려워하여 입을 다물지 못했다. 다기 황태후가 원 인종에게 압박을 가한 결과임을 알고 있었기 때문이다.

연우 7년(1320) 1월 원 인종은 우울증을 앓다가 향년 35세를 일기로 붕어했다. 그는 인품이 인자하고 효성이 지극하며 학문에 조예가 깊고 개혁의 의지가 강한 군주였다. 신하가 옳은 말을 하면 기꺼이 받아들이는 귀가 열린 군주이기도 했다.

어느 날 어떤 사람이 황제가 총애하는 신하가 뇌물을 받았다고 상소했다. 원 인종은 오히려 그 상소한 사람을 죽이려고 했다. 어사중승 장규가 머리를 조아리고 직간했지만, 황제의 결정을 바꿀 수 없었다.

선휘부사 양도르지가 나서서 황제에게 간곡하게 아뢰었다.

"상소한 자를 죽이는 일은 형법에 위배됩니다. 폐하께서 신하의 간언을 거부하는 것은 옳지 않습니다. 조정에는 아주 오래전부터 직언을 하는 신하가 없습니다. 장규는 자신의 책무를 다하는 진정한 어사중승입니다."

원 인종은 자기의 잘못된 판단을 인정했다. 장규의 직언을 받아들였을 뿐만 아니라 양도르지를 시어사로 승진시키고 충언을 아끼지 않게 했다.

또 어느 날 감찰어사 나린(納璘)이 황제의 뜻에 거슬리는 말을 했다. 원 인종은 진노하여 그를 죽이려고 했다. 양도르지는 그를 살리고자 하루에 8~9차례나 상소문을 올렸다.

양도르지와 황제는 이런 대화를 나누었다.

"신은 결코 나린을 편애해서가 아닙니다. 폐하께서 직언을 한 어사를 죽였다는 오명을 쓰지 않기를 진심으로 바라는 마음뿐입니다."

"짐은 경(卿)의 성의를 감안하여 그를 용서하겠소. 하지만 그를 평창(邛平) 현령으로 좌천시켜야겠소."

"어사는 경읍(京邑)의 일을 관장하는 막중한 자리입니다. 그가 할 수 없는 일은 없습니다. 폐하께서 그가 고언을 했다고 하여 좌천시킨다면, 훗날 어사들은 그 일을 경계로 삼아 더 이상 직언을 하지 않을까 두려울 따름입니다."

원 인종은 아직도 분노를 삭이지 못하고 자신의 뜻을 거두지 않았다. 며칠 후 원 인종이 『정관정요』를 읽고 있을 때 양도르지가 옆에서 시중을 들었다.

원 인종이 양도르지를 바라보고 말했다.

"정말로 위징(魏徵)은 성격이 강직하고 직언을 한 불세출의 충신이었구나. 짐도 이런 충신을 얻을 수 있을까?"

양도르지가 대답했다.

"당 태종은 신하의 간언을 잘 받아들인 군주였습니다. 만약 그가 간언을 듣지 않았다면, 위징이 아무리 정직했어도 어찌 그를 중용했겠습니까?"

원 인종이 웃으며 말했다.

"경의 말뜻은 나린이 무죄라는 것인가? 당장 그를 사면하시오!"

황제와 신하 사이의 소통이 이처럼 원활한 것을 보면, 원 인종이 어떤 군주였는지 짐작할 수 있다.

하지만 그는 성격이 유약한 단점이 있었다. 다기 황태후를 중심으로 하는 몽골 귀족 세력의 개혁에 대한 반발을 억누르지 못했다. 특히 모후의 권력 남용을 통제하지 못한 것이 그를 절반은 성공했으나, 절반은 실패한 군주로 만들었다.

봉건 왕조 시대에 어질고 자애로운 군주가 붕어하면 묘호(廟號)를 인종(仁宗)으로 정하는 것이 관례였다.

9

원 영종 시데발라

원 영종 시데발라

1. 성장 과정과 황위 계승

원 인종 아유르바르와다는 한평생 아나시시리(阿納失失里·1283~1322) 황후·다리마시리(荅里麻失里) 황후·바얀쿠두(伯顏忽篤) 황후 등 황후 3명을 두었다.

세 황후 중에서 옹기라트 부족 출신인 아나시시리 황후가 정궁 황후이다. 옹기라트 부족은 칭기즈 칸 이래 역대 카안(황제)들의 카툰(황후) 대부분을 배출한 명문거족이다. 몽골 제국과 원나라에서 카툰은 옹기라트 부족 출신이어야 한다는 불문율이 있었다. 따라서 그들은 100년이 넘는 세월 동안 칭기즈 칸 후손 황실의 외척으로서 구세력의 이익을 추구하고 대변하는 정치 집단의 핵심이 되었다.

제2황후 다리마시리 황후는 고려인 출신이다. 그녀의 아버지는 화평부원군(化平府院君) 김심(金深)이다. 제3황후 바얀쿠두 황후도 고려인 출신이다. 그녀의 어머니는 충선왕(忠宣王) 왕장(王璋·1275~1325)의 순비(順妃) 허씨(許氏)이다. 원래 허씨는 고려 종실 평양공(平陽公) 왕현(王眩)의 부인이었는데 왕현이 사망하자 충선왕의 순비로 개가했다. 충선왕과는 자식을 두지 못했다.

바얀쿠두 황후는 왕현의 셋째 딸이다. 원 세조 쿠빌라이의 외손자인 충선왕은 오랜 기간 대도에 거주하면서 황족과 밀접한 관계를 유지했다. 원 인종과 친밀하게 지낸 인연으로 자신의 의붓딸 바얀쿠두 왕씨를 황제에게 시집보냈을 것이다. 고려가 원나라의 부마국이 된 이래, 양국 간의 혼맥(婚脈)이 상당히 복잡했음을 짐작할 수 있다.

원 인종은 아들이 두 명뿐이었다. 적장자 시데발라(碩德八剌·1303~1323)는 정궁 황후 아나시시리가 낳았다. 서장자 우투스 부카(兀都思不花·?~1320)는 다리마시리 황후가 낳았다고 하지만 확실하지 않다. 또 시데발라와 우투스 부카 중에서 누가 형이며, 동생인지도 모른다. 다만 시데발라가 적장자이므로 형의 대우를 받았을 것이다.

시데발라는 원 인종 아유르바르와다 일가가 대도(大都)에서 회주(懷州: 하남성 심양·沁陽)로 쫓겨나 지내고 있을 때 태어났다. 그는 회주에서 아버지가 할머니 다기를 극진하게 모시는 모습을 보고 자라면서 효도의 중요성을 깨우쳤다.

아유르바르와다는 이미 유가 사상에 심취하여 이맹(李孟) 등 유학자들과 치국의 담론을 즐겨 논했다. 그는 나이 어린 시데발라에게 성현의 말씀이 담긴 유가의 경전을 공부하지 않으면 소인배와 다를 바 없다고 가르쳤다.

회주에서 가까운 낙양(洛陽)은 북송 시대에 정호(程顥)와 정이(程頤) 형제가 창도한 성리학이 번창한 곳이었으므로, 시데발라는 자연스럽게 한족 문명의 영향을 받았다. 몽골 황족의 어린이들은 드넓은 초원에서 말을 타고 화살을 쏘는 기술부터 배우는 것이 상례(常例)인데도, 시데발라는 집에서 아버지가 모셔 온 스승에게 엄격한 교육을 받았다.

시데발라의 생모 아나시시리도 몽골 여자였지만 일찍이 한족 문명에 동화되어 한문을 해독할 줄 알았으며 서예와 그림에도 뛰어났다. 그녀는 인품이 자애롭고 언행이 신중했다. 당 태종 이세민의 아내 장손황후를 표상으로 삼았으며, 남편이 고난에 처할 때마다 용기를 심어주고 조언을 아끼지 않았다. 그녀는 아들 교육에도 혼신의 노력을 기울였다.

시데발라는 부모의 각별한 관심과 스승의 특별한 교육을 받으며 성장했다. 그도 아버지처럼 유가 사상에 매료되어 유학자들과 어울리기를 좋아했다. 유가 성현의 도를 실천하는 것이 태평성대에 이르는 길이라고 생각했다. 그는 천성이 총명하고 효심이 깊었지만, 성정이 나약하고 지나치게 겸손했다. 할머니와 부모에게 순종하여 효도를 다하며 형제간에 우애를 하는 것을 인생의 중요한 가치관으로 삼았다.

시데발라는 아버지가 황제로 즉위한 후에도 더욱 학문에 매진하고 효도하여 부모를 기쁘게 했다. 연우 3년(1316) 그는 아버지와 할머니 다기 황태후가 자신을 황태자로 책봉하기로 결정했다는 얘기를 들었다. 하지만 그도 오래전에 아버지, 할머니, 백부 원 무종 등 세 사람이 원 무종의 장남이자 자신의 사촌 형인 쿠살라를 황태자로 책봉하기로 결정한 사실을 알고 있었다.

당시 시데발라는 세상 물정을 알기에는 어린 나이인 13세였지만, 황실의 권력 암투 속에서 쿠살라 대신에 황태자로 책봉되는 것이 무척 두려웠다. 사실 황태자 책봉을 결정하는 권한은 다기 황태후가 가지고 있었다. 시데발라는 황태후전으로 가서 할머니에게 간곡하게 요청했다.

"신(臣)은 어리고 무능합니다. 게다가 신에게는 형(쿠살라)이 있습니다.

형을 황태자로 책봉하고, 신은 형을 보좌할 수 있게 해주세요."

다기 황태후는 손자의 마음씀씀이를 칭찬했지만, 쿠살라보다는 성품이 나약한 시데발라를 황태자로 책봉하는 게 황실을 통제하는 데 유리했다. 더구나 시데발라의 생모 아나시시리가 자기와 같은 옹기라트 부족 출신이 아닌가. 그녀는 시데발라의 간청을 들어주지 않았다. 원 인종도 형원 무종과의 약속을 깨고 조카보다는 아들을 후계자로 삼는 편이 훨씬 나았다.

연우 3년(1316) 12월 시데발라는 마침내 황태자로 책봉되었다. 감찰어사 단보(段輔), 황태자첨사 곽관(郭貫) 등 대신들은 황태자가 아직 어리므로 뛰어난 학식과 경륜을 지닌 유학자들을 황태자의 스승으로 초청하여 그를 가르치게 해야 한다고 황제에게 건의했다. 원 인종은 당대의 저명한 학자들에게 황태자의 교육을 전담하게 했다.

시데발라는 스승들의 가르침을 통하여 말을 타고 정복 전쟁에 나서면 천하를 취할 수 있지만 결코 말 위에서는 천하를 다스릴 수 없으므로 반드시 인덕(仁德)으로 다스려야 함을 깨우쳤다. 또 한족의 법률과 제도로 국가를 운영하며 유능하고 어진 선비들을 중용하는 것이 국가를 안정시키고 백성을 편안하게 하는 최선의 방법임을 이해했다.

유가 사상을 통치 이념으로 삼고 국태민안을 바라는 그의 생각은 원인종을 기쁘게 했다. 원 인종은 수시로 황태자를 불러 그와 함께 국가의 대사를 논하는 일을 좋아했다. 하지만 몽골인 왕공들은 황태자가 몽골인의 정체성을 잃어버리고 지나치게 한족 문명에 경도되었다고 은근히 비난했다.

연우 6년(1319) 10월 원 인종은 시데발라가 건장한 청년으로 성장한 모습을 보고 그에게 옥책(玉冊)을 하사하고 조서를 내렸다.

"지금부터 모든 관서의 업무는 먼저 황태자에게 보고하여 처리하게 한 후 짐에게 아뢰어라!"

당시 원 인종은 몸이 무척 쇠약하여 정사를 제대로 돌볼 수 없었다. 간신 테무테르가 다기 황태후의 비호 아래 국정을 좌지우지하자 황태자에게 감국(監國)을 맡김으로써 테무테르를 견제하려고 했다.

시데발라는 조서를 읽고 중서성 대신들에게 말했다.

"지존(원 인종)께서 나에게 천하의 일을 위임하셨소. 나는 밤낮으로 지존을 공경하고 무서워하면서 오로지 지존께서 나에게 위임하신 업무를 제대로 하지 못할까 두려워하고 있소. 경들은 마음을 깨끗이 하고 올바른 생각을 하며 직무를 성실히 수행해야 하오. 타락하고 나쁜 일을 저질러서 군부(君父)를 근심하게 해서는 절대 안 되오."

시데발라가 감국한 지 얼마 안 되어 원 인종의 병세가 날로 악화하였다.

시데발라는 밤에 향을 피우고 울면서 말했다.

"지존께서 인덕과 자애로 천하를 다스린 덕분에, 국가의 대사는 순조롭게 이루어지고 사해(四海)의 백성들은 안락한 생활을 하고 있습니다. 지금 하늘은 거대한 재앙을 내리고 있습니다. 하늘이시어! 차라리 저를 극형으로 다스리시고, 지존으로 하여금 영원히 백성의 주인이 되게 하소서."

시데발라는 아버지 대신에 죽겠다고 하늘에 호소한 진정한 효자였다.

하지만 무심한 하늘은 그의 소원을 들어주지 않았다. 연우 7년(1320) 1월 시데발라가 감국한 지 3개월 만에 원 인종이 붕어했다.

시데발라는 대상(大喪)을 제대로 치르지 못할 정도로 비통에 빠졌다. 소복을 입고 땅바닥에 앉아 통곡했으며 하루에 겨우 죽 한 사발로 끼니를 때웠다.

다기 황태후는 아들이 세상을 떠나자마자 조정 중신들에 대한 통제를 강화했다. 중서성 우승상 포다사(伯答沙)는 원 인종을 충심으로 보필하고 한법(漢法)을 성공적으로 추진하여 조정 안팎에서 신망을 얻었다. 다기 황태후는 그가 중서성 우승상을 맡고 있는 한 조정을 자기 뜻대로 움직일 수 없었다. 그를 제거하고 싶었지만, 그가 원 성종·원 무종·원 인종 3조(朝)에 걸쳐 출사한 원로 대신이었으므로 손을 쓸 수 없었다.

다기 황태후는 그를 집현대학사로 전직시킨 후 '연인' 테무테르를 중서성 우승상 자리에 앉혔다. 테무테르는 한평생 다기 황태후의 충견 노릇을 하면서 온갖 비리와 사악한 짓을 저질렀지만, 그녀의 몸과 마음을 사로잡았기 때문에 세 차례나 중서성 우승상에 임명되었다.

조정의 권력은 다시 다기 황태후와 테무테르의 손아귀로 들어갔다. 테무테르는 황태자가 아직 황위를 계승하지 않은 틈을 타서 정적 제거에 나섰다.

거란족 출신 중서성 평장정사 소바이주(蕭拜住)는 원 인종 시대에 활약한 개혁파 대신이었다. 그리고 당항족 출신 어사중승 양도르지(楊朵兒只)도 직언을 서슴지 않는 충신이었다. 원 인종의 신임을 받은 두 사람은 테무테르의 국정 농단을 강하게 제지하여 원한을 샀기 때문에, 황제가 붕어한 직후에 테무테르가 가장 먼저 두 사람을 죽이려고 했다.

테무테르의 심복 휘정원사 시레문(失烈門)도 다기 황태후에게 원 인종 시대에 고위직을 맡았던 대신들을 숙청해야 황태후의 권력을 강화할 수 있다고 부추겼다.

테무테르 일파는 다기 황태후의 비호 아래 개혁파 대신들을 모조리 숙청할 음모를 꾸몄다. 얼마 후 그들의 약점을 잡고 황태자 시데발라에게 그들을 처형해야 한다고 주장했다.

테무테르 일파의 음모를 간파한 시데발라가 말했다.

"지금은 대상을 치르는 기간이므로 관리를 파면하는 일은 논할 수 없소. 더구나 선황제를 보필한 원로 대신들을 어찌 함부로 처리할 수 있겠는가. 내가 즉위한 후에 종친·원로들의 의견을 듣고 난 후, 현자는 임용하고 사악한 자는 쫓아내도 되지 않겠는가."

소바이주 등 개혁파 대신들은 황태자의 적극적인 변호로 위기를 넘길 수 있었다. 연우 7년(1320) 3월 시데발라는 황궁의 대명전(大明殿)에서 17세의 나이에 황제로 등극했다. 그가 원나라 제5대 황제이자 몽골 제국 제9대 카안 원 영종(元英宗)이다.

다음 해부터 연호를 지치(至治)로 정했다. 다기 황태후는 태황태후로 추대되어 황궁의 최고 어른이 되었다.

2. 태황태후 세력과 권력 다툼을 벌이다

원 영종은 즉위한 직후에 다기 태황태후의 압력에 굴복하여 중서성 우승상 테무테르에게 개부의동삼사·상주국·태사(太師) 등 벼슬을 추가로 하사했다. 조정 안팎의 양심적인 신하들이 반발했다. 원 영종은 조서를 내려 테무테르를 비난하지 못하게 했다. 그가 아직은 테무테르를 통제할

원나라 역대 황제 평전

힘이 없었기 때문이다. 기고만장한 테무테르는 소바이주와 양도르지에게 부패 혐의를 씌워 두 사람을 탄핵했다.

원 영종이 말했다.

"사람 목숨은 소중하오. 형벌을 내려 사람을 죽이는 일은 신중을 기해야 하지 갑자기 결정할 수는 없소. 두 사람의 죄상이 아직 분명하게 드러나지 않았소. 먼저 태황태후에게 아뢰고 진상을 철저하게 밝힌 후에, 정말로 두 사람이 잘못을 저질렀다면, 그때 죽여도 늦지 않소."

테무테르는 다기 태황태후의 성지를 받들고 다시 원 영종을 압박했다. 원 영종은 할머니의 권력에 도전하기에는 힘에 부쳤다. 눈물을 머금고 두 충신을 희생시킬 수밖에 없었다.

원 영종은 태황태후의 그늘에서 벗어나고 조정을 장악한 테무테르의 세력을 진압하기 위해서는 자신의 세력이 절실하게 필요했다. 테무테르의 측근인 좌승상 카산(合散)을 전격적으로 해임하고 평장정사 바이주(拜住·1295~1323)를 좌승상으로 임명했다.

바이주는 몽골 제국의 개국 공신으로 유명한 무칼리의 후손이다. 어렸을 때 아버지를 잃고 편모슬하에서 성장했는데 고향 산동 지방에서 우집(虞集), 오징(吳澄) 등 유학자들과 교유하면서 유가의 학문에 심취하고 한족의 전통 의례에 통달했다. 그는 한족의 법률로 국가를 다스려야 국태민안을 이룰 수 있다는 신념을 가졌다.

사람들은 그를 '몽골의 유생(儒生)'이라고 칭송했다. 그는 원 인종 시대에 태상예의원사(太常禮儀院使)에 임용되어 황궁의 각종 의식을 관장했다.

그가 즉위한 지 얼마 안 된 젊은 원 영종에게 간(諫)했다.

"국가를 바로 세우는 도리는 예의를 제창하는 것에 있지, 권모술수에 있지 않습니다. 그리고 천하를 안정시키는 근본은 인심의 향배에 있지, 함부로 전쟁을 하여 무덕(武德)을 더럽히는 것에 있지 않습니다."

무력 통치를 버리고 인의와 예의로 국가를 다스려야 한다는 주장이다. 바이주가 몽골 귀족 출신이었지만 한족 문명에 동화된 까닭에 이런 주장을 했다. 그는 또 한족의 법률로 개혁 정치를 추진해야 한다고 주장했다.

원 영종이 말했다.

"짐이 경에게 대임을 맡긴 이유는, 경의 조상 무칼리 장군은 태조 황제를 도와 강토를 개척했고, 할아버지 안동(安童)은 세조 황제께서 선정을 베푸는 데 견마지로의 공을 아끼지 않았기 때문이오. 경은 조상의 명성을 잊지 않고 있으니, 어찌 마음을 다하여 짐에게 충성하지 않는 바가 있겠소?"

원 영종은 선황제와 바이주 조상과의 특별한 관계를 언급함으로써 바이주가 자기에게 충성할 것이라는 확신을 가졌다. 두 사람은 황제와 신하 관계였지만 생사고락을 함께 하기로 맹세했다.

연우 7년(1320) 5월 조정의 실권을 장악한 테무테르는 원 영종을 수행하고 상도(上都)로 갔다. 그는 원 인종 시대에 상도유수 하백안 등에게 탄핵을 당하여 중서성 우승상 관직에서 쫓겨난 일로 원한을 품고 있었다.

테무테르는 하백안이 "편복(便服)을 입고 황제의 조서를 받았다."고 날조하여 새로 등극한 황제에게 불경죄를 저질렀다고 모함했다. 관리가 황제의 조서를 받을 때는 반드시 관복(官服)을 입고 예의를 갖추어야 하는데

평상복을 입은 행위는 황제를 능멸한 대죄라는 것이다.

하백안이 정말로 편복을 입었는지 알 수 없지만, 어쨌든 그는 저자거리에서 처형당하고 가산은 몰수당했다.

테무테르가 조정에서 전횡을 일삼자 급기야는 원 영종을 시해하려는 무리가 나타났다. 휘정원사 시례문은 영북행성(嶺北行省) 평장정사 아산(阿散), 중서성 평장정사 흑려(黑驢) 등과 정변을 일으킬 음모를 꾸몄다. 그들은 원 인종 시대부터 개혁파 대신들을 증오하고 있는 자들이었다. 원 영종을 암살하고 원 인종의 서장자인 안왕(安王) 우투스 부카를 꼭두각시 황제로 추대하려고 했다.

하지만 그들의 정변 계획이 사전에 탄로 났다. 원 영종은 바이주에게 신속하게 황제의 친위대인 케식을 장악하게 하고 진상을 밝히게 했다. 그들의 배후에는 다기 태황태후와 테무테르가 있었다. 원 영종은 할머니와의 정면 승부를 피하고 싶었다.

바이주가 황제에게 아뢰었다.

"저놈들은 오래전부터 반란을 모의했습니다. 지금도 잘못을 뉘우치지 않고 은밀히 사악한 집단을 결성하여 사직을 위협하고 있습니다. 먼저 저놈들을 제압하는 것이 최선의 방책입니다. 태황태후께서 눈치를 채고 간섭하기 전에 신속하게 저놈들을 일망타진하여 조종의 법도를 바로잡아야 합니다."

원 영종은 즉시 바이주에게 케식을 동원하여 시례문 등 음모에 가담한 자들을 제압하게 했다. 시례문 등은 졸지에 일격을 당하고 체포되어 형장의 이슬로 사라졌다. 안왕 우투스 부카는 순양왕(順陽王)으로 강등된 후 사약을 마시고 죽었다.

원 영종은 다기 태황태후에게는 손을 쓸 수 없었다. 그녀가 반란에 직접적으로 연루되지 않은 상황에서, 손자가 할머니에게 위해를 가한 천하의 패륜아라는 오명을 뒤집어쓰고 싶지 않았다.

반란을 사주한 테무테르는 병을 핑계로 집에서 나오지 않았다. 원 영종은 할머니와의 갈등을 피하려고 테무테르의 죄상을 알고도 모르는 척했다. 테무테르는 다기 태황태후의 비호로 여전히 실권을 행사할 수 있었다.

사천행성 평장정사 조세연(趙世延)은 예전에 어사중승이었을 때 테무테르를 탄핵한 적이 있었다. 테무테르는 측근 하지도(何志道)에게 조세연을 모함하게 했다.

하지도는 조세연의 사촌 아우 쉬이르카후(胥益兒哈呼)를 사주하여 거짓으로 꾸민 죄상으로 조세연을 관가에 고발하게 했다. 조세연을 대도로 압송하여 대질심문한 후 죽일 음모였다. 포박당한 조세연이 기주로(夔州路: 사천성 중경 봉절·奉節)에 이르렀을 때 원 영종은 그를 풀어주게 했다. 조세연이 모함을 당하고 있음을 알았기 때문이다.

하지만 테무테르는 사자를 보내 그를 대도로 소환하게 했다. 그에게 모진 고문을 가하여 허위 자백을 강요했다. 원 영종은 성지를 내려 조세연을 풀어주고 더 이상 추궁하지 못하게 했다.

하지만 테무테르는 참으로 악랄하고 끈질긴 자였다. 또 다른 사악한 일을 꾸며 조세연을 감옥에 가두었다. 중서성 좌승상 바이주가 황제에게 조세연이 억울한 누명을 쓰고 감옥에 갇혀있다고 여러 차례 호소했다. 원 영종은 또 조세연을 석방하게 했다.

원 영종이 수렵을 나갔을 때 상도 부근의 북량정(北凉亭)에서 신하들에게 말했다.

"지난번에 테무테르가 조세연을 사지에 밀어 넣고 죽이려고 했소. 짐은 평소에 조세연이 충직하고 선량한 신하임을 알고 있었소. 그래서 테무테르가 그를 죽여야 한다고 상주할 때마다 윤허하지 않았소."

신하들은 모두 머리를 조아리고 만세를 불렀다. 또 중서성 평장정사 왕의(王毅)와 우승상 고방(高昉)이 대도의 부고(府庫)에 비축해 놓은 양식을 잘못 관리하여 78만 석(石)의 손실을 입혔으므로, 두 사람을 극형에 처해야 한다고 테무테르가 주장했다.

바이주가 황제에게 아뢰었다.

"치국의 도를 연구하여 국가를 경영하는 일은 재상의 업무입니다. 금전·양식 등에 관한 세부 항목은 관리들이 처리하는 일입니다. 그런 일에 대한 책임을 어찌 재상에게 물을 수 있겠습니까?

원 영종은 그의 말이 옳다고 여기고 두 사람을 문책하지 않았다. 테무테르가 양심적인 대신들을 끊임없이 모함한 이유는 개인의 사적인 원한 때문만은 아니었다.

원 영종을 지지하는 한족 출신 신하 중심의 개혁파와 다기 태황태후를 지지하는 몽골인 귀족 간의 권력 투쟁의 소산이었다. 원 영종은 끝내 할머니의 세력을 제압하지 못했지만, 한족 출신 대신들의 지지를 끌어내는 성과를 거두었다.

다기 태황태후는 어리고 나약한 손자 시데발라를 황제로 추대하여 자신의 품 안에서 좌지우지하려고 했다. 하지만 시데발라가 즉위한 후 그녀의 생각과는 다르게 자기 세력을 확장하고 독자 노선을 걷는 모습을 보고 중얼거렸다.

"내가 시데발라를 잘못 보았구나. 그를 황제로 추대한 것이 실책이었구나."

지치 2년(1322) 9월 다기 태황태후가 병으로 세상을 떠났다. 그녀는 몽골의 명문 부족인 옹기라트 출신으로서 원 세조의 손자인 다르마발라(훗날 순종·順宗으로 추증)의 정부인이 되어 원 무종과 원 인종 두 아들과 손자 원 영종 3조(朝)에 걸쳐 실권을 행사한 여걸이었다. 온갖 난관을 극복하고 두 아들이 싸우지 않고 권력을 나누게 하여, 자칫 잘못하면 골육상쟁의 비극이 일어날 수 있는 상황을 막은 공로가 있었다. 만약 그녀가 정치적 수완을 발휘하지 않았다면 원나라는 엄청난 혼란에 빠지고 더 빨리 망했을지도 모른다. 손자 원 영종의 황위 계승에도 깊숙이 개입하여 황실의 내분을 사전에 차단했다.

하지만 그녀는 권력욕이 너무나 강했다. 두 아들과 손자를 끝까지 자기 손아귀에 두었으며 그들의 개혁 의지를 꺾었다. 그녀는 옹기라트 부족 중심의 몽골 귀족의 이익을 지키기 위해, 원나라가 한족 문명의 영향을 받는 것을 달가워하지 않았다. 원나라가 중기에 이르러 수많은 폐단이 드러났음에도 개혁을 반대하고 보수주의자들을 옹호한 것은, 결과적으로 종묘사직을 점차 무너지게 했다.

간신 테무테르도 그녀가 사망하기 직전에 병으로 사망했다. 지치 2년(1322) 테무테르와 다기 태황태후가 연이어 죽은 후부터, 원 영종은 비로소 친정을 시작할 수 있었다.

3. 충신들의 간언을 듣고 새로운 정치를 추구하다

원 영종이 친정을 시작할 때의 나이는 의욕과 열정이 넘치는 19세였다. 그가 평소에 품었던 생각은 유가 사상에 바탕을 둔 이상적 국가를 건설하는 것이었다.

원 영종이 즉위한 지 얼마 안 되었을 때의 일이다. 어떤 사람이 새 황제의 즉위를 축하하기 위하여 황제의 측근을 통해 칠보(七寶)로 장식한 옥대를 바쳤다.

원 영종이 벌컥 화를 내며 말했다.

"짐은 등극한 지 얼마 안 되어 급히 해결해야 할 국가의 중대사가 아주 많다. 짐에게 당장 필요한 사람은 능력이 출중한 신하들이다. 또 백성들을 구제하는 데 곡식과 옷감이 절실하게 필요하다. 상황이 이러한데도, 짐의 측근이라는 너희들은 현자를 추천하기는커녕 오히려 남을 대신하여 짐에게 옥대를 바쳤구나. 너희들은 정말로 짐을 사악한 길로 인도할 생각인가?"

젊은 황제가 국가를 부흥시키기 위하여 얼마나 노력하고자 했는지 짐작할 수 있다. 그는 충신 바이주를 중서성 우승상에 임명하고, 좌승상 자리는 일부러 비워두었다. 바이주가 좌승상의 견제를 받지 않고 중서성을 장악하여 개혁에 매진할 수 있도록 배려한 조치였다.

어느 날 원 영종이 바이주에게 말했다.

"원나라의 천하는 너무 넓어서 짐 혼자만의 생각으로는 미치지 못하는 것이 많소. 경은 짐의 팔다리와 같은 신하이오. 경은 수시로 간언을 하여 짐이 미치지 못하는 바를 보필해야 함을 잊어서는 안 되오."

바이주가 머리를 조아리고 아뢰었다.

"옛날에 요임금과 순임금은 중요한 일을 처리할 때마다 사람들의 의
견을 널리 구했습니다. 남의 의견이 옳으면 즉시 자기의 생각을 버리고
따랐습니다. 그래서 두 사람은 만세의 성인으로 추앙받고 있습니다. 반
면에 걸왕(桀王)과 주왕(紂王)은 간언을 거절하고 자기만이 현명하다고 생
각했습니다. 두 사람은 남들이 자기에게 복종하는 것을 즐거워하며 소
인을 좋아하고 가까이했기 때문에, 결국은 국가를 파멸에 이르게 하고
몸을 망쳤습니다. 지금도 사람들은 걸왕과 주왕을 폭군으로 간주하고
있습니다."

"저희들은 폐하의 홍은(洪恩)을 입었으니 어찌 감히 충성을 다함으로
써 보답하지 않겠습니까? 그렇지만 모든 일은 말하기는 쉬워도, 행동하
기는 어렵습니다. 폐하께서 나랏일을 힘써 살피시고 있습니다. 그런데
도 저희들이 아무런 간언도 하지 않으면 죄를 짓는 행위입니다."

원 영종은 진심으로 바이주의 충언을 듣고 싶었고, 바이주도 젊은 황
제가 요임금과 순임금처럼 만세의 성군이 되기를 바라는 마음이었다. 지
치 원년(1231) 원 영종은 원소절(原宵節: 정월 대보름)을 앞두고 황궁 곳곳에 오색
찬란한 등불을 밝히고 싶었다.
어사중승 장양호(張養浩)가 간언을 올렸다.

"지금 국고는 비어있으며 황하는 범람하고 재해를 당한 백성들은 유랑

하고 있습니다. 궁중에서 사용하는 재물은 반드시 아껴야 합니다."

원 영종이 불편한 기색을 감추지 못하고 말했다.

"짐은 즉위한 이래 위로는 천명을 받들고 아래로는 백성을 보살폈소. 이제 백성과 함께 즐거워하며 천하가 태평인데도 명절을 맞이하여 등불 조차 밝히지 못한단 말이오?"

장양호는 태연자약하게 말했다.

"백성이라는 물이 있어야 배를 띄울 수 있으며, 여러 사람의 의견을 두루 청취해야 현명한 판단을 내릴 수 있다는 말을, 폐하께서는 이미 알고 계십니다. 신은 죽음을 무릅쓰고 간언을 올리니, 폐하께서는 성찰하시길 바랍니다."

원 영종은 등불을 밝힐 계획을 취소하고 신하들에게 말했다.

"원나라에 장양호와 같은 대신이 있으니 짐이 또 무슨 걱정이 있겠는가. 지금부터는 짐이 무슨 잘못을 저지르면, 어사대의 신하들이 간쟁할 뿐만 아니라, 일반 사람들도 의견을 개진하기 바라오."

원 영종은 장양호에게 비단 두 필을 하사하고 격려했다. 원 영종도 몽골인 카안답게 왕공들에게 재물을 하사하는 일을 좋아했다. 중서성의 한 관리가 하사품을 줄여서 백성들의 수고를 덜어주어야 한다고 아뢰었다.
원 영종이 말했다.

"짐도 지출이 수입보다 두 배 많은 것을 걱정하고 있소. 앞으로는 재화를 출납할 때 경들은 신중하게 처리해야 하오. 짐도 재물을 아껴 쓰겠소."

원 영종은 왕공들에게 하사하는 재물은 줄였지만, 변방에서 고생하는 병사들이나 이재민들에게는 여전히 금전과 양식을 아끼지 않았다.

지치 원년(1231) 초겨울 원 영종은 어가를 타고 순행하는 도중에 흥화로 (興和路: 하북성 장북현·張北縣)에서 머물고 있었다. 마침 추위가 닥치자 신하들은 황제의 건강을 염려하여 대도로 돌아가자고 건의했다.

원 영종이 말했다.

"병사는 우마(牛馬)를 중요하게 생각하며, 백성은 농사를 근본으로 삼고 있는 법이오. 짐이 이곳에 머무르고 있는 이유는 병사들은 자유롭게 말을 방목하고, 농민들은 편하게 추수를 하게 하기 위해서이오. 이는 일거 양득인데 무슨 추위를 따진단 말이오?"

황제가 순행을 나가면 수많은 인력이 동원되고 많은 경비가 소요된다. 더구나 말을 방목하고 농작물을 수확하는 시기에는 민폐를 끼치지 않을 수 없다. 원 영종은 바로 이런 점을 우려하여 흥화로에서 순행을 멈추고 병사와 농민이 일을 마칠 때까지 기다린 것이다.

문무를 겸비한 장규(張珪·1263~1327)는 원 세조·원 성종·원 무종·원 인종 등 4조(朝)에 걸쳐 출사한 원로 대신이다. 그는 원 인종 시대 말기에 대사도(大司徒) 관직을 맡았다. 나이가 들어 몸이 불편해지자 사직하고 고향 하남성 중모현(中牟縣)으로 돌아가 은거했다. 모친이 세상을 떠나자 무덤 옆에서 3년간 시묘(侍墓)를 살았다.

원나라 역대 황제 평전

원 영종은 오래전부터 장규가 강직하고 직언을 아끼지 않는 충신임을 알고 있었다.

지치 2년(1322) 그는 장규를 하북성의 역수(易水)에서 만나 말했다.

"경은 사조(四朝)의 원로 대신이오. 짐은 경에게 다시 조정의 중책을 맡기고 싶소."

장규는 이순(耳順)의 나이가 되어 대임을 맡을 능력이 없다고 아뢰고 고향으로 돌아가려고 했다. 원 영종은 시종들에게 그를 위한 송별연을 벌이게 했다.

우승상 바이주가 장규에게 물었다.

"재상된 자가 가장 먼저 해야 할 일은 무엇이오?"

장규가 대답했다.

"군주의 과오를 바로잡는 일보다 앞서는 것은 없으며, 언로를 창달하는 일보다 급한 것은 없소."

원 영종은 그의 말을 전해 듣고 그를 조정으로 불러들여 중임을 맡기고자 하는 마음이 더욱 간절했다. 이 해 겨울 원 영종의 거듭된 출사 요청을 거절하지 못한 장규는 집현대학사에 임명되었다.

예전에 조정의 실권을 장악한 간신 테무테르가 사적인 원한을 품고 소바이주 등 개혁파 대신들에게 누명을 씌워 죽인 일이 있었다. 신하들은 그가 또 자기들에게 보복하지 않을까 두려워했다.

마침 이 시기에 지진이 발생하고 태풍이 불어 막대한 피해가 났다. 원영종은 신하들에게 천재지변을 막을 방법을 논의하게 했다.

장규가 감히 말했다.

"재앙을 없애려면 그 발생 원인을 철저하게 규명해야 합니다. 옛날 한(漢)나라 때 효부(孝婦)를 죽인 잘못으로 3년 동안 비가 내리지 않았습니다. 소바이주·양도르지·하백안 등 세 사람이 억울한 누명을 쓰고 죽은 것이 재앙이 발생한 원인 중의 한 가지가 아니겠습니까? 죽은 자는 다시 살아날 수 없지만, 조정에서 진상을 규명하여 그들의 억울한 누명을 씻어주어야 합니다. 그렇게 해야 만이 조정의 법도가 공평함을 잃지 않게 될 것입니다."

장규는 천재지변을 계기로 테무테르를 제거하고 소바이주 등 세 사람이 복권되기를 바랐다. 원 영종은 끝내 테무테르를 제거하지 못했지만, 장규의 불의를 두려워하지 않는 소신에 감탄하여 그를 중서성 평장정사로 임용한 후 만수산(萬壽山)에서 연회를 베풀고 그에게 옥대(玉帶)를 하사했다.

장규는 젊은 황제에게 이런 말을 했다.

"인덕으로 국가를 다스리고 형벌로 범죄를 막아야 합니다. 만약 형벌이 제대로 시행되지 않으면, 간악한 자들이 더욱 기승을 부리게 됩니다. 지혜로운 자라도 그들의 범죄를 막을 수 없습니다."

장규는 인덕으로 국가를 다스리되 형벌을 공정하고 엄격하게 시행해야 간악한 자들의 범죄를 막을 수 있다고 주장했다. 원 영종은 그의 주장

원나라 역대 황제 평전

을 금과옥조로 삼았다.

태묘에서 제사를 지내고 나면 사면을 반포하여 죄인을 석방하는 경우가 가끔 있었다. 1년에 네 번 제사를 지낼 때마다 원 영종은 남에게 위임하지 않고 친히 집전했다. 어느 날 제사가 끝나자 한 신하가 사면을 요청했다.

원 영종이 그에게 말했다.

"은상(恩賞)은 항상 내릴 수 있지만, 사면은 자주 시행할 수 없소. 살인범을 처벌하지 않으면 그에게 살해된 자는 무슨 죄가 있단 말인가?"

법을 공평하고 엄정하게 집행하겠다는 의미이다. 중서성 관리들은 황제의 뜻을 받들어 신상필벌의 원칙을 구체적으로 정하여 시행했다.

어느 날 어사대의 한 신하가 황제에게 조정의 기강을 바로 잡는 내용이 담긴 조서를 내려달라고 요청했다.

원 영종이 말했다.

"경들은 어사대의 책무를 수행하면서 어떤 말이라도 할 수 있소. 경들의 주장이 옳으면 짐은 즉시 복종하고 따를 것이며, 그렇지 않더라도 경들을 처벌하지 않을 것이오."

원 영종은 신하들이 바른말을 해주기를 진심으로 바랐다. 하남성에 대기근이 들어 굶어 죽는 백성들이 속출했다. 원 영종은 신하들에게 기근의 원인을 물었는데 아무도 대답하지 않았다.

원 영종이 말했다.

"짐은 국가를 제대로 다스리지 못하고, 경들도 맡은 바 직분을 다하지 못했소. 그래서 지방 관리들을 잘못 써서 음양의 조화가 이루어지지 않아, 급기야는 대기근이 연이어 일어나게 한 것이오. 지금부터 경들은 부지런히 일하며 매사에 신중함으로써 하늘의 뜻에 순응하고 백성들을 거듭되는 고난에 빠지게 해서는 안 되오."

원 영종은 본인과 조정 중신들이 정치를 잘못했기 때문에 대기근이 발생하여 백성들이 피해를 보았다고 생각했다. 군주와 신하는 백성들의 안위에 무한한 책임 의식을 가져야 한다는 인식이다.

지치 2년(1322) 11월 하늘에 일식 현상이 나타났다. 또 얼마 후 대도에 지진이 발생하여 민심이 흉흉했다.

어사 이단(李端)이 아뢰었다.

"근래에 이르러 경사에 지진이 발생하고 일식 현상이 일어난 것은 모두 신하들이 맡은 바 직분을 다하지 못했기 때문입니다."

원 영종이 자책하며 말했다.

"짐이 사려 깊지 못한 행동을 했기 때문에, 그런 재앙이 발생한 것이오."

국가에 대재앙이 닥쳤을 때 위정자의 책임이 우선이라는 생각을 가지고 있었던 그는 즉시 신하들에게 칙령을 내려 그들도 반성하여 하늘의 경계(警戒)를 살피게 했다. 그래서 원 세조 이래 위인설관하여 늘어난 쓸데없는 관직을 폐지하게 했다. 또 그는 음식 가짓수를 줄이고 음악을 연주하지 못하게 했으며 정전(正殿)에서 나와 근신했다. 마침 측근 신하가 황제에게 술잔을 바치고 하례(賀禮)했다.

원 영종이 불쾌한 표정을 지으며 말했다.

"너는 무슨 일로 짐에게 하례하는가? 지금 짐은 인덕이 부족하여 재앙을 당해 수신(修身)하고 있는데도, 대신이라는 자가 짐을 보필하지는 못할망정 오히려 아부하고 있으니 말이 되는가?"

원 영종은 그를 호되게 꾸짖고 쫓아냈다. 그는 천재지변이 자기가 정치를 잘못해서 발생한다는 일종의 강박 관념을 가지고 있었다. 지치 3년 (1323) 원 영종은 신하들을 거느리고 유림(柳林)으로 사냥을 나갔다.

어느 날 그는 사냥터에서 바이주와 이런 대화를 나누었다.

"근래에 이르러 지진이 자주 발생하고 거센 비바람이 시도 때도 없이 일어나 백성들에게 막대한 피해를 주고 있소. 이는 짐이 황위를 계승한 이래 정치를 잘못하여 생긴 일인가?"

"폐하께서 자책하시는 것은 당연합니다. 하지만 저희 신하들이 직분을 소홀히 하여 자연의 섭리를 거슬리게 했습니다."

"그게 아니오. 짐은 재위 3년 동안 천하의 백성과 만물에게 어찌 잘못된 일을 하지 않았겠소? 경들은 여러 관리들과 상의하여 좋은 계책을 내기 바라오. 백성을 편하게 하고 만물을 이롭게 하는 것이 있으면, 짐은 즉시 그것을 시행하겠소."

어느 날 황궁의 여러 가지 일을 관장하는 선휘원(宣徽院)의 한 관리가 아뢰었다.

"세조 황제 시대에는 옹기라트 부족에서 해마다 상식(尙食: 제왕의 어선·御膳을 관장하는 관직)에 양 2,000마리를 바쳤으며, 성종 황제 시대에는 3,000마리를 바쳤습니다. 지금 그들에게 어명을 내려 5,000마리를 바치게 하소서."

옹기라트 부족은 미인이 많기로 유명한 부족이다. 역대 몽골 황제들은 옹기라트 부족 여자들을 아내로 삼았다. 몽골 남자들은 옹기라트 부족의 여자를 아내로 삼는 것을 대단히 자랑스럽게 생각했다. 옹기라트 부족은 황제의 외가로서 오랜 세월 동안 부귀영화를 누렸다. 몽골 황실과의 유대를 강화를 위해 황실에서 소비하는 양을 공급했다.

원 영종이 말했다.

"천하의 백성은 모두 짐의 백성이오. 부족한 것이 있으면 짐이 보태면 되오. 만약 백성에게 더 많은 세금을 부과하면, 그들은 곤궁에 빠질 것이오, 그렇게 되면 국가에 또한 무슨 이익이 있겠소?"

원 영종은 양 마릿수를 늘리지 못하게 하고 오히려 원 세조 시대의 법률에 근거하여 2,000마리로 줄이게 했다.

지치 3년(1323) 어느 날 바이주가 아뢰었다.

"예전에 집현시강학사였던 조거신(趙居信), 직학사였던 오징(吳澄) 등은 모두 인덕을 갖춘 원로 유학자들입니다. 그들을 다시 조정으로 불러들여 활용하시기 바랍니다."

원 영종이 기뻐하며 말했다.

"경의 말은 참으로 짐의 마음에 부합하는구려. 그들뿐만 아니라 산중
에서 은거하고 있는 현자들도 찾아내어 출사하게 해야 하오."

얼마 후 조거신은 한림학사승지로, 오징은 학사로 임용되었다. 원 영
종은 또 상도유수사(上都留守司)에 판관(判官) 2명을 증설한 후, 한인(漢人)을
판관으로 임용하여 형법을 관장하게 했다. 국가의 법령을 시행하고 행정
을 펴는 데에는 한인이 적합하다고 생각했기 때문이다. 그가『진거태강제
(振擧台綱制)』를 반포하여 관리들에게 현명하고 능력이 출중한 인재들을 천
거하라고 요구한 것도 이러한 이유에서였다.

　원 영종은 국가의 재정난을 타개하기 위해서는 쓸데없는 관청을 폐지
하고 관청의 등급을 낮추는 게 중요하다고 보았다. 이에 따라 황후와 관
련된 일을 전담하는 휘정원(徽政院)을 폐지했으며, 제사·의례 등 국가의 중
요한 행사를 관장하는 태상예의원(太常禮儀院) 직급을 정이품에서 종이품으
로 낮추었고, 하천, 수리 시설 등 물과 관계된 일을 관장하는 도수감(都水
監)을 종삼품으로 낮추었다. 이밖에도 이름뿐인 관청과 관직도 모두 폐지
했다.

　지치 3년(1323) 원 영종은 가난한 농민들의 노역 부담을 경감해주기 위
하여 조역법(助役法)을 반포했다. '조역법'이란 민전(民田) 100무(畝)마다 3무
를 조역전(助役田)으로 할당하고 그것을 가난한 농민들에게 경작하게 한
후, 조역전에 징수한 세금을 관청에서 사용하지 않고 그들의 노역 부담을
감해주는 비용으로 사용하는 법을 말한다.

원 영종이 산서성 오태현(五台縣)으로 순행을 떠났을 때 바이주가 황제에게 아뢰었다.

"자고이래로 제왕들은 천하를 얻으면 민심을 얻는 것을 통치의 근본으로 삼았으며, 민심을 잃으면 천하를 잃었습니다. 재화와 곡식은 백성의 고혈(膏血)이므로 제왕이 그것들을 많이 취하면, 백성은 곤궁에 빠지며 국가는 위태로워집니다. 반면에 제왕이 근검절약하면 백성은 풍족해지며 국가는 안정됩니다."

원 영종이 말했다.

"경의 말은 참으로 옳소. 짐이 생각건대, 백성은 중요하고 군주는 가벼운 존재이오. 국가에 백성이 없으면 어떻게 군주가 존재할 수 있겠소? 경들은 백성과 관련된 일은 심사숙고하고 신중하게 처리해야 하오."

이른바 "백성은 중요하고, 군주는 가볍다(民爲重, 君爲輕)."라는 말은, 『맹자』의 "백성이 가장 귀하고 사직은 그 다음이며 군주는 가볍다(民爲貴, 社稷次之, 君爲輕)."라는 문장에서 응용한 것이다.

유가 사상가들은 백성이 있어야 국가가 존재하고, 국가가 존재해야 비로소 군주가 존재할 수 있다고 생각했다. 그래서 백성을 국가의 근본으로 삼고 그들이 안락한 생활을 누릴 수 있도록 최선을 다하는 것이 군주의 가장 중요한 책무가 된다.

원 영종은 십대 후반의 나이였음에도 이런 치국의 도를 알고 있었다. 그가 어려서부터 유가 경전을 공부하지 않았다면 알 수 없었을 것이다.

원 영종이 즉위한 해인 연우 7년(1320)에 한림학사 쿠투르 켈미시가 송나라 시대의 유학자, 진덕수(眞德秀)가 지은 『대학연의(大學衍義)』를 몽골어로 번역하여 황제에게 바쳤다.

『대학연의』는 유가 경전 『대학』의 내용 가운데 핵심인 3강령과 8조목을 자세히 설명한 책이다. 전자는 "대학의 도는 밝은 덕을 밝히는 데 있고 백성을 새롭게 하는 데 있으며 지극한 선에 그치는 데 있다(大學之道. 在明明德. 在新民. 在止於至善)."라는 것을 말한다.

후자는 격물(格物)·치지(致知)·성의(誠意)·정심(正心)·수신(修身)·제가(齊家)·치국(治國)·평천하(平天下) 등 대학의 도를 이루기 위한 여덟 가지 조목을 말한다. 이는 유가 선비들의 인생관을 가장 정확하고 함축적으로 표현한 것이다.

원 영종이 말했다.

"몸을 수양하고 국가를 다스리는 데 이 책보다 더 좋은 서적은 없소."

원 영종이 얼마나 『대학』을 중요한 경전으로 인식했는지 짐작할 수 있다. 그는 쿠투르 켈미시에게 교초 5만 관을 하사하고 번역본을 몽골인 대신들에게 나누어주게 했다. 몽골인 출신 대신들도 유가 경전을 공부하여 유가 사상을 국가를 다스리는 근본이념으로 삼기를 바랐다. 지치 3년(1323) 그가 학자들에게 『대원통제(大元通制)』를 편찬하여 반포하게 한 목적도 마찬가지였다.

젊은 황제는 유가 사상에 정통한 한족 출신 대신들을 적극적으로 등용함으로써 적폐를 청산하고 정치에 새로운 바람을 일으키고 싶었다. 그는 자신이 이상적으로 생각한 것을 실천에 옮겼다. 황제 자신이 매사에 솔선수범하지 않으면 개혁 정치를 할 수 없었다. 많은 한족 출신 대신들은 영명한 군주를 적극적으로 보필했다.

하지만 몽골인 귀족들은 원 영종이 한족의 황제로 변한 모습을 보고 불만을 품었다. 그들은 한족은 몽골인에게 굴복하여 봉사하는 피지배자이자 착취의 대상일 뿐이라고 여겼다. 그런데도 황제는 몽골인 귀족의 이익을 보장하지 않고 마치 한족의 제왕처럼 유가 사상에 바탕을 둔 법률로 국가를 통치하는 데 심한 배신감을 느꼈다. 그들은 급기야 젊은 황제를 시해하려는 음모를 꾸미기 시작했다.

4. 남파지변: 20세의 나이에 남파에서 피살되다

원 영종은 즉위한 지 얼마 안 되어 국고에 비축해놓은 재화가 충분하지 않음을 이유로 해마다 왕공들에게 하사하는 재물의 품목을 대폭 줄이게 했다. 몽골인 보수파 귀족들은 황제의 조치에 불만을 품었다. 지치 2년(1322) 3월 임안로(臨安路), 하서(河西) 지방 등에 기근이 들어 백성들이 유리걸식했다.

원 영종은 비축미를 풀어 굶주리는 백성들을 구제하게 했다. 얼마 후 또 중원(中原), 관중(關中) 등 여러 지방에서 동시다발적으로 자연재해가 발생하여 아사자가 속출했다. 원 영종은 관리들에게 부고(府庫)의 곡식을 기아에 허덕이는 사람들에게 나누어주게 했다.

하지만 구휼미가 턱없이 부족하자 술을 빚지 못하게 하고 조세를 반으로 경감하는 등 여러 가지 구제책을 내놓았다. 같은 해 원 영종은 재정난을 타개하기 위하여 여러 군왕, 아버지 원 인종의 제2황후인 다리마시리 황후 등에게 해마다 하사하는 재화를 더 이상 지급하지 않았다.

또 역대 황제들은 교초를 정(錠) 단위로 계산하여 왕공들에게 하사했는데 원 영종은 관(貫) 단위로 계산하여 하사했다. 그런데 1정은 50관에 해당하므로 왕공들에게 하사한 교초의 총액이 대폭 감소했음을 알 수 있다.

원 영종의 이러한 일련의 긴축 재정은 국고의 손실을 줄이기 위한 불가피한 조치였다. 아울러 바이주 등 한족 출신 대신들의 건의에 따른 개혁의 일환이기도 했다. 하지만 몽골인 보수파 왕공들은 자신들의 이익을 침해한 원 영종과 바이주를 증오했다.

원래 원 영종은 아버지 원 인종과 마찬가지로 국정을 농단한 간신 테무테르를 제거하려고 했다. 하지만 다기 태황태후가 테무테르를 적극적으로 비호했기 때문에 손을 쓸 수 없었다.

당시 절강(浙江) 지방에 오기(吳機)라는 사기꾼이 있었다. 그는 사도(司徒) 유기(劉夔)를 찾아가 자신은 송고종(宋高宗) 조구(趙構)의 황후 오씨(吳氏)의 후손인데 집안 대대로 물려받은 엄청나게 많은 토지를 국가에 바치겠다고 했다.

유기는 테무테르에게 오기의 말을 전했다. 테무테르는 유기와 짜고 조정에서 오기에게 막대한 은자를 상으로 주게 한 후 중간에서 가로챘다. 얼마 후 조정에서 절강 지방에 관리를 파견하여 오기가 바친 토지를 거두어들이게 했다. 뜻밖에도 토지는 현지 백성들의 민전(民田)이었다. 오기의 사기 행각이 드러났는데도 관리들은 강제로 민전을 빼앗았다.

급기야 민심이 흉흉해지고 소요 사태가 났다. 관리들은 사태의 심각성을 조정에 보고했는데도 황제에게 제대로 전달되지 못했다. 테무테르가 방해 공작을 폈기 때문이다.

사실은 원 영종도 모르고 있지는 않았다. 테무테르가 원 세조 시대부터 5조(朝)에 이르는 동안 고위 관직을 역임했고 그를 추종하는 세력의 역습을 우려했기 때문에 진상을 밝히기가 어려웠다. 다만 원 영종은 테무테르가 원로 대신으로서 나이가 너무 많음을 구실로 삼아 더 이상 그를 접견하지 않고 집에서 요양하게 했다.

지치 2년(1322) 8월 원 영종의 눈엣가시였던 테무테르가 집에서 시름시름 앓다가 죽었다. 감찰어사 개계원(蓋繼元)·송익(宋翼) 등이 상소했다.

"천하의 간신 테무테르는 간악하고 탐욕에 눈이 멀어 국가에 해악을 끼쳤습니다. 살아서는 잔혹한 형벌을 피했지만, 죽어서도 여죄(餘罪)가 있습니다."

원 영종은 바이주에게 테무테르의 죄상을 철저히 밝히게 했다. 테무테르의 장남 선정원사 바리지스는 사도 유기의 민전 헌납 사건에 연루되어 처형되었으며, 소난(鎖南)·반단(班丹) 등 다른 아들들은 곤장을 맞고 관직에서 쫓겨났다. 또 원 영종은 테무테르에게 내린 관작을 삭탈하고 가산을 몰수하며 그의 조상 묘비를 파괴하게 했다.

테무테르의 가족은 하루아침에 몰락했지만, 그의 하수인들은 조정 안팎에서 여전히 활개를 쳤다. 그들의 핵심 인물은 몽골의 이키레스(亦乞列思) 부족 출신, 테크시(鐵失·?~1323)이다. 테크시의 아버지는 창왕(昌王) 아시(阿朮), 어머니는 원 성종 테무르의 딸 창국공주(昌國公主) 이리카리아(益里海雅), 여동생은 원 영종의 황후 수게바라(速哥八剌)이다. 이처럼 테크시의 친가와 외가가 모두 황실과 친인척 관계를 맺고 있었으므로, 그는 젊어서부터 권력의 핵심부에 진입할 수 있었다.

테크시는 원 인종 아유르바르와다 시대에는 한림학사승지·선휘원사 등 관직을 맡았다. 원 영종이 즉위한 후에는 태의원사(太醫院使)를 겸하고 중도위위도지휘사(中都威衛都指揮使)를 맡았다. 그는 원 영종의 처남으로서 고위 관직을 맡고 있었지만, 조정의 실권을 장악한 테무테르에게 아부하는 것이 자신의 미래를 확실히 보장받을 수 있는 길이었다. 어느 날 테무테르에게 자신을 양아들로 받아달라고 간청했다.

테무테르는 황제의 처남을 양아들로 삼아 황실과의 인척 관계를 맺는 것이 권력을 유지하는 데 절대적으로 유리했으므로 거절할 이유가 없었다. 또 두 사람은 몽골 귀족의 이익을 지키고자 원 영종의 개혁 정치를 반대한 공통점이 있었다. 테크시는 테무테르의 그림자가 되었다.

지치 원년(1321) 3월 테크시는 테무테르의 천거로 어사대부로 임용되었으며, 몇 개월 후에는 아속위친군도지휘사에 임용되어 황궁의 수비를 맡았다. 아속위(阿速衛)는 페르시아인 등 색목인을 좌아속위와 우아속위로 조직한 금위군이다. 그들은 용맹하고 전투력이 강하여 황제의 곁을 지켰다.

지치 2년(1322) 테무테르 일족의 몰락을 지켜본 테크시는 불행이 자신에게 닥치지 않을까 두려웠다. 다음 해 2월 사도 유기, 동첨선정원사 낭가타이(囊加台) 등 테무테르의 추종자들이 연이어 처형당했다.

테크시는 지추밀원사 예센 테무르(也先帖木兒), 대사농 시투르(失禿兒) 등 테무테르를 추종한 대신들과 은밀히 접촉했다. 그들은 선수를 쳐서 바이주와 원 영종을 살해하지 않으면 자신들이 죽게 될 것이라고 확신했다.

한편 안서왕 아난다의 아들 오르쿠 테무르(月魯帖木兒)와 아난다의 동생 안티 부카(按梯不花)는 안서왕부(安西王府)의 부활을 요구했지만 받아들여지지 않자 원 영종에게 불만을 품고 있었다. 아리크 부케의 손자 볼라드(孛羅), 뭉케 카안의 손자 오도스 부카(兀魯思不花), 종왕 취리 부카(曲呂不花) 등 황족도 원 영종의 개혁 정치가 자기들의 이권을 빼앗았다고 여겼다. 테크시는 원 영종에게 반감을 품은 황족·대신 등 16명을 끌어들여 궁정 정변을 일으켜 원 영종을 시해하기로 결심했다.

지치 3년(1323) 6월 원 영종은 조정 중신들을 거느리고 상도(上都)로 피서를 갔다. 어느 날 밤 꿈자리가 얼마나 사나웠던지 온몸이 땀에 흠뻑 젖어 깨어났다.

그가 바이주에게 말했다.

"어젯밤 꿈자리가 사나워 잠을 제대로 이루지 못했소. 라마승을 초청하여 불사(佛事)를 일으키게 하시오."

바이주가 대답했다.

"라마승을 초청하여 중생을 열반에 이르게 하는 불사는 죽은 사람을 위해서 하는 일입니다. 지금 국가에서 쓰는 경비가 부족하오니 불사를 일으키지 않는 게 좋겠습니다."

원 영종은 결정을 하지 못하고 망설였다.
마침 테크시 등은 라마승을 사주하여 황제에게 이렇게 말하게 했다.

"국가에 재난이 발생했을 때 불사를 일으키지 않고 대사면을 반포하지 않으면 재난을 없앨 수 없습니다."

바이주가 대노하여 말했다.

"너희들은 불사를 일으켜 재화와 비단을 탐내는 허튼수작을 부리려고 하는 것이지, 설마하니 죄인들을 옹호해서 그런 생각을 했겠느냐?"

테크시 등은 바이주가 반드시 자신들에게 위해를 가할 것이라고 확신했다. 먼저 공격하는 것이 최선의 방법이었다. 얼마 후 테크시는 진왕(晉王) 카말라의 아들, 예순 테무르(也孫鐵木兒)에게 측근 올루스(斡羅思)를 보내 그를 새로운 황제로 옹립하겠다는 뜻을 전했다. 당시 몽골 초원에 응거하고 있던 예순 테무르도 원 영종이 몽골의 제도와 관습을 등한시하고 한족 대신들에게 한법(漢法)으로 원나라를 통치하게 하는 데 불만을 품고 있었다.

지치 3년(1323) 8월 5일 황제의 어가가 상도를 떠나 대도로 향했다. 상도에서 30리 떨어진 남파점(南坡店: 내몽골자치구 정남기·正藍旗 동북부)에 이르러 날이 어두워지자 대형 천막을 치고 하룻밤을 지내기로 결정했다.

테크시는 지추밀원사 예셴 테무르 등과 함께 원 영종이 잠든 틈을 타서 흉기를 들고 처소로 난입하여 먼저 바이주를 살해하고 원 영종을 시해했다. 원 영종은 만 20세의 나이에 후사를 남기지 못하고 비명횡사했다. 손위처남 테크시가 자신에게 위해를 가하리라고는 상상도 못하고 방심했기 때문에 벌어진 참사였다. 이 사건을 '난파지변(南坡之變)'이라고 칭한다.

원 영종은 17세에 즉위하여 20세에 생을 마감한 비운의 황제이다. 다기 태황태후와 몽골인 보수파 귀족 세력의 온갖 방해 공작에도 아랑곳하지 않고 적폐를 청산하고 새로운 정치를 펴고자 하는 열망이 무척 강했다.

어느 날 원 영종은 상도의 녹정전(鹿頂殿)에서 바이주에게 말했다.

"짐은 어린 나이에 조종의 대업을 계승하였소. 화려한 비단옷과 산해진미는, 짐이 마음만 먹으면 얼마든지 얻을 수 있소. 다만 짐의 조종이 풍찬노숙하면서 천하를 평정할 때 그러한 즐거움을 누렸겠소? 그래서 짐도 사치와 방탕을 경계하고 있는 것이오. 경은 개국 공신의 후손으로서 짐의 마음을 잘 이해하여 경의 조상을 욕되게 하는 일을 해서는 안되오."

바이주가 머리를 조아리며 대답했다.

"창업은 어렵고 수성(守成)도 쉽지 않습니다. 폐하께서 이러한 이치를
깨닫고 있으니, 이는 참으로 만백성의 홍복입니다."

어린 나이에 황위를 계승한 원 영종은 칭기즈 칸, 원 세조 쿠빌라이
등 선황제들이 이루어놓은 위대한 업적을 조금이라도 훼손하지 않겠다는
의지가 무척 강했다. 하지만 원나라는 그가 즉위할 무렵에 국운이 크게
쇠퇴했다. 적폐를 청산하고 개혁을 추진함으로써 원나라를 다시 한번 천
하의 대제국으로 발전시켜야 한다는 일종의 강박 관념이 언제나 어린 황
제의 마음을 짓눌렀다.
그는 원나라와 같은 대제국을 통치하는 데에는 무엇보다도 인재가 가
장 중요하다는 것을 알고 있었다.
어느 날 신하들에게 이런 말을 했다.

"지금 숲속에는 재능을 숨기고 은거하는 현자들이 아주 많소. 그런데
경들은 어찌하여 그들을 찾아가 진심으로 출사를 권유하지 않고, 단지
친인척과 지인들만을 끌어들여 임용하는가?"

원 영종은 인품이 훌륭하고 능력이 뛰어난 자라면 출신 성분을 따지
지 않고 등용했다. 그가 중용한 대신들은 대부분 개혁 성향이 강했다. 그
는 바이주 등 개혁파 대신들을 중용하여 혁신 조치를 단행함으로써 이른
바 '지치신정(至治新政)'이라는 소기의 목적을 달성했다.
하지만 원 영종이 한족의 사상, 특히 유가의 성리학과 한족의 법률로
초원 문화에 익숙한 몽골인들을 통제하려고 한 것은 적지 않은 부작용을
낳았다. 이를테면 여성은 남편이 죽으면 재가할 수 없었고 재산을 분배받
을 권한이 없었다.

몽골인 왕공들은 자신들이 다스리는 지역에서 독립된 왕으로 군림하면서 절대 권력을 행사하기를 원했다. 중앙 정부의 황제와는 형식적인 상하 관계였을 뿐이지, 유가에서 말하는 "군주는 군주답고, 신하는 신하답다."라는 종속적 역할을 부정했다. 또 그들은 무력 통치를 선호했으며 확보한 재물은 반드시 공동 분배해야 한다는 의식이 강했다. 천하의 주인인 황제가 천하의 재물을 자기들에게 나누어주지 않고 독차지하고 있는 까닭은 한족 문명의 영향을 받았기 때문이라고 생각했다. 이는 유가에서 학문과 법령으로 세상을 다스려야 하며 황제는 만백성의 어버이로서 무한한 책임 의식을 가져야 하는 인식과는 크게 달랐다.

따라서 원 영종의 몽골인의 정체성에 맞지 않는 급진적 개혁 정책은 몽골인 보수파 귀족 세력의 거센 반발을 불러일으켰으며 결국은 미완의 성공으로 끝났다. 어쩌면 나이가 어리고 경험이 부족하며 의욕이 지나치게 넘쳤기 때문에 노회한 왕공들을 제대로 통제하지 못하여 비극의 황제가 된 것이 아닌가 한다.

한편 예순 테무르는 궁정 정변이 성공했다는 소식을 듣고 고비사막 이북의 용거하(龍居河: 몽골의 케룰렌강)에서 황제로 등극했다. 그가 태정제(泰定帝)이다.

10

원 태정제 예순 테무르

원 태정제 예순 테무르

1. 남파지변 직후에 황제로 추대되다

예순 테무르(也孫鐵木兒·1293~1328)는 원 세조의 황태자 친킴의 적손(嫡孫)이자, 진왕(晉王) 카말라의 장남이다. 생모는 옹기라트 부족 출신인 진왕비(晉王妃) 부얀켈미시(普顏怯里迷失)이다. 예순 테무르의 조부 친킴은 원 세조의 적장자로 태어나 원나라 최초의 황태자로 책봉되었지만, 향년 42세의 나이에 아버지보다 먼저 세상을 떠났다.

원 세조 사후에 친킴의 셋째 아들 테무르(원 성종)가 황위를 계승했다. 원래 적장자 계승의 원칙에 따르면 친킴의 장남인 카말라가 황제로 추대되어야 했다.

하지만 카말라는 친동생 테무르보다 능력이 부족하다는 이유로 황위를 계승하지 못했다. 그는 진왕(晉王)으로 책봉된 후 몽골 초원에서 변방을 지키다가 사망했다. 훗날 아들 예순 테무르에 의하여 황제로 추존되었으며, 묘호는 현종(顯宗)이다.

원 성종 사후에는 친킴의 둘째 아들 다르마발라의 장남이자, 원 성종의 조카인 카이샨(원 무종)이 황위를 계승했다. 또 원 무종 사후에는 그의 친동생 아유르바르와다(원 인종)가 황위를 계승했으며, 원 인종 사후에는 그의 장남 시데발라(원 영종)가 황위를 계승했다.

원나라가 건국된 이래 황통(皇統)은 친킴의 후손들에 의해 계승되었음을 알 수 있다. 그런데 원 세조 적장자가 친킴, 친킴의 적장자가 카말라, 카말라의 적장자가 예순 테무르임을 감안하면, 황족 중에서 예순 테무르보다도 혈통이 좋은 사람은 없었다. 더구나 그의 생모는 몽골의 명문 부족인 옹기라트 출신이 아닌가. 그래서 그는 혈통에 대한 자부심이 누구보다도 강했을 것이다.

예순 테무르는 증조부 원 세조가 세상을 떠나기 3개월 전인 지원 30년(1293)에 막북 지역 진왕부(晉王府)의 잠저에서 태어났다. 아버지 카말라가 칭기즈 칸의 오르도(斡耳朶: 유목 민족 군주의 숙영지) 네 곳과 몽골의 초원 지대를 다스렸기 때문에, 예순 테무르는 원 세조의 적통(嫡統)임에도 불구하고 대도 황궁에서 생활하지 못하고 몽골 초원의 진왕부에서 성장했다.

대덕 6년(1302) 진왕 카말라는 황제가 되지 못한 한을 품고 사망했다. 원 성종은 조카 예순 테무르에게 진왕의 작위를 계승하게 했다. 예순 테무르는 원 성종·원 무종·원 인종·원 영종 등 4조(朝)에 걸쳐 몽골의 초원 지대에서 몽골 초원의 귀족 세력을 대표하는 권력자로 부상했다. 4조의 황제들은 수시로 그에게 막대한 재화를 하사함으로써 원 세조의 적증손(嫡曾孫)에게 예우를 갖추었다.

하지만 예순 테무르는 자신이 원 세조의 적통인데도 변방에서 진왕 노릇이나 하는 것에 불만을 품고 있었다. 그는 대도의 황궁에서 무슨 일이 벌어지고 있는지 알고 싶었다. 그의 눈과 귀는 항상 황궁을 향해 열려 있었다.

진왕부의 내사(內史) 다울라트 샤(倒剌沙·?~1328)는 이슬람교를 믿는 무슬림이다. 그는 예순 테무르의 최측근으로서 진왕부의 책사 역할을 맡았다. 예순 테무르는 중요한 결정을 내릴 때마다 그에게 자문을 구했다.

다울라트 샤는 아들 카산(哈散)을 대도로 보내 원 영종의 총신 바이주를 섬기게 했다. 얼마 후 카산은 황궁의 숙위(宿衛)가 되어 황궁의 내밀한 일을 정탐할 수 있었다. 어느 날 카산은 진왕부로 돌아와 테크시와 바이주가 권력 투쟁을 벌이면서 서로 죽이려고 음모를 꾸미고 있다고 보고했다. 예순 테무르와 다울라트 샤는 머지않아 황궁에서 피바람이 일어나지 않을까 짐작했다.

지치 3년(1323) 3월 테크시가 선휘사 탐특(探式)을 진왕부로 보냈다.

탐특이 다울라트 샤에게 말했다.

"주상(원 영종)은 장차 진왕(예순 테무르)을 용납하지 않을 것이오. 그런데 당신은 어찌하여 아무런 대책도 세우지 않고 있는가?"

사실 원 영종은 예순 테무르를 제거하려는 어떤 계획도 가지고 있지 않았다. 테크시는 평소에 예순 테무르도 원 영종의 개혁 정치에 불만을 품고 있음을 알고 있었기 때문에 두 사람 사이를 이간질하여 예순 테무르를 자기편으로 끌어들이려고 했다.

같은 해 8월 초 테크시는 토올 강변에서 사냥을 하고 있던 예순 테무르에게 올루스를 보내 이런 말을 전하게 했다.

"계략은 이미 정해졌습니다. 거사가 성공하면 진왕을 황제로 추대하겠습니다."

아울러 지추밀원사 예센 테무르, 전(前) 운남성 평장정사 올제이, 테크시의 동생 선휘사 소난, 안서왕 아난다의 아들 오르쿠 테무르, 뭉케 카안의 손자 오도스 부카 등 16명이 뜻을 함께 하기로 했다고 말했다.

예순 테무르는 깊은 고민에 빠졌다. 만약 궁중 정변이 성공하면 원 세조 쿠빌라이의 적증손인 자신이 황제로 즉위할 수 있지만, 실패하면 가문이 멸문의 화를 당하는 것은 불문가지였다. 무엇보다도 황궁에서 무슨 일이 벌어지고 있는지 정확하게 탐지하는 게 중요했다.

그는 일단 올루스를 구금한 후 측근 페레미시(別烈迷失)를 상도로 보내 동태를 파악하게 했다. 만약 정변이 실패하면 반역을 고발하기로 결정했다.

그런데 페레미시가 상도에 당도하기 직전에 남파지변이 일어났다. 페레미시는 황급히 진왕부로 돌아와 원 영종이 시해되었다는 소식을 예순 테무르에게 전했다.

예순 테무르는 즉시 태도를 바꾸어 올루스를 풀어주고 예우했다. 며칠 후 종왕 안탄 부카(按檀不花), 기양왕(淇陽王) 겸 지추밀원사 예센 테무르 등이 황제의 옥새를 가지고 진왕의 거처로 왔다. 진왕에게 황제로 등극하여 원나라 천하의 주인이 되라는 의미였다.

지치 3년(1323) 9월 4일 예순 테무르는 30세의 나이에 고비사막 이북 용거하(龍居河: 몽골의 케룰렌강)의 행재소에서 황제로 등극했다. 그가 원나라의 제6대 황제이자 몽골 제국의 제10대 카안 원 태정제(元泰定帝)이다.

다음은 즉위의 정당성을 알리는 조서의 내용이다.

"세첸(薛禪) 황제(원 세조)께서 자기의 적손(嫡孫)이자, 유종황제(裕宗皇帝: 친킴 황태자)의 장자(長子)이며, 나의 인자한 아버지가 되는 카말라를 불쌍히 여기시어 진왕(晉王)으로 책봉하고 칭기즈 칸 황제의 숙영지인 오르도 네 곳과 군대 그리고 달달(達達: 몽골인이 자신을 칭하는 존칭)의 국토를 다스리게 했다. 진왕은 세첸 황제의 성지(聖旨)를 충실히 받들어 매사에 조심하고 근신했다. 그는 군대와 백성이 나쁜 짓을 저지르지 않게 하면서 정도(正道)를 준수하는 것을 가장 중요한 일로 여기고 여러 해 동안 실천에 옮겼다. 급기야 백성은 안락한 생활을 누릴 수 있었다."

"나의 아버지가 세상을 떠나신 후, 올제이투(完澤篤) 황제(원 성종)께서는 나에게 진왕의 관작을 계승하고 오르도를 다스리게 했다. 나는 대군영(大軍營)에서 북방을 지키면서 쿨룩(曲律) 황제(원 무종)와 부얀투(普顔篤) 황제(원 인종), 두 형님과 당질 시데발라(碩德八剌) 황제(원 영종)를 보좌하여 황제로 추대했다. 나는 황제 세 분의 친척으로서 딴마음을 품지 않았으며 황제의 옥좌에 오르려고 하지도 않았다. 오로지 진왕의 본분에 맞게 국가와 백성을 위하여 힘써 일했을 뿐이다. 여러 왕·형제·백성들 모두 내가 어떻게 살아왔는지 잘 알고 있을 것이다."

"지금 나의 당질 시데발라 황제가 불의의 사고로 세상을 떠났다. 남쪽 지방의 여러 왕·대신·장수·부마·신료·달달의 백성 등 많은 사람들은 황제의 자리는 오랫동안 비워둘 수 없다고 걱정했다. 그들은 서로 상의하여 내가 세첸 황제의 유일한 적통이며 유종 황제의 장손이므로 황제의 옥좌에 올라야 한다는 결론을 내렸다. 더구나 나와 황위 계승권을 다툴 형제가 없기 때문에, 나 이외에는 적합한 자가 없다고 했다."

"이처럼 황제가 세상을 떠난 긴박한 상황에서 국가를 잘 다스리는 일이 급선무인데 인심은 예측하기가 어렵다고 한다. 따라서 백성을 위로하고 잘 다스림으로써 그들이 안락한 삶을 영위하기 위해서는, 내가 이곳에서 하루빨리 황제로 등극해야 한다고 그들은 주장하고 있다. 나는 그들의 간곡한 요청을 차마 거절하지 못하여, 오늘 9월 4일에 칭기즈 칸 황제의 대오르도에서 황제로 등극한다. 이에 모든 백성들이 편안한 생활을 영위하기를 바라는 마음으로 즉위 조서를 천하에 반포한다."

예순 테무르는 왜 자기가 황제로 등극할 수밖에 없는 이유를 자세히 나열했다. 적장자 계승의 원칙에 의하여 혈통을 따지면 원 세조 쿠빌라이의 적통이 되는 자기보다 적합한 사람은 없다는 주장은 옳다. 그는 일찍이 황위 계승의 영순위였지만 세 황제를 충심으로 보필한 것을 강조했다. 이제 조카 원 영종이 시해를 당한 국난의 상황에서, 차마 모든 사람들의 간청을 거절하지 못하고 조종의 위업을 이어받았다는 주장이다.

사실 예순 테무르는 남파지변이 일어나기 직전에 궁중 정변의 성공 여부를 알 수 없었기 때문에 일부러 모호한 태도를 취했다. 그가 정말로 사전에 테크시 등 정변의 주도 세력과 모의를 했는지는 분명하지 않다. 어쨌든 원 영종이 시해를 당한 직후에는 자기만이 황위를 계승할 권리를 가졌다고 생각했다. 물론 테크시 등도 그가 원 세조의 적통이었으므로 그를 황제로 추대한 것이다.

원래 원나라에서는 새로운 황제가 등극할 때 즉위를 알리는 조서(詔書)는 한학(漢學)에 정통한 유학자들이 고문(古文)으로 쓰고 난 후 그것을 몽골어로 번역하여 반포하는 것이 원칙이었다.

하지만 예순 테무르의 즉위 조서는 고문(古文)이 아닌 속어(백화문)로 썼다. 이는 그의 막부에 한족 출신 신하나 한학에 정통한 유학자가 없었다는 것을 반증한다. 그가 몽골의 초원 지대에서 성장하고 세력을 확장했기 때문일 것이다. 또 다른 면에서는 고문을 모르는 일반 백성들도 자기가 황제로 등극할 수밖에 없는 정당성을 이해하기를 바라는 마음에서 속어로 썼을 것이다.

훗날 예순 테무르가 사망한 후 그의 시호는 흠인대효황제(欽仁大孝皇帝), 묘호는 진종(眞宗)으로 추증되었다.

하지만 원 문종 투그 테무르는 예순 테무르가 황위를 찬탈했다는 이유를 들어 그를 황제로 인정하지 않고 그의 시호와 묘호를 추탈했다. 이런 이유로 예순 테무르를 그의 통치 시대의 연호인 태정(泰定)을 따서 태정제(泰定帝)라고 부른다.

2. 남파지변에 가담한 신하, 종왕들을 제거하다

태정제는 케룰렌강의 행재소에서 즉위한 직후에 기양왕 예센 테무르는 중서성 우승상에, 정변을 주도한 테크시는 지추원밀원사에 임용했다. 그리고 안서왕 아난다의 아들 오르쿠 테무르에게는 안서왕의 관작을 계승하게 했다. 그런데 테크시 등 세 사람은 정변을 일으켜 태정제를 황제로 추대한 공로가 있었지만, 태정제의 측근은 아니었다.

태정제는 최측근 다울라트 샤는 중서성 평장정사에, 다울라트 샤의 형 마모사(馬某沙)은 지추밀원사에, 진왕부의 신하였던 욱매걸(旭邁杰)은 선정원사에 임용하고, 그들에게 중서성·추밀원·선정원 등 조정의 주요 관서를 장악하게 했다. 태정제가 아직 대도로 행차하지 않고 행재소에 있을 때 종왕 마이누(買奴)가 아뢰었다.

"선황제를 시해한 원흉들을 주살하지 않으면, 후세의 사람들이 어떻게 폐하의 성심(聖心)을 알 수 있겠습니까?"

황제를 시해한 대역죄를 저지른 자들을 극형으로 다스리지 않고 오히려 고위 관직에 임용한 황제를, 후세 사람들은 반드시 비난할 것이라는 주장이다.

태정제는 그의 말을 듣고 크게 깨달은 바가 있었다. 사실은 그도 즉위 직후부터 정변 세력을 제거할 기회만 호시탐탐 노리고 있었다. 그들은 자신을 황제로 추대한 공로가 있어서 처음에는 어쩔 수 없이 그들을 고위 관직에 임용했다.

하지만 그들은 '궁중 정변'이라는 변란을 통해 실권을 장악했기 때문에 언제라도 황제의 권력에 도전할 수 있는 위험한 세력이었다. 게다가 태정제가 황위 계승의 정당성을 확보하기 위해서는 '성공한 반란자'들은 더 이상 이용 가치가 없었다.

지치 3년(1323) 10월 태정제는 사신 일행을 대도로 파견하여 천지와 종묘사직에 제사를 지내 자신이 황제로 등극했음을 알리게 했으며, 행재소에서 예센 테무르·올제이·소난 등 정변에 가담한 자들을 주살했다.

그는 또 측근 욱매걸을 중서성 우승상으로 승진시키고 신임 어사대부 뉴제이(紐澤)와 함께 대도로 가서 테크시와 그의 자손들을 주살하고 가산을 몰수하게 했다. 정변의 주모자였던 테크시는 뜻밖에도 자기가 황제로 추대한 태정제에게 죽임을 당했다. 이때 대사농 시투르, 전(前) 평장정사 치진 테무르(赤斤鐵木兒), 장타이(章台) 등도 대도에서 처형되었다.

같은 해 11월 태정제는 대도 황궁에 당도하여 대명전(大明殿)에서 종왕들과 문무백관의 하례를 받았다.

감찰어사 조성경(趙成慶)이 상소했다.

"테무테르는 이전 조정에서 중서성 우승상이었을 때 앙심을 품고 황제의 종실들을 이간질하고 대신들을 살육했습니다. 게다가 선제(先帝: 원 영종(鍾)를 고립시켜서 끝내는 불행한 일을 당하게 했습니다. 그의 아들 소난 (鎭南)은 역모에 가담했는데도 오래전에 달아나 왕법(王法)에 걸려들지 않았습니다. 폐하께서 대역죄를 저지른 그놈을 응징함으로써 백성들의 마음을 통쾌하게 할 수 있도록 간절히 바랍니다. 오르쿠(月魯)·투투카(禿禿哈)·수돈(速敦) 등은 모두 테크시의 사당(私黨)입니다. 그들에게도 관용을 베풀어 주시면 안 됩니다."

테무테르는 원 세조부터 원 영종까지 5조(朝)에 이르는 동안 고위 관직을 역임하면서 국정을 농단한 천하의 간신이었다. 그가 병사한 후에도, 그의 양자인 테크시가 조정을 농락하여 급기야는 원 영종이 비명횡사했다. 태정제가 즉위한 직후에 테크시는 이미 처형되었지만, 아직도 그의 무리가 남아있었기 때문에 조성경이 발본색원을 주장한 것이다.

정변에 가담한 종왕 5명에 대한 처벌도 제기되었다. 태정제는 황금 가족의 일원인 그들을 차마 죽이지 못하고 유배를 보내기로 결정했다. 오르쿠 테무르는 운남(雲南)으로, 안티 부카는 해남(海南)으로, 취리 부카는 흑룡강 하류의 누르간(奴兒干)으로, 볼라드와 오도스 부카는 해도(海島)로 추방되었다.

남파지변에 가담한 종왕·신하들은 태정제를 황제로 추대한 후 황제와 함께 제국의 이권을 나누어 가지며 부귀영화를 누릴 생각을 했을 것이다. 하지만 그들은 대역죄의 오명을 쓰고 살해되거나 추방되었다.

태정제는 진왕부 시절부터 자신을 섬기고 있는 다울라트 샤 등 신하들을 중심으로 친위 세력을 구축했다. 얼마 후 측근들을 논공행상하게 했다. 정변 세력을 타도하는 데 가장 많은 공을 세운 선정원사 욱매걸에게는 금 10정(錠), 은 30정, 교초 7,000정을 하사했다. 다울라트 샤는 중서성 좌승상으로 승진했으며, 지추밀원사 마모사·어사대부 뉴제이·선정원사

소투(鎖禿) 등에게는 광록대부 관직을 별도로 하사하고 금·은·교초 등을 차등 지급했다.

사실 다울라트 샤는 정변에 가담하지 않았다고 할 수 없다. 태정제가 원영종을 시해한 대역죄인들을 처벌할 때 다울라트 샤도 처형되어야 했다.

하지만 그는 태정제의 비호 아래 더욱 승승장구했다. 이는 태정제가 '반역'과 '대역죄'라는 명분으로 정변 세력을 숙청한 것은 자신의 친위 세력을 구축하기 위한 수단이었지, 정말로 '정의'를 구현하고 '악인'을 징벌한 의로운 군주가 아니었음을 반증한다. 아울러 그도 남파지변에 직간접적으로 관련이 있었음을 짐작하게 한다.

다울라트 샤는 태정제의 총애를 등에 업고 조정의 정치를 좌지우지했다. 그는 태정 연간에 고려의 종묘사직을 없애고 고려를 원나라의 일개 지방 행성으로 격하시키려고 했다.

고려 상주(尙州) 출신 환관인 방신우(方臣祐: 몽골 이름은 망고타이·忙古台)는 다울라트 샤가 조정 대신들과 함께 고려 왕조 폐지를 논의하고 있다는 얘기를 듣고 깜짝 놀랐다. 그는 태정제의 황후 바부칸(八不罕)에게 논의를 중단하게 해달라고 간곡하게 호소했다.

바부칸은 단순한 황후가 아니었다. 남편 태정제를 정치적으로 조정할 수 있는 역량이 있었다. 방신우의 간청을 받아들인 그녀는 고려 왕조 폐지에 대한 모든 논의를 중단하게 했다.

정말로 방신우의 우국충정이 없었다면, 고려 왕조는 역사 속으로 사라졌을지도 모른다. 나중에 그는 고려의 사직을 지킨 공로를 인정받아 상락부원군(上洛府院君)으로 책봉되었다.

3. 유학을 숭상하고 여러 종교에 대해 포용 정책을 펴다

태정제는 즉위한 지 다음 해부터 연호를 태정(泰定)으로 정하고 자신의 시대를 본격적으로 열었다. 그는 막북 지역에서 태어나 30세의 나이에 황제로 등극할 때까지 몽골의 광활한 초원에서 성장했다. 그는 유목민의 사고방식과 생활 양식에 익숙한 황제였다. 진왕이었을 때 막부에서 그를 보좌한 사람들은 대부분 몽골인이거나 색목인이었으며, 한족 신하들은 거의 없었던 것 같다. 그는 한문 서적을 해독하지 못했다.

하지만 태정제는 원나라 천하의 주인이 된 후 원 세조 이래 유가 사상으로 국가를 다스리는 것이 가장 효율적인 방법임을 알고 있었다. 그는 즉위하자마자 원 세조 시대에 제정한 법률과 제도로 국가를 다스리겠다고 신하들에게 분명히 밝혔다.

태정제는 즉위한 지 3개월이 지난 후인 지치 3년(1323) 11월에 신하들을 공자의 고향, 산동성 곡부로 보내 '태뢰(太牢)'의 의례를 갖추어 공자에게 제사를 지내게 했다. 이는 한족 지식인들에게 공자를 존숭하고 유학자들을 우대하겠다는 황제의 의지를 나타냈다.

제사는 유학자들의 이념을 구현하는 생활 양식 가운데 하나이다. 특히 봉건 왕조시대에 태묘(太廟)에서 제사를 지내는 일은 조상 숭배 이상의 정치적 함의가 있었다. 왕조의 정통성을 확보하고 과시하는 장엄한 의식이었다.

국가의 의례를 관장하는 부서인 태상원(太常院)의 한 관리가 아뢰었다.

"세조 황제 이래로 태묘의 제사는 1년에 한 차례만 지냈습니다. 선황제(원 영종)께서는 옛날의 제도를 부활하여 1년에 네 차례 지냈습니다. 앞으로 태묘의 제사는 몇 차례 지내야 하는지 폐하께서 결정해주시기 바랍니다."

태정제가 대답했다.

"제사는 국가의 성대한 일이오. 짐이 어찌 감히 그 의식을 소홀히 할
수 있겠는가. 1년에 네 차례 지내시오."

원나라 시대에 과거(科擧)는 한족 지식인들도 공정한 경쟁을 통하여 관
계(官界)에 진출할 수 있는 통로였다. 원 세조 이래 과거 제도가 부활했지
만 과거 시험에 합격하여 관리가 된 한족은 아주 드물었다.
태정 원년(1324) 3월 황제의 어명에 따라 조정에서 과거 시험을 치렀다.
파라(八剌), 장익(張益) 등 84명이 진사 급제했다. 그들은 몽골인·한인·남
인 등 다양한 출신이었다. 회시(會試)에 불합격한 자들에게도 교관(敎官) 등
관직을 하사했다.
이재에 밝은 색목인 출신 재상들은 대의명분을 중시하고 상인을 멸시
하는 유학자들이 과거 시험을 통해 관리가 되는 것에 부정적인 생각을 가
졌다. 그들은 과거 제도를 폐지해야 한다고 주장했다.
예부상서 조원용(曹元用)이 강하게 반대했다.

"국가의 문치(文治)는 과거 제도로 이루어지는 것인데 어찌 폐지할 수
있겠소?"

또 어떤 이가 1년에 네 차례 지내는 태묘의 제사를 겨울에 한 차례만
지내자고 건의했다.
조원용이 말했다.

"계절마다 지내는 제사는 한 차례도 빠질 수 없소. 이는 『의례(儀禮)』에서 규정한 것이오. 어찌 비용 절감을 구실로 마땅히 행해야 할 의식을 폐지한단 말이오?"

태정제는 조원용의 손을 들어주었다. 태정 원년(1324) 2월 절강행성 좌승 조간(趙簡)이 경연(經筵)을 열어야 한다고 상소했다.

'경연'이란 유학에 정통한 신하가 군주를 위하여 경전을 해석하고 강론하거나, 군주와 신하가 함께 경전을 공부하면서 국정을 논하는 자리를 말한다. 군주에게는 학문을 연마하는 자리이며, 신하에게는 자신의 정치적 이상을 펼칠 수 있는 기회가 되었다.

경연은 한족 왕조의 오랜 전통이었는데 원나라에 이르러 폐지되었다. 조간이 경연 부활을 주장하자, 태정제는 그를 집현학사로 승진시키고 3일에 한 차례 경연을 열고 자기에게 경전을 강론하게 했다.

하지만 그는 어려운 한문을 이해하지 못했기 때문에, 신하들은 『제범』·『자치통감』·『대학연의』·『정관정요』·『세조성훈』 등 한문 서적을 몽골어로 번역하여 그에게 강론했다. 장규(張珪)·왕결(王結)·오징(吳澄)·우집(虞集)·조원용(曹元用) 등 당대의 석학들이 경연관(經筵官)이 되어 그에게 유가 사상과 치국의 도를 가르쳤다.

태정제는 그들을 '사유(師儒)'라고 칭하고 황태자, 몽골인 대신들에게도 강론하게 했다.

유학자들은 황제의 적극적인 유학 진흥 정책에 흥분하여 태정제가 요임금과 순임금처럼 성군이 되기를 바랐다. 하지만 태정제는 경연에 참석하여 경연관의 강론을 들었지만 실천에 옮기지 않았다. 또 유가 경전을 공부하겠다고 말로만 떠들었을 뿐이었다. 그는 성인의 도를 배우고 실천하려는 마음이 없었다.

그래서 경연에서 황제에게 여러 차례 강론했던 집현학사 조간은 한림 직학사 우집에게 이런 불만을 토로했다.

"경연을 시작한 지 4년이 지났는데도, 황제가 경연에서 배운 내용을 정사(政事)에 반영하여 시행했다는 얘기는 아직 한 건도 듣지 못했으며, 임금과 신하가 서로 토론하여 얻은 시책도 제대로 시행된 적이 없습니다. 경연을 통해 얻은 지식이 아무 쓸모 없는 것이 되지 않겠습니까?"

우집이 그를 위로하며 말했다.

"언어는 성현의 심오한 가르침을 드러내는데 부족하며, 성심(誠心)은 천지신명을 감동하는데 부족한 법이오. 그래서 나는 진심을 다해 말할 뿐이오. 다른 사람이 내 마음을 알지 못해도 어쩔 수 없는 일이오."

황제에게 아무리 좋은 강론을 해도 그가 받아들이지 않으면 어쩔 수 없다는 얘기이다.

그렇다면 태정제는 왜 유학을 숭상했을까. 한족 지식인과 중원 백성의 마음을 얻어 통치에 유리한 환경을 조성하기 위해서였다. 또 봉건 왕조의 질서와 군신 사이의 종속 관계를 유지하는 데 유가 사상보다 더 적합한 것이 없었기 때문이기도 하다.

몽골인들은 최초로 부족 국가를 건설했을 때 힘의 논리에 의한 공정한 분배를 최고의 가치로 생각했다. 그들이 정복한 지역과 백성은 분배의 대상이었지, 통치의 대상이 아니었다.

하지만 원 세조가 '원나라'라는 대제국을 건국한 이후에는 유가의 통치 사상이 국가를 다스리는 데 가장 적합하다는 사실을 깨달았다. 그 후 역대 황제들은 유목민의 문화와 습관에서 완전히 벗어나지 못했지만, 점차 한족 문명의 세례를 받기 시작했다.

태정제는 지적 수준이 한문을 이해할 정도는 아니었으나 겉으로는 유학을 숭상하는 태도를 견지했다. 그가 '설봉(雪蓬)'이라는 두 글자를 친히 써서 대신 진초주(陳楚舟)에게 하사한 것을 보면, 한자를 쓸 정도의 능력은 있었던 것 같다.

칭기즈 칸이 몽골 제국을 건국한 이래 몽골인 황제들은 종교에 대하여 관용 정책을 폈다. 대체로 그들은 티베트 불교(라마교)를 믿었으며 티베트 불교의 지도자인 라마를 황제의 스승으로 모시고 종교적 가르침을 받았다. 그들은 도교·이슬람교·기독교 등 다른 종교에 대해서도 관용적인 태도를 보였다. 종교의 특징이 절대적이며 배타적인 사유 체계임을 감안한다면, 그들은 '열린 마음'을 가지고 있었음을 알 수 있다.

한 국가에 여러 종교가 뒤섞이면 종교 대립, 심지어는 종교 전쟁이 일어나기 마련이다. 하지만 원나라는 티베트 불교를 국교로 삼았음에도 다른 종교와의 갈등이 거의 없었다.

태정제는 황제의 스승에게 계율을 받은 독실한 불교 신자였다. 몽골 초원에서 즉위한 직후에 먼저 신하와 승려들을 대도로 보내 황궁의 대명전에서 대규모의 불사(佛事)를 행하게 했다. 또 황제의 어가가 중도(中都: 하북성 장북현·張北縣)에 이르렀을 때에도 곤강전(昆剛殿)에서 불사를 행하게 했다. 자신의 원력과 부처님의 가피로 천하를 태평하게 다스리고자 하는 마음의 표현이었다. 그는 불사를 행하는 일을 국가의 대사로 간주했다.

태정 원년(1324) 1월 라마승 수백 명에게 황궁의 광천전(光天殿)에서 황실의 안녕과 국태민안을 기원하는 염불을 하게 했다. 또 며칠 후 어명을 받은 라마승 40명이 대도의 수안산사(壽安山寺)에서 염불을 시작했는데 3년이 지난 후에야 비로소 멈추었다. 같은 해 3월 태정제는 대도 근교로 유람을 가면서 승려 108명과 광대들에게 앞길을 열게 했다.

황제가 불사를 행할 때마다 막대한 비용이 소모되었다. 치국의 도를 유가 사상에서 추구하는 대신들은 불교를 이른바 '좌도(左道)'로 간주하고 배척했다. 하지만 불교에 심취한 태정제는 승려들에게 고위 관작을 하사하기도 했다.

감찰어사 송본(宋本) 등이 상소했다.

"태위(太尉)·사도(司徒)·사공(司空) 등 삼공(三公) 관직을 승려들에게 남발했으며, 또 회복원(會福院)과 수상원(殊祥院)을 설치하여 그들을 관리로 임용한 것은 모두 명예와 작위를 욕되게 한 행위입니다. 그들에게 하사한 관작을 회수해야 합니다."

삼공(三公)은 중국 고대의 관직들 가운데 등급이 가장 높다. 시대에 따라 권신(權臣)에게 하사하는 최고의 명예직이기도 하다. 회복원은 황실의 사찰인 대호국인왕사(大護國仁王寺)를 관장하는 관서이다. 회복원의 가장 높은 품계는 정이품이다. 정이품 벼슬을 받은 승려는 황실과 조정 사이를 오가며 막강한 영향력을 행사했다.

대의명분을 중시하는 유가의 대신들은 황제가 승려들에게 고위 관직을 남발하여 불교가 정치에 개입하는 것에 강한 불만을 품고 상소했다. 하지만 태정제는 그들의 청원을 들어주지 않았다.

태정제는 또 원 세조의 스승인 사캬(Sakya)파의 5대 교주 파스파의 동상을 전국 각지에 세우고 숭배하게 했다. 자신의 제사(帝師)인 공가열사파(公哥列思巴·1307~1329)에 대한 존경과 대우도 극진했다. 수시로 그를 황궁으로 초청하여 불사를 행하게 했다. 그가 대도에 당도할 때면 조정 중신들이 마중을 나가 영접했다. 그의 형 쇄남장복(瑣南藏卜)에게는 백란왕(白蘭

王) 작위를 하사하고 서번삼도(西番三道)의 선위사사사(宣慰使司事)를 거느리게 했다.

태정 3년(1326) 여름 일식·지진 등이 연이어 일어났다. 태정제는 신하들에게 자연재해를 피할 방법을 의논하게 했다. 예부상서 조원용은 조정에서 불사를 너무 자주 행하여 국고가 바닥을 드러냈기 때문에 당장 중지하고 빈민 구제 등 민생에 관계된 실질적인 일을 해야 한다고 주장했다.

하지만 태정제는 불심으로 재난을 극복할 수 있다고 믿고 여전히 불사에 재화를 아끼지 않았다. 심지어 북방을 지키고 있는 종왕 체체투(彻彻禿)에게 매달 한 차례씩 불사를 행함으로써 외적의 침입을 막게 했다.

같은 해 10월 공가열사파가 병에 걸려 살사가(撒思加: 서장·西藏 살가현·薩迦縣)로 돌아갈 때 태정제는 그에게 금·은·교초·재물 등을 만(萬) 단위로 계산하여 하사했을 뿐만 아니라, 특별히 중서성에 칙령을 내려 관리들에게 그의 귀향길을 돌보게 했다.

마침 대도에 흉년이 들어 기근이 발생했다. 조정에서 곡식 80만 석을 방출하여 성안의 백성들에게 반값에 팔았다. 태정제는 부처님의 힘으로 재난을 극복하고자 황궁에서 멀지 않은 사찰인 대천원연성사(大天源延聖寺)에 교초 2만 정과 길안로(吉安路)와 임강로(臨江路)의 전답 1,000경(頃)을 하사했다. 대신들은 자연재해가 발생할 때마다 황제가 불사에 막대한 재화를 쓰는 것에 근심하지 않을 수 없었다.

중서성의 한 신하가 간절히 아뢰었다.

"병사와 백성을 먹여 살리는 일은 반드시 토지에서 나오는 곡식에 의존해야 합니다. 옛날에 세조 황제께서는 대선문홍교사(大宣文弘教寺) 등 여러 사찰을 건립하고 영업전(永業田)을 하사했습니다. 당시 국고에 비축한 재화를 많이 낭비했다는 얘기가 나돌았습니다."

"그 후 성종 황제께서는 대천수만영사(大天壽萬寧寺)를 중창하면서 세조 황제께서 쓴 비용의 한 배 반을 썼습니다. 그리고 무종 황제께서 건립한 대승은복원사(大崇恩福元寺), 인종 황제께서 건립한 대승화보경사(大承華普慶寺) 등 사찰의 경우는, 국가에서 거두어들인 많은 조세와 전매 수입을 공사 비용으로 충당했습니다. 영종 황제께서는 산을 뚫어 사찰을 건립하면서 병사와 농민에게 피해를 끼쳤습니다. 사찰을 세워 부처님의 가피를 바란다고 했지만, 사실은 아무런 이익도 없었습니다."

"토지는 조종(祖宗)의 소유입니다. 따라서 자손들은 토지를 아끼고 잘 관리해야 합니다. 신은 앞으로 불사를 행하는 것을 구실로 삼아 쓸데없이 토목 공사를 일으켜 재화를 낭비하지 않을까 두렵습니다. 부처님에게 백성의 복리를 바란다고 하면서 사욕을 추구하는 행위를, 폐하께서는 깊이 깨달아야 합니다."

중서성의 신하가 언급한 대선문홍교사 등 사찰은 모두 대도에 있었다. 원나라의 국교가 티베트 불교였으므로 역대 황제들이 대도에 황실 전용 사찰을 건립하고 불사를 행한 것은 이상한 일이 아니다. 하지만 사찰을 건립하고 불사를 행하는 데 너무나 많은 경비를 썼기 때문에 신하들의 반감을 샀다. 태정제는 그들의 의견을 존중했을 뿐, 결코 따르지 않았다.

태정제 시대에는 자연재해가 유달리 빈번했다. 태정제는 연호를 치화(致和)로 바꾸고 부처님에게 빌면 재해가 사라지고 소망이 이루어진다고 생각했다.

치화 원년(1328) 1월 새해를 맞이하여 황제의 스승인 공가열사파에게 황궁에서 불사를 행하게 했다. 같은 해 3월 염관주(鹽官州: 절강성 염관진·鹽官鎭)에서 해일(海溢)이 일어나 많은 사람이 죽었으며 재산 피해가 막대했다.

태정제는 승려들에게 연해 지역에 불상 216개를 세워서 해일을 막게 했다. 그는 같은 해 7월 상도에서 갑자기 사망할 때까지 불교에 의지하여 국난을 극복하려고 했다.

태정제는 불교뿐만 아니라 도교도 숭상했다. 즉위한 해인 지치 3년 (1323) 12월에 도사 오전절(吳全節·1269~1346)에게 재초(齋醮)를 거행하게 했다. '재초'란 도교에서 제단을 차려놓고 천지신명에게 복을 기원하고 재앙을 물리쳐 달라는 종교의식이다.

오전절은 원 세조부터 원 문종까지 8조(朝)에 이르는 동안 신통력을 지 닌 도사로 유명했다. 태정 3년(1326) 6월 태정제는 또 오전절을 용호산(龍虎山)·모산(茅山)·각조산(閣皂山) 등 삼산(三山)으로 보내 재초를 거행하게 했다.

강서성 응담(鷹潭)에 소재한 용호산은 도교의 일파인 정일도(正一道)의 성 지이다. 한나라 시대부터 먹으면 장생불사한다는 단약을 제조했다. 강서 성 서남부에 자리 잡은 모산은 도교 제일의 복지(福地)이며, 강소성 무이산 (武夷山)의 지맥인 각조산도 단약을 제조한 도교의 성지이다.

태정제가 도교를 숭상한 이유도 불교와 마찬가지였다. 종교의 힘으로 장생을 꿈꾸고 국태민안을 바란 것이다.

하지만 적지 않은 승려와 도사들은 황제의 비호 아래 본분을 망각하 고 탐욕을 추구하여 사회 문제를 일으켰다.

중서성 평장정사 장규가 상소했다.

"승려와 도사가 처자식과 이별하고 출가하는 목적은 속세의 더러운 환 경에서 벗어나 수양을 하는 것입니다. 그래서 국가는 그들에게 각종 혜 택을 제공하며 노역을 면제해주고 있습니다. 그들은 세속의 욕망을 끊고 일심으로 경전을 읊조리며 세상 사람들의 장수를 기원해야 합니다."

"하지만 근래에 이르러 그들은 종종 아내를 취하고 자식을 부양하고 있습니다. 이러한 행위는 보통 사람들과 조금도 다를 바 없습니다. 채도태(蔡道泰)·반강주(班講主) 등의 무리는 탐욕을 마음껏 드러내어 보통 사람들을 해코지하고 풍습과 교화를 훼손하고 있습니다. 또 그들이 저지른 범죄는 이루 다 헤아릴 수 없을 정도로 많습니다. 그런데도 그들에게 국가의 중요한 제사를 관장하게 하고 있습니다. 이는 어찌 신령을 모독하는 행위가 아니겠습니까. 승려와 도사들 가운데 아내를 취하고 자식을 부양하는 자들은 모두 처벌하고 일반 백성으로 환속하게 해야 합니다."

예나 지금이나 특정 종교가 성행하면 반드시 생기는 부작용이다. 승려와 도사는 출가한 사람이므로 속세를 떠나 산중에서 맑은 정신으로 도를 닦아 대중을 구제해야 하는 의무가 있는데도 처자식을 거느리고 탐욕에 젖어 온갖 비리를 저지르는 것에 대한 통렬한 비판이다. 하지만 태정제는 장규의 건의를 받아들이지 않았다.

원나라 조정에는 색목인 출신 신하들이 적지 않았다. 이슬람교를 믿는 그들은 주로 재정 분야를 담당했다. 특히 신강(新疆)·영하(寧夏)·감숙(甘肅) 등 광활한 서북부 지역에 거주하는 회족은 주로 목축업과 상업에 종사하면서 이슬람교를 믿었다. 회족의 일부는 중원, 동남부 등 지역까지 진출하여 상업 활동을 했다. 그들은 거주하는 지역에 이슬람사원인 청진사(靑眞寺)를 건립하여 신앙의 구심점으로 삼았다.

태정제는 역대 황제들이 그랬던 것처럼 이슬람교와 무슬림에 대하여 어떤 종교적 차별도 하지 않았으며 오히려 거금을 하사하여 상도·대동 등 도시에 청진사를 건립하게 했다. 또 이슬람교 선교사를 의미하는 '다니쉬만드(Dānish-mand·答失蠻)'에게는 부역의 의무를 면제해 주었다.

로마 천주교의 프란체스코회 사제인 오도릭(Odoric·1265~1331)은 태정제의 재위 기간에 원나라의 여러 도시를 방문하고 『오도릭의 동방 기행』이라는 여행기를 남겼다.

원나라의 역대 황제들은 불교의 승려·도교의 도사·이슬람교의 이맘·천주교의 신부 등 종교인들은 각자 그들이 믿는 신에게 사람의 영생과 행복을 기원하는 성직자들이라고 여기고 그들의 포교 활동에 제약을 가하지 않았다. 독실한 불교 신자였던 태정제도 이런 생각을 가지고 있었으므로 타종교에 대하여 관용을 베풀었다.

4. 충신의 누명을 벗겨주었지만, 민란을 막지 못하다

원 인종과 원 영종 시대의 강직한 신하였던 양도르지·하백안·소바이주 등은 간신 테무테르에게 살해당했다. 테무테르는 이미 사망했고 그의 일족이 멸문의 화를 당한 후에도, 그에게 희생된 충신들의 누명을 벗겨주고 그들을 복권해야 한다는 여론이 팽배했다.

원 영종 시대에 평장정사 장규(張珪·1263~1327)가 우승상 바이주에게 말했다.

"상벌(賞罰)을 부당하게 내리고 불공정한 것을 바로잡지 않으면, 국가가 제대로 다스려지지 않소. 소바이주, 양도르지 등 충신들은 억울한 누명을 쓰고 살해되었는데 어째서 지금까지도 그들의 원한을 풀어주지 않소?"

바이주는 원 영종에게 장규의 말을 전했다. 원 영종은 양도르지를 사후 복권한 후 특별히 그에게 사순좌리공신(思順佐理功臣)·사도(司徒)·상국주

(上柱國)·하국공(夏國公) 등 관작을 추증했다.

태정제가 즉위한 해(1323)의 12월에 어사대의 한 관리가 상소했다.

"예전에 간신 태무테르가 국정을 농단할 때 양도르지·소바이주·하
백안·관음보·소야르카디미쉬(鎭咬兒哈的迷失) 등 대신들을 살해했습니
다. 또 이겸형(李謙亨)·성규(成珪) 등을 변방으로 추방했고, 왕의(王毅)·고
방(高昉)·장지필(張志弼) 등을 파면했습니다. 천하의 사람들은 모두 그들
의 원한을 알고 있습니다. 폐하께서 그들이 당한 치욕을 씻어주시기 바
랍니다."

태정제가 즉시 조서를 내렸다.

"살아있는 자는 다시 등용하고, 죽은 자는 관작을 등급에 맞게 추증하
라!"

이에 따라 고방은 호광행성평장(湖廣行省平章)으로 복직되었으며, 소바이
주에게는 수정좌치공신(守正佐治功臣)·태보(太保)·상주국(上柱國)·계국공(薊國
公) 등 관작을 추증했다.

태정제는 원 인종 시대에 누명을 쓰고 죽은 관음보 등 신하들의 가족
에게는 전답을 하사하고 위로했다. 또 태정 원년(1324) 1월에는 테크시에게
살해당한 바이주의 아들 다르마시리(答兒麻失里)를 종인위친군도지휘사로
임용하여 몽골인으로 조직한 금위군을 지휘하게 했다.

태정 2년(1325) 9월 외부원외랑 원영정(元永貞)이 아뢰었다.

"테크시의 황제를 시해한 대역죄는 테무테르로부터 화근이 시작되었

습니다. 따라서 테무테르의 죄상을 명백히 밝히고 기록하여 사관(史館)에
남겨둠으로써 신하들에게 경계로 삼게 해야 합니다."

태정제는 테무테르와 테크시 일당의 대역죄를 재조사하여 역사 기록
으로 남기게 했다.

같은 해 가을 한중도(漢中道)의 문주(文州)에서 홍수가 나고 산이 무너지
는 참사가 발생했다. 그리고 개원로(开元路)의 삼하(河溢)가 범람했으며, 제
남로(濟南路)와 연천로(延川路)에서는 대기근이 발생했다. 또 연말에는 섬서
부(陝西府)에 우박이 떨어져 농작물에 막대한 피해를 끼쳤다.

전국 각지에서 일어난 자연재해로 민심이 흉흉해지자, 신하들은 태정
제에게 억울하게 죽은 신하들의 누명을 벗겨주어 천리(天理)에 순응함으로
써 자연재해를 없애고 민심을 달랠 수 있다고 주장했다.

태정제는 한림학사 부카(不花)·중정사 부얀두(普顏篤)·지휘사 부얀쿠리
(卜顏忽里) 등 예전에 테크시 일당에게 살해당한 신하들을 공신으로 인정하
고 관작을 추증했다. 원 인종과 원 영종 시대에 억울하게 죽은 대신들은
태정제가 한족 출신 대신들의 건의를 수용한 덕분에 사후 복권되었다.

『원사·태정제본기』에 의하면 태정제의 5년 통치 기간에 가뭄·대홍
수·하천 범람·지진 등 자연재해가 발행한 곳이 무려 620여 지역에 달했
다고 한다. 거의 매달 천재지변이 일어날 때마다 대기근이 전국을 휩쓸
었다. 태정제가 그토록 불사(佛事)에 집착한 것도 바로 이런 이유에서였다.
그는 비축미를 풀고 재물을 보내 이재민을 구호했지만, 언제나 역부족이
었다.

태정 2년(1325) 9월 태정제는 전국을 18개 도(道)로 나누고 각 도에 선무
사를 파견하여 지방 관리들에게 황제의 성지(聖旨)를 알리게 했다.

"짐은 조종의 위대한 업적을 계승한 이래 밤낮을 가리지 않고 성실하게 정사를 돌보았다. 짐은 오로지 조종이 제정한 법률을 받들어 국가를 다스렸다. 예전에 짐은 모든 관서의 관리들에게 여러 차례 조서를 반포하여 덕정을 베풀고 조세를 감면하며 형벌에 신중을 기하고 빈민을 구제함으로써 백성들과 더불어 즐거움을 나누고 싶은 소망을 밝혔다."

"하지만 관리들은 아직도 짐의 마음을 헤아리지 못하고 실정(失政)을 거듭하여 혜택이 백성들에게 미치지 않게 하고 있다. 짐의 조서를 받든 관리는 백성의 삶을 편안하게 하는 일에 실패하고, 법률을 집행하는 관리는 잘못을 바로잡는 일에 실패하여 짐의 백성을 더욱 곤궁하게 했다. 짐은 백성이 당하는 고통에 참담한 마음을 억누를 수 없다."

"지금 선무사를 각 도에 파견하여 관리들의 불법을 조사하고 백성의 고통을 파악하며 억울한 사건을 신속하게 처리하게 한다. 이익을 증진하고 해로운 것을 제거할 수 있는 일이라면, 관리들은 즉시 처리해야 한다."

태정제는 정말로 선정을 베풀어 백성과 함께 즐거움을 누리고 싶었을 것이다. 하지만 끊이지 않는 재해와 관리들의 실정으로 도탄에 빠진 백성을 구제하는 데 실패했다. 그는 백성을 사랑하는 마음은 있었지만, 그것을 구체적으로 실행하는 능력이 부족했다. 재난을 당한 지역에 구휼미와 재물을 보내주는 것을 '덕정(德政)'으로 생각했을 뿐이었다.

태정제 시대에 운남·광동·광서 등 서남부 지역에서는 반란이 연이어 일어났다. 중원 지역에서는 사교(邪敎)가 민심을 현혹하는 사건이 고개를 들기 시작했다.

태정 2년(1325) 6월 식주(息州: 하남성 식현·息縣)에 사는 백성 조축시(趙丑廝),
곽보살(郭菩薩) 등은 장차 원나라가 망하고 미륵불이 출현하여 천하를 다스
릴 것이라는 유언비어를 퍼뜨렸다. 유언비어가 파다하게 퍼져 나가자 민
심이 동요하기 시작했다. 조정에서는 종정부·형부·추밀원·어사대 그리
고 하남행성의 관리들에게 조축시 일당을 생포하여 처형하게 했다.

얼마 후 또 유주(柳州: 광서성 유주)의 마평현(馬平縣)에 거주하는 소수 민족
인 요족(瑤族)이 반란을 일으켰다. 호광행성의 관병들이 가까스로 그들을
진압했다.

태정 3년(1326)에 이르러서는 민란이 원나라를 타도하는 반란으로 발전
하였다. 광서 지방 전명주(全茗州)의 토관(土官) 허문걸(許文杰)이 요족(瑤族)을
이끌고 반란을 일으켜 전명주를 점령하고 지주사(知州事) 이덕경(李德卿) 등
을 살해했다. 또 광서 지방 보녕(普寧)에 사는 진화상(陳和尚)이라는 자는 감
히 황제를 참칭하고 새로운 국가를 세우겠다고 호언장담했다.

태정제가 조서를 반포했다.

"짐은 즉위한 이래 천하에 여러 차례 조서를 반포하여 불쌍한 백성을
구휼했다. 하지만 광서 지방에 거주하는 요족(瑤族)만이 툭하면 반란을 일
으켜 선량한 백성을 학살했다. 따라서 짐은 종왕 오르도칸(斡耳朵罕) 등에
게 그들을 토벌하게 했다. 지금 항복한 자들이 아주 많다고 들었는데 그
들에게는 은덕을 베풀어 주겠다. 하지만 아직도 죄를 뉘우치지 못한 자
에게는 엄한 형벌로 다스리겠다."

태정조(泰定朝) 말기에 이르러 광서·광동·운남 등 서남 지방에서 소수
민족의 반란이 심각했다. 서남 지방은 대도에서 너무 멀리 떨어졌기 때문
에, 원나라 조정에서는 지역 부족장을 토관(土官)으로 임명하여 대리 통치

하게 했다. 관직은 대대로 세습되었다. 토관들은 초기에는 황제의 명령에 절대 복종했으나, 황제의 권력이 약화하자 지역의 군왕 행세를 하며 백성을 착취했다.

당시 원나라 조정은 대규모 병력을 동원하여 반란을 토벌할 능력이 없었다. 태정제는 회유와 협박으로 반란을 잠재우려고 했다. 하지만 그가 어떤 회유책을 써도 불길처럼 타오르는 민중 봉기를 막을 수 없었다.

또 중원 지방을 중심으로 퍼진 미륵불이 출현하여 세상을 다스린다는 소문은 민간의 결사체인 백련교(白蓮敎)로 발전했다. 백련교도들이 주축이 되어 일으킨 홍건적(紅巾賊)의 난은 결국 원나라를 패망으로 몰고 갔다.

5. 색목인의 이권 개입을 묵인하고 매관매직을 일삼다

태정제도 여느 선황제들처럼 몽골인 왕공들에게 막대한 재화를 하사하는 것을 중요한 통치 수단으로 삼았다. 원 영종 시대에 국고의 손실을 막고자 교초를 정(錠) 단위로 하사하는 관례를 깨고 1정의 50분의 1인 관(貫) 단위로 하사했다. 하지만 태정제는 다시 정 단위로 하사하여 심각한 재정 위기를 초래했다.

태정 2년(1325) 5월 우승상 욱매걸(旭邁杰)이 황궁에서 기르는 명마와 금위군 그리고 왕들에게 하사하는 재화를 대폭 줄여서 재정 위기를 해소해야 한다고 상소했다. 태정제는 그의 주장에 동조했지만 어떤 조치도 취하지 않았다.

같은 해 7월 어사대의 한 관리가 상소했다.

"숙정렴방사(肅政廉訪司)에서 관리를 파견하여 군대를 감독하는 일은 세조 황제 시대에 만든 제도가 아닙니다. 그리고 색목인 상인들이 대도로 가지고 온 보석을 조정에서 사주고, 서역의 승려들에게 불사를 행하게 하는 일은, 막대한 비용이 소요되며 아울러 국가에 아무런 이익도 없으므로 당장 그만두어야 합니다."

원나라 시대에 위구르인·탕구트인·페르시아인·아랍인 등을 색목인(色目人)이라고 칭했다. 그들의 눈동자가 몽골인과는 다르게 갈색이었으므로 그렇게 불렀다. 훗날 유럽 사람들도 색목인의 범주에 속했다.

색목인은 주로 중국 서북부·중앙아시아·중동 등 지역에서 거주했는데 한나라 시대에 비단길이 열린 이래 지리적 이점을 활용하여 동양과 서양 사이에서 중계 무역을 하여 막대한 부를 쌓았으며 찬란한 도시 문명을 이룩했다.

재화(財貨)에 문외한이었던 몽골인은 대제국을 건설하면서 재정 분야에서 이재(理財)에 밝은 색목인의 도움을 많이 받았다. 원나라가 건국된 이후에 색목인은 몽골인 다음으로 신분이 높았다. 색목인은 원나라 조정에서 주로 재정을 담당했는데 황제에게 막대한 재물을 바침으로써 신임을 얻었다.

색목인 출신 재정 장관들은 권력을 이용하여 색목인 상인들이 가지고 온 금은보화를 비싼 가격에 매입해주고 뒷돈을 챙기는 일이 비일비재했다.

유가 사상에 심취한 한족 출신 신하들은 대체로 중상주의를 배격했으며 상인을 천대시하는 경향이 있었다. 그들은 농업과 농민을 천하의 근본으로 생각했을 뿐, 금전을 다루는 일에는 익숙하지 않았다. 그들은 조정 중신들이 색목인과 결탁하여 국고를 탕진한다고 비판했다.

중서성 평장정사 장규가 상소했다.

"세조 황제 시대에 조정에서 보물을 사들였다는 얘기를, 신은 들은 적이 없습니다. 성종 황제 이래로 이런 폐단이 시작되었습니다. 당시 서역 상인들은 온갖 금은보화를 수만 냥이나 하는 비싼 가격에 팔았습니다. 백성들은 그들이 관리들과 짜고 돈을 횡령하는 모습을 보고 분노했습니다. 어사대의 관리들도 이구동성으로 그 문제점을 지적했습니다. 조정에서 서역 상인들에게 지급한 교초는 천하 백성들의 고혈을 짜내어 발행한 것입니다. 백성들의 물건이라면 아주 사소한 것이라도 몽둥이와 채찍으로 때려서 빼앗았지요. 그런데도 어찌하여 재화를 아끼지 않고 멋대로 사용합니까?"

"교초는 국가를 다스리는 데 필요한 재화입니다. 하지만 그것으로 백성들의 기아와 추위를 해결할 수 있는 물건을 사지 않으며 또 관서에서 필요하지도 않은 것을 구매합니다. 고리대금업자와 권력자는 서로 결탁하여 국가에 보석을 바치고 그에 대한 대가로 교초를 하사한다고 떠들어대고 있습니다. 조정에서는 바친 보석 가격의 10배에 해당하는 금액을 하사합니다. 이는 국가의 재물을 좀먹는 일입니다. 또 그들은 하사한 금액을 은밀히 나누어 가집니다. 최근에 샤부딘(沙不丁)의 무리가 보석값을 몇 배로 올리고 사기를 친 일이 발각되어 조사를 받고 있는 것이 구체적인 부패 사건이 됩니다."

"폐하께서는 즉위 초기에 이러한 폐단을 알고 조정에서 보석을 구매하는 일을 금지하였습니다. 백성들은 폐하의 용단에 환호했습니다. 하지만 성종 황제 이래로 아직 지급하지 못한 보석 값 40여만 정을 중서성에서 다시 조정에 요구했다는 얘기를, 신은 얼마 전에 들었습니다. 그 요구한 가격은 원래 가격의 몇 배나 됩니다. 또 그 40여만 정 가운데 30여만 정은 외국 상선이 여러 해 동안 싣고 온 화물에 대한 대가로 지불해야 할 금액입니다."

"오늘날 전국에서 1년 동안 세금으로 징수하는 금은(金銀)은 11만 정에 불과합니다. 조정에서 외국 상인들에게 지급해야 할 40여만 정은 거의 4년 조세 수입에 해당합니다. 국가에서 써야 할 경비가 부족하니 백성들에게 급히 세금을 징수하는 일이 벌어집니다. 외국 상선에 지급해야 하는 재화를 국가를 다스리는 데 사용함으로써 백성들의 부담을 덜어주어야 합니다. 외국 상인들에게 갚아야 하는 금액은 국가의 재정 사정이 좋아진 이후에 다시 논의하는 게 바람직하다고, 신은 생각합니다."

요컨대 색목인 권력자들과 색목인 상인들이 서로 결탁하여 보석을 매매함으로써 국가 재정을 파탄에 이르게 했다는 주장이다. 하지만 태정제는 그들에게 제재를 가하지 않고 수수방관했다. 그는 재정 위기를 오히려 매관매직으로 해결하려고 했다.

태정 2년(1325) 9월 그는 조서를 반포하여 공개적으로 관직을 팔았다.

"국가에 양식을 바치고 관직을 사고자 하는 부자를 모집한다. 양식 2,000석을 바치는 자에게는 종칠품 관직을, 1,000석을 바치는 자에게는 정팔품을, 500석을 바치는 자에게는 종팔품을, 300석을 바치는 자에게는 정구품을 하사하겠다. 양식을 바치되 관직을 원하지 않는 자에게는 그 가문에 착한 행실을 알리는 정기(旌旗)를 하사하겠다."

이렇게 관직을 팔아 얻은 양식으로도 바닥을 드러낸 국고를 다 채울 수 없었다. 오히려 쓸데없는 관직이 대폭 늘어나 재정 위기가 더욱 악화하였다.

장규가 또 상소했다.

"오늘날 온 나라에서 관서를 증설했기 때문에 쓸모없는 벼슬아치들이 대폭 늘어나 녹봉만 타 먹고 있습니다. 백정(白丁)도 돈만 내면 하루아침에 관리가 됩니다. 매관매직의 풍조가 나날이 심해지고 있으니, 병사와 백성 모두 그 피해를 입고 있습니다. 국가를 다스리는 요체를 논하면 백성을 편안하게 하는 것보다 앞서는 것은 없으며, 백성을 편안하게 하는 방법을 논하면 낭비를 줄이고 쓸데없는 관직과 관리를 없애는 것보다 앞서는 것은 없습니다."

사실 원나라는 원 세조가 국가의 기틀을 단단하게 다져놓은 후, 원 성종·원 무종·원 인종·원 영종·태정제 시대에 이르는 5조(朝)를 거치면서 국가가 방만하게 운영되었기 때문에 점차 쇠락의 길로 접어들었다. 매관매직, 위인설관 등은 태정제 시대만의 병폐가 아니었다. 장규 등 한족 출신 대신들은 원 세조 시대에 제정한 법률에 근거하여 병폐를 바로잡아야 한다고 주장했다. 그들에게 원 세조는 가장 이상적인 군주였다. 태정제는 즉위 직후에 원 세조가 제정한 법률에 의거하여 선정을 펴겠다고 약속했지만, 실천에 옮기지 못했으며 장규의 주장을 끝내 외면했다.

치화 원년(1328) 7월 태정제는 향년 35세, 재위 5년 만에 상도에서 갑자기 사망했다. 그가 왜 혈기왕성한 나이에 급사했는지 알 수 없다. 어떤 이는 그가 암살당했다고 주장한다. 그는 몽골 초원에서 성장했기 때문에 유가 경전을 공부할 기회가 없었다. 그렇지만 즉위 직후에 황위 계승의 정통성을 주장하고 한족의 마음을 얻기 위해서는 유가와 유학자를 존중해야 함을 알고 있었다. 그리고 불교에 심취했지만 타 종교에도 관용적 입

장을 견지한 것도 여러 민족이 조화롭게 살고 황실의 안녕과 국태민안을
위해서였다.

　태정제는 참으로 운이 없는 군주였다. 통치 기간 내내 극심한 천재지
변에 시달렸다. 이재민 구휼에 노력했지만, 국가를 다스리는 본질적인 문
제를 천착하지 못했다. 그는 개혁을 외면하고 몽골 왕공과 색목인 세력의
이익을 대변한 군주였다.

11

원 문종 투그 테무르

제11장

원 문종 투그 테무르

1. 성장 과정과 황위 계승

원 무종 카이샨은 장남 쿠살라(和世㻋·1300~1329)와 차남 투그 테무르(圖帖睦爾·1304~1332), 두 아들을 두었다. 쿠살라의 생모 수동(壽童)은 이키레스(亦乞列思) 부족 출신이며, 투그 테무르의 생모 문헌소성황후(文獻昭聖皇后: 사후에 아들 원 문종에 의해 황후로 추증됨)는 탕구트(唐古特) 부족 출신이다. 따라서 쿠살라와 투그 테무르는 이복형제가 된다.

원 무종이 황제로 등극하는 데 가장 큰 공을 세운 사람은 그의 친동생 아유르바르와다이다. 원 무종은 즉위 직후에 두 아들이 너무 어리다는 이유를 들어 아유르바르와다를 황태자로 책봉했다. 사실은 아유르바르와다와 권력과 위상을 인정하지 않을 수 없어서 어쩔 수 없이 친동생을 후계자로 결정했다.

두 사람은 일종의 '권력 나누기'를 하면서 중요한 약속을 했다. 훗날

아유르바르와다가 즉위하면 황태자는 반드시 원 무종의 아들을 책봉해야
한다는 것이다. 숙부가 조카를 후계자로 삼는다는 얘기이다.

하지만 원 인종 아유르바르와다는 즉위한 후 형과의 약속을 지키지
않았다. 자신의 장남 시데발라를 황태자로 책봉했다. 쿠살라의 생모와 투
그 테무르의 생모가 옹기라트 부족 출신이 아니었기 때문에, 다기 황태후
와 옹기라트 부족 출신 대신들은 쿠살라와 투그 테무르를 배척했다. 두
사람은 졸지에 고립무원의 처지가 되었다.

원 인종은 쿠살라를 왕으로 책봉한 후 대도에서 쫓아내기로 결정했
다. 연우 2년(1315) 쿠살라를 주왕(周王)으로 책봉하고 운남(雲南)으로 보내 서
남 지방을 다스리게 했다.

쿠살라와 원 무종을 모셨던 신하들은 원 인종의 약속 파기에 불만을
품었다. 쿠살라는 운남에서 주왕부(周王府)인 상시부(常侍府)를 설치하고 원
무종 시대에 중서성 좌승상이었던 투쿠루·대사도·중정사 상가노 등을
관리로 임용했다. 연우 3년(1316) 11월 쿠살라 일행이 연안(延安)에 이르렀을
때 리르(厘日)·샤부딘(沙不丁)·카바르투(哈八兒禿) 등 원 무종을 섬겼던 신하들
이 쿠살라를 만나러 왔다.

아속인(阿速人) 출신 장군 교화(敎化)가 말했다.

"천하는 원래 우리 무종 황제의 천하입니다. 대왕(쿠살라)을 변방으로
보내 지키게 한 것은 황상(원 인종)의 뜻이 아닙니다. 황상 주변에 있는 간
신들이 장난을 쳐서 그렇게 하게 했습니다. 대왕께서는 사건의 전모를
행성(行省) 장관들에게 알려주시어 그들로 하여금 황상에게 아뢰게 함으
로써 이간질을 막아야 합니다. 그렇게 하지 않으면 향후 어떤 변고가 생
길지 모릅니다."

원 무종의 옛날 신하들은 이구동성으로 원 인종이 약속을 파기하고 쿠살라를 변방의 왕으로 쫓아낸 것에 분개했다. 그들은 정변을 일으켜 원 인종을 죽이고 쿠살라를 새로운 황제로 추대하기로 결심했다.

얼마 후 쿠살라의 사주를 받은 섬서행성 승상 아스칸(阿思罕)이 반란군을 이끌고 대도로 진격했다. 반란군이 하중(河中: 산서성 영제·永濟)을 지나 대도로 진격할 때 관군의 거센 반격을 받았다. 설상가상으로 내분이 일어나 아스칸, 교화 등 반란군 지도자들이 피살되었다.

쿠살라는 정변이 실패로 끝났다는 소식을 듣고 서쪽으로 달아났다. 모진 고생 끝에 알타이산맥을 넘어 차가타이 칸국으로 들어갔다. 차가타이 칸국의 제13대 칸, 예센 부카(也先不花)가 쿠살라를 반겨주었다.

당시 차가타이 칸국은 명목상 원나라를 종주국으로 인정했을 뿐, 사실상 독립국이었다. 쿠살라는 차가타이 칸국의 알타이산맥 일대에서 예센 부카의 비호 아래 안정된 삶을 누릴 수 있었다.

한편 쿠살라와 함께 대도에서 쫓겨난 투그 테무르는 운남·몽골 고원 등 지역을 전전했다. 원 인종이 죽고 원 영종이 즉위한 후인 지치 원년(1321) 5월에, 중정사 교주(咬住)가 권신 테무테르의 사주를 받고 토환차르(脫歡察兒) 등이 투그 테무르와 은밀히 연락을 취하며 작당하고 있다고 밀고했다.

원 영종은 투그 테무르를 머나먼 남쪽 해남(海南)으로 유배를 보냈다. 투그 테무르는 해남에서 은인자중하며 지냈다.

지치 3년(1323) 6월 원 영종이 상도에서 승상 바이주에게 말했다.

"우리 형제들은 본래 화목하게 지냈소. 예전에 소인배가 이간질을 하는 바람에, 그들을 먼 곳으로 유배를 보냈소. 그들을 대도로 불러들이고 이간질한 소인배의 죄를 다스리시오."

원나라 역대 황제 평전

하지만 같은 해 8월 남파지변이 일어나 원 영종이 시해되었기 때문에 투그 테무르는 대도로 돌아오지 못했다. 태정제가 즉위한 후에야 투그 테무르는 황제의 배려로 해남 경주(瓊州)에서 호남 담주(潭州)로 거처를 옮길 수 있었으며, 얼마 후 또 대도로 돌아올 수 있었다. 11월 태정제는 그를 회왕(懷王)으로 책봉하고 황금 인장을 하사했다.

태정 2년(1325) 태정제는 투그 테무르를 건강(建康: 강소성 남경)으로 보내 그곳을 다스리게 했다. 아울러 투그 테무르를 감시할 목적으로 수상원사 (殊祥院使) 예센니(也先捏)에게 건강부의 위병들을 지휘하게 했다.

치화 원년(1328) 봄 태정제가 유림(柳林)으로 사냥을 나갔다가 병에 걸려 황궁으로 돌아왔다. 종왕 만투(滿禿)·아마라타이(阿馬剌台)·첨서구밀원사 엘 테무르(燕鐵木兒·1285~1333) 등이 모여 은밀히 모의했다.

"지금 황상의 병세가 날로 위중해지고 있소. 조만간 요양을 하러 상 도로 행차한다고 하오. 만약 황상이 붕어하면 우리 가운데 어가를 호송 하는 자들은 종왕, 대신들을 잡아 죽이고, 대도에 남아있는 자들은 중서 성·어사대 등 각 관서의 관리들을 체포하고 황태자가 이미 대도에 도착 하여 황위를 계승했다고 선포한 후, 격문을 각 곳에 보내 관문을 지키게 하면 큰일을 이룰 수 있을 것이오."

그들은 황제가 사망하면 정변을 일으켜 자기들이 원하는 인물을 새로 운 황제로 추대하려고 음모를 꾸몄다. 정변을 모의한 핵심 인물은 엘 테 무르였다. 그는 킵차크 부족장 가문에서 태어났다. 그의 할아버지 토토가 쿠(土土哈)는 원 세조 휘하의 맹장으로서 많은 전공을 세웠다. 그의 아버지 손쿠루(床兀兒)도 원 성종과 원 무종 시대에 우구데이 칸국의 카이두 칸을 무찌르는 데 혁혁한 전공을 세워 구용군왕(句容郡王)으로 책봉되었다.

엘 테무르는 원 무종이 즉위하기 전에 10여 년 동안 원 무종의 숙위(宿衛)를 맡았다. 그도 아버지처럼 충성심이 강하고 백전불패의 장수였다. 원 무종은 그를 총애하여 정봉대부(正奉大夫)·동지선휘원사(同知宣徽院事) 등 관직을 하사했다.

엘 테무르는 원 인종 시대인 황경 원년(1312)에는 아버지의 관직인 좌친위군도지휘사를 이어받았다. 그는 주로 킵차크 출신 용사들로 친위군을 조직하여 황궁 수비를 맡았다. 태정제 시대에 들어와서도 태복경·동첨구밀원사·첨서구밀원사 등 요직에 임용되어 승승장구했다. 그는 평소에 원 무종의 후손이 황위를 계승해야 한다는 소신이 강했다.

치화 원년(1328) 3월 다울라트 샤·만투·쿠쿠추 등이 태정제의 어가를 호위하고 상도로 갔다. 엘 테무르와 안서왕 아라트나시리(阿剌忒納失里)는 대도에 머물렀다. 당시 엘 테무르 일당이 태정제를 시해할지도 모른다는 소문이 파다했다.

예센니가 몰래 상도로 와서 다울라트 샤에게 투그 테무르를 다른 곳으로 보내 엘 테무르 일당과 접촉하지 못하게 해야 한다고 주장했다. 다울라트 샤는 종정(宗正) 차루쿠치웅고타이(紮魯忽赤雍古台)를 건강으로 파견하여 투그 테무르의 거처를 강릉(江陵: 호북성 형주·邢州)으로 옮기게 했다.

같은 해 7월 태정제가 상도에서 급사했다. 8월 초 대도의 금위군을 장악한 엘 테무르는 용사 17명을 이끌고 흥경궁(興慶宮)을 기습하여 중서성 평장정사 우베이둘라(烏伯都剌)·바얀차르(伯顔察兒)·중서성 좌승 타타(朶朶)·참지정사 왕사희(王士熙) 등 조정 중신 12명을 체포했다.

엘 테무르는 놀라서 우왕좌왕하는 대신들에게 칼을 휘두르며 소리쳤다.

"무종 황제에게는 영명한 두 아드님이 있다. 두 분은 부모에게 효도하고 형제간에 우애가 있을 뿐만 아니라 인의와 문덕도 갖추고 있어서 천하 백성들의 마음을 얻었다. 황조(皇朝)의 대통(大統)을 이어받은 분을 새로운 황제로 추대해야 한다. 내 말에 복종하지 않는 자는 당장 죽이겠다."

조정 대신들 모두 엎드려 머리를 조아리고 복종의 뜻을 밝혔다. 엘 테무르는 쿠살라와 투그 테무르 가운데 한 명을 황제로 추대함으로써 정국을 안정시켜야 했다. 그는 쿠살라는 대도에서 너무 멀리 떨어진 서북의 알타이 산맥 지역에 거주하고 있는 것을 구실로 삼아 쿠살라를 대도로 불러들이지 않고, 강릉에 거주하고 있는 투그 테무르를 불러들여 황제로 추대하기로 결정했다. 사실은 그가 쿠살라보다 투그 테무르를 꼭두각시 황제로 부리기가 쉽다고 생각했기 때문에 그렇게 결정한 것이다.

엘 테무테르는 강릉으로 사신을 보내 투그 테무르를 대도로 모셔오게했다. 아울러 하남행성 승상 바얀(伯顔)에게 밀명을 내려 투그 테무르를 호위하게 했다.

치화 원년(1328) 9월 13일 투그 테무르는 24세의 나이에 황위를 계승했다. 그가 원나라 제8대 황제이자 몽골 제국의 제12대 카안 원 문종(元文宗)이다.

즉위 직후에 연호를 천력(天曆)으로 바꾸고 대사면을 반포했다.

"9월 13일 새벽 전까지 조부모·부모를 살해한 자, 처첩이 남편을 살해하고, 노복이 주인을 살해하고, 음모를 꾸며 사람을 살해한 자, 강력 범죄를 저지른 자, 위폐를 제조한 자 등을 제외하고, 그 밖의 죄를 지은 사람들에게는 죄의 경중을 따지지 않고 모두 사면한다."

봉건 왕조에서 황제가 등극하면 흔히 반포하는 사면령의 내용이다. 옛날 사람들이 절대 용서할 수 없었던 범죄가 무엇이었는지 짐작해 본다.

원 문종은 자신을 황제로 추대해 준 엘 테무테르를 태평왕(太平王)으로 책봉하고 그에게 태평로(太平路: 안휘성 당도현·當涂縣 일대)를 봉토로 하사했다. 얼마 후 또 그에게 개부의국삼사·상주국·녹군국수사·중서성 우승상·감수국사·지추밀원사 등 관작과 황금·백은·비단 등 재물을 하사했다. 이때부터 엘 테무테르는 국정을 좌지우지하는 권신(權臣)이 되었다.

2. 천순제 세력과 '양도의 전쟁'을 벌이다

원래 태정제 예순 테무르에게는 장남 아라기박(阿剌吉八·1320~1328) 등 아들 4명이 있었는데 장남을 제외하고는 모두 요절했다. 아라기박의 생모는 바부칸(八不罕)이다. 아라기박은 원 인종 시대인 연우 7년(1320)에 막북 지역 진왕부(晉王府)의 잠저에서 태어났다. 예순 테무르가 황제로 등극한 후, 조정 중신들은 그에게 황태자를 책봉하여 국본(國本)을 세워야 한다고 주장했다.

황태자를 선정하는 데 정통성을 따지면 원 세조의 적증손인 태정제와 역대 황후들의 고향인 옹기라트 부족 출신인 바부칸 사이에서 태어난 아라기박보다 더 적합한 인물은 없었다. 그래서 태정 원년(1324) 3월에 네 살배기 아이가 황태자로 책봉되었다. 태정제가 한문 서적『제범(帝範)』을 몽골어로 번역하여 어린 황태자에게 읽게 했다고 한다. 아들이 성장하여 성군이 되기를 바라는 마음에서였을 것이다.

치화 원년(1328) 7월 태정제가 상도에서 급사했다. 중서성 좌승상 다울라트 샤·종왕 토토(脫脫)·양왕 왕선(王禪) 등 태정제의 측근들은 같은 해 8

월에 아라기박을 황제로 추대했다.

당시 아라기박의 나이는 겨우 8세였다. 아라기박이 원나라 제7대 황제이자 몽골 제국 제11대 카안 천순제(天順帝)이다. 상도의 중신들은 연호를 천순(天順)으로 바꾸었다.

급기야 원나라 천하에 황제가 두 명 등장한 사태가 벌어졌다. 하늘에는 두 개의 태양이 떠올 수 없다. 대도에는 원 문종 세력이, 상도에는 천순제 세력이 각자 정통성을 주장하며 대립하기 시작했다. 이른바 '양도(兩都)의 전쟁'이 폭발했다.

엘 테무르가 지휘한 대도군(大都軍)은 왕선의 상도군을 유하(榆河: 북경 남쪽)에서 대파했다. 엘 테무르는 또 백부(白浮: 북경 동북쪽)에서 상도군을 기습하여 적군의 머리 수천 개를 자르고 1만여 명을 포로로 잡았다. 얼마 후 그는 석조(石槽: 북경 회유구·懷柔區 서남쪽)에서 보로 테무르(孛羅帖木兒) 장군이 지휘한 상도군 1만여 명을 섬멸했다. 연패를 당한 상도군은 전열을 정비한 후 통주(通州)와 자형관(紫荊關) 두 지역에서 대도를 향해 진격했다. 양군은 조림(棗林: 통주 동남쪽)에서 결전을 벌였는데 또 대도군의 대승으로 끝났다.

천력 원년(1328) 10월 엘 테무르의 숙부인 부카 테무르와 제왕(齊王) 오르쿠 테무르가 상도의 주력군이 전선으로 이동한 틈을 타서 상도성을 포위했다.

고립무원의 처지에 빠진 다울라트 샤는 어린 황제 아라기박과 함께 국새를 바치고 항복했다. 다울라트 샤는 대도로 끌려가 기시형(棄市刑)을 당했다. 아라기박은 즉위한 지 40여 일만에 살해당했다.

원 문종은 태정제와 아라기박에게 불법으로 황위를 찬탈했다는 죄명을 씌워 두 사람의 묘호와 시호를 추탈했다. 그래서 아라기박을 연호 천순을 따서 천순제라고 호칭하며, 어린 나이에 잠시 군주였다는 사실을 인정하여 소제(少帝) 또는 유주(幼主)라고 칭하기도 한다.

엘 테무르와 그의 일족은 양도의 전쟁을 승리로 이끌고 원 문종을 황제로 옹립하는 데 결정적 역할을 했다. 엘 테무르는 권세는 황제에 뒤지지 않았다. 원 문종은 엘 테무르가 승전보를 전할 때마다 감격해 마지않았다.

천력 원년(1328) 겨울 엘 테무르의 대도군이 양왕 왕선(王禪)의 상도군을 대파하여 수천 명을 죽이고 1만여 명을 포로로 잡았다는 소식을 들은 원 문종은 사자를 엘 테무르의 군영으로 보내 진귀한 술 한 동이를 하사하고 이런 말을 전하게 했다.

"승상은 전장에 나아가 싸울 때마다 친히 선봉에 서서 작전을 지휘했소. 만약 승상에게 불행한 일이 생겼더라면, 짐과 국가는 과연 어떻게 되었겠소? 앞으로는 승상은 직접 싸우지 않고 대장기(大將旗)로 장졸들을 독려하는 일만 하면 좋겠소."

엘 테무르의 회신은 이러했다.

"적군을 만났을 때 신은 반드시 선봉에 서서 싸울 것입니다. 적군을 두려워하여 후퇴하는 자는, 신은 반드시 엄한 군법으로 다스리겠습니다. 만약 신이 다른 장수에게 지휘권을 위임했다가 전황이 불리하게 되면 후회해도 소용없을 것입니다."

원 문종이 엘 테무르 덕분에 원나라의 종묘사직이 유지된 것에 얼마나 고마워했으며, 아울러 그에게 얼마나 의지했는지 알 수 있는 내용이다. 향후 엘 테무르가 전장에 나아가 친히 싸우다가 목숨을 잃을까 두려워하여 그런 당부를 한 것이다.

그는 또 엘 테무르에게 '타르칸(Tarqan)'이라는 봉호를 하사했다. 이 봉호를 받은 자는 몽골의 종왕(宗王)과 같은 대우를 받았다. 신하로서 받을 수 있는 최고의 봉호이자 영예였다.

원 문종을 황제로 추대한 엘 테무르는 병권은 절대 원 문종에게 넘겨주지 않았다. 그가 대도군을 이끌고 유하(榆河)에 주둔하고 있을 때 원 문종이 제화문(齊化門: 북경 조양문·朝陽門)으로 행차하여 군대를 시찰했다.

엘 테무르가 원 문종에게 말했다.

"천자의 어가가 행차하면 백성들이 놀라 어쩔 줄 모르는 법입니다. 군대의 일은 모두 신에게 위임하면 됩니다."

엘 테무르는 황제가 황궁 밖으로 행차하면 민심이 동요할 수 있다는 것을 구실로 삼아 황제의 가장 큰 권력인 병권을 원 문종에게 넘기지 않은 것이다. 왕조 시대에는 병권을 장악한 자가 사실상 국가의 주인이었다.

3. 이복형 쿠살라에게 양위하고 황태자로 책봉되다

투그 테무르는 황위를 계승하기 전에 이복형 쿠살라의 존재를 의식하지 않을 수 없었다. 형제간의 서열을 따지면 쿠살라가 즉위하는 게 당연했다.

투그 테무르가 강릉에서 대도에 도착한 후의 일이다. 치화 원년(1328) 9월 어느 날 엘 테무르는 종왕, 대신들과 함께 무릎을 꿇고 투그 테무르에게 속히 황제로 등극하여 천하를 안정시켜야 한다고 간청했다. 사실은 엘 테무르가 이미 투그 테무르를 추대하기로 결정했지만, 형식적인 절차가

필요했기 때문에 그에게 간청한 것이다.

투그 테무르가 엘 테무르에게 말했다.

"형님이 북방에 계신 데 내가 어찌 감히 형제간의 서열을 무시하고 등극할 수 있겠소?"

엘 테무르가 말했다.

"지금 민심의 향배가 어떻게 변할지 모르고 배반의 조짐이 있습니다. 천재일우의 기회를 놓치면 후회해도 소용없습니다."

투그 테무르가 말했다.

"어쩔 수 없는 상황이라면, 천하의 백성들에게 나의 본심을 밝힌 후 즉위하는 게 좋겠소."

투그 테무르의 본심은 일단 자신이 먼저 즉위하고 쿠살라가 대도에 도착하면 그에게 양위하겠다는 것이다. 그가 정말로 그렇게 생각했는지, 아니면 엘 테무르와 짜고 그런 말을 했는지 알 수 없다.

어쨌든 그가 즉위 당일에 반포한 조서에 이런 내용이 있다.

"종왕, 대신들은 종묘사직의 중요함과 황통의 올바른 계승을 위하여 누구를 추대해야 하는지 논의한 후 보잘것없는 나에게 부탁했다. 나는 인덕이 부족하여 황위를 계승할 자격이 없었기 때문에 형님이 오시기를 기다려야 한다고 여러 번 말했다."

　원나라 역대 황제 평전

"하지만 종친·장군·대신·관리·원로 등은 모두 황제의 옥좌를 오랫동안 비워둘 수 없다고 주장했다. 천하에는 하루라도 주인이 없을 수 없는데 주왕(쿠살라)이 대도에서 멀리 떨어진 북방의 사막에 있기 때문에, 백성들은 당황하여 제대로 생업을 이어가지 못한 지가 벌써 3개월이나 지났다. 그래서 그들은 간절한 마음으로 나에게 등극을 요청했다. 나는 일단 그들의 간청을 받아들이겠다. 하지만 형님이 대도에 도착하면 나는 그에게 본심을 밝히고 양위하겠다."

천력 2년(1329) 1월 원 문종은 카산(哈散), 사디(撒迪) 등 신하들을 차가타이 칸국에 거주하고 있는 주왕 쿠살라에게 사신으로 보냈다. 그는 사신을 통하여 이복형에게 자기가 먼저 등극할 수밖에 없는 사정을 설명했다. 아울러 이복형이 원나라로 오면 양위하겠다는 뜻을 분명히 밝혔다.

쿠살라는 이복동생의 양위 결정에 감격하여 한동안 말을 잃었다. 북방 지역의 여러 왕도 쿠살라의 황위 계승을 적극적으로 권했다. 얼마 후 종왕 차아타이(察阿台)·북방의 장수 토레니(朵烈捏)·만호 매려(買驢)·측근 신하 보로·상가노 등이 쿠살라를 모시고 대도를 향해 출발했다.

쿠살라 일행이 금산(金山)에 이르렀을 때 영북행성평장정사 포피(濮皮)·무녕왕 체체투(徹徹禿)·첨구밀원사 테무르 부카(帖木兒不花) 등이 영접을 나왔다. 쿠살라는 보로를 대도로 파견하여 황제에게 소식을 전했다. 대도와 상도의 백성들은 쿠살라의 사신이 왔다는 소식을 듣고 춤을 추며 환호했다.

"우리들의 천자가 정말로 북방에서 오시는구나!"

왕공들과 예전에 쿠살라를 섬겼던 신하들도 쿠살라를 영접하기 위해

만반의 준비를 했다. 원 문종은 또 중서성 좌승상 예리 테무르(躍里帖木兒),
사디 등 대신들을 파견하여 카라코룸에 도착한 쿠살라에게 황제로 등극
하게 했다.

천력 2년(1329) 1월 28일 쿠살라는 마침내 카라코룸의 북쪽에서 등극했
다. 그가 원나라의 제9대 황제이자, 몽골 제국의 제13대 카안 원 명종(元明
宗)이다. 당시 그의 나이는 29세였다.

원 문종은 우승상 엘 테무르에게 카라코룸으로 가서 원 명종에게 황
제의 옥새를 바치게 했다. 엘 테무르는 대신들과 함께 원 명종을 배알하
고 옥새를 바쳤다. 원 명종은 그의 공훈을 크게 치하하고 원 문종이 그에
게 하사했던 관작을 다시 하사했다. 지금부터 원나라 황제는 원 문종이
아니라 원 명종이라는 사실을 엘 테무르에게 각인하려는 조치였다.

같은 해 8월 1일 원 명종 일행은 대도에서 멀지 않은 왕홀찰도(王忽察
都: 하북성 장북현·張北縣 북쪽)에 도착했다. 다음 날 원 문종은 원 명종을 배알했
다. 두 사람은 어린 시절에 헤어진 지 십수 년 만에 상봉했다.

원 명종은 문무백관이 도열한 가운데 원 문종을 황태자로 책봉했다.
두 사람은 이른바 '형종제급(兄終弟及), 숙질상전(叔侄相傳)'을 약속했다. "형이
죽으면 동생이 황위를 이어받으며, 숙부가 죽으면 황위를 조카에게 전한
다."는 뜻이다. 다시 말해서 쿠살라가 세상을 떠나면 동생 투그 테무르가
즉위하며, 투그 테무르가 세상을 떠나면 쿠살라의 아들이 황위를 계승한
다는 것이다.

원래 이 약속은 카이샨(원 무종)과 아유르바르와다(원 인종), 두 사람이 정
했다. 하지만 원 인종이 약속을 어기고 아들 시데발라(원 영종)를 황태자로
책봉했기 때문에, 훗날 남파지변이 일어났다. 쿠살라와 투그 테무르는 이
런 정변이 다시는 일어나지 않기를 바라는 마음으로 굳게 약속했다. 하지
만 원 명종은 엘 테무르가 얼마나 무서운 권신이자 간신인지 미처 몰랐다.

원나라 역대 황제 평전

4. 원 명종이 급사한 직후에 황제로 복위하다

천력 2년(1329) 1월 28일 원 명종이 카라코룸에서 즉위한 직후에, 북방의 여러 왕, 대신들이 카라코룸으로 몰려와 새로운 황제의 등극을 축하했다. 며칠 후 전(前) 한림학사승지 부다시리(不答失里)와 태부태감 살라반(沙剌班)이 금은과 비단을 수레에 가득 싣고 왔다. 원 명종이 임시로 거주하는 행궁에는 그에게 아부하여 출세하려는 자들로 문전성시를 이루었다.

원 명종은 등극은 했지만, 아직 대도의 황궁으로 출발하지 않았으며 그리고 원 문종을 만나 양위와 황태자 책봉의 일을 마무리 짓지 못했기 때문에 황제의 권력을 적극적으로 행사할 수 있는 상황이 아니었다. 환궁한 후에 원 문종을 황태자로 책봉하고 천하에 등극을 알리는 조서를 반포하며 대사면을 선포한 후 친정을 시작해도 늦지 않았다.

하지만 원 명종은 카라코룸에서 하루빨리 국정을 장악하여 자신의 정치적 이상을 실현하고 싶었다.

사디 등 측근 신하들을 대도로 파견하면서 이런 말을 했다.

"짐의 동생(원 문종)은 예전에 역사서를 즐겨 읽었는데 지금도 변함없이 읽고 있는지 궁금하다. 정사(政事)를 돌본 후 한가한 시간에 어진 신하, 유학자 등에게 역사서의 내용을 강론하게 함으로써 군주에게 고금의 흥망성쇠의 교훈을 얻게 해야 한다. 경들은 경사에 도착하면 반드시 짐의 생각을 동생에게 전해야 한다."

원 명종은 당대의 석학들이 자기에게 역사서의 내용을 강론해주기를 바라는 마음에서 이런 말을 했을 것이다. 역사서를 통해 흥망성쇠의 교훈을 얻기 위한 목적이었다. 그는 엘 테무르에게 원 문종이 하사한 관작을 다시 하사한 후 재차 강조했다.

"경사(京師)의 관리들은 모두 짐의 동생이 임용한 자들이오. 짐은 그들의 관직을 바꾸지 않겠소. 경은 짐의 뜻을 잘 헤아리기 바라오."

엘 테무르가 말했다.

"폐하께서는 천하를 군림하시는 분입니다. 국가의 대사와 관련된 관서는 중서성과 추밀원 그리고 어사대입니다. 폐하께서는 인재를 선발하시어 세 관서의 관리로 임용해야 합니다."

원 명종은 엘 테무르의 건의를 수용하여 카바르투(哈八兒禿) 등 원 무종을 섬겼던 신하들을 요직에 임용한 후 연회를 베풀었다.
그는 연회석상에서 어사대의 신하들에게 특별히 당부했다.

"태조 황제(칭기즈 칸)께서는 '아름다운 여자, 천리마 등은 남자들이 모두 좋아한다. 하지만 그것들을 너무 좋아하다가 조금이라도 잘못을 저지르면 명예를 망치고 덕행을 훼손한다'고 말씀하셨소. 경들은 국가의 기강을 바로잡는 관서에서 일하고 있는데 태조 황제의 말씀을 유념한 적이 있는가? 그리고 세조 황제(쿠빌라이 카안)께서 어사대를 처음 설립할 때 타차르(塔察兒)·본 테제르(奔帖杰兒), 두 사람에게 서로 협력하여 어사대의 업무를 잘 수행하라고 했소."

"국가는 한 사람의 몸과 같소. 중서성이 오른손이라면, 추밀원은 왼손이오. 사람의 오른손과 왼손에 병이 나면 의술이 뛰어난 의사에게 치료하게 하면 되오. 하지만 중서성과 추밀원의 관리들이 부패하면, 어사대를 제외하고 다른 부서에서 그들의 잘못을 바로잡을 수 있겠는가. 향후 어사대의 관리들은 종왕, 문무백관 등이 법률을 위반하고 예의에 어긋난 행동을 한다는 얘기를 들으면 반드시 그들을 탄핵해야 하오. 국가의 기강이 엄하면 탐관오리들이 벌벌 떠는 법이오. 이는 도끼가 무거우면 나무의 깊은 곳까지 들어갈 수 있는 것과 같은 이치이오. 짐도 잘못을 저지르면 경들이 지적하기 바라오. 책임을 회피하지 않겠소."

탄핵 기관인 어사대에게 중서성과 추밀원의 과오뿐만 아니라 황제인 자신도 잘못을 저지르면 기탄없이 탄핵하라는 부탁이다. 원 명종은 정말로 의욕이 넘치는 군주였다. 국가를 잘 다스려 성군이 되고 싶었다. 그런데 권신 엘 테무르는 겉으로는 원 명종에게 복종했지만, 속으로는 그를 아주 부담스러운 존재로 생각했다. 그가 원한 군주는 성군(聖君)이 아니라 혼군(昏君)이었다. 사실상 조정의 권력을 장악한 그는 원 명종을 허수아비 황제로 세우고 조정을 마음껏 주무르고 싶었다.

원 명종은 킵차크 칸국에서 장기간 망명 생활을 했기 때문에 대도의 황궁과 조정의 권력 구도를 정확하게 파악하지 못했다. 다만 원 문종과 엘 테무르가 자신을 황제로 추대한 것에 감동하여 두 사람을 충신으로 생각했을 뿐이었다.

천력 2년(1329) 8월 2일 원 명종은 왕흘찰도의 행궁에서 문무백관이 도열한 가운데 원 문종을 황태자로 책봉했다. 원 명종은 왕공·종친·문무백관 등에게 대연(大宴)을 베풀었다. 흥겨운 연회가 매일 밤낮을 가리지 않고 열렸다. 뜻밖에도 큰잔치를 벌인지 4일 만인 8월 6일에 원 명종이 급사했다. 즉위 기간은 겨우 7개월이었다.

그의 돌연한 죽음을 두고 여러 가지 설이 있다. 원 문종과 엘 테무르가 서로 짜고 그를 시해했다는 설이 가장 우세하다. 그렇지만 원 문종은 진작부터 이복형 쿠살라가 황위를 계승해야 한다고 생각했다. 그래서 즉위하자마자 쿠살라에게 양위하겠다는 의사를 분명히 밝혔다. 원 명종을 시해한 주범은 엘 테무르이다. 그에게는 원 명종보다 원 문종이 꼭두각시 황제로 부리는 데 편했다.

투그 테무르는 황태자의 신분으로 상도의 대안각(大安閣)에서 다시 황제로 즉위했다. 천력 3년(1330) 연호를 지순(至順)으로 바꾸었다. 그는 원 명종의 급사에 대하여 대단히 안타까워했다고 한다.

어쨌든 그를 다시 황제로 추대한 엘 테무르 일족에게 엄청난 특혜를 베풀어 주었다. 엘 테무르의 증조부 반두차(班都察)에게는 율양왕(溧陽王)으로, 증조모에게는 율양왕부인으로 조부 토토가쿠에게는 승왕(廾王)으로, 조모에게는 승왕부인으로, 아버지 손쿠루에게는 양왕(揚王)으로, 어머니 예센테니(也先帖妮)와 아버지의 후궁인 차지르(察吉兒) 공주에게는 양왕부인으로 책봉했다.

또 엘 테무르의 숙부인 부카 테무르(不花帖木兒)는 지추밀원사에, 그의 동생 사둔(撒敦)은 태부와 좌승상에, 아들 텡기스(唐其勢)는 고려·여진족·한족 만호부 등을 다스리는 다루가치에 임용되었다.

원 문종은 또 예부상서 마조상(馬祖常)에게 엘 테무르 가문의 공적을 찬양하는 글을 새긴 비석을 대도 북쪽 교외에 세우게 했다. 이뿐만 아니었다. 중서성에서 법률을 제정하고 명령을 내리며 형벌을 집행하고 재물을 관장하는 일 등은 모두 엘 테무르의 지시와 결제를 받게 했다. 아울러 여러 왕·부마·금위군 그리고 모든 부서의 관리들이 일을 처리할 때 먼저 그에게 보고하지 않고 황제에게 직접 아뢰면 처벌을 받게 했다.

원나라 역사상 엘 테무르처럼 막강한 권력을 휘두른 권신은 없었다. 그는 태정제의 후궁을 아내로 삼았으며, 종실 공주 40여 명을 첩으로 거느렸다. 고금을 막론하고 신하가 그처럼 많은 황실 여자들을 성적 노리개로 삼은 일은 전무후무했다. 그는 마음에 드는 여자가 있으면 3일 동안 혼례를 치르고 새로 얻은 첩을 저택의 후원에서 지내게 했다. 후원에서 거주하는 첩들이 얼마나 많았으면, 누가 누구인지 구별이 안 될 정도였다.

어느 날 중서성 평장정사 조세연(趙世延)의 저택에서 성대한 연회가 열렸다. 그 남녀가 참석한 연회를 '원앙회(鴛鴦會)'라고 불렀다. 엘 테무르는 한쪽 자리에 용모가 빼어난 부인이 앉아 있는 모습을 보고 누구냐고 물었다. 연회가 끝나면 그녀를 자기 집으로 데리고 가서 첩으로 삼을 생각이었다.

옆에 앉아 있는 사람이 말했다.

"저 사람은 태사(太師)의 아내입니다."

봉건 왕조에서는 대체로 태사(太師)·태부(太傅)·태보(太保) 등 삼공(三公)이 정일품에 해당하며 지위가 가장 높았다. 엘 테무르는 마음에 드는 여자라면 태사의 부인도 후궁으로 취했을 정도로 여색에 빠져 지냈다.

원 문종은 그가 황제를 능멸하는 권력을 행사해도 모르는 척했다. 사실상 황제는 엘 테무르였기 때문이다. 그의 관심사는 권력이 아니고 문치(文治)였다.

5. 문치를 일으키고 유가를 존중하다

원 문종은 한림학사사승지 쿠도루미시(忽都篤魯迷失)와 집현대학사 조세연을 규장각대학사로, 시어사 사디(撒迪)와 한림직학사 우집(虞集)을 시서학사로 임용했다. 원 문종이 규장각학사원을 설치한 목적은 학식과 덕망을 갖춘 학사들이 역대 황제들이 남긴 교훈과 국가 흥망성쇠의 이치를 자기에게 강론해주기 위한 것이었다. 그는 언제나 즐거운 마음으로 그들의 강론을 들었다.

위구르인 쿠도루미시는 한문·위구르 문자·몽골 문자 등에 정통한 대학자이다. 일찍이 『자치통감』·『대학연의』 등 한문 서적을 몽골어로 번역했으며, 태정제 시대에는 경연(經筵)을 열어 한족 신하들과 함께 황제에게 경전을 강론했다.

몽골 왕고부(汪古部) 출신 조세연은 원 세조 시대부터 고위 관직을 역임한 원로 대신이다. 어린 시절부터 학문에 매진하여 일가를 이루었다. 평소에 무치를 반대하고, 문치를 주장했으며 불의를 보면 참지 못했다. 원 문종은 그를 규장각대학사로 임용한 후 또 중서성 평장정사를 겸직하게 했다. 당시 조세연은 고희의 나이에 병약했기 때문에 대임을 감당할 자신이 없었다. 황제에게 여러 차례 사직을 청하고 고향으로 돌아가 은거하기를 바랐다.

하지만 원 문종은 그의 청원을 들어주지 않았다. 다만 그가 고령임을 감안하여 수레를 타고 황궁을 드나들게 했다. 지순 원년(1330: 이 해에는 연호가 천력과 지순, 두 개가 있었다.) 원 문종은 조세연·우집·마조상(馬祖常) 등 당대를 대표하는 석학들에게 『황조경세대전(皇朝經世大典)』을 편찬하게 했다.

조세연이 원 문종에게 간청했다.

"신은 너무 노쇠하여 더 이상 중서성의 업무를 감당할 수 없습니다. 편찬 사업에만 전념할 수 있게 해주시기 바랍니다."

원 문종이 대답했다.

"경처럼 경륜이 풍부한 원로 대신은 조정에 몇 명 없소. 향후 사퇴하겠
다는 말은 더 이상 하지 마오."

원 문종은 또 그에게 한림학사승지·노국공 등 관작을 하사했다. 그는
진심으로 원로 대신이 자기 곁을 지켜주기를 바랐다. 어쩌면 엘 테무르
조차도 함부로 할 수 없는 조세연이 물러나면 자신을 지켜줄 원로 대신이
없음을 걱정하여 끝까지 그의 사퇴 요청을 거부한 게 아닌가 한다.

한족 출신 우집도 조세연과 쌍벽을 이룬 원로 대신이다. 『황조경세대
전』의 편찬 책임자였던 조세연이 질병에 걸려 금릉(金陵)의 모산(茅山)에서
은거한 후에는, 우집이 편찬 사업의 책임자가 되어 심혈을 기울였다. 지
순 2년(1331) 마침내 『황조경세대전』이 완성되었다.

이 책은 『당회요(唐會要)』와 『송회요(宋會要)』를 참고하여 편찬한 정치 서
적이다. 총 880권, 목록 12권, 부공첩(附公牒) 1권, 찬수통의(纂修通議) 권 등
으로 구성되어 있다. 그리고 전체는 10편으로 나누어져 있다.

그 가운데 제호(帝號)·제훈(帝訓) 등 제왕에 관한 내용이 4편, 치전(治典)·
공전(工典) 등 각종 제도와 그것들을 관장하는 사람에 관한 내용이 6편이
다. 원본은 소실되었지만, 일부 내용이 명나라 시대에 편찬한 『영락대전
(永樂大全)』에 남아있다. 원나라의 제도와 문물을 연구하는 데 대단히 중요
한 서적이다.

규장각한림원에는 또 수서랑(授書郎)과 예문감(藝文監)을 두었다. 수서랑
은 귀족 자제들에게 유가 경전을 강론했으며, 예문감은 각종 서적의 내용
을 교정하는 일을 했다.

원 문종 시대에는 송본(宋本)·구양현(歐陽玄)·소천작(蘇天爵) 등 많은 한족

문인, 학자들이 활약했다. 원 인종 시대에 장원 급제한 송본은 이부시랑, 예부시랑 등 관직을 역임했으며 예문감의 감사를 맡아 학술 진흥에 크게 기여했다. 평생 쓴 시문을 모아 『지치집(至治集)』 40권을 남겼다.

구양현은 40여 년 동안 관직을 맡으면서 『송사(宋史)』·『요사(遼史)』·『금사(金史)』 등 역사서를 편찬했다. 성리학과 문학 분야에도 탁월한 성취를 이루었다. 훗날 그는 오징(吳澄)·우집·게혜사(揭傒斯) 등과 함께 '원사학사(元四学士)'로 이름을 날렸다.

소천작은 『원조명신사략(元朝名臣事略)』, 『영종사략(英宗事略)』 등의 초본을 편찬했다. 원 문종은 그를 어사남대로 임용하고 호광(湖廣) 지방으로 내려가 억울하게 옥살이하는 백성들의 누명을 벗겨주게 했다. 소천작은 형사 사건을 공정하게 처리하여 백성들의 큰 호응을 얻었다.

원 문종 시대에는 한족 출신뿐만 아니라, 몽골인 아영(阿榮)과 킵차크 출신 나우나우(嶩嶩)도 문인과 학자로서 명성을 날렸다. 이는 유가 경전을 대표로 하는 한족 서적의 내용을 몽골인·색목인 등도 이해하고 정치에 반영했음을 의미한다.

중서성 참지정사 아영은 시간이 날 때마다 많은 서적을 두루 읽고 국가의 흥망성쇠를 연구하는 것을 좋아했다. 특히 음양과 복술(卜術)에 관한 학문에 정통하여 길흉화복을 정확히 예측했다.

천력 3년(1330) 봄 그는 과거 시험에서 유생들에게 문제를 내는 시험관이 되었다.

시험관들이 머무르고 있는 숙소에서 우집을 만나 감개무량한 표정을 지으며 말했다.

"금년에 과거(科擧)를 통해 인재를 선발한 후에는 과거가 중지될 것이오. 2년 후에나 다시 과거를 실시할 텐데 그때가 되어서야 비로소 뛰어난 인재들이 많이 배출되겠지요."

국가의 동량은 과거 시험을 통해 배출해야 한다고 생각한 아영은 향후 2년 동안 과거 시험이 중단되면 인재를 배출하지 못할 것이라는 아쉬움을 우집에게 드러냈다.

그가 또 말했다.

"2년 후 인재가 배출될 때면, 나는 더 이상 이 세상 사람이 아닐 것이오. 하지만 당신은 인재를 볼 수 있을 것입니다."

우집이 대답했다.

"나는 존초(存初: 아영의 호)께서 말한 대로 국가에서 과거를 통해 많은 인재들을 얻을 수 있기를 바랄 뿐이오. 지금은 국가의 문치가 흥성하고 있으므로 과거가 중단되지 않을까 걱정할 필요가 없소. 존초께서는 국가의 세신(世臣)으로서 문학에 정통하여 젊은 시절부터 조정에 들어와 중책을 맡고 있소. 대신들은 모두 그대에게 큰 기대를 걸고 있습니다. 나는 이미 노쇠하여 언제 죽을지 모르오. 설사 인재들을 볼 수 있다고 하더라도 무슨 소용이 있겠소?"

아영이 대답했다.

"아닙니다. 그대는 장수하여 인재들을 만나 지도해야 하는 운명입니다."

우집이 그에게 구체적인 이유를 물었지만, 아영은 묵묵부답이었다. 과연 3년이 지난 후 아영은 세상을 떠났으며, 원통(元统) 3년(1335)에 과거가 중지되었다가, 지정 원년(1341)에 다시 실시되었다. 아영의 예언과 거의 일치했다.

아영과 우집의 대화에서 원 문종 시대에 과거가 시행되어 문치가 성행했음을 짐작할 수 있다.

나우나우는 조상이 킵차크 사람이다. 그의 조부 옌친(燕真)은 원 세조 쿠빌라이를 섬기면서 많은 전공을 쌓아 색목인의 세가(世家)를 이루었다. 그의 아버지 부쿠무(不忽木)는 한학(漢學)을 공부하여 유가 사상에 일가견을 이루었다. 원 세조와 원 성종 시대에 중서성 평장정사 등 고위 관직을 역임하면서 명성을 날렸다. 나오나오의 어머니는 원 무종 시대에 어사중승·집현대학사 등을 역임한 왕수(王壽)의 딸이다.

이처럼 명문가 집안에서 태어난 나우나우는 어렸을 적부터 당대의 저명한 유학자인 허형(許衡)의 문하에서 유학을 배웠다. 벼슬길에 오른 후에는 전국의 문인, 학자들과 교류하면서 학문을 논하는 것을 좋아했다. 원 문종 시대에는 한림학사 겸 경연관을 맡아 황제에게 직언을 아끼지 않았다.

그는 평소에 이런 말을 자주 했다.

"재상은 국정에 반드시 올바른 의견을 제시해야 하오. 재상이 감히 말하지 못하면, 어사대의 간관(諫官)이 말해야 하며, 간관이 말하지 못하면 경연관이 말해야 하오. 나는 경연관으로서 천자의 면전에서 남이 감히 할 수 없는 직언을 하는 것을 큰 즐거움으로 삼겠소."

나우나우는 국가와 백성에게 유리한 일이라면 원 문종에게 어떤 불편한 직언도 마다하지 않았다. 원 문종의 통치 기간은 4년에 불과했지만, 그의 시대에 학술이 성행하고 문치를 이룰 수 있었던 것은, 그가 공자를 숭배하고 유가 사상으로 국가를 다스리고자 하는 의지가 있었기 때문이다.

지순 원년(1330) 7월 원 문종은 공자의 아버지 숙량흘(叔梁紇)을 계성왕(啟聖王)으로, 어머니 안씨(顔氏)를 계성왕부인으로 추봉했다. 아울러 공자의 제자 안자는 연국복성공(兗國復聖公)으로, 증자는 성국종성공(成國宗聖公)으로, 자사는 기국술성공(沂國述聖公)으로, 맹자는 추국아성공(鄒國亞聖公)으로 추봉했다. 지순 3년(1332)에는 공자의 부인 기관씨(亓官氏)를 대성지성문선왕부인(大成至聖文宣王夫人)으로 추봉했다.

원 문종은 공자와 유가 성현들에게 시호(諡號)를 추증함으로써 자기가 한족 문명의 수호자이자 한족 왕조의 계승자임을 드러냈을 뿐만 아니라, 지배 계급인 몽골인과 피지배계급인 한인의 갈등도 해소하고자 했다. 그는 또 문치주의를 표방함으로써 반란을 종식하고자 했다. 하지만 지순 3년(1332) 8월에 28세의 나이로 상도에서 병사할 때까지 권신 엘 테무르의 간섭에서 벗어나지 못했다.

원 문종은 몽골인 황제였지만 한시와 서화에 능했으며 유가 사상을 이해했다. 형이 죽으면 동생이 형수와 결혼하여 함께 사는 '형사취수(兄死娶嫂)' 제도는 몽골인 등 유목민의 관습이었다. 이는 유가 문명을 이룬 한족의 관점에서는 입에 담을 수 없는 패륜이었다.

원 문종이 이 제도를 금지하여 몽골인의 반발을 산 것을 보면, 유가 사상이 그에게 큰 영향을 끼쳤음을 알 수 있다. 그는 원나라 황제 중에서 가장 학문을 사랑한 군주였다. 그래서 그의 묘호를 문종으로 정했다.

6. 불교를 지나치게 숭상하여 온갖 폐단을 일으키다

　　원나라는 원 태조 이래 티베트 불교를 국교로 삼았다. 역대 황제들은 티베트 불교의 일파인 사캬(Sakya)파의 교주를 제사(帝師)로 추대하고 극진하게 모셨다. 이를테면 황제가 온 나라의 백성들에게 즉위를 알리는 조서를 반포할 때마다, 티베트에 거주하고 있는 제사에게는 특별히 '진주조서(眞珠詔書)'를 내렸다. 진주조서란 푸른 비단에 하얀색 가는 베로 수를 놓고 진주로 장식한 조서를 말한다.

　　그리고 제사를 황궁으로 초청할 때마다 제사 일행의 왕복 여정에 많은 인원을 동원하고 막대한 재화를 썼다. 대덕 9년(1305) 원 성종은 중서성 평장정사 테무르(鐵木兒)를 티베트로 파견하여 제사를 모시고 오게 할 때 금 500냥, 은 1,000냥, 비단 10,000필, 교초 3,000정을 경비로 쓰게 했다. 원 인종 시대인 황경 2년(1313)에는 경비를 금 5,000냥, 은 15,000냥, 비단 17,000필로 증액했다.

　　제사 일행이 경사로 가는 모습은 마치 황제의 순행처럼 화려하고 웅장했다. 황제의 제사에 대한 대우가 이처럼 극진하니 티베트 승려들은 제사의 권세를 믿고 온갖 나쁜 짓을 일삼았다.

　　그들은 '금자원부(金字圓符)'를 몸에 차고 전국의 역참을 멋대로 돌아다니면서 관리들이 머무르는 숙소에 잠자리가 부족하면 민가에 들어가 남자를 쫓아내고 부녀자를 겁탈했다. 금자원부란 조정에서 황제의 명의로 발행한 둥근 모양의 쇠로 만든 철제 패부(牌符)이다. 그것에는 파스파 문자로 표기한 몽골어가 쓰여 있다.

　　"대칸의 성지를 받들어 공무를 수행한다. 이 패부를 가진 사람의 명령을 따르지 않는 사람은 죄를 묻겠다."

일반적으로 국가의 대사나 군대의 중요한 일을 급히 처리할 때 이것을 사용했다. 용도가 조선 시대 마패(馬牌)와 비슷한 일종의 최고급 신분증이었다. 승려들은 이것을 조정에서 받아 사적인 용도로 사용했다.

백성들이 그들의 횡포에 저항하는 일이 많았다. 이에 전국의 불교와 티베트 지역의 정무를 관장하는 관서인 선정원(宣政院)에서 "티베트 승려를 때린 백성은 그의 손을 자르며, 티베트 승려에게 욕을 퍼부은 백성은 그의 혀를 잘라야 한다."고 황제에게 건의했을 정도로, 승려들의 입김이 셌다.

사찰과 황궁에서는 끊임 없이 불사를 행하여 국고를 탕진하게 했다. 불사에 지출한 경비의 3분의 2는 승려들이 착복했다. 그들은 또 관리들과 결탁하여 죄수에게 뇌물을 받고 죄수를 석방했으며, 매관매직에도 깊숙이 관여했다.

원 문종 시대에 이르러서도 불사를 행하는 일이 더욱 빈번했다. 천력 원년(1328) 황위를 계승하고 승려들에게 불사를 행하게 한 이래 즉위 4년 동안 황궁, 전국의 명산대찰 등에서 국가적 차원의 대규모 불사 횟수가 9차례나 되었으며, 소규모의 불사는 이루 다 헤아릴 수 없었다.

원 문종 자신도 제사에게 계율을 받고 60여 일 동안 불사를 행했다. 지순 원년(1330) 4월 원 문종은 제사에게 황궁의 인지전(仁智殿)에서 불사를 행하게 했는데 같은 해 12월까지 지속되었다. 빈번한 불사에 엄청난 비용이 들어 국가의 재정을 파탄에 이르게 했다.

같은 해 7월 중서성의 한 관리가 상소했다.

"황궁 안팎에 있는 사찰이 367개소나 됩니다. 사찰의 불사에 필요한
금은과 교초의 액수가 엄청나게 많습니다. 지금 국가에서 사용해야 하는
재화가 너무 부족하니 불사를 대폭 줄여야 합니다."

원 문종은 중서성과 선정원의 관리들에게 불사를 줄이게 했다. 이를 테면 상도에서는 해마다 불사를 행하는 사찰을 165개소에서 140개소로 정하게 했다. 하지만 불사를 줄인 사찰이 얼마 되지 않았으며, 전국 각지의 사찰에서는 여전히 불사를 성대하게 행했다.

원나라 시대에 역대 황제들은 티베트 불교를 숭배함으로써 다민족 국가의 단결을 도모했으며 백성들의 몽골인 통치에 대한 불만을 완화하는 수단으로 삼았다. 불교는 개인의 성찰을 통해 해탈에 이르며 중생에게 자비를 베풀어 평화를 추구하는 종교적 특징 때문에, 원나라 황제들은 불교를 국교로 삼아 제국의 안정과 통합을 도모했다.

하지만 특정 종교가 성행하면 반드시 부작용이 따르는 게 역사의 경험이다. 승려들은 조세와 부역을 면제받는 특권을 누렸지만, 그들이 사회에 끼친 해악도 적지 않았다.

원 문종은 원래 권력 의지가 강한 사람이 아니었다. 황제의 옥좌를 이복형 쿠살라에게 양보하고 고상한 선비처럼 살고 싶었다. 하지만 엘 테무르에 의해 꼭두각시 황제로 추대되었다. 그는 황제의 절대 권력을 차지하려고 노력하지 않았다. 문인, 학자들과 치세의 도를 논했지만 실천에 옮기지 않았다. 그는 권신의 국정 농단을 모르는 척하며 명철보신했다. 불교가 그에게 정신적 위안처를 제공한 게 아닌가 한다.

12

원 혜종 토곤 테무르

제12장

원 혜종 토곤 테무르

1. 이린친발이 황위를 계승했지만 요절하다

부다시리(不答失里·1307~1340)는 원 문종의 유일한 아내이다. 그녀는 대대로 '황금 가족'과 혼인 관계를 맺어온 옹기라트 부족 출신이다. 그녀의 아버지는 노왕(魯王) 디아부라(雕阿不剌)이며, 어머니는 원 순종 다르마발라의 딸, 노국공주 상거라지(祥哥剌吉)이다. 그녀는 대덕 11년(1307)에 노왕부에서 태어났으며, 태정 원년(1324)에 회왕 투그 테무르와 혼인했다. 천력 원년(1328)에 남편이 황제로 즉위한 직후에 황후로 책봉되었다.

원 문종은 장남 아나트라나다(阿剌忒納答剌·?~1331)·둘째 아들 구나다라(古納答剌·1328~1349)·셋째 아들 타이핑나(太平納) 등 세 아들을 두었다. 그들은 모두 부다시리의 소생인데 타이핑나는 요절했다.

지순 원년(1330) 원 문종이 26세 때 복위한 직후에, 신하들은 황제에게 아나트라나다를 황태자로 책봉하여 국본(國本)을 안정시켜야 한다고 주장했다.

하지만 원 문종은 무슨 이유에서인지 장남을 황태자로 책봉하지 않았다. 당시 아나트라나다가 몇 살이었는지 정확히 알 수 없으나, 원 문종과 구나다라의 나이를 감안하면, 대여섯 살쯤 되었을 것이다. 원 문종은 자기가 젊고 장남이 너무 어리기 때문에 황태자 책봉을 서두를 필요가 없다고 생각했을 것이다.

둘째 아들 구나다라는 갓난아이 때부터 몸이 허약했다. 원 문종은 구나다라의 건강을 위해 자주 불사를 했다. 당시 황제의 어린아들이 몸이 허약해서 병치레가 잦으면, 그를 황궁 밖에서 거주하는 대신의 집에서 키우게 하는 풍습이 있었다.

원 문종은 둘째 아들을 권신 엘 테무르의 저택에서 키우게 했다. 그리고 엘 테무르의 아들 타라카이(塔剌海)를 양자로 받아들였다. 사실은 황제와 권신이 서로 아들을 교환함으로써 정치적 결속력을 강화하려는 목적이었다.

엘 테무르는 원 문종 사후에도 계속 권력을 유지하기 위해서 구나다라를 친아들처럼 여기고 키웠다. 이 시기에 구나다라는 엘 테구스(燕帖古思)로 개명했다.

한편 유가의 대의명분을 목숨처럼 중시하는 대신들은 황위를 계승할 황태자의 부재를 아주 위험한 정치 상황으로 간주했다. 황제가 어느 날 갑자기 붕어했는데 황태자가 없으면 혼란이 발생하여 급기야는 종묘사직이 위태로워진다고 보았다. 그래서 황자가 아무리 어려도 황태자로 책봉해야 한다는 것이다. 설사 어린아이가 황제로 등극해도, 황태후가 수렴청정을 하여 정국의 안정을 도모하는 것이 순리라고 생각했다.

지순 원년(1330) 12월 5일(양력 1331년 1월 13일) 대신들의 거듭된 간청을 거절하지 못한 원 문종은 장남 아나트라나다를 황태자로 책봉했다. 하지만 아나트라나다는 황태자로 책봉된 지 한 달여 만인 지순 2년(1331) 1월에 요절했다.

지순 3년(1332) 여름 원 문종은 상도로 피서를 떠났다가 중병에 걸려 병석에서 일어나지 못했다. 그가 왜 젊은 나이에 갑자기 중병에 걸렸는지 알 수 없지만, 재위 4년 동안 엘 테무르의 위세에 눌려 지냈기 때문에 심신이 무척 고달팠을 것이다. 어떤 이는 그도 원 명종처럼 엘 테무르에게 죽임을 당하지 않았을까 의심하기도 한다. 원 문종은 임종 직전에 부다시리 황후·황자 엘 테구스·태평왕 엘 테무르 등에게 유언했다.

> "예전에 왕흘찰도에서 일어난 일은 짐이 평생 지울 수 없는 과오이오. 매일 밤 그때의 일을 생각하면 후회막급이오. 짐은 엘 테구스를 총애하지만, 황위는 형님(원 명종)의 아들이 계승해야 하오. 너희들이 짐의 뜻을 따른다면, 짐이 세상을 떠난 후 형님의 장남인 토곤 테무르(妥懽帖睦爾·1320~1370)에게 황위를 계승하게 하시오. 그렇게 된다면, 짐은 구천에서 형님을 만나 용서를 구할 수 있을 것이오."

원 문종은 황태자 아나트라나다가 요절한 이유가 원 명종의 저주 때문이었다고 여기고 괴로워했다고 한다. 그는 죽음을 앞두고 자기 때문에 원 명종이 독살된 것을 부다시리 황후에게 고백했다. 사실은 엘 테무르가 원 명종을 독살했는데도, 원 문종이 괴로워한 까닭은 그도 직간접적으로 관련이 있었기 때문일 것이다. 그래서 원 명종에게 속죄하는 마음으로 토곤 테무르를 황제로 추대하게 했다.

태양왕 엘 테무르는 원 문종이 죽음을 앞두고 참회의 눈물을 흘리는 모습을 보고 경악을 금치 못했다. 원 명종의 아들이 황제가 되면 자기에게 보복을 가할 게 명약관화했다. 원 문종이 붕어하자마자 엘 테무르는

원나라 역대 황제 평전

부다시리 황후에게 자기가 키운 엘 테구스를 황제로 추대하자고 했다. 더구나 엘 테구스는 그녀의 소생이 아닌가. 엘 테무르는 그녀도 당연히 엘 테구스를 지지할 줄 알았다.

뜻밖에도 그녀는 남편 원 문종의 유지를 받들어 원 명종의 아들을 추대해야 한다고 했다.

"황상께서 임종 직전에 유조(遺詔)를 남기셨으므로 황상의 뜻을 받드는 게 옳소."

엘 테무르는 그녀를 여러 차례 설득했으나, 그녀는 요지부동이었다. 그녀가 친아들의 등극을 반대한 것에는 사연이 있었다. 그녀는 원 명종이 시해를 당하고 남편이 복위한 후에, 원 명종의 정궁 황후 바부샤(八不沙·1307~1330)를 살해했다. 그 직후에 황태자 아나트라나다가 황태자로 책봉된 지 한 달여 만에 요절했다.

평소에 미신을 믿던 부다시리 황후는 자기가 낳은 세 아들 가운데 두 아들이 원 명종 부부의 저주를 받아 요절했다고 생각했다. 이제 유일한 아들 엘 테구스도 저주를 받아 요절하지 않을까 두려워했기 때문에, 엘 테구스를 살리기 위하여 원 문종의 유조를 받들었다. 또 엘 테구스가 엘 테무르의 꼭두각시 황제로 전락하여 끝내는 비참한 죽임을 당할지도 모른다는 두려움도 그녀의 결정에 영향을 끼쳤다.

하지만 엘 테무르는 원 문종의 유조를 반포하지 않고 부다시리 황후에게 복안을 제시했다.

"황후께서 당분간 궁중에서 국정을 관장하시오. 지금 남방의 불모지에서 유배 생활을 하고 있는 토곤 테무르의 생사를 확인할 수 없소. 왕·

종친·대신 등과 함께 누구를 황제로 추대해야 좋은지 상의하는 게 좋겠소."

부다시리 황후는 엘 테무르의 제안을 받아들였다. 당시 원 명종 쿠살라의 아들로는, 광서 정강(靜江: 광서성 계림·桂林)에서 유배 생활을 하고 있던 장남 토곤 테무르(妥懽帖睦爾·1320~1370) 이외에도, 둘째 아들 부왕(鄜王) 이린친발(懿璘質班·1326~1332)이 있었다. 이린친발은 원 명종이 차가타이 칸국에서 망명 생활을 하고 있을 때인 태정 3년(1326) 5월에 북방의 초원에서 태어났다.

이린친발의 생모는 나이만 부족 출신 바부샤(八不沙·1307~1330)이다. 그녀가 원 명종의 정실부인이다. 원 명종이 황제로 즉위했을 때 그녀도 정궁 황후로 책봉되었다. 그녀는 독실한 불교 신자였다. 천력 2년(1329) 영휘사(寧徽寺)를 건립하고 교초 10,000정, 비단 2,000필 등을 부처님에게 공양했다.

천력 2년(1329) 8월 6일 원 명종은 즉위한 지 7개월여 만에 엘 테무르에게 시해되었다. 다시 황제로 즉위한 원 문종은 바부샤와 이린친발을 황궁에 거주하게 했다. 같은 해 11월 바부샤는 원 문종에게 남편의 명복을 빌어달라고 요청했다. 원 문종은 승려들에게 대천원연성사(大天源延聖寺)에서 7일 동안 원 명종의 명복을 비는 불사를 하게 했을 뿐만 아니라, 도사들에게도 도교의 성지에서 제사 지내게 했다.

천력 3년(1330) 2월 원 문종은 이린친발을 부왕(鄜王)으로 책봉했다. 그는 바부샤 모자에게 호의를 베풀었지만, 바부샤는 그가 남편 원 명종의 갑작스러운 죽음과 연관이 있다고 여기고 그를 원망했다.

원 문종의 황후 부다시리는 나이만 부족 출신인 바부샤를 미워했다. 어쨌든 바부샤는 선황제의 황후였으므로 황태후의 자격이 있었다. 그녀가 황태후로 추대되었다는 기록은 없지만, 황궁에서 어른 행세를 했을 것이다.

바부샤는 부다시리에게 걸리적거리는 존재였다. 부다시리는 바부샤를 제거하기로 결심했다. 천력 3년(1330) 4월 환관 바이주(拜住)에게 바부샤를 화로에 집어넣어 불에 태워 죽이게 했다. 그녀는 또 원 문종을 부추겨 원 명종의 장남 토곤 테무르를 고려의 대청도(大靑島)로 유배를 보내게 했다. 당시 부왕 이린친발은 너무 어려서 화를 피할 수 있었다. 이런 궁중 비사가 일어난 후에 원 문종이 붕어한 것이다.

태평왕 엘 테무르는 부다시리 황후에게 종왕·종친·대신 등과 함께 차기 황제를 상의하여 결정하자고 했지만, 누구도 감히 조정의 실권을 장악한 그에게 의견을 낼 수 없었다.

엘 테무르는 토곤 테무르 대신에 황궁에 살고 있는 어린아이 이린친발을 추대하는 게 권력을 유지하는 데 훨씬 유리했다. 이린친발은 겨우 6세였기 때문이다. 그가 정궁 황후 바부샤의 소생이라는 점도 대의명분을 중시하는 대신들의 불만을 잠재울 수 있었다.

지순 3년(1332) 10월 23일 부왕 이린친발은 6세의 나이에 황위를 계승했다. 그가 원나라 제10대 황제이자 몽골 제국 제14대 카안 원 영종(元寧宗)이다. 부다시리는 황태후로 추존되어 수렴청정을 시작했다. 하지만 어린아이 원 영종은 황제로 등극한 지 43일 만에 세상을 떠났다.

원 영종의 요절 원인에 대하여 어떤 기록도 없는데 그도 엘 테무르의 음모에 희생되었을 것이다. 엘 테무르는 집요하게 엘 테구스를 황제의 옥좌에 앉히려고 했기 때문이다. 조정은 다시 차기 황제 추대 문제로 들끓었다. 원 명종의 장남 토곤 테무르가 다시 신하들의 입에 회자되었다.

2. 성장 과정과 황위 계승

원 인종 연우 연간(1314~1320) 쿠살라(원 명종)가 주왕이었을 때 차가타이 칸국으로 망명하여 카를루크에 머물고 있었다. 카를루크의 부족장 테무 테르(帖木迭兒)가 자기 딸 말리아타리(邁來迪·1303~1321)를 쿠살라에게 주었다. 연우 7년(1320) 4월 말리아타리는 북방에서 쿠살라의 장남 토곤 테무르를 낳았다.

이린친발(원 영종)이 토곤 테무르의 이복동생이다. 이린친발의 생모 바 부샤가 정실부인이었으므로, 말리아타리는 쿠살라의 소실(小室)이었다. 그녀는 토곤 테무르를 낳은 후에 사망했다.

『원사·우집전(虞集傳)』에 이런 기록이 있다.

"당초 문종이 상도에 있을 때 그의 아들 아나트라나다를 황태자로 책봉하려고 했다. 그런데 '명종이 살아생전에 자주 토곤 테무르 황태자가 자기 아들이 아니다'고 말했다고, 토곤 테무르를 키운 유모의 남편이 전했다. 이에 문종은 토곤 테무르를 강남으로 쫓아낸 후, 한림학사승지 아린 테무르(阿鄰帖木兒)·규장각학사 쿠도루미시(忽都篤魯迷失) 등을 불러 그 사실을 황금 가족의 비사(祕史)를 기록한 『투부치얀(脱卜赤顔)』에 기록하게 했다. 또 우집에게 그 사실을 조서에 써서 나라 안팎에 널리 알리게 했다."

원 명종이 살아생전에 장남 토곤 테무르가 자기 아들이 아니라고 말했다는 충격적인 내용이다.

또『원사·순제본기』에 이런 기록이 있다.

"명종은 카라코룸의 북쪽에서 즉위했으며 문종을 황태자로 책봉했다. 얼마 후 명종이 붕어하자 문종이 복위했다. 지순 원년(1330) 4월 명종의 황후 바부샤가 살해되었다. 이에 문종은 토곤 테무르를 고려의 대청도로 유배를 보내고 다른 사람들과 접촉하지 못하게 했다. 또 일 년 후에 문종은 명종이 북방 사막에 있을 때 토곤 테무르가 자기 아들이 아니라고 말한 내용을 조서에 써서 천하에 반포하게 했다. 그리고 토곤 테무르를 광서 지방의 정강(靜江)으로 다시 유배 보내게 했다."

『원사』의 이 두 기록에 근거하면, 토곤 테무르의 친아버지가 원 명종이 아니라는 것이다. 『원사』 이외에도 『경신외사(庚申外史)』·『송유민록(宋遺民錄)』·『부태외집(符台外集)』 등 원말명초에 나온 야사에서도 토곤 테무르의 출생 비밀을 기록했다. 야사의 내용을 종합하면 이렇다.

남송 덕우(德祐) 2년(1276) 사태황태후(謝太皇太后·1210~1283)가 임안(臨安)에서 송나라 제16대 황제이자 남송의 제7대 황제인 어린아이 송공제(宋恭帝) 조현(趙㬎·1271~1323)을 품에 안고 원나라 군대에 항복했다. 사실상 송나라는 이때 망했다. 원 세조는 송공제를 죽이지 않고 영국공(瀛國公)으로 책봉했다. 지원 25년(1288) 조현은 원 세조의 성지를 받들어 토번으로 들어가 불교에 귀의했다.

연우 연간(1314~1320) 그는 감주(甘州: 감숙성 장액·張液)의 산사에서 지내고 있었다. 당시 쿠살라가 유배를 가던 도중에 감주에서 우연히 조현을 만났다. 쿠살라는 한때 송나라 황제였던 조현이 승려가 된 것을 측은하게 생각하여 그에게 색목인 여자 한 명을 주고 떠났다.

연우 7년(1320) 4월 그 색목인 여자가 사내아이를 출산했다. 그 후 쿠살라는 또 감주를 지나가다가 그 모자(母子)를 만났다. 그런데 그 사내아이의 관상이 범상치 않음을 느낀 쿠살라는 그 모자를 데리고 도성으로 떠났다.

그 사내아이가 바로 토곤 테무르라는 것이다.

그래서 토곤 테무르는 원 명종의 아들이 아니라, 송공제 조현의 사생아라는 소문이 민간에 널리 퍼졌다. 사실 여부를 확인할 수 없지만, 당시 이 소문이 황궁에도 전해진 것 같다. 원 문종도 토곤 테무르의 출생 내력을 의심했다. 더구나 토곤 테무르는 외가가 카를루크 부족이었기 때문에 황실에서 방계로 취급받았다.

지순 원년(1330) 7월 원 문종은 바부샤가 살해된 직후인 지순 원년(1330) 7월에, 토곤 테무르를 고려의 대청도로 유배 보냈다. 『고려사』에도 그가 충혜왕 원년(1330)에 대청도로 유배당했다는 기록이 있다. 원나라 시대에 제주도와 대청도는 황족의 유배지였다고 한다.

당시 토곤 테무르의 나이는 10세였다. 어쨌든 그의 아버지 원 명종과 법적인 어머니 바부샤가 살해된 후에, 그는 언제 죽을지 모르는 운명이었을 것이다. 바부샤를 죽인 부다시리가 그를 죽이려고 했을지도 모른다. 원 문종은 그가 원 명종의 친아들이 아님을 알고 그를 유배 보냈다고 했지만, 사실은 부모를 잃은 그를 동정하여 대청도로 보낸 게 아닌가 한다.

민간 전설에 의하면 토곤 테무르는 순금으로 만든 불상 앞에서 매일 아침 해가 뜰 때마다 원나라로 돌아가게 해달라고 빌었다고 한다.

다음 해에 요양왕(遼陽王)과 고려가 토곤 테무르를 황제로 추대하고 반란을 일으키려고 한다고, 어떤 사람이 원 문종에게 밀고했다. 원 문종은 추밀원사 윤수곤(尹受困), 중승 궐간(厥干) 등을 고려로 파견하여 토곤 테무르를 원나라로 데려오게 했다.

토곤 테무르는 다시 광서 지방 정강(靜江 광서성 계림·桂林)으로 유배를 갔다. 고려의 대청도에서 원나라 서남부의 정강까지는 아주 먼 거리였다. 그는 어린 나이에 온갖 고초를 겪고 정강에 정착한 후 비로소 안정된 생활을 할 수 있었다.

토곤 테무르는 정강의 대원사(大圓寺)에 거주했다. 사찰의 주지 추강장로(秋江長老)가 그에게 『논어』, 『효경』 등 유가 경전을 가르쳤다. 토곤 테무르는 날마다 한자를 익히고 경전을 암송했다.

그는 성격이 무척 활달한 개구쟁이였다. 땅에 구멍을 파고 그 안에 오줌을 싼 후 흙과 오줌을 섞어서 각종 완구를 만들어 놓았다. 그리고 팔각조(八角鳥)를 기르는 것을 좋아했으며, 가끔 연못의 나뭇가지에 새가 날아와 앉아 있으면 신발도 벗지 않고 물속으로 뛰어들어 새를 잡았다. 또 또래 아이들을 이끌고 종이로 만든 깃발을 성곽에 꽂고 왕 노릇을 하면서 놀았다. 추강장로는 그가 짓궂은 장난을 칠 때마다 제지했지만 말을 듣지 않았다.

하루는 추강장로가 그에게 엄숙한 표정을 짓고 말했다.

"황태자는 국가의 금지옥엽이오. 신분이 일반 백성과는 다르단 말이오. 고관이 황태자를 만나러 오면, 경거망동하게 행동해서는 절대 안 되오. 반드시 자중하는 모습을 보여야 하오."

지방의 고위 관리들은 유배 중인 토곤 테무르의 일거수일투족을 수시로 파악하여 조정에 보고했을 것이다. 추강장로는 철딱서니 없는 황태자를 걱정하여 그런 말을 했다. 눈치가 빠른 토곤 테무르는 스승이 한 말의 의미를 이해했다.

그 후 관리들이 대원사로 시찰을 나올 때마다, 토곤 테무르는 의관을 단정히 하고 엄숙하게 앉아 있었다. 관리들이 떠난 직후에는 여전히 개구쟁이로 돌아갔다. 나중에 토곤 테무르가 즉위한 후 추강장로가 베푼 은덕에 보답하기 위하여 그에게 많은 재화를 하사했을 뿐만 아니라, 대원사를 만수전(萬壽殿)으로 중수하게 했다.

　그가 정강에서 유배 생활하고 있을 때인 지순 3년(1332) 여름에 뜻밖의 반전이 일어났다. 원 문종이 토곤 테무르에게 황위를 계승하게 하라는 유언을 하고 붕어한 것이다. 하지만 부다시리 황후와 태양왕 엘 테무르가 야합하여 토곤 테무르 대신에, 부왕 이린친발(원 영종)을 황제로 추대했다. 얼마 후 또 극적인 반전이 일어났다. 어린아이 원 영종은 황제로 등극한 지 43일 만에 세상을 떠난 것이다.

　엘 테무르가 부다시리 황태후에게 말했다.

　"국가는 하루라도 군주가 없을 수 없습니다. 당장 엘 테구스를 추대해
　야 합니다."

　엘 테무르는 또 부다시리 황태후가 낳은 원 문종의 아들이자 자기의 양아들인 엘 테구스를 꼭두각시 황제로 추대함으로써 계속 권력을 유지하려는 속셈이었다.

　부다시리 황태후가 단호하게 말했다.

　"내 아들은 아직 어려서 등극할 수 없소. 광서 지방에 있는 토곤 테무
　르는 올해 13세이며 게다가 명종의 장남이므로 그를 추대하는 게 법도에
　맞소."

　당시 엘 테구스는 네 살배기 어린아이였다. 부다시리 황태후는 어린 황제 원 영종이 엘 테무르의 흉계로 요절했다고 생각했던 것 같다. 그녀는 엘 테무르가 또 자기 아들을 꼭두각시 황제로 추대하여 어떤 흉계를 꾸밀지 몰랐기 때문에, 남편의 유지를 받들어 명종의 장남을 추대해야 한

다고 했다. 엘 테무르는 아무리 조정의 권력을 장악하고 있었더라도, 부다리시 황태후가 내세운 명분을 반박할 수 없었다.

부다시리 황태후는 아들을 살리기 위하여 그런 선택을 했지만, 그녀도 나름의 속셈이 있었다. 토곤 테무르를 추대한 후 자신은 태황태후가 되어 엘 테구스를 황태자로 책봉하여 미래의 황제로 키울 생각이었다.

부다시리 황태후는 중서성 좌승 쿠리지스(闊里吉思)를 광서 정강으로 파견하여 토곤 테무르를 황궁으로 모셔오게 했다. 당시 만 12세였던 토곤 테무르는 마침내 대도로 돌아올 수 있었다. 엘 테무르는 토곤 테무르가 등극하면 자기가 원 명종을 독살한 일을 파헤치지 않을까 두려웠다. 토곤 테무르를 사위로 삼아 통제하는 게 자신의 안전을 담보하는 길이었다. 딸 다나시리(答納失里)를 토곤 테무르의 아내가 되게 했다.

토곤 테무르는 황궁에서 부다시리 황태후를 배알하고 생활한 지 두 달이나 지났지만 아직도 황제의 옥좌에 앉지 못했다. 부다시리 황태후가 수렴청정을 했지만, 사실상 국가의 중대사는 모두 엘 테무르의 손에서 처리되었다. 태양왕의 권세가 온 나라를 덮었다. 그는 더욱 기고만장하여 매일 술과 여자에 빠져 지냈다. 부다시리 황태후와 토곤 테무르는 그의 눈치만 살필 뿐이었다.

지순 4년(1333) 5월, 엘 테무르는 40여 명의 미인과 음란하게 놀고 즐기다가 사망했다. 원나라 역사상 신하의 신분으로 왕이 되어 엘 테무르보다 막강한 권력을 휘두른 자는 없었다. 그는 태정제 사후에 5년 동안 원나라를 다스린 사실상의 황제였다.

부다시리 황태후는 엘 테무르가 사망한 후에 종왕·종친·대신들을 소집했다. 그들은 토곤 테무르를 황제로 추대하고 부다시리 황태후가 섭정하는 데 동의했다. 같은 해 6월 8일 토곤 테무르는 13세의 나이에 상도에서 등극했다. 그가 원나라 제11대 황제이자 몽골 제국 제15대 카안 원 혜종(元惠宗)이다. 아울러 원나라의 마지막 황제이기도 하다.

훗날 그는 명나라를 건국한 주원장에게 '순제(順帝)'라는 존호를 받았으므로 그를 원 순제(元順帝)라고 칭하기도 한다. 같은 해 10월 연호를 원통(元統)으로 바꾸었다.

3. 태양왕 엘 테무르 세력을 제거하다

원 혜종은 어린 나이에 즉위했기 때문에 부다시리 황태후가 섭정을 시작했다.

그녀는 대신들에게 이런 말을 했다.

> "만세(萬世: 황제를 지칭함) 이후에는 무종이 인종에게 양위한 것처럼 황위
> 를 엘 테구스에게 계승하게 해야 하오."

왕공, 대신들의 지지를 받은 그녀는 원 혜종에게 아들 엘 테구스를 황태자로 책봉하게 했다. 한편 엘 테무르가 사망했지만, 조정 안팎에는 아직도 그의 일족이 활개를 쳤다. 부다시리 황태후는 그들과의 우호적인 관계를 유지하기 위하여 원 혜종에게 엘 테무르의 딸 다나시리를 황후로 책봉하게 했다. 원 혜종은 다나시리를 좋아하지 않았지만, 황태후의 명령을 거절할 수 없었다.

이윽고 원 혜종이 황제로 등극하는 데 공훈을 세운 신하들에 대한 논공행상이 시작되었다. 부다시리 황태후가 황제의 명의로 논공행상을 주도했다. 엘 테무르의 동생 사둔(撒敦)에게는 중서성 좌승상·개부의동삼사·상주국·영왕(榮王) 등 관작을 연이어 하사하고 여주로(廬州路)를 식읍으

로 주었다. 엘 테무르의 또 다른 동생인 구용군왕(句容郡王) 다린다리(答鄰答里)에게는 금자광록대부 관작을 하사했다. 엘 테무르의 아들 텡기스(唐其勢)에게는 태평왕 작위를 이어받게 했다. 얼마 후 또 그를 어사대부로 임용했으며, 원통(元統) 2년(1334) 4월에는 고려여직한군만호부(高麗女直漢軍萬戸府)를 총괄하는 다루가치로 임용했다.

부다시리 황태후는 또 바얀(伯顔·1280~1340: 원 세조 시대의 명장 바얀과 동명이인. 메르키트 바얀이라고 칭하기도 한다.)을 수왕(壽王)으로 책봉하고 고우부(高郵府)를 식읍으로 하사했다.

메르키트 부족 출신인 바얀은 원 무종 시대에 이부상서 등 고위 관직을 역임했으며, 치화 원년(1328)에 태정제가 급사한 후 엘 테무르와 함께 원 문종을 황제로 추대하는 데 공훈을 세워 중서성 좌승상·준영왕(浚寧王) 등 관작을 받은 공신이었다. 얼마 후 또 그는 중서성 우승상으로 임용되었다. 우승상 바얀과 좌승상 사둔이 조정의 정치를 주도했다.

어느 날 양적왕(陽翟王) 아루쿠이 테무르(阿魯輝帖木兒)가 어린 황제에게 말했다.

> "천하의 일은 막중하므로 재상에게 처리하게 해야 합니다. 재상이 책임지고 일을 성공적으로 수행하게 하면 됩니다. 만약 폐하께서 몸소 대신들의 말을 듣고 판단했다가, 만에 하나 착오가 생기면 오명을 뒤집어쓸 것입니다."

양적왕은 어린 황제를 위해 충고를 한 것이 아니었다. 원 혜종이 어리다는 것을 핑계로 국정에 관여하지 못하게 했다. 그의 말을 철석같이 믿은 원 혜종은 대신들을 만나지 않고 노는 데만 정신이 팔렸다. 황제는 철부지이며, 황태후는 제대로 섭정하지 못하고 있다는 소문이 사방에 퍼졌다.

신하들은 황제와 황태후를 얕잡아 보고 자기들의 이익을 챙기는 일에만 급급했다. 이에 정치가 날로 문란해지고 기강이 해이해졌다. 설상가상으로 전국 각지에서 대홍수·지진 등 천재지변이 연이어 발생했다. 머지않아 중원 지방에서 변란이 일어날 것이라는 유언비어가 빠르게 퍼졌다.

민심 이반이 심각한 상황에 직면했는데도, 조정 대신들은 권력 투쟁에 여념이 없었다. 중서성 우승상 바얀은 엘 테무르가 사망한 후에 조정의 실세로 등장했다. 원통 3년(1335) 중서성 좌승상 사둔이 병사한 이후에는, 바얀이 조정을 좌지우지했다. 엘 테무르의 일족이 바얀의 권력 독점에 반발하자, 부다시리 황태후는 엘 테무르의 아들 텡기스를 중서성 좌승상에 임명했다. 바얀과 엘 테무르 일족 간의 충돌을 막으려는 조치였다. 하지만 바얀은 엘 테무르 일족의 권세를 인정하지 않고 전권을 휘둘렀다. 텡기스는 바얀의 처사에 분노했다. 숙부 구용군왕 다린다리에게 서찰을 보냈다.

"천하는 원래 우리 집안의 천하입니다. 도대체 바얀은 어떤 놈이기에 감히 우리 집안 위에서 군림한단 말입니까? 지금 황제는 어리석고 그놈은 국정을 농단하고 있습니다. 병사들을 이끌고 황궁으로 진격하여 황제를 폐위하고 황허 테무르(晃火帖木兒)를 추대하여 종묘사직을 구해야 합니다."

황허 테무르는 원 헌종 뭉케의 손자이다. 연우 5년(1318) 가왕(嘉王)으로 책봉되었으며, 태정 2년(1325)에는 다시 병왕(弁王)으로 책봉되었다. 지순 3년(1332) 원 문종은 그에게 안륙부(安陸府: 호북성 종상·鍾祥)를 식읍으로 하사했다. 텡기스와 다린다리는 궁중 정변을 일으키기로 결심하고 병왕에게 그들의 뜻을 알렸다. 텡기스의 동생 타라카이(塔剌海)도 정변 모의에 가담했다.

엘 테무르 일족은 은밀히 거사를 준비했지만, 담왕(郯王) 체체투(彻彻禿)에게 발각되었다. 체체투는 즉시 원 혜종에게 밀고했다. 원 혜종은 손위 처남과 병왕이 반란을 획책하고 있다는 밀고에 놀라 어쩔 줄 몰랐다. 만약 밀고 내용이 사실이 아니면, 평지풍파가 일어날 수 있었다. 그는 일단 황허 테무르를 소환하여 사실 여부를 확인해보려고 사신을 안륙부로 보냈다.

하지만 황허 테무르는 이런저런 이유를 들어 소환에 응하지 않았다. 원 혜종은 텡기스 일당이 모반을 꾀하고 있다고 확신하고 바얀에게 밀명을 내려 대책을 세우게 했다. 원통 3년(1335) 6월 30일, 텡기스는 타라카이에게 황궁 밖에서 군대를 매복하게 하고 자기는 무사들을 이끌고 황궁으로 돌진했다.

하지만 바얀은 이미 반란군의 움직임을 소상하게 파악하고 황궁의 곳곳에 무장한 병사들을 배치했다. 텡기스는 기습하려다가 오히려 기습을 당해 생포되었다. 감옥에 갇힌 텡기스는 탈옥을 시도했으나 실패하여 참수형을 당했다.

타라카이는 다나시리 황후가 거주하고 있는 중궁전으로 달아났다. 다나시리 황후는 바얀이 금위군을 이끌고 쫓아오는 모습을 보았다. 황급히 남동생을 의자 밑에 숨게 하고 자기 옷으로 가렸다. 금위군이 타라카이를 끌어내어 목을 베었다. 다나시리 황후의 옷에 선혈이 낭자했다.

바얀이 그녀를 노려보며 말했다.

"형제가 반역을 했는데, 황후는 어찌하여 그들과 한통속이 되었는가?"

바얀은 원 혜종이 다나시리 황후를 싫어하고 있음을 알고 있었다. 그녀를 원 혜종에게 끌고 갔다. 그녀는 남편에게 눈물을 흘리며 호소했다.

"폐하, 제발 소첩을 살려주세요."

원 혜종이 냉정하게 말했다.

"너의 형제가 대역죄를 저질렀는데도 어찌 살기를 바라느냐?"

이윽고 다나시리 황후는 폐출되어 개평(開平)의 민가에 유폐되어 있다가 사약을 마시고 죽었다.

한편 다린다리는 구용(句容: 강소성 진강·鎭江)에서 정변이 실패했다는 소식을 듣고 반란을 일으켰다. 원 혜종은 그에게 사신을 보내 투항을 종용했다. 하지만 다린다리가 사신을 죽이자 카라나카이(哈剌那海) 등 장수들에게 반란군을 진압하게 했다. 싸움에서 패한 다린다리는 북방으로 달아나 병왕 황허 테무르에게 의탁했다. 바얀은 병사들을 이끌고 가서 다린다리를 생포했다. 다린다리는 상도로 끌려가 처형을 당했으며, 황허 테무르는 자살했다. 이로써 오랜 세월 동안 황실을 능멸했던 엘 테무르 일족은 멸문의 화를 당했다.

원통 3년(1335) 11월 21~22일 이틀 동안 태음(太陰)이 태미원(太微垣)과 좌집법(左執法)을 연속으로 침범한 천문 현상이 관측되었다. 중국 고대 천문학에서 태음은 달을 의미하며, 태미원은 별자리군인 삼원(三垣: 태미원·太微垣, 자미원·紫微垣, 천시원·天市垣)의 하나이며 오늘날의 '정부(政府)'를 의미한다. 좌집법은 태미원에 속하는 별자리로 옛날의 관직인 '정위(廷尉)'를 의미한다.

중국 고대인들은 이런 천문 현상이 일어난 것을 불길한 징조로 간주했다. 조정 중신들은 원 세조 시대의 연호였던 지원(至元)을 다시 사용함으로써 재앙을 방지하기를 바랐다.

같은 해 11월 23일 원 혜종은 원통 3년을 지원 원년으로 바꾼다는 조서를 반포했다. 한 왕조에서 이미 사용한 연호를 다시 사용한 사례는 거의 없었다.

원 혜종 시대에 이르러 국가가 얼마나 혼란했으면, 역대 황제들이 가장 존경한 원 세조가 사용한 연호를 다시 사용함으로써 국난을 극복하려고 했는지 짐작할 수 있다. 원 혜종 시대의 지원 연호를 '후지원(後至元)'이라고 칭하기도 한다.

4. 바얀이 권력을 장악하고 과거 제도를 폐지하다

엘 테무르 일족의 반란을 진압하는 데 결정적인 공훈을 세운 공신은 단연코 바얀이었다. 반란을 진압할 당시에 원 혜종의 나이는 15세였다. 황제로서 반란을 주도적으로 진압할 수 있는 나이가 아니었다. 부다시리 황태후가 섭정을 했지만, 그녀도 엘 테무르 가문과 바얀 가문 간의 갈등을 중재할 능력이 없었다.

바얀도 원 문종 시대에 황제의 총애를 받아 조정의 요직을 맡았지만, 그의 권세는 태양왕 엘 테무르에게 미치지 못했다. 그는 조정의 2인자로서 태양왕에게 복종하는 태도를 취하여 살아남을 수 있었다. 그런데 태양왕이 사망한 후에는 권력의 공백기를 틈타 태양왕의 세력을 제거하고 명실상부한 권신으로 자리매김했다.

바얀의 눈에는 원 혜종은 여전히 어린아이로 보였으며, 부다시리 황태후는 황궁의 '꽃병'에 불과했다. 그는 황태후의 수렴청정을 인정하고 형식적으로 그녀의 내지(內旨)를 받드는 정치적 술수를 부렸다.

부다시리 황태후도 친아들이자 황태자인 엘 테구스가 차기 황제로 추대되려면, 바얀의 도움이 절대적으로 필요했기 때문에 그에게 고분고분한 태도를 취할 수밖에 없었다.

당시 대도에는 이상한 소문이 퍼졌다. 바얀이 황태후가 거주하고 있는 중궁전에 들어가면 밤이 되어도 나오지 않는다는 것이다. 바얀과 황태후가 음란한 짓을 벌이고 있다는 유어비어가 나돌았다. 원 혜종도 두 사람의 불륜 관계를 알고 있으면서도 모르는 척할 수밖에 없는 상황이었을 것이다.

원 혜종은 텡기스의 반란을 진압한 바얀에게 최고의 대우를 해주어야 했다. 그는 바얀이 반란을 진압하기 전에 이미 그를 진왕(秦王)으로 책봉하고 금인(金印)을 하사했으며, 태사·규장각대학사, 몽골인과 킵차크인 그리고 러시아인 등으로 조직한 여러 금위군을 총지휘하는 금위군도지휘사 등 관작을 내렸다. 그리고 '타르칸(Tarqan)' 봉호를 하사하고 대대손손 세습하게 했다.

후지원 4년(1338) 7월 원 혜종은 또 탁주(涿州: 하북성 탁주)와 변량(汴梁: 하남성 개봉)에 바얀의 공적을 기리는 '생사(生祠)'를 건립하게 했다. 살아있는 사람을 위해 사당을 건립하는 일은 거의 없는 일이었다. 다음 해에는 또 대승상 관직을 하사했다. 그에게 하사한 관작이 얼마나 많았던지, 그것의 글자 수가 무려 246자에 달했다. 중국 역사상 바얀처럼 많은 관작을 받은 신하는 전무후무했다. 아직 세상 물정에 어두운 나이였던 원 혜종은 바얀을 진정한 충신으로 생각했다.

후지원 원년(1335) 12월 원 혜종은 부다시리 황태후를 태황태후로 추대했으며, 오래전에 사망한 생모 말리아타리를 정유휘성황후(貞裕徽聖皇后)로 추존(追尊)했다.

서역의 아로온(阿魯溫) 출신인 체리 테무르(彻里帖木兒)가 하남행성 평장정사였을 때의 일이다. 어느 날 한 관리가 황하의 물이 맑아진 모습을 보고 흥분하여 체리 테무르에게 말했다.

"황하의 탁수(濁水)가 청수(清水)로 바뀐 것은 상서로운 일이 아닐 수 없습니다. 당장 조정에 아뢰어야 합니다."

체리 테무르가 말했다.

"신하는 임금에게 충성하며, 자식은 부모에게 효도하고, 천하는 잘 다스려지며, 백성은 편안한 삶을 사는 것이 상서로운 일이라고 나는 생각하오. 그 나머지 것들은 국가를 잘 다스리는 데 무슨 소용이 있겠소?"

일마 후에 하남 지방에 대기근이 들어 백성들이 기아에 허덕였다. 체리 테무르는 관리들에게 이재민을 구휼할 대책을 세우게 했다.
한 관리가 말했다.

"이재민을 구휼하기 전에 기근 현황을 현(縣)에서 부(府)로 보고하고, 부에서 다시 성(省)으로 보고하며, 성에서 최종적으로 조정에 보고해야 합니다."

오늘날 공무원들이 위기 상황에 봉착하여 행정 절차만을 따지다가 실기하여 엄청난 피해를 보는 것과 조금도 다르지 않은 당시 관리들의 답답

한 공무 집행이었다.

체리 테무르가 탄식하며 말했다.

"지금 굶어 죽는 백성이 부지기수인데 무슨 법규에 구속된단 말인가? 향후 몇 개월이 지나면 살아남은 백성은 거의 없을 것이다. 이는 관리들이 오로지 법규를 위반하는 것을 두려워하기 때문이다. 그들이 법규만을 따지고 수수방관하면, 피해를 본 백성들의 원망은 조정으로 돌아갈 것이다. 나는 그렇게 하지 않겠다. 지금 당장 창고에서 구휼미를 방출하라! 나중에 내가 스스로 법규를 위반한 죄를 조정에 알리겠다."

원 문종은 체리 테무르의 빠른 조치 덕분에 많은 백성들이 굶어죽지 않았다는 얘기를 듣고 너무 기쁜 나머지 그에게 용포를 하사했다. 이런 일화를 통하여 체리 테무르는 미신을 믿지 않았으며 백성들에게 실제로 이익이 되는 일을 추구했고, 아울러 관리들의 보신주의에 대하여 부정적 인식을 가지고 있었음을 알 수 있다.

또 그가 절강행성 평장정사였을 때 과거 시험을 주관한 적이 있었다. 어느 날 역관의 관리들이 시험관들에게 융숭한 접대를 하는 모습을 보고 무척 못마땅하게 생각했다. 원 혜종 시대에 이르러, 그는 중서성 평장정사로 발탁되었다. 그는 평소에 과거 시험을 통해 관리가 된 사람들은 탁상공론을 일삼고 지나치게 형식적인 의례에 집착한다고 생각했다. 그와 바얀은 한족이 아니었으므로 과거제의 순기능에 대한 이해가 깊지 않았다.

어느 날 체리 테무르가 원 혜종에게 과거제를 폐지하고 1년에 네 번 지내는 태묘의 제사를 한 번으로 줄이자고 상소했다. 한족 출신 대신들의 반대 여론이 들끓었다. 감찰어사 여사성(呂思誠)이 체리 테무르의 죄상을 밝혀 탄핵했다.

원 혜종은 여사성의 요구를 거절하고 오히려 체리 테무르를 두둔했다. 권신 바얀도 막후에서 과거제 폐지에 동의하고 있음을 알고 있었기 때문이다.

참지정사 허유임(許有王)이 바얀에게 항의했다.

"태사께서는 조정의 정치를 주관하면서 인재 양성을 가장 중요한 업무로 여겨야 하는데 어찌하여 과거제를 폐지하는 데 동의했습니까? 과거제를 폐지하면 천하의 인재들은 반드시 조정의 조치에 크게 실망할 것입니다."

"거자(擧子: 과거에 급제한 사람)들은 대부분 뇌물을 받고 신세를 망쳤을 뿐만 아니라 몽골인과 색목인의 명성을 사칭하기도 했소."

"과거 시험이 시행되기 전에도 어사대의 많은 관리들이 뇌물을 받아 처벌을 받았지요. 그런데 어찌하여 탐관오리들이 거자들에게서만 나왔다고 말할 수 있겠습니까? 거자들 중에서 과오를 저지른 자가 없지는 않지만, 어사대의 관리들과 비교하면 상대적으로 적습니다."

두 사람은 과거제 폐지 여부를 놓고 격렬한 논쟁을 벌였다. 결국 실권을 쥔 바얀의 뜻대로 과거제는 폐지되었다.

5. 바얀 세력을 제거하고 친정을 시작하다

바얀이 조정의 정치를 좌지우지하는 상황에서, 원 혜종은 꼭두각시 황제에 불과했다. 바얀이 국가의 중대사를 결정하면 형식적으로 부다시리 태황태후의 윤허를 받아 황제의 명의로 반포하면 그만이었다.

바얀에게는 동생 마자르타이(馬札兒台·1285~1347)가 있었다. 그는 원 무종·원 인종·원 영종·태정제 등 4조(朝)에 걸쳐 관직을 맡았다. 태정제 사후에 상도에서 즉위한 천순제 세력과 대도에서 즉위한 원 문종의 세력이 패권 전쟁을 벌일 때 천순제 세력에 가담했다. 천순제 세력이 패배하여 마자르타이는 살해될 운명이었으나, 형 바얀이 원 문종을 추대하는 데 공훈을 세운 덕분에 목숨을 부지할 수 있었다.

마자르타이는 성격이 오만방자한 형과는 판이하게 겸손하고 온화했다. 자기보다 나이가 서른다섯 살 적은 원 혜종을 충심으로 섬겼다. 원 혜종은 바얀에게는 두려운 마음이 들었지만, 마자르타이에게는 언제나 편안한 마음으로 대했다.

후지원 3년(1337) 어느 날 마자르타이가 원 혜종이 자기를 왕으로 책봉하겠다는 얘기를 듣고 상소했다.

"신의 형은 이미 진왕(秦王)으로 책봉되었습니다. 신의 집안에 형과 동생, 두 명이 왕으로 책봉될 수 없습니다. 신은 왕의 관작을 받을 수 없습니다. 폐하께서는 태평왕 엘 테무르의 일을 경계로 삼으셔야 합니다."

마자르타이는 평소에 형 바얀이 태평왕 엘 테무르처럼 황제를 업신여기고 국정을 좌지우지하는 모습을 보고 못마땅하게 생각했다. 자기도 왕으로 책봉되면, 천하의 사람들은 바얀 일족이 권력을 독점하여 황제를 꼭두각시로 만들었다는 비난을 피하고자 그렇게 말했을 것이다. 그는 진정으로 젊은 황제가 친정을 시작하기를 바랐다. 원 혜종은 그를 태보(太保)로 임명하고 군사 기구인 추밀원(樞密院)의 업무를 분장하며 북방을 지키게 했다.

마자르타이는 북방에서 백성들의 노역을 줄이고 선정을 베풀어 민심을 얻었다. 그는 형에게 젊은 황제를 충심으로 보필해야 한다고 여러 차례 충고했다. 하지만 바얀은 동생의 충고를 무시하고 국정을 농단하여 조야 인사들의 거센 반발을 샀다.

마자르타이의 아들 톡토아(脫脫·1314~1356)는 어린 시절에 큰아버지 바얀의 집안에서 자랐다. 바얀이 텡기스의 반란을 진압할 때 공을 세워 어사중승·호부친군도지휘사·좌아속위 등 관직에 임용되었으며, 후지원 4년(1338)에는 어사대부로 승진하여 원 혜종을 충심으로 섬겼다. 마자르타이 부자는 원 혜종의 든든한 버팀목이 되었다.

당시 원나라 전역에는 반란이 끊이질 않았다. 후지원 2년(1336) 사천 지방의 합주(合州) 출신인 한법사(韓法師)는 유복통(劉福通)과 함께 백련교의 법당을 설치하고 미륵 신앙으로 농민들을 규합하여 반란을 일으켰다. 다음 해 그는 남조조왕(南朝趙王)을 자칭하고 사천성 중경(重慶)을 수도로 삼았다.

후지원 3년(1337) 주광경(朱光卿)·석곤산(石昆山)·종대명(鍾大明) 등이 광동 지방에서 반란을 일으켜 대금국(大金国)을 세우고 연호를 적부(赤符)로 정했다.

곤봉을 잘 다루었던 호윤아(胡閏兒)는 하남 지방의 신양(信陽)에서 미륵 신앙으로 농민들을 규합하여 반란을 일으켰다. 반란군은 녹읍(鹿邑)을 점령하고 진주(陳州)를 초토화한 후 행강(杏岡)에서 주둔했다. 호산화(胡山花)·녹축이(轆軸李)·봉장(棒張) 건달들도 반란을 일으켜 홍윤아에 호응했다.

전국 각지에서 들불처럼 일어난 농민 반란에 놀란 원 혜종은 장수들에게 신속하게 반란을 진압하게 했다. 바얀은 반란을 진압한 후 한인과 남인에 대해 노골적인 적개심을 품고 탄압했다. 한인과 남인은 병기와 말을 가질 수 없었다. 농가에서 사용하는 철제 농기구도 가질 수 없었다. 농민 반란을 미연에 막고자 한 조치였다. 그들은 몽골 문자와 서역 문자도 배울 수 없었다.

바얀은 또 반란군 중에서 장씨(張氏)·왕씨(王氏)·유씨(劉氏)·이씨(李氏)·조씨(趙氏) 등 5개 성씨를 가진 한인들이 많다는 사실을 알았다. 그는 원 혜종에게 원나라에서 이 5개 성씨를 가진 한인들을 모조리 도륙하자고 했다. 하지만 원 혜종은 한인의 5대(大) 성씨를 전부 죽이면, 종묘사직을 유지할 수 없다고 판단하여 바얀의 건의를 수용하지 않았다.

원 혜종이 측근에게 이런 말을 했다.

"승상이 미친 게 아닌가? 짐에게 말도 안 되는 계책을 냈소. 만약 짐이
시행한다면 군주로서 얼마나 오래 버틸 수 있겠는가."

당시 원 혜종은 얼마든지 이성적으로 판단할 수 있는 나이인 만 17세였다. 얼마 후 또 반란이 일어났다. 이지보(李志甫)는 복건 지방의 장주(漳州)에서 반란을 일으켰다. 주자왕(周子旺)은 강서 지방 원주(袁州: 강서성 의춘·宜春)에서 주왕(周王)을 자칭하고 반란을 일으켰다. 주자왕을 따르는 반란군 5,000여 명은 옷에 '불(佛)' 자를 썼다. 그들에게는 불 자가 창칼을 막아준다는 믿음이 있었다. 얼마 후 이지보·주자왕 등이 일으킨 반란도 진압되었다.

원 혜종은 바얀의 전공을 인정하여 그에게 경원덕상보공신(經元德上輔功臣) 칭호를 더해주고 칠보옥서용호금부(七寶玉書龍虎金符)를 하사했다.

담왕(郯王) 체체투(徹徹禿)는 원 헌종 뭉케의 증손이다. 중서성 좌승상 텡

기스의 모반 음모를 원 혜종에게 고발한 공로로 태평로(太平路)와 소주전(蘇州田) 200경(頃)을 식읍으로 받았다. 그는 종왕(宗王)으로서 황실 안팎에서 신망이 높았다.

후지원 4년(1338) 체체투가 입조하여 원 혜종을 배알했을 때 바얀이 오만불손하게 행동하는 모습을 보고 몹시 불쾌했다. 바얀은 메르키트(蔑兒乞) 부족 출신이었다. 원래 메르키트 부족 사람들은 원 헌종 뭉케의 노예였다. 바얀이 아무리 조정의 권력을 장악했더라도 체체투에게는 아랫사람으로서 예의를 갖추어야 했다. 바얀은 자신의 위신을 더욱 높이려고 체체투에게 자기 아들과 그의 딸을 혼인시키자고 했다.

체체투는 냉정하게 거절했다. 자기 딸을 노예 집안의 아들에게 시집보낼 수 없다는 의미였다.

바얀은 체체투의 속마음을 읽고 분노했다. 당장 그를 죽이고 싶었지만 죽일 명분이 없었다. 다음 해 바얀은 체체투가 선양왕(宣讓王) 테무르 부카(帖木兒不花)·위순왕(威順王) 관체부화(寬徹普化) 등과 역모를 꾸미고 있다고 모함했다.

원 혜종은 신하들에게 진상을 파악하게 했다. 하지만 바얀은 성지(聖旨)를 위조하여 체체투를 살해했다. 또 진상이 드러날 것을 우려하여 선양왕과 위순왕을 대도에서 먼 곳으로 추방했다. 원 혜종은 바얀이 농간을 부려 체체투를 살해한 사실을 눈치챘으나 그를 제거할 힘이 없었다.

바얀의 국정 농단은 날이 갈수록 심각해졌다. 측근 엘저부카(燕者不花)에게 황궁의 모든 친위군을 거느리게 하고, 조정의 모든 대소사는 반드시 먼저 자기에게 보고하게 했다. 전국 각지에서 바얀의 저택으로 보낸 공물은 산처럼 쌓였으며, 황궁 내탕고의 재물은 바얀의 승인 없이는 반출할 수 없었다. 또 그의 측근이 아니면 고위 관리가 될 수 없었다. 그의 저택 앞에는 언제나 벼슬을 얻으려는 자들로 문전성시를 이루었다. 그가 외출할 때면 시종과 무사 수백 명이 그를 호위했다. 반면에 황제가 성 밖으로 행차할 때면 시종이 십여 명뿐이었다. 급기야 천하의 사람들은 황궁에 황제가 있는지도 몰랐으며 오로지 바얀만을 알고 있었을 뿐이었다.

원 혜종은 바얀의 국정 농단에 심각한 두려움을 느꼈다. 바얀도 점차 성년이 되어가는 황제가 자기 말을 듣지 않을까 불안했다. 부다시리 태황태후에게 황제를 폐위하고 황태자 엘 테구스를 새로운 황제로 추대하자고 은밀히 제안했다. 부다시리 태황태후는 엘 테구스의 생모가 아닌가. 그녀는 바얀의 제안에 흔쾌히 동의했다.

바얀은 어사대부 톡토아에게 황궁의 친위군을 지휘하게 했다. 조카를 통해 황제의 일거수일투족을 감시할 목적이었다. 하지만 톡토아는 평소에 백부의 국정 농단에 불만을 품고 있었다. 당시 바얀이 황제를 능멸하고 국정을 농단한다는 얘기가 사방에 파다하게 퍼졌다. 그를 타도해야 한다는 여론이 들끓었다. 톡토아는 바얀이 처벌을 받게 되는 날에는 그 불행이 자기 가족에게 미치지 않을까 두려웠다.

아버지 마자르타이에게 말했다.

"백부의 오만불손한 행동이 아주 심각합니다. 만약에 천자가 진노하여 그를 처벌하면, 우리 가족은 멸문의 화를 당할 것입니다. 그런데도 아버님께서는 어찌하여 그런 비극이 일어나기 전에 그를 죽일 계획을 세우지 않습니까?"

마자르타이도 아들의 말에 공감했지만 감히 형을 제거할 용기가 나지 않았다. 톡토아에게는 스승 오직방(吳直方·1275~1356)이 있었다. 오직방은 당대의 저명한 유학자였다. 그는 일찍이 주왕 쿠살라에게 한학을 가르친 적이 있었으며, 톡토아의 아버지 마자르타이와도 두터운 친교를 쌓았다.

마자르타이는 그의 식견과 지모에 감탄하여 그를 제갈공명에 비유하기도 했다. 마자르타이는 오직방을 초청하여 톡토아를 가르치게 했다.

톡토아는 스승을 만나 대책을 물었다.

"저의 백부가 천하를 혼란에 빠트리고 있습니다. 어떻게 하면 좋겠습니까?"

"『좌전(左傳)』에 '대의멸친(大義滅親)'이란 말이 있소. 대장부는 국가의 안위만을 걱정할 뿐이지, 가족은 염두에 둘 필요가 없소."

"만약 거사가 실패하면 어떻게 해야 합니까?"

"일이 이루어지지 않으면 그것은 하늘의 뜻이오. 한 번 죽으면 그만인데 또 무슨 애석한 일이 있겠소? 죽어도 임금에게 충성하고 절개를 지킨 선비라는 명성을 얻으면 족하오."

톡토아는 스승의 결연한 말을 듣고 바얀을 제거하기로 결심했다. 하지만 원 혜종을 설득하는 문제가 남았다. 그는 황제가 바얀을 몹시 두려워하고 있음을 알고 있었다. 그렇지만 원 혜종도 꼭두각시 황제로 지내는 것을 원치 않았다. 톡토아는 황제의 마음을 움직이기 위해서는 그에게 결정적인 자극을 가해야 했다. 그는 이미 바얀과 부다시리 태황태후의 황제 폐위 음모를 알고 있었다. 오직방은 톡토아에게 즉시 밀고하게 했다.

원 혜종은 톡토아의 밀고를 듣고 사태의 심각성을 깨달았다. 하지만 톡토아가 정말로 바얀을 제거하려고 하는지 확신이 서지 않았다. 조카가 백부를 죽이겠다는 얘기가 인지상정에 맞지 않았기 때문이다.

원 혜종은 세걸반(世杰班)·아루(阿魯) 등 측근들을 톡토아에게 여러 차례 보내 진심을 파악하게 했다. 이윽고 원 혜종은 톡토아에 대한 의심을 거두고 은밀히 지지 의사를 표명했다.

후지원 5년(1399) 톡토아는 세걸반·아루 등과 함께 거사를 준비했다. 바얀이 입조할 때 경비가 소홀한 틈을 타서 그를 생포하여 단죄할 계획이었다. 하지만 준비 부족으로 제거 작전을 실행에 옮기지 못했다. 바얀은 황궁의 분위기가 심상치 않음을 감지하고 자신을 호위하는 무사를 늘렸다. 원 혜종도 바얀의 반격을 두려워하여 톡토아에게 황궁의 경비를 더욱 강화하게 했다.

하남 기현(杞縣) 사람 범맹(范孟)은 하남행성의 연사(掾史)였다. 연사는 공문서 등 잡무를 처리하는 말단 관직이다. 그는 평소에 자신의 능력과 학식이 뛰어난데도 고위직에 오르지 못한 신세를 한탄했다. 어느 날 그는 어사의 추천으로 능력에 상응하는 관직을 맡았다. 하지만 여러 달 동안 고생만 하고 푸대접을 받자 분노가 폭발했다.

"고관 놈들을 모조리 죽여 버리겠다."

같은 해 11월 범맹은 곽팔실(霍八失) 등과 함께 황제의 성지(聖旨)를 위조하여 밤을 틈타 하남행성의 관부로 들어갔다. 범맹은 밀랍으로 감싼 가짜 성지를 고위 관리들에게 보여주고 그들을 한자리에 모이게 했다. 마침 술에 취해 있던 그들은 정말로 황궁에서 사신이 성지를 가지고 온 것으로 착각했다. 그들은 모두 엎드려 어명을 기다리고 있었다. 갑자기 범맹 일당이 칼을 들고 그들에게 달려가 포위했다.

하남행성 평장사 오르쿠 테무르(月魯帖木兒)·좌승 보리에(勃烈)·염방사

올제이 부카(完者不花)·총관 사리마(撒里麻) 등 고위 관리들이 현장에서 피살되었다.

범맹은 가짜 어명을 빙자하여 예전에 염방사였던 단보(段輔)를 좌승으로 임명하고, 자신은 하남도원수가 되었다. 지방의 일개 말단 관리가 성지를 위조하여 한순간에 행성(行省)의 고위 관리들을 살해한 충격적인 사건이 발생한 것이다. 얼마 후 범맹 일당은 체포되어 참수형을 당했으며, 사건에 연루된 한인이 수백 명이나 되었다.

이 사건이 조정에 알려지자 바얀은 극도로 흥분했다. 그는 평소에 한인 관리들을 불신하고 있었는데 염방사였던 단보도 사건에 연루된 사실을 알고 어사대의 신하에게 "한인은 절대 염방사를 맡을 수 없다."는 상소를 올리게 했다. 염방사는 관리들을 감찰하는 관직명이다. 오직방은 자문을 구하러 온 어사대부 톡토아에게 말했다.

"한인이 염방사를 맡는 것은 조종(祖宗)의 법도이오. 절대로 폐지될 수 없소. 어째서 이 일을 폐하에게 아뢰지 않고 있소?"

톡토아는 원 혜종에게 자초지종을 밝히고 어사대 신하 상소의 내용을 반박했다.

바얀은 톡토아가 자기 의견에 반대했다는 얘기를 듣고 원 혜종에게 말했다.

"톡토아가 신의 조카이지만, 그는 오로지 한인만 생각하고 있으니 그의 죄를 물어야 합니다."

톡토아가 몽골인을 위해서가 아니고 한인의 이익을 대변하기 때문에 그를 처벌해야 한다는 얘기이다. 하지만 원 혜종은 그의 건의를 수용하지 않았다. 이 사건이 발생한 후 바얀은 원 혜종의 진의를 의심했다. 황제를 폐위하지 않으면 한인 세상이 올 수 있다는 두려움을 느꼈다. 부다시리 태황태후를 만나 폐위 음모를 꾸몄다.

원나라 황제는 정기적으로 황궁 밖의 유림(柳林)에서 수렵을 하는 전통이 있었다. 후지원 6년(1340) 2월 바얀은 원 혜종에게 수렵을 권했다. 황제가 황궁을 비운 틈을 타서 황제를 폐위하고 황태자 엘 테구스를 추대할 속셈이었다. 원 혜종은 톡토아의 계책에 따라 병을 핑계로 행차하지 않았다. 그 대신 바얀에게 황태자를 모시고 사냥을 나가게 했다. 바얀은 어명을 거절할 수 없었다.

이윽고 바얀이 엘 테구스를 모시고 출궁했다. 절호의 기회를 포착한 톡토아는 즉시 황궁을 장악한 후 원 혜종을 순덕전(順德殿)에서 모시고 문무백관을 소집했다. 톡토아는 바얀의 죄상을 낱낱이 밝힌 조서를 낭독했다. 누구도 감히 황제 앞에서 고개를 들 수 없었다. 톡토아는 지휘사 웨커차르(月可察兒)에게 기병 30여 기를 이끌고 유림에 가서 황태자를 황궁으로 데려오게 했다. 아울러 중서성 평장정사 지르와다이(只兒瓦歹)에게 바얀을 하남행성 좌승상으로 좌천한다는 어명을 전달하게 했다.

유림에서 졸지에 무장해제를 당한 바얀은 어명에 복종할 수밖에 없었다. 그가 하남행성으로 가는 도중에 또 어명을 받았다. 도저히 용서할 수 없는 중죄를 저질렀기 때문에 남은주(南恩州) 양춘현(陽春縣: 광동성 양강·陽江)으로 유배를 보낸다는 내용이었다.

바얀은 풍토병이 창궐하는 영남 지방으로 가면 살아서 돌아오지 못할까 두려웠다. 강서 지방 용흥로(龍興路: 강서성 남창·南昌)에 이르렀을 때 중병에 걸렸다. 그를 호송하던 관리들은 그에게 싸늘한 표정을 지으며 물 한 그릇도 주지 않았다. 한때 원나라 천하를 호령했던 바얀은 비로소 권불십

년을 통감하고 쓸쓸하게 죽었다.

이처럼 원나라 지배층 내부에서 일어난 권력 투쟁은 중요한 정치적 의미가 있다. 바얀을 중심으로 하는 몽골인 보수파와 톡토아를 중심으로 하는 한법파(漢法派)가 국가를 통치하는 방법을 두고 충돌했다.

원나라를 건국한 원 세조 쿠빌라이는 한족의 법률과 제도로 국가를 다스렸다. 물론 그가 유목민의 전통과 문화를 완전히 배제한 것은 아니었지만, 대제국을 원만하게 통치하기 위해서는 역대 한족 왕조처럼 유학 사상을 근간으로 하는 통치 이념을 설파해야 했다.

원 세조 이래 역대 황제들은 그것을 '조종(祖宗)의 법도'로 간주하고 준수했다.

반면에 몽골인 보수파 귀족은 원나라의 정체성은 몽골이며, 몽골인은 한인의 영원한 지배자라고 생각했다. 한족은 몽골인에게 양식·비단·도자기 등 일상생활에 필요한 모든 물건을 공급하는 노예에 불과했다. 또 한족 중에서 법률과 행정에 밝은 유학자들을 몽골인이 국가를 통치하는 데 필요한 도구로 간주했다.

하지만 톡토아와 같은 일부 몽골인 관료들은 사상적으로 한족 문명의 세례를 받고 군주에 대한 충성과 부모에 대한 효도를 제일의 덕목으로 삼았으며 아울러 유가에서 말하는 요순 시대의 도래를 꿈꾸었다. 역대 황제들도 대부분 유가 사상이 황제의 통치 권력을 유지하고 국태민안을 이루는데 가장 적합한 사상이라고 생각했다.

따라서 원 혜종에게는 황제의 절대 권력에 도전하는 바얀은 제거의 대상이었으며, 톡토아·오집방 등은 진정한 충신이었다. 결국 톡토아·오직방 등은 원 혜종의 암묵적인 지원을 받고 권신 바얀을 처단했다.

바얀이 사망한 직후에 원 혜종은 원기 왕성한 20세였다. 이때부터 비로소 그의 진정한 통치가 시작되었다. 원 혜종은 친정을 시작하자마자 아버지 원 명종 쿠살라가 권신 엘 테무르에게 독살을 당했으며, 그 배후에는 자신의 숙부인 원 문종 투그 테무르가 있었음을 밝히게 했다. 이윽고 원 혜종은 억울하게 죽은 아버지의 존호를 순천입도예문지무대성효황제(順天立道睿文智武大聖孝皇帝)로 정했다. 그리고 종묘의 의례를 관장하는 태상(太常)에게 종묘에 모신 원 문종의 신주를 철거하게 했다.

원 명종은 격상되고 원 문종은 격하된 정치적 상황에서, 부다시리 태황태후와 황태자 엘 테구스는 졸지에 고립무원의 처지가 되었다. 그동안 부다시리는 정부(情夫) 바얀과 야합하여 태황태후의 지위를 누릴 수 있었지만, 이제 원 혜종에게는 아주 불편한 존재가 되었다. 태황태후를 비난하는 신하들이 적지 않았다.

어사대의 한 신하가 그녀를 탄핵했다.

"태황태후는 폐하의 생모가 아니라 숙모입니다. 예전에 그녀는 폐하의 생모(바부샤)를 잔인하게 죽였습니다. 폐하께서는 어째서 부모를 죽인 원수와 같은 하늘 아래에서 살고자 합니까?"

또 어떤 이는 숙모가 조모가 되어 천하의 웃음거리가 되었다고 말하여 원 혜종을 자극했다. 원 혜종은 그녀의 죄상을 낱낱이 밝히게 했다. 후지원 6년(1340) 6월 그녀는 황궁에서 쫓겨나 동안주(東安州: 하북성 낭방·廊坊)로 유배당하고, 얼마 후 사약을 마시고 죽었다. 황태자 엘 테구스도 죽을 수밖에 없는 운명이었다. 그는 고려로 유배를 가는 도중에 피살되었다. 당시 그는 12세 소년이었다.

6. 지정갱화: 톡토아의 성공과 실패

톡토아가 어사대부였을 때의 일이다. 어느 날 그는 원 혜종을 수행하고 상도에서 대도로 돌아오는 도중에 계명산(雞鳴山) 자락을 흐르는 혼하(渾河: 요녕성 동부를 흐르는 강)에 이르렀다. 원 혜종은 그곳의 울창한 산림을 보고 마음에 들었다. 보안주(保安州)에서 머물면서 말을 타고 사냥을 하다가 말이 놀라는 바람에 말에서 떨어졌다.

톡토아가 원 혜종에게 간했다.

"옛날에 제왕들은 구중궁궐의 높은 곳에 엄숙하게 앉아 있으면서 매일 대신, 저명한 유학자들과 함께 치국(治國)의 도를 토론했습니다. 매를 날리고 개를 달리게 하는 사냥은 제왕의 일이 아닙니다."

톡토아의 간언을 받아들인 원 혜종은 그에게 금자광록대부(金紫光禄大夫) 겸 소희선무사(紹熙宣撫使) 관직을 하사했다. 톡토아는 충심으로 원 혜종을 보필했다.

원 혜종은 바얀의 세력을 제거한 후 자신의 시대를 열기 위하여 새로운 마음가짐으로 1341년부터 연호를 지정(至正)으로 바꾸었다. 그는 연호를 바꾸는 목적이 '여천하갱시(與天下更始)'에 있음을 조서에서 분명히 밝혔다. 이는 '천하와 더불어 새롭게 고치어 시작한다'는 의미이다.

원 혜종이 명실상부한 황제로 자리매김하는 데 가장 큰 공훈을 세운 신하는 톡토아였다. 그는 북방을 지키고 있던 톡토아의 부친 마자르타이를 조정으로 불러들이고 태사와 중서성 좌승상에 임용했다. 그리고 톡토아를 지추밀원사에, 톡토아의 동생 예센 테무르(也先帖木兒)를 어사대부에 임용했다. 톡토아 가문은 원 혜종에게 충성을 맹세했다.

원 혜종은 또 마자르타이를 충왕(忠王)으로 책봉하고 타르칸 봉호를 하사했다. 하지만 마자르타이는 황제가 하사한 관작이 과분하다고 여기고 사양했다. 그는 또 병을 핑계로 고향으로 돌아가 은거하기를 간절히 바랐다.

원 혜종은 극구 만류했지만, 그의 뜻을 꺾을 수 없었다. 원 혜종은 마자르타이 대신에 톡토아를 중서성 우승상에 임용하고 국가의 대소사를 보필하게 했다.

당시 원나라 관리들의 부패가 심각했다.

오징(吳澄)의 손자 오당(吳當)이 편찬한 『오문정공집(吳文正公文集)』에 이런 내용이 있다.

"원나라 말기에 이르러 풍속이 크게 문란해졌다. 관리들은 백성의 재물을 갈취하는 게 습관이 되어 도적과 조금도 다르지 않았다. 그들은 그것을 치욕으로 생각하지 않았으며, 사람들도 그것을 당연하게 생각했다. 간혹 청렴한 관리가 있었지만, 천 명 가운데 한두 명에 불과했다."

관리들이 백성들에게 돈을 뜯어내는 명목도 가지가지였다. 아랫사람이 관리를 처음 배알할 때 내는 배견전(拜見錢), 관부에서 아무런 이유도 없이 백성들에게 돈을 갈취하는 살화전(撒花錢), 명절을 쇨 때 바치는 추절전(追節錢), 관례에 따라 정기적으로 바치는 상례전(常例錢), 관리가 부임하거나 이임할 때 바치는 인정전(人情錢), 사건에 연루되어 조사를 받을 때 바치는 뇌발전(賚發錢), 소송할 때 바치는 공사전(公事錢) 등 이루 다 열거할 수 없을 정도로 많았다.

원 혜종은 이처럼 심각한 관료의 부패상을 일소하고 개혁 정치를 펴기 위하여 톡토아를 중용한 것이다. 톡토아는 탐관오리들이 활개를 치는 까닭은 관리 선발에 문제가 있었기 때문이라고 생각했다. 먼저 국가의 망가진 관료 조직을 재건하고 지식인들의 마음을 얻기 위해서는 바얀이 폐지한 과거제를 부활해야 한다고 원 혜종에게 건의했다.

지정 2년(1342) 3월 원 혜종은 친히 전시(殿試)를 주관했다. 츠바이주(賜拜住)·진조인(陳祖仁) 등 78명이 진사 급제했다.

톡토아는 또 최고의 교육 기관인 국자감의 조직과 인원을 대폭 확장했다. 몽골인·색목인·한인 등으로 구성된 국자감 생원이 3,000여 명에 달했다. 그들은 주로 유가 경전을 학습했으며 아울러 각 관청에서 필요한 법률과 업무 지식 그리고 한자·몽골 문자·서역 문자 등 여러 문자를 습득한 후 관리로 임용되었다.

이러한 조치는 원나라 조정에 불만을 품은 한족 지식인들에게 실력으로 관계에 진출할 수 있는 기회를 제공했다. 같은 해 원 혜종은 의례를 관장하는 관리들을 산동성 곡부(曲阜)에 있는 공묘(孔廟)로 보내 공자에게 제사를 지내게 했다. 유가 사상을 존중하고 유학자들을 우대하겠다는 뜻이었다.

원 문종 시대에 설립한 규장각(奎章閣)에는 수많은 장서가 있었다. 대신, 학자들은 수시로 규장각을 드나들며 학문을 연구했으며, 황제도 마찬가지였다. 하지만 바얀이 국정을 농단할 때 어린 원 혜종과 유학자들 간의 소통을 차단할 속셈으로 규장각을 없앴다. 석학들이 황제에게 강론하는 장소인 경연(經筵)도 폐지되었다.

톡토아는 규장각의 후신인 선문각(宣文閣)을 설치하여 유학자들에게 학술 토론의 장소를 제공했다. 그는 구양현(歐陽玄·1283~1358)·동진(董縉)·이호문(李好文)·허유임(許有壬) 등 당대의 저명한 유학자들에게 5일마다 한 차례씩 경연을 열어 황제에게 유가 경전 등을 강의하게 했다. 이에 군주와 신하 간의 격의 없는 토론이 성행하여 문풍(文風)이 진작되었다.

구양현은 당대의 석학이었다. 철학·문학·역사뿐만 아니라 치수와 토목 공사에도 일가견을 이루었다. 지정 4년(1344) 황하의 범람이 무려 7년 동안 지속되어 황하 유역에 거주하는 수많은 백성에게 막대한 피해를 입혔다.

지정 11년(1351) 원 혜종은 공부상서 가노(賈魯)에게 농민공 15만 명, 병사 2만 명을 징발하여 제방을 보수하고 물길을 바로잡게 했다.

구양현은 거의 고희의 나이였음에도 불구하고 공사 현장 곳곳을 찾아가 면밀하게 살핀 후, 『지정하방기(至正河防記)』를 저술했다. 오늘날 이 책을 통하여 원나라 시대에 황하 치수 사업의 현황을 이해하고, 수리 기술이 얼마나 뛰어났는지 알 수 있다.

원 혜종은 원로 대신 구양현을 진심으로 존경하고 의지했다. 그가 황태자를 책봉하기 전에 친히 쓴 조서를 호남 지방으로 낙향한 구양현에게 보냈다.

"지금 짐에게는 아주 중요한 일이 한 가지 있소. 경이 조정으로 돌아와 짐을 도와주어야 만이 일을 완성할 수 있을 것이오."

구양현은 황제의 간절한 요청을 차마 거절할 수 없었다. 병든 노구를 이끌고 대도로 떠나지 않을 수 없었다. 지정 17년(1358) 구양현이 세상을 떠나자, 원 혜종은 그를 초국공(楚國公)으로 추봉했다.

톡토아는 원만한 국정 수행을 위해서는 몽골 왕족의 지지와 협조가 절대적으로 필요하다고 생각했다. 바얀에게 희생된 담왕 체체투의 누명을 벗겨주고 복권하였다. 그리고 선양왕 테무르 부카·위순왕 관체부화 등 오지로 귀양을 간 종왕들을 다시 그들의 영지로 돌아가게 했다.

지정 3년(1343) 겨울 원 혜종이 태묘에서 제사를 지낼 때 원 영종(元寧宗)

의 신주를 모신 제실(祭室)에 이르렀다.

그가 측근 신하에게 물었다.

"짐은 영종의 친형이오. 동생의 신주 앞에서 절을 해야 하는가?"

원나라의 제10대 황제이자 몽골 제국의 제14대 카안 이린친발이 원 영종이다. 그는 6세의 나이에 황위를 계승하여 재위 43일 만에 세상을 떠난 비운의 황제이다. 원 혜종은 친동생의 신주 앞에서 무릎을 꿇고 제사를 지내야 하는지 몹시 난감했기 때문에 그런 질문을 했다.

태상박사 유문(劉聞)이 대답했다.

"영종은 폐하의 동생이지만 황제였을 때 폐하는 그의 신하였습니다. 춘추 시대에 노(魯)나라 민공(閔公)은 노나라 희공(僖公)의 동생이었습니다. 형보다 먼저 주군이 된 민공이 죽은 후에, 종묘에서 그에게 제사를 지낼 때 희공이 절을 하지 않았다는 얘기는 아직 듣지 못했습니다. 폐하께서는 당연히 절을 하셔야 합니다."

형과 동생의 혈족 관계보다 군주와 신하의 관계가 더 중요하다는 유학자들의 인식이다. 이른바 '대의멸친(大義滅親)'을 말한다. 이는 국가를 다스리는 군주와 신하 모두 지켜야 하는 행동 덕목 가운데 하나이다. 원 혜종은 군말하지 않고 따랐다. 유가의 규범이 그에게 영향을 끼쳤음을 알 수 있다.

지정 4년(1344) 황하 유역에 대홍수가 났다. 생활의 터전을 잃은 이재민은 유랑민으로 전락했다. 그들은 굶주림을 견디다 못해 민란을 일으켜 관아를 습격했다.

다음 해 3월 원 혜종은 『죄기조(罪己詔)』를 반포했다.

"근년에 이르러 천재지변이 끊이질 않고 일어났다. 날마다 내리는 비는 농작물을 망쳤으며, 황하는 범람하여 제방을 무너뜨렸다. 백성은 재앙을 만나 고통을 겪고 있는데 특히 산동과 하남 지방 백성의 고통이 심하다고 들었다. 짐은 밤낮을 가리지 않고 백성이 겪는 고통을 생각하며 두려워하고 있다. 그 천재지변의 원인을 깊이 생각해보니, 모든 것은 짐이 부덕하기 때문이다. 지금 여러 지방에서 도적들이 창궐하여 남의 물건을 강탈하고 있다. 향후 20일 이내에 자기 잘못을 뉘우친 자들은 모두 사면한다. 그리고 이전에 조세를 면제해 준 것 이외에도, 재해를 입은 자에게는 조세를 전부 면제해 준다. 이미 조세를 납부한 자는 다음 해에 조세를 납부한 것으로 인정한다."

원 혜종은 천재지변을 자신의 부덕의 소치로 간주했다. 하늘을 원망하지 않고 이재민들에게 세금을 부과하지 않는 현실적인 방안을 제시함으로써 백성의 고통을 해결하고자 했다. 또 선량한 백성이 굶주리면 도적 떼로 돌변하여 민란을 일으킨다는 역사적 경험을 알고 있었기 때문에 사면령을 반포했다.

지정 5년(1345) 10월 원 혜종은 봉사선무(奉使宣撫) 24명을 전국 각지로 파견하여 백성에게 자신의 뜻을 알리게 했다.

"짐은 조종의 대업을 받들어 황위를 계승한 지 10여 년이 되었다. 백성에게 짐의 몸을 의지하고 구중궁궐에 앉아 있으면서 눈으로 보고 귀로 듣는 것만으로 어찌 백성의 삶을 자세히 이해할 수 있겠는가. 따라서 짐은 밤낮을 가리지 않고 두려운 마음가짐으로 일하면서 백성이 편안하게 살기를 바라고 있다. 하지만 아직 조화로운 기운이 돌지 않고 재앙이 끊이질 않으며, 교화는 제대로 이루어지지 않고 풍속도 순박하지 않다. 또 관리들의 가렴주구가 아직도 근절되지 않았으니, 백성의 고통은 날이 갈수록 심각해지고 있다."

"짐은 선황제들이 제정한 법률을 준수하여 전국의 각 지방에 봉사선무를 파견한다. 봉사선무는 짐이 백성에게 인덕을 베푸는 마음을 널리 알리며 그들의 고통을 살피고 원통한 일을 해결해주며 그들을 괴롭히는 일을 제거해주어야 한다. 또 지방 관리들이 백성을 다스리는 실태를 정확하게 파악해야 한다. 선정을 베푼 관리는 직급을 올려 주고, 그렇지 않은 관리는 퇴출해야 한다. 또 뇌물죄를 범한 관리들 가운데 관직이 4품 이상인 자는, 그의 범죄 사실을 조정에 보고한 후 직무를 정지시켜야 한다. 그리고 5품 이하인 자는 봉사선무의 직권으로 현장에서 즉시 처벌해야 한다. 백성과 이해관계가 있는 모든 일은 먼저 사실을 철저하게 규명하고 난 후에 처리해야 한다."

봉사선무란 어명을 받들어 지방으로 가서 민정을 살피어 백성의 고통을 해결해주며 탐관오리를 척결하는 관직이다. 원 혜종은 연이은 천재지변으로 인한 재앙이 국가를 망하게 하지 않을까 두려웠다.

사실 천재지변은 언제나 때와 장소를 가리지 않고 일어난다. 더구나 원나라처럼 거대한 제국에서 크고 작은 재앙이 하루라도 일어나지 않은 적이 있었겠는가.

문제는 지방 관리들의 부패와 착취였다. 그들은 "하늘은 높고 황제는 멀리 있다(天高皇帝遠)"고 생각하고 있었다. 황제가 거주하는 황궁과 중앙 정부가 자기들이 다스리는 지방에서 아주 멀리 떨어져 있으므로 현지 주민을 착취해도 황제는 알 수 없을 것이라는 얘기이다.

당시 원 혜종은 가장 정열적으로 일할 수 있는 나이인 25세였다. 구중 궁궐에 있으면서 백성의 고통을 제대로 파악할 수 없음을 솔직히 시인했다. 황궁에서 아무리 백성을 위한 조치를 취한다고 해도 한계가 있었을 것이다. 그래서 전국 각지에 봉사선무들을 파견하여 백성에게 자신의 뜻을 알리고 민원을 해결해주며 탐관오리들을 척결하고자 했다.

역대 한족 왕조에서는 역사서를 편찬하는 일을 국가의 중대사로 간주했다. 한족이 그토록 역사서 편찬에 집착한 이유는 역사를 통하여 고금 흥망성쇠의 교훈을 얻고자 했기 때문이다. 일반적으로 한 왕조가 망하면 그 왕조의 뒤를 이은 왕조에서 이전 왕조의 역사서를 편찬했다.

역사를 기술하는 데에는 공정하고 객관적인 평가가 가장 중요한 덕목이었다. 이른바 '춘추필법(春秋筆法)'은 춘추 시대의 편년체 역사서인『춘추(春秋)』이래로 역사 기록의 공정성을 담보하는 논거가 되었다.

원래 몽골인은 문자가 없었기 때문에 그들의 역사서가 존재할 수 없었다. 구전으로 내려오는 신화와 전설이 있었을 뿐이었다. 원 세조는 원나라를 건국함으로써 몽골인을 중국 역사의 주역으로 등장하게 했다. 그는 중국의 황제로서 전대(前代)의 망한 왕조의 역사를 기술해야 한다는 의무감이 강했다. 일찍이 국사원(國史院)을 설립하여 요나라·금나라·송나라 등 국가의 역사를 책으로 편찬하게 했지만 완성하지 못했다. 원 인종·원 문종 연간에도 여러 차례 편찬을 시도했으나 결실하지 못했다.

원 혜종은 톡토아·구양현 등 대신들에게 요나라·금나라·송나라 등 역사에 대하여 그동안 부분적으로 기술한 자료들을 모아 세 나라의 역사서를 편찬하게 했다. 지정 5년(1345) 11월『요사(遼史)』·『금사(金史)』·『송사(宋史)』등 삼사(三史)가 완성되었다.

원 혜종은 감개무량한 표정을 지으며 우승상 아로투(阿魯圖)에게 말했다.

"이제야 역사서가 완성되었구려. 짐은 이전 제왕들 가운데 선정을 베
푼 제왕은 귀감으로 삼겠으며, 악행을 저지른 제왕은 경계로 삼겠소. 하
지만 역사서에서는 어찌 군주에게 교훈을 주는 일만 있겠는가. 신하들도
역사서에서 교훈을 얻어야 하오."

군주와 신하 모두 이전 왕조의 역사를 통하여 흥망성쇠의 교훈을 얻
자는 얘기이다. 원 혜종은 성군의 길을 걸어가고자 했다. 하지만 원나라
말기에는 자연재해가 빈번하고 민란이 끊이질 않았다. 그는 국가가 백척
간두의 위기에 봉착하자 중서성 우승상 톡토아 등 개혁파 대신들을 중용
하여 국난을 극복했다.

지정 연간(1341~1368) 초기에 원나라는 어느 정도 안정을 회복했다. 젊
은 황제와 톡토아 등 개혁파 대신들이 서로 협력하여 이루어놓은 결과였
다. 이 시대를 '지정갱화(至正更化)'라고 칭한다. 톡토아가 이 개혁을 주도했
기 때문에 '톡토아갱화(脫脫更化)'라고 칭하기도 한다. 그는 조야에서 '어진
재상(賢相)'이라는 칭송을 들었다.

지정 4년(1344) 원 혜종은 베리게 부카(別里哥不花 · ?~1350)를 중서성 좌승
상에 임용했다. 베리게 부카의 아버지는 원 성종 시대에 중서성 좌승상이
었던 아쿠타이(阿忽台)이며, 어머니는 고려 왕실의 외척이었던 남양부원군
(南陽府院君) 홍규(洪奎 · 1242~1316)의 딸 홍씨(洪氏)이다.

베리게 부카의 아내도 고려에서 고위 관직을 역임한 김순(金恂 · 1258~
1321)의 딸 김씨(金氏)인 것으로 보아, 베리게 부카는 고려 왕실과 대단히 밀
접한 관계를 맺고 있었음을 알 수 있다.

아쿠타이는 원 성종 사후에 벌어진 황위 계승 싸움에서 안서왕 아난

다를 황제로 추대했다가 실패하여 참수형을 당했다. 이 여파로 베리게 부카는 어린 나이에 고아가 되었지만, 원 명종 쿠살라의 눈에 들어 국자학에 들어가 공부할 수 있었다. 그 후 원 인종·원 영종·태정제 등 3조(朝)에 걸쳐 고위직을 역임했다.

지정 2년(1342) 베리게 부카는 절강행성 좌승상에 임용되었다. 그는 절강 지방에서 재해를 당한 백성들에게 구휼미를 방출하고 조세를 감면해 주어 신망을 얻었다. 원 혜종과 베리게 부카는 공통점이 있었다. 원 혜종은 어린 시절에 고려 대청도에서 유배 생활을 했으며, 베리게 부카의 생모는 고려인이었다. 나중에 원 혜종의 정실 황후가 된 기황후(奇皇后)도 고려인이었으며, 베리게 부카의 아내도 고려인 김씨였다. 두 사람은 황제와 신하의 관계였지만 '고려'라는 매개를 통해 정서적으로 가까워질 수 있었다. 그래서 원 혜종은 그를 조정으로 불러들여 중서성 좌승상으로 승진시켰다.

중서성의 좌승상과 우승상은 서로 협력하면서 국정을 운영해야 했다. 하지만 베리게 부카와 톡토아는 평소에 사이가 나빴다. 톡토아는 베리게 부카와 여러 차례 갈등을 겪은 끝에 병을 핑계로 사직을 청했다. 원 혜종이 윤허하지 않자 그는 사직을 청원하는 상소문을 무려 17차례나 올렸다. 원 혜종은 어쩔 수 없이 윤허했다. 그를 정왕(鄭王)으로 책봉하고 안풍(安豊: 안휘성 수현·壽縣)을 식읍으로 하사했다. 하지만 톡토아는 자기에게 하사한 관작이 과분하다고 여기고 거절했다.

지정 7년(1347) 중서성 우승상에 임용된 베리게 부카가 원 혜종의 면전에서 톡토아의 아버지 마자르타이를 여러 차례 모함했다. 마자르타이가 병을 핑계로 사직하고 고향으로 돌아간 까닭은 요양하기 위해서가 아니라, 사당을 결성하여 불순한 행동을 하려는 데 있다는 것이다. 그의 말을 사실로 믿은 원 혜종은 마자르타이를 서녕(西寧: 청해성 서녕)으로 유배를 보냈다. 그때 톡토아도 병든 아버지를 보살피기 위하여 함께 서녕으로 갔다.

베리게 부카는 마자르타이 부자가 유배지에 무사히 도착했다는 얘기를 듣고 불안한 마음을 감출 수 없었다. 언젠가 두 사람이 복권되어 조정으로 돌아오면 자기에게 위험한 인물이 될 수 있었기 때문이다. 그는 현지 관리를 사주하여 마자르타이를 탄핵하게 했다. 마자르타이가 불량배들과 어울리면서 불순한 마음을 품고 있다는 모함이었다.

원 혜종은 또 진위를 가리지 않고 마자르타이 부자를 감주(甘州: 감숙성 장액·張掖)로 유배를 보냈다. 지정 7년(1347) 마자르타이가 유배지에서 병사했다. 톡토아는 오도 가도 못하는 처지가 되었다.

한편 베리게 부카는 연이은 천재지변에 책임을 지고 사퇴했으며, 지정 10년(1350)에 발해현(渤海縣)에서 사망했다. 중서성 좌승상 하유일(賀惟一)은 톡토아가 유배지에서 아버지의 시신을 가매장했다는 얘기를 들었다. 그는 원 혜종에게 톡토아는 진정한 충신이며 많은 공훈을 세웠으므로 그에게 아버지 시신을 대도로 운구하여 장례식을 치르게 해야 한다고 주장했다.

지정 8년(1348) 톡토아는 마침내 대도로 돌아올 수 있었다. 원 혜종은 그를 태자태부에 임용하고 동궁(東宮)의 일을 관장하게 했다. 당시 원나라는 천재지변과 민란이 끊이질 않았다. 원 혜종은 기울어 가는 국운을 회복하려고 노력했지만, 힘에 부쳤다. 점차 초심을 잃고 주색에 빠지기 시작했다. 다음 해 7월 톡토아를 다시 중서성 우승상에 임용하고 미주(美酒)·명마·예복·옥대 등 귀중한 물건들을 하사했다. 황제와 백성을 위하여 원나라 천하를 안정시키라는 의미였다.

톡토아는 금위군·내사부·선정원 등을 장악하고 국정의 전면에 나섰다. 그는 재정 위기를 가장 빠르게 해결하는 방법은 초법(鈔法)을 고치는 것이라고 생각했다. 초법이란 지폐의 발행과 유통 그리고 태환에 관한 법률이다.

사실 원나라는 지원 연간(1264~1294) 후기부터 지정 연간(1341~1368) 초기에 이르는 동안 지폐를 대량으로 발행하여 통화 팽창을 초래했으며 더구나 위폐가 횡행하여 초법은 유명무실하게 되었다.

지정 10년(1350) 좌사도사 무기(武祺)가 초법 개정을 주장했다. 위구르족 출신인 이부상서 계철독(契哲篤)이 적극 지지하고 나섰다. 그들은 지정교초(至正交鈔)를 새로 발행하고, 그것의 일관(一貫)을 동전 일천문(一千文)이나 지원보초(至元寶鈔) 이관(二貫)으로 바꿀 수 있게 해야 한다고 했다. 또 동전 지정통보(至正通寶)를 별도로 주조하여 유통해야 한다고 주장했다.

국자제수 여사성(呂思誠)은 통화 팽창을 우려하여 계철독에게 반대 의사를 밝혔다.

"동전과 교초를 사용하는 법은 허위로 실질을 바꾸는 행위이오. 역대 조정에서 주조한 동전·지정전(至正錢)·중통초(中統鈔)·지원초(至元鈔)·교초(交鈔) 등 지금 유통되는 화폐가 다섯 종류나 되오. 만약 상인들이 화폐의 가치를 알아서 가치 있는 것은 숨기고, 가치 없는 것은 버린다면, 국가에 이익이 되지 않을까 걱정이오."

대신들 사이에 초법 개정에 대한 찬반론이 분분했다. 지정 11년(1351) 톡토아는 찬성 입장을 표명하고 지정교초를 발행했다. 이와 동시에 중통교초·지원보초 등 예전에 발행한 교초도 혼용하게 했다. 또 지원통보전을 새로 주조하여 기존의 동전과 함께 유통하게 했다. 얼마 되지 않아 여사성이 우려한 일이 현실로 나타났다. 화폐가 너무 많이 유통된 나머지 제 기능을 잃었다. 물가가 10배 이상으로 폭등하여 대도에서는 요초(料鈔:

원나라 초기에 발행한 지폐) 10정(錠)으로 곡식 한 두(斗)도 살 수 없었다.

지방에서는 화폐 대신에 물물교환이 성행했으며, 급기야 관부와 개인이 가지고 있는 교초는 더 이상 쓸모가 없게 되었다. 톡토아가 추진한 새 화폐 발행을 통한 재정난 타개책은 완전히 실패하고 말았다. 이는 원나라 말기에 백련교의 반란 등 민란을 더욱 촉발하는 계기가 되었다.

원나라 말기에 황하의 잦은 범람은 황하 유역에 거주하는 백성에게 심각한 피해를 주었다. 아주 먼 옛날부터 황하는 한족에게 재앙을 안겨주는 '해하(害河)'이기도 하고, 어머니처럼 모든 것을 내어주는 '모친하(母親河)'이기도 했다. 중원 지방에 종묘사직을 세운 역대 제왕들의 가장 큰 관심사는 황하의 물길을 다스리는 것이었다.

이른바 '치수(治水)'라는 개념이 여기서 나왔다. 황하 치수에 성공하면 엄청난 곡물을 얻을 수 있었다. 반면에 실패하면 광활한 황하 유역이 물에 잠겨 수많은 농민을 굶어 죽게 했다.

황하의 대홍수는 몇십 년 만에 드물게 일어나는 게 아니고, 거의 해마다 반복되었다. 그래서 황하의 물길을 바로잡는 자가 황제가 된다는 얘기가 나왔다. 역대 황제들은 황하의 대홍수를 극복하지 못하면 국가가 망할 수 있다는 위기의식을 가지고 있었다.

원 혜종도 수년간 지속되는 대홍수에 이골이 났다. 톡토아가 다시 대도로 돌아오기 직전인 지정 8년(1348) 1월에, 황하 하류에서 대홍수가 일어나 황하의 제방을 무너뜨렸다. 산동 제남(齊南)·하북 하간(河間) 등 도시들이 물에 잠겼다. 또 남북으로 이어지는 대운하가 파괴되었으며, 연해 지방의 염전이 황폐화하였다.

수(隋)나라 이래로 절강성 항주에서 북경의 통주(通州)로 이어지는 전체 길이 1,794km의 경항대운하(京杭大運河)는 남부 지방의 풍부한 물자를 북부 지방으로 옮기는 생명선이다. 이 전체 구간 가운데 산동 지방을 지나는 운하가 대홍수로 파괴된 것이다. 이에 남부 지방에서 대도에 공급되는 물자의 이동이 원활하지 않게 되자, 조정의 조세 수입에 막대한 지장을 초래했을 뿐만 아니라 민심도 흉흉해졌다.

지정 8년(1348) 2월 원 혜종은 제녕로(濟寧路) 운성(鄆城)에 행도수감(行都水監)을 설치하게 했다. 그리고 가로(賈魯)를 행도수감사(行都水監使)로 임명하고 황하의 물길을 바로잡게 했다. 다음 해 톡토아가 다시 재상이 된 후 본격적으로 치수 사업을 계획했다. 가로는 인력을 대규모로 동원하여 토목 공사를 일으켜야 한다고 주장했다.

하지만 공부상서 성준(成遵)은 수해를 입은 지역에서 백성 20여만 명을 징발하여 대역사를 일으키는 일은 황하가 끼친 피해보다 더 심각한 사태를 초래할 것이라고 주장했다. 그는 민심 이반이 반란으로 변하지 않을까 두려웠다.

톡토아가 단호하게 말했다.

"큰일을 할 때는 반드시 어려움이 따르기 마련이오. 질병에는 치료가 어려운 병이 있는 것과 같은 이치이오. 자고로 황하의 재앙은 난치병이오. 지금 내가 반드시 이 재앙을 제거하겠소."

지정 11년(1351) 4월 톡토아는 가로에게 변량로(汴梁路)·대명로(大名路) 등 13로(路)의 백성 15만 명과 여주(廬州: 안휘성 합비·슴肥) 등지의 18익(翼) 병사 2만 명을 징발하여 황하의 물길을 바로잡게 했다. 대역사가 시작된 지 190여 일 만에 치수 공정이 완공되었다.

원 혜종은 톡토아에게 '타르칸' 봉호를 세습하게 하고 유학자 구양현에게 톡토아의 공적을 기리는 「하평비(河平碑)」를 세우게 했다. 가로에게도 품계를 올려 주고 은장(銀章)을 하사했다.

하지만 공부상서 성준이 우려한 대로 노역에 동원된 역부들의 원성이 폭발했다. 그들은 전국 각지에서 들불처럼 일어난 농민 반란에 합류했다. 톡토아가 치수에는 성공했지만, 오히려 그것이 반란을 촉진하는 계기가 되었다.

지정 11년(1351) 백련교를 신봉하던 유복통(劉福通)이 영주(潁州: 안휘성 부양·阜陽)에서 한산동(韓山童)을 옹립하고 반란을 일으켰다. 그들은 머리에 붉은 두건을 둘렀으므로 원나라 조정에서는 그들을 홍건적(紅巾賊)이라고 불렀다. 원나라 타도의 기치를 내건 홍건적은 장강 이남 지역을 휩쓸고 북상했다.

당시 조정에는 카마(哈麻·?~1356)라는 킵차크 출신 간신이 있었다. 그의 어머니는 원 영종(元寧宗) 이린친발의 유모였으며, 아버지 투루(禿魯)는 기국공·태위·금자광록대부 등 관작을 하사받았다. 그는 이러한 집안 배경으로 어린 나이에 황궁으로 들어가 동생 설설(雪雪)과 함께 금위군이 되어 원 혜종을 호위했다. 그는 황제에게 아부를 잘하여 총애를 독차지했다.

원 혜종은 내전(內殿)에 올 때마다 그와 함께 쌍륙(雙陸: 주사위로 노는 놀이)을 즐겼다. 하루는 카마가 새 옷을 입고 원 혜종 옆에서 시중을 들고 있었다. 원 혜종이 차를 마시다가 갑자기 입으로 찻물을 하마의 새 옷에 뿜었다.

하마가 불쾌한 표정을 지으며 말했다.

"천자라는 사람은 이렇게 행동해도 됩니까?"

황제가 그런 행동을 했다고 해서, 누구도 감히 그에게 불편한 심정을 토로할 수는 없을 것이다. 하지만 카마는 그렇지 않았다. 원 혜종은 그저 웃고 말았다. 그가 얼마나 하마를 총애했는지 알 수 있는 일화이다.

지정 13년(1353) 카마는 중서성 우승에 임용되어 권세를 누렸다. 어느 날 카마는 인도에서 온 승려를 원 혜종에게 소개했다. 그 인도 승려는 '대희락(大喜樂)'이라는 방중술로 황제를 농락했다. 카마 여동생의 남편인 집현학사 투루 테무르(禿魯帖木兒)도 티베트 승려, 가린진(伽璘眞)을 소개했다. 가린진은 방중술의 일종인 '쌍수법(雙修法)'에 능했다.

그가 황제에게 아뢰었다.

"폐하께서는 만승지존(萬乘之尊: 천자를 지칭함)이며 온 천하를 소유하고 있습니다. 하지만 폐하께서도 한세상을 살아갈 뿐입니다. 인생은 길지 않으며 허무합니다. 폐하께서는 이 비전되어 오고 있는 방중술을 배워서 쾌락의 경지에 이르시기를 바랍니다."

이윽고 방중술에 매료된 원 혜종은 그 인도 승려를 사도(司徒)로, 가린진을 대원국사(大元国師)로 임명했다. 두 사람을 따르는 제자들은 양가(良家)의 여자 3~4명을 선발하여 원 혜종의 성적 노리개로 바쳤는데 이를 '공양(供養)'이라고 불렀다.

원 혜종은 날마다 방중술을 익히면서 여자들과 함께 침전에서 나뒹굴었다. 또 궁녀 16명을 선발하여 '십육천마무(十六天魔舞)'라는 불교의 군무(群舞)를 추게 했다. 그 춤추는 모습이 음란하기 짝이 없었다. 심지어 실오라기 하나 걸치지 않은 남자와 여자들이 한 방에서 집단으로 난교를 벌이기도 했다. 그 방을 '사사무애(事事無碍)'라고 칭했다.

임금과 신하 모두 쾌락에 빠져들었으며, 승려들이 수시로 황궁을 드나들며 기이하고 음란한 짓을 벌이고 있다는 추문이 황궁 안팎으로 퍼졌다. 시정잡배도 추문을 듣고 황제를 비난했다.

이처럼 원 혜종이 황음무도한 생활에서 벗어나지 못하고 있을 때 천하 대란이 일어난 것이다.

어느 날 홍건적의 기세가 화염처럼 타오르고 있다는 소식을 듣고 놀란 원 혜종이 톡토아에게 대책을 물었다.

"승상은 천하가 태평무사하다고 짐에게 말한 적이 있소. 하지만 지금 홍건적이 천하를 혼란에 빠지게 했소. 승상은 무슨 대책을 가지고 있는가?"

톡토아는 한인과 남인이 농민 반란의 주체임을 깨달았다. 조정에서 군사 회의를 할 때 중서성 좌승상 한원선(韓元善)·참지정사 한용(韓鏞) 등 한족 출신 대신들의 참석을 막았다. 몽골인과 색목인을 중심으로 관병을 조직하여 반란을 진압하겠다는 의도였다. 그는 추밀원동지 허스(赫廝)·투치(禿赤) 등에게 아속군(阿速軍)을 이끌고 홍건적을 평정하게 했으나 오히려 대패를 당했다.

얼마 후 그는 또 동생 예센 테무르에게 10만 대군을 이끌고 하남 지방으로 진격하게 했다. 예센 테무르의 군대는 하북 지방의 사하(沙河)에 이르러서 제대로 한 번 싸우지도 못하고 궤멸하였다.

지정 12년(1352) 8월 톡토아는 친히 대군을 이끌고 산동 지방의 서주(徐州)로 진격했다. 당시 서주 일대는 북방 홍건적의 수령, 이이(李二)가 장악하고 있었다. 원래 그는 비주(邳州) 소현(蕭縣)에 살고 있었다. 그가 가진 재산은 참깨 몇 가마니뿐이었다. 마을에 재난이 닥치자 참깨를 전부 방출하여 이재민을 도왔다. 사람들은 그를 이지마(李芝麻: 지마는 참깨라는 의미)라고 불렀다.

톡토아는 이지마의 반란군을 섬멸한 후 서주 일대에서 대학살을 자행했다. 원 혜종은 대도로 돌아온 톡토아에게 태사(太師) 관직을 추가로 하사하고, 서주에 그의 공적을 기리는 생사(生祠: 살아있는 사람을 위한 사당)를 건립하게 했다.

톡토아는 원 혜종이 카마 등 간신배에 둘러싸여 음란한 짓을 벌이고 있음을 알고 황제에게 직간했다.

"오늘날 천재지변이 끊이질 않고 도적 떼가 창궐하고 있습니다. 폐하께서는 즐거움을 누릴 때가 아닙니다. 어진 신하를 등용하고 간신배를 쫓아내며 덕행을 숭상하고 여색을 멀리해야 비로소 민란을 평정하고 위기를 안정으로 바꿀 수 있습니다. 그렇지 않으면 머지않아 불행이 닥칠 것입니다."

하지만 원 혜종은 톡토아의 고언을 듣지 않고 여전히 주색에 빠져 지냈다. 홍건적의 세력이 한창 기세를 떨칠 무렵인 지정 13년(1353)에 강절행성(江浙行省) 태주(泰州)의 백구장(白駒場)에서 소금을 팔던 장사성(張士誠)이 반란을 일으켰다. 장사성의 무리는 장강 유역의 태주(泰州)·흥화(興化) 등을 연이어 공략한 후 덕승호(德勝湖: 강소성 흥화·興化에 있는 호수)에 집결했다. 장사성의 위세에 놀란 원나라 조정은 그를 만호(萬戶)로 임명하여 회유하려고 했다.

하지만 장사성은 오히려 지정 14년(1354) 1월에 고우성(高郵城: 강주성 고우·高郵)에서 자신을 성왕(誠王)으로 자칭했으며 국호를 대주(大周), 연호를 천우(天佑)로 정하고 황제 행세를 했다.

원 혜종은 또 톡토아에게 의지할 수밖에 없었다.

"짐과 승상은 함께 천하를 다스리는 사람이오. 천하에 많은 변고가 생기면, 짐은 그 환난을 걱정하고, 승상은 그 노고를 감당하는 법이오."

원 혜종이 얼마나 다급했으면 톡토아가 그와 함께 천하를 다스리는 사람이라고 했을까. 톡토아는 원 혜종에게 간신배를 쫓아내라고 다시 요구했다. 원 혜종은 마지못해 중서우승 카마를 선정원사로 강등시키고, 나머지 간신들은 그대로 두었다.

톡토아는 누란의 위기에 처한 원나라를 지켜만 보고 있을 수는 없었다. 원나라의 모든 종왕·장군·병사·관리 등을 지휘하는 총사령관이 되었다. 서역의 여러 나라에서 파견한 병사 수만 명도 톡토아의 휘하로 들어왔다. 호칭 100만 대군을 거느린 톡토아는 고우성 밖에서 장사성 군대를 격파했다. 장사성은 성안에서 농성 작전을 폈다.

한편 카마는 톡토아가 자신을 탄핵하여 선정원사로 밀려 나게 한 것에 원한을 품었다. 그는 톡토아가 고우로 원정을 떠난 틈을 타서 원 혜종에게 아부하여 다시 중서성으로 돌아와 평장정사를 맡았다.

당시 톡토아의 동생 예센 테무르가 어사대부를 맡고 있었다. 톡토아의 심복 치서시어사(治書侍御史) 여중백(汝中柏)이 예센 테무르를 보좌했다. 여중백은 카마를 제거하지 않으면 반드시 후환이 있을 것이라고 예센 테무르에게 누차 말했다. 하지만 예센 테무르는 황제의 총애를 받는 카마를 제거하기가 쉽지 않다고 여기고 그의 말을 듣지 않았다.

카마는 톡토아 형제를 먼저 죽이지 않으면 오히려 자기가 죽임을 당할 수 있다고 생각했다. 그는 기황후(奇皇后)와 그녀가 낳은 황태자 아유시리다라(愛猷識理答臘)가 황태자 책봉 문제로 톡토아 형제에게 불만을 품고 있음을 알고 있었다.

어느 날 그는 기황후에게 접근하여 은밀히 말했다.

"황태자 책봉이 이미 결정되었는데도, 아직도 황태자에게 책명(册命)을 내리지 않고 종묘에 가서 선황제들을 배알하지 못하게 하는 것은 톡토아 형제의 뜻입니다."

지정 13년(1353) 아유시리다라가 황태자로 책봉될 때 톡토아가 반대한 일을, 카마가 기황후에게 거론한 것이다. 카마·기황후·아유시리다라, 세 사람은 서로 결탁하여 톡토아 형제를 제거하기로 결심했다.

카마는 감찰어사 원사인 부카(袁賽因不花)를 사주하여 톡토아 형제를 탄핵하게 했다.

"톡토아는 병사를 이끌고 원정을 떠난 지 3개월이나 지났는데도 아무런 전과도 올리지 못했으며, 오히려 국가의 재물을 개인 용도로 남용했습니다. 그리고 조정 대신들의 절반을 자기 휘하에 거느리고 원정을 떠난 불충을 저질렀습니다. 또 그의 동생 예센 테무르도 무능하고 비루하기 짝이 없는 자입니다. 그는 어사대를 부패의 온상으로 만들고 기강을 문란하게 했습니다. 그의 탐욕과 음란한 습성이 더욱 두드러지고 있습니다."

원 혜종은 어린 나이에 황제로 추대된 후, 권신 바얀에게 농락을 당한 일이 생각났다. 막강한 권력을 쥐고 있는 톡토아도 바얀처럼 자신을 능멸하지 않을까 두려웠다. 그는 먼저 예센 테무르를 파면하고 대도 성문 밖에서 무릎을 꿇고 어명을 기다리게 했다. 이윽고 사자를 톡토아에게 보내 병권과 관작을 모두 회수한다는 조서를 받게 했다. 톡토아는 하루아침에 구국의 영웅에서 국가를 망친 역신(逆臣)로 전락할 위기에 처했다.

참의 공백수(龔伯璲)가 톡토아에게 장수가 전장에 있을 때는 어명을 받지 않을 때도 있다고 말했다. 당장 대도로 회군하여 간신배를 제거하자고 했다. 사실상 반란을 일으키자는 뜻이었다.

톡토아가 단호하게 말했다.

"천자가 이미 나에게 조서를 내렸소. 내가 어명을 따르지 않는다면, 이
는 천자와 싸우겠다는 뜻이오. 그렇다면 임금과 신하 간의 의리는 어디
에 있겠소?"

톡토아는 통곡하는 부하 장수들에게 어명을 받들게 했다. 그리고 회
안로(淮安路)로 유배가기 전에 투구·갑옷·명마 3,000필 등을 그들에게 나
누어주고, 조정에서 파견한 이쿠차르(伊闍察爾)·수수(舒蘇) 등 장수들의 명령
을 따르게 했다.

객성부사(客省副使) 카라타이(哈喇台)가 눈물을 흘리며 말했다.

"승상께서 지금 떠나시면, 우리는 반드시 다른 사람의 손에 의해 죽임
을 당할 것입니다. 차라리 지금 승상 앞에서 죽는 게 편하겠습니다."

그는 말을 마치자마자 칼로 목을 찔러 자살했다. 톡토아는 부하들에
게 그를 장사지내게 하고 회안로로 떠났다. 회안로에서 유배 생활을 하다
가 다시 역집내로(亦集乃路: 내몽골 액제납기·額濟納旗 동남쪽)로 추방되었다.

지정 15년(1355) 3월 카마는 톡토아 일족이 아직 살아있는 게 불안했
다. 다시 감찰어사 원사인 부카에게 톡토아를 탄핵하게 했다. 이에 톡토
아는 운남으로, 동생 예센 테무르는 사천으로, 장남 카라장(哈剌章)은 감숙
으로 유배를 갔다. 다음 해 1월 톡토아는 카마가 보낸 짐주(鴆酒)를 마시고
죽었다.

원 혜종은 자기가 가장 많이 의지했고 진정한 충신이었던 톡토아를
죽인 잘못을 저질렀다. 톡토아 사후에 원나라 군대는 오합지졸로 변하여

전국 각지에서 봇물 터지듯 터진 민란을 더 이상 진압할 수 없었다. 유라시아 대륙을 호령했던 원나라는 점차 쇠망의 길로 접어들었다.

원나라 말기의 명재상이자 명장인 톡토아에 대하여 『원사(元史)』에서는 이렇게 평가했다.

"그는 원나라 사직에 엄청난 공로를 세웠으나 결코 자랑하지 않았다. 신하로서 그의 지위는 극에 달했지만 교만하지 않았다. 재물을 가벼이 여겼으며 음악과 여색을 멀리했으며 어진 선비를 좋아하고 예우한 것은 모두 그의 타고난 성품에서 비롯되었다. 또 군주를 섬기는 데 시종일관 신하의 절개를 잃지 않았다. 옛날에 도덕을 지닌 대신이라도, 어찌 그보다 뛰어났겠는가."

톡토아를 지나치게 극찬한 것 같지만, 대체로 그에 대한 객관적 평가이다.

7. 기황후의 세도와 원나라의 최후

원 혜종 토곤 테무르의 세 번째 정궁 황후인 기황후(奇皇后)의 원나라에서의 정식 호칭은 숙량합씨(肅良合氏)이다. 숙량합(肅良合)은 몽골인이 고려를 칭하는 명칭인 '솔롱고스(Solongos)'를 한자로 음역한 것이다. 몽고어 솔롱고스는 무지개라는 뜻이기도 하다. 또 그녀의 정식 몽골 이름은 울제이쿠툭(Öljei Qutug)인데 복이 많고 장수를 누린다는 뜻이라고 한다.

기황후의 본관은 행주(幸州: 경기도 고양시)이다. 그녀의 증조부 기홍영(奇洪穎)은 좌우위보승랑장(左右衛保勝郎將), 조부 기관(奇琯)은 삼사우사(三司右使)·대

장군(大將軍) 등 관직을 맡았다. 그리고 그녀의 아버지 기자오(奇子敖·1266~
1328)는 고려 후기에 음서제(蔭敍制)를 통하여 정육품 산랑(散郎)으로 임용된
후, 총부산랑(摠部散郎)·선주수어사(宣州守御使) 등 고위직을 역임한 무신이
다. 어머니 이씨는 이행검(李幸儉·1225~1310)의 딸이다. 이행검은 상서도사(尙
書都事)·전법랑(典法郎) 등 고위직을 역임한 문신이다.

기황후의 이런 집안 배경으로 볼 때 그녀는 고려 후기에 권문세족의
가문에서 태어났음을 알 수 있다.

기황후의 생몰년에 관한 역사 기록은 없다. 그녀의 외사촌 오빠인 익
산부원군(益山府院君) 이공수(李公遂·1309~1366)의 나이를 기준으로 하면, 그녀
는 고려 충선왕 복위 원년(1309) 이후에 태어났음을 짐작할 뿐이다. 또 그
녀가 언제 공녀로 선발되어 원나라 황궁으로 갔는지도 모른다.

당시 원나라는 고려 조정에 인삼, 사냥용 새매 등 공물뿐만 아니라,
공녀·환관 등도 요구했다. 그래서 원나라 조정에는 고려 출신 공녀와 환
관들이 적지 않았다. 공녀 중에서 황제의 총애를 받아 후궁이 된 여자들
도 드물지 않았다. 기황후는 대략 10대 중후반의 나이에 원나라 황궁으로
들어갔을 것이다.

고려 출신 환관이자 휘정원사(徽政院使)인 고용보(高龍普·?~1362: 몽골식 이름
은 투만디르·禿滿迭兒)는 용모가 수려하고 머리가 영리하며 눈치가 빠른 궁녀
기씨를 원 혜종 토곤 테무르에게 바쳤다.

그녀는 황제의 곁에서 차 시중을 들었다. 원 혜종은 어린 나이에 고려
의 대청도에서 유배 생활을 한 적이 있었다. 아마 이런 이유로 그는 고려
에서 온 기씨에게 관심을 가졌을 것이다. 더구나 그녀는 고려 명문가의
규수로서 미색이 출중했을 뿐만 아니라 교양미도 철철 넘쳤다. 원 혜종은
그녀를 처음 본 순간 한눈에 반하고 말았다.

대략 원통 2년(1334) 전후에, 기씨는 후비로 책봉되어 원 혜종의 사랑을

독차지했다. 당시 권신 엘 테무르의 딸 다나시리가 정궁 황후였다. 막강한 권력을 쥐고 황제를 능멸한 엘 테무르가 지순 3년(1332)에 병으로 사망했지만, 다나시리 황후와 그녀의 친정 오빠인 중서성 좌승상 텡기스는 여전히 권력의 중심에서 밀려나지 않았다.

다나시리 황후는 남편의 총애를 독차지하고 있는 기씨를 증오했다. 남편 몰래 수시로 그녀를 불러들여 채찍으로 때렸다. 어느 날 밤 다나시리 황후는 기씨를 황후전으로 불러들였다. 고려 출신 공녀가 분수를 모르고 황제를 유혹하여 황궁의 질서를 어지럽혔다는 죄명으로, 시종에게 그녀를 인두로 지지게 했다.

다음 날 아침 사천감(司天監)이 황제에게 인두로 지진 일을 아뢰었다. 하지만 원 혜종은 엘 테무르 일족의 세력을 두려워하여 분노를 삼킬 수밖에 없었다. 기씨는 다나시리 황후에게 견디기 어려운 고통과 치욕을 당했지만, 철저하게 복종하고 인내하면서 시련을 이겨냈다.

기씨는 후궁의 신분임에도 원대한 정치적 야망을 품고 있었다. 언젠가는 어린 원 혜종이 명실상부한 황제가 되면 그를 통하여 원나라 천하를 간접 지배할 수 있다고 생각했다. 그녀는 황제의 총애를 잃지 않기 위해서 수단과 방법을 가리지 않았다. 또 황궁과 조정의 권력 구도를 면밀하게 파악함으로써 일 테무르 일족을 제거할 계획을 세웠다.

원통 3년(1335) 6월 원 혜종은 중서성 우승상 바얀의 도움으로 일 테무르 일족을 제거했다. 다나시리 황후는 폐출된 후 사약을 마시고 죽었다. 기씨는 매일 밤 원 혜종의 품에 안겨 자기를 황후로 책봉해달라고 했다. 원 혜종도 그녀를 황후로 책봉하고 싶었다.

하지만 권신 바얀이 강하게 반대했다. 옹기라트 부족 출신이 아닌 여자는 황후가 될 수 없다는 황실의 전통을 준수해야 한다고 했다. 더구나 기씨는 고려인 공녀 출신이므로 황실의 순혈주의에 맞지 않았다. 바얀의

원나라 역대 황제 평전

주장은 몽골인 황족의 지지를 받았기 때문에, 원 혜종은 자신의 의지를 꺾을 수밖에 없었다.

후지원 3년(1337) 원 혜종은 옹기라트 부족 출신인 바얀 후투그(伯顔忽都·1324~1365)를 정궁 황후로 책봉할 수밖에 없었다. 하지만 원 혜종은 여전히 기씨를 총애했다.

"어머니는 아들에 의해서 귀해진다(母以子貴)"라는 말이 있다. 당시 원 혜종에게는 아들이 없었다. 기씨는 황제의 아들을 낳으면 원나라 천하의 절반을 얻게 되는 엄청난 권세를 누릴 수 있었다. 매일 부처님 앞에 공양을 드리며 황자를 낳게 해달라고 간절히 기도했다.

후지원 5년(1339) 겨울 기씨가 그토록 바라던 원 혜종의 장남, 아유시리다라(愛猷識理達臘·1339~1378)를 낳았다. 그녀는 온 세상을 다 얻은 듯 기뻤다. 원 혜종의 그녀에 대한 총애도 더욱 깊어만 갔다.

후지원 6년(1340) 2월 권신 바얀이 제거된 후, 원 혜종은 비로소 친정을 시작할 수 있었다. 원 혜종은 원나라 천하의 명실상부한 주인이 되었지만, 원 혜종의 진정한 주인은 기씨였다. 이 시기에 부다시리 태황태후와 황태자 엘 테구스가 제거되었다.

당시 바얀 후투그가 제1 황후이자 정궁 황후였다. 그녀도 황자 친킴(眞金)을 낳았지만, 친킴은 두 살 때 요절했다. 그녀는 남편이 기씨를 총애하고 있음을 알았지만, 결코 투기하지 않았으며 정궁 황후로서 아랫사람들에게 모범을 보이고 본분을 다할 뿐이었다.

어느 날 바얀 후투그가 원 혜종을 따라서 상도로 갔다. 원 혜종은 도중에 환관을 그녀가 머물고 있는 숙소에 보내 밤중에 찾아가겠으니 잠자리를 준비하라고 했다. 바얀 후투그는 하룻밤 '성은(聖恩)'을 입을 수 있는 절호의 기회였다.

하지만 그녀가 환관에게 말했다.

"깊은 밤중에는 지존께서 왕래하실 때가 아닙니다."

환관은 세 차례 왕복하며 황제의 뜻을 전했지만, 그녀는 황제의 안전을 우려하여 끝내 사양했다. 훗날 그녀가 세상을 떠난 후에, 기황후는 그녀가 남긴 다 떨어진 옷들을 보고 웃으며 말했다.

"정궁 황후는 어찌 이렇게 낡아빠진 옷을 입었을까?"

원 혜종은 이런 정궁 황후를 존경했지만, 기씨만큼 사랑하지는 않았다. 그는 어떻게 해서든 장남을 낳은 기씨를 황후로 책봉하고 싶었다. 그렇다고 해서 결점이 없는 정궁 황후를 폐위시킬 수도 없는 입장이었다.

같은 해 4월 대신 샤라반(沙剌班)이 아뢰었다.

"폐하께서 기씨를 제2 황후로 책봉하면 황실의 전통에 어긋나지 않을 뿐만 아니라, 그녀에게 폐하의 진정한 마음을 표현할 수 있을 것입니다."

원 혜종은 즉시 기씨를 제2 황후로 책봉하고 정궁 황후와 똑같이 대우하게 했다. 이와 동시에 이미 세상을 떠난 그녀의 아버지 기자오를 영안왕(榮安王)으로 추봉하고, 또 그에게 '병덕승화육경공신(秉德承和毓慶功臣)'이라는 호칭을 하사했으며, '장헌(莊獻)'이라는 시호도 추증했다. 그리고 당대의 거유이자 최고의 문장가인 한림학사 구양현(歐陽玄)에게 기자오의 묘비를 쓰게 했다.

또 기씨의 어머니 이씨(李氏)를 영안왕대부인으로 책봉했으며, 그녀의 가문에는 '정절(貞節)'이라는 호칭을 하사했다. 기씨의 두 오빠인 기철(奇轍)은 정동행성참지정사로, 기원(奇轅)은 한림학사로 임용했다.

기씨 가문은 원나라에서 기황후가 황후로 책봉된 덕분에 고려 왕씨(王氏) 왕실과 동등한 대우를 받았다. 중국 역사에서 기씨 가문처럼 엄청난 권세를 누린 한국인 가문은 전무후무했다.

이 시기부터 기황후는 흥성궁(興聖宮)에 거주하면서 휘정원(徽政院)을 자정원(資正院)으로 바꾸고 세력 확장의 거점으로 삼았다. 그녀는 원나라와 고려 조정에 막강한 영향력을 행사하기 시작했다.

바얀 후투그는 명목상 정궁 황후였을 뿐이었다. 그녀는 매일 곤덕전(坤德殿)에서 단정하게 앉아 있으면서 정사에는 전혀 관여하지 않았다. 황궁 밖으로 나가는 일도 거의 없었다.

기황후가 실질적인 정궁 황후였다. 바얀 후투그가 우울증을 앓다가 사망한 후인 지정 25년(1365) 12월 2일에, 기황후가 정식으로 정궁 황후로 책봉되었다. 중국 역사에서 외국인이 정궁 황후가 된 유일한 사례였다.

기황후는 원나라 천하를 다스리겠다는 정치적 야망을 품었을 뿐만 아니라, 당 태종 이세민의 아내 장손황후처럼 만인의 존경을 받는 황후도 되고 싶었다. 한가할 때면 『여효경(女孝經)』, 역사서 등을 탐독했으며, 역대 황후 중에서 공덕을 쌓은 황후들의 전기를 읽고 본받았다. 흥성궁에는 전국 각지에서 바친 공물들로 넘쳐났다. 산해진미가 공물로 들어오면, 그녀는 반드시 시종에게 그것을 태묘의 역대 황제들에게 바치게 한 후, 비로소 먹었다. 고려의 공녀 출신 황후로서 황제와 황족에게 빌미를 잡히지 않기 위한 정치적 표현이었을 것이다.

기황후는 이호문(李好文) 등 당대의 저명한 유학자들에게 아유시리다라를 가르치게 했다. 아들이 제왕의 도를 익혀 훗날 황위를 계승하면 자신은 황태후가 되어 천하를 호령할 수 있다는 생각에 흥분을 감출 수 없었다. 티베트 불교의 승려들은 원나라가 불교 국가임을 이유로 들어 아유시리다라에게 유학을 가르치는 것을 반대했다.

기황후도 불심이 깊었지만, 현실 정치에서는 유가의 가르침보다 나은 사상이 없다고 여기고 그들의 주장에 정면으로 반박했다.

아유시리다라는 한자와 한학 이외에도 몽골어와 위구르어도 학습했다. 몽골 귀족은 고려인의 피가 섞인 그를 달갑게 여기지 않았다. 그런데 기황후는 남편을 설득하여 아들을 황태자로 책봉하게 해야겠다는 생각을 한시도 잊지 않았다.

지정 12년(1352) 그녀는 고려의 복안부원군(福安府院君) 권겸(權謙)의 딸 권씨(權氏)를 아유시리다라의 아내이자 자신의 며느리로 삼았다. 원나라에는 황녀(皇女)를 속국의 왕에게 시집보냄으로써 주종 관계를 삼는 관례는 있었어도, 속국 권문세가의 딸을 장차 황위를 계승할 수도 있는 황자의 아내로 삼는 경우는 없었다. 그럼에도 불구하고 고려인 권씨가 아유시리다의 아내가 된 것은, 황궁에서 기황후의 위세가 얼마나 대단했는지 짐작하게 한다.

다음 해 아유시리다라는 14세의 나이에 황태자로 책봉되었다. 권씨도 황태자비로 책봉되었다. 기황후가 온갖 난관과 편견을 극복하고 이루어 낸 결과이기도 했다. 아유시리다라는 생모의 각별한 훈육을 받으며 학문에 전념했다. 그는 생모와 아내가 고려인이었으므로, 고려와 불가분의 관계를 맺고 있었으며 고려에 각별한 애정을 가지고 있었을 것이다.

당시 원 혜종은 정치에 점차 흥미를 잃었다. 주색잡기에 빠져 지내는 날이 많았다. 기황후에게는 국정을 간여할 절호의 기회가 되었다. 그녀는 고려에서 많은 미녀를 데리고 오게 했다. 왕공, 조정 대신들에게 미녀들을 분배함으로써 그들을 자기편으로 끌어들였다.

당시 권력자 중에서 고려 미인을 첩으로 두지 않은 사람은 명문가의 반열에 오를 수 없었다. 고려 미인들은 자태가 곱고 교양미가 넘쳤으며 남편을 잘 섬겼기 때문에 본부인을 제치고 총애를 독차지했다. 황궁에서 시중을 드는 여자들은 대부분 고려 출신이었다. 그들이 입는 의복, 사용하는 물건 등은 대부분 고려에서 가지고 온 것들이었다.

이에 따라 황궁에서 고려의 물건을 좋아하는 풍조가 만연했다. 어쩌면 중국에서 최초로 '한류(韓流)'를 전파한 사람이 기황후였을지도 모른다.

기황후는 권신 톡토아와 정치적 유대 관계를 맺었다. 황자가 태어나면 황제의 신임을 가장 많이 받는 대신의 집에서 일정 기간 키우게 하는 것이 황실의 관례였다. 황자 아유시리다라는 기황후의 결정에 따라 톡토아의 집안에서 어린 시절을 지냈다.

톡토아가 베리거 부카의 모함을 받아 감주(甘州: 감숙성 장액·張掖)에서 유배 생활을 한 적이 있었다. 지정 9년(1349) 원 혜종은 톡토아를 다시 대도로 불러들여 중서성 우승상에 임용했다. 막후에서 톡토아를 복권하는 데 영향력을 행사한 사람은 다름 아닌 기황후였다.

기황후는 국가의 재정을 관장하는 관서인 자정원(資政院)을 중심으로 친위 세력을 구축했다. 고려 출신 환관과 공녀, 그리고 그녀와 끈끈한 관계를 맺은 대신들이 그녀를 지지했다. 그녀는 고려 출신 환관 박불화(朴不花·?~1364)를 자정원사(資正院使)로 임명하여 황실의 재물을 관장하게 했다. 또 그를 종일품 영록대부(榮祿大夫)로 임명하여 권세를 누리게 했다.

박불화는 기황후와 고향이 같았다. 두 사람은 원나라에 오기 전에 이미 고향에서 친하게 지낸 사이였다. 기황후는 황후로 책봉된 후 박불화를 황궁으로 불러들였다. 박불화는 스스로 자기 생식기를 훼손하고 환관이 되어 기황후를 섬겼다. 두 사람은 황후와 환관의 일반적인 관계를 뛰어넘은 '정분'을 나누었다. 박불화는 기황후를 위해서라면 언제든지 목숨을 내놓겠다고 맹세했다.

기황후에게는 원나라 황궁의 살벌한 권력 암투 속에서 유일하게 믿고 의지할 수 있는 사람은 박불화였을 것이다. 황궁의 재정을 담당한 박불화는 기황후의 지시를 받고 몽골인 왕공, 조정 중신들에게 재물을 은밀히 분배했다. 그들은 기황후와 박불화의 관계를 알고 있었기 때문에 더 많은 재물을 하사받기 위해서는 기황후에게 잘 보여야 했다. 하지만 기황후의 득세에 반발한 신하가 없지 않았다.

지정 8년(1348) 11월 감찰어사 이필(李泌)이 당시 연이은 자연재해의 원인이 기황후의 국정 농단에 있다고 여기고 황제에게 말했다.

> "옛날에 세조(쿠빌라이 카안)께서는 고려와 더불어 일을 도모하는 것을 경계하라는 훈령을 내리셨습니다. 폐하께서는 세조의 황위를 물려받았는데도 어찌하여 세조의 유훈을 잊으시고 고려 기씨(奇氏)를 황후로 책봉하셨습니까? 오늘날 재해가 빈번하게 발생하고 있습니다. 하천의 제방이 무너지고 지진이 일어나며 도적 떼가 사방에서 창궐하는 것은 모두 음기가 성하고 양기가 약해지는 현상을 드러내고 있습니다. 간절히 바라옵니다. 기씨를 후비로 강등하여 삼진(三辰: 해·달·별)이 제자리를 잡게 하면 천재지변을 사라지게 할 수 있을 것입니다."

원 세조 시대에 고려가 원나라의 무력에 굴복하여 부마국이 되었지만, 쿠빌라이의 명령에 무조건 복종한 것은 아니었던 것 같다. 쿠빌라이도 고려가 소국이지만 30여 년 동안 끈질기게 대몽 항쟁을 벌인 사실을 잘 알고 있었다. 그는 고려를 쉽게 다룰 수 있는 국가가 아님을 알았기 때문에, 고려와 대사를 도모할 때는 조심해야 한다고 후손들에게 훈계했다.

이필은 기황후가 조정을 농락하는 것을 보고 심각한 위기의식을 느꼈다. 그래서 원나라 역대 황제들이 가장 존경한 원 세조의 유훈을 들어 고려 공녀 출신 기황후를 후궁으로 강등해야 한다고 주장했다.

당시 연이은 천재지변의 원인이 기황후에게 있다고 한 것은, 유학자들이 음기(여자)가 성하면 양기(남자)가 쇠퇴하여 음양의 조화가 깨진다는 상투적 남존여비 사상의 일단이었다.

원 혜종은 이필의 주장을 무시했다. 이필의 주장을 통하여 기황후의 영향력이 얼마나 강했는지 짐작해 본다.

같은 해 8월 소금장수 출신 방국진(方國珍)이 동남 해상에서 반란을 일으켜 온주(溫州)를 공략했다. 지정 11년(1351) 백련교도가 주축이 된 홍건적은 영주(潁州: 안휘성 부양·阜陽)에서 반란을 일으켰다. 또 포목장수 출신 서수휘(徐壽輝)는 기주(蘄州: 호북성 기춘·蘄春)에서 반란을 일으켰다. 다음 해 그는 황제를 참칭하고 국호를 천완(天完)으로 정했다. 원나라 천하는 바야흐로 병란의 소용돌이에 빠지기 시작했다.

설상가상으로 천재지변이 연이어 일어나 수많은 백성을 굶어 죽게 했다. 지정 18년(1358) 대도에 대기근이 발생했다. 기황후는 관청에 명을 내려 죽을 쑤어 기아에 허덕이는 이재민들에게 먹이게 했다. 또 궁중에 보관한 금은·곡식·비단 등을 내어 아사자들의 장례를 치르는 비용으로 사용하게 했다. 자정원사 박불화는 황후의 명을 받들어 대도의 11개 성문 밖에 거대한 무덤 11곳을 조성하고 아사자 10여만 명을 장사지냈다. 기황후는 또 승려들에게 그들의 영혼을 달래는 수륙재(水陸齋)를 지내게 했다.

원나라가 망국의 길로 접어들고 있는데도, 중장년의 나이에 접어든 원 혜종은 정치에 흥미를 잃고 방황했다. 그에게는 독특한 취미가 있었다. 건물이나 도구를 설계하고 만드는 데 탁월한 솜씨를 발휘했다. 특히 궁궐의 누각을 직접 설계하고 나무를 깎아 기둥을 세우는 일을 아주 좋아했다.

원나라 최고의 목수들조차 황제의 나무를 다루는 솜씨에 혀를 내두를 정도였다. 그들은 황제가 원하는 대로 건물을 건축하지 못하면 황제의 호된 꾸지람을 들었다.

사람들은 원 혜종을 '노반천자(魯班天子)'라고 불렀다. 노반(魯班)은 춘추 시대의 노(魯)나라 사람이다. 중국 건축의 시조로 추앙받는 대목장(大木匠)이다. '반문농부(班門弄斧)'라는 고사성어가 그에게서 나왔다. "노반의 집 앞에서 도끼를 다룬다"라는 뜻이다. 자기 실력을 모르고 함부로 행동하는 사람을 비유한다.

어느 날 대패질을 하고 있던 원 혜종을 본 기황후가 그의 옷자락을 부여잡고 간했다.

"폐하께서는 이미 장년의 나이가 되었고, 황태자도 성장했으니, 친히 물건을 만드는 일은 그만두어야 합니다. 게다가 폐하께서는 여러 부인들을 거느리고 즐겁게 지내고 있는데도, 궁녀들이 나체로 춤을 추는 군무에 미혹되어 몸을 망치게 해서는 안 됩니다."

원 혜종은 그녀의 손을 뿌리치고 벌컥 화를 냈다.

"고금에 나와 같은 사람이 어찌 한 명뿐이었겠는가?"

옛날에 자기처럼 행동한 황제들도 많았다는 뜻이다. 원 혜종은 이런 일이 있고 난 후 두 달 동안 기황후의 처소에 가지 않았다. 두 사람 사이에 갈등이 생기기 시작한 것이다.

한편 기황후 가문은 고려에서 권문세족으로서 엄청난 권세를 누리게 되었다. 그녀의 오빠 기철은 친원파의 우두머리가 되어 고려 국왕을 능멸하고 국정을 농단했다. 원나라의 힘을 빌려 폭군 충혜왕(忠惠王)을 제거한 후에는, 원나라 조정으로부터 요양행성 평장정사에 임용되어 토지를 강탈하는 등 온갖 악행을 저질렀다.

고려의 제31대 국왕 공민왕(恭愍王·1330~1374)은 공민왕 5년(1356)에 원나라가 쇠퇴해진 틈을 타서 기철 등 부원 세력을 대대적으로 숙청했다. 아울러 원나라의 연호와 관제를 폐지하고 고려가 더 이상 속국이 아님을 선언했다. 또 정동등처행중서성(정동행성)을 혁파하고 쌍성총관부를 탈환했다.

기황후는 천정 기씨 일족이 멸문의 화를 당했다는 소식을 듣고 진노했다. 공민왕에게 복수하려고 남편에게 대군을 동원하여 고려를 정벌하자고 했다. 원 혜종은 고려에서 온 사신을 가두고 80만 대군을 동원하여 고려를 정벌하겠다고 호언장담했다.

하지만 얼마 후 황제의 말은 허언이 되고 말았다. 80만 대군은커녕 8만 병사도 징집하기 어려운 형편이었기 때문이다. 또 다른 면에서는 기황후에 대한 총애가 예전과 같지 않은 것도 고려 정벌을 주저하게 했다.

지정 19년(1359) 기황후는 내선(內禪)의 방법으로 허울뿐인 원 혜종을 퇴위시키고 황태자 아유시리다라를 새 황제로 추대하기로 결심했다. 박불화를 중서성 좌승상 하유일(賀惟一)에게 보내 자신의 뜻을 밝혔다. 하지만 하유일은 기황후 모자가 궁중 정변을 모의한다고 여기고 응하지 않았다. 기황후 모자는 중서성 우승상 삭사감(搠思監)에게 하유일을 탄핵하게 했다. 하유일은 유배를 가던 도중에 자살했다.

삭사감과 박불화가 기황후 모자의 앞잡이 노릇을 했다. 두 사람은 기황후 모자의 지시를 받고 황제를 고립시켰다. 기황후 모자의 눈 밖에 난 관리는 조정에 발을 붙일 수 없었다. 관리들 가운데 열에 아홉은 기황후 모자에게 아부하여 관직을 얻었다.

지정 20년(1360) 톡토아의 동생 예센 테무르, 지추밀원사 투겐 테무르(禿堅帖木兒) 등 대신들이 박불화를 탄핵하는 상소문을 올렸다. 그들은 한·

당(漢·唐) 시대에 심각했던 환관들의 국정 농단을 사례로 들어 환관이 국정에 개입하면 국가가 망한다는 주장을 폈다. 원 혜종의 외삼촌이자 어사대부인 볼로드 테무르가 상소문을 황제에게 전달하려고 했다.

기황후가 아유시리다라에게 말했다.

"박불화는 자정원에서 일하는 환관이오. 가족이 없는 그가 무슨 재물을 가지고 있겠는가. 그는 참으로 불쌍한 사람이오. 그런데 어찌하여 어사대에서는 그를 쫓아내려고 하는가. 황태자는 나를 위해 그를 변호할 수 없겠소?"

아유시리다라는 평소에 생모의 말이라면 군말하지 않고 따랐다. 즉시 상소문을 가로채고 예센 테무르·노적사 등 박불화를 탄핵한 대신들을 모조리 조정에서 쫓아냈다.

박불화는 오히려 기황후의 비호 아래 집현대학사·숭정원사 등 고위직으로 승진했다. 기황후는 아들을 황제로 추대하는 데 성공하지 못했지만, 남편을 허수아비 황제로 만들고 아들을 통해 실권을 행사했다.

지정 22년(1362) 기황후는 다시 공민왕에 대한 복수심이 타오르기 시작했다. 황태자에게 고려 정벌을 종용했다.

고려에서 원나라로 도주한 취성군(鷲城君) 최유(崔濡)가 삭사감과 박불화에게 아첨하여 장작감동지(將作監同知) 벼슬을 얻었으며, 얼마 후 동지추밀원원사로 승진했다. 그는 기황후가 공민왕에게 원한을 품고 있음을 알았다. 기황후에게 공민왕을 폐위하고 충선왕의 서자 덕흥군(德興君) 왕혜(王譓)를 고려의 왕으로 옹립하자고 했다. 당시 왕혜는 원나라에서 승려 생활을 하고 있었다.

기황후는 최유의 말에 공감했다. 황제의 명의로 공민왕을 폐위하고 왕혜를 고려의 왕으로 책봉하며 기황후의 조카 기삼보노(奇三寶奴)를 원자(元子)로 삼는다는 조서를 반포하게 했다. 그녀의 궁극적 목표는 왕씨 고려의 종묘사직을 폐지하고 기씨 왕조를 건국하는 것이었다.

지정 24년(1364) 1월 최유가 병사 1만여 명을 이끌고 압록강을 건너 고려로 진격했다.

그는 출전하기 전에 병사들에게 이런 말을 했다.

"지금 고려 왕이 장졸들을 위협하여 서북 지방을 지키게 하고 있다. 그들은 새로운 국왕이 오고 있다는 소식을 들으면 싸우지 않고 해산할 것이다. 고려 정벌이 끝나면 고려 재상 이하 관리들의 가산을 빼앗아 너희들에게 분배할 것이다."

최유는 왕혜를 호위하고 고려를 침략했지만, 수주(隨州)의 달천(㺚川)에서 최영·이성계 등 장수들에게 대패했다. 말을 타고 압록강을 건너 대도로 살아서 돌아온 기병은 겨우 17기(騎)뿐이었다.

같은 해 7월 감찰어사 유련(紐憐)이 최유를 탄핵했다. 그리고 고려와의 관계 개선을 위하여 공민왕의 지위를 회복해주어야 한다고 주장했다. 원 혜종은 최유를 고려로 압송하게 했다. 최유는 참수형을 당했다. 이 사건을 계기로, 기황후는 더 이상 고려의 내정에 간섭할 수 없었으며, 원나라 조정에서의 영향력도 예전만 못했다.

기황후는 황태자 아유시리다라가 황제로 추대되지 못하면 자기도 비참한 종말을 맞이하게 될 것이라 생각했다. 원 혜종을 폐위하고 아유시리다라를 추대하는 것만이 유일한 활로였다. 기황후 모자는 다시 한번 정권 탈취의 음모를 꾸몄다.

당시 원나라 장수들은 홍건적을 토벌하는 와중에서 당쟁에 개입하여 내전을 벌였다. 볼로드 테무르(孛羅帖木兒)와 코케 테무르(擴廓帖木兒: 일명 왕보보·王保保)가 양대 군벌 세력이었다. 볼로드 테무르는 서경(西京: 산서성 대동·大同)을 거점으로, 코케 테무르는 기녕(冀寧: 산서성 태원·太原)을 거점으로 삼고 세력을 확장했다.

지정 20년(1360) 박불화를 탄핵했다가 궁지에 몰린 노적사와 투겐 테무르가 서경의 볼로드 테무르 군영으로 달아난 일이 있었다. 볼로드 테무르는 황후와 황태자가 한통속이 되어 황제를 능멸하고 간신배의 꼬임에 빠져있다고 여기고 두 사람을 보호했다. 기황후 모자는 볼로드 테무르를 제거하지 못하면 오히려 그에게 역공당할 형편이었다.

지정 24년(1364) 3월 아유시리다라는 원 혜종에게 "볼로드 테무르가 노적사를 숨겨주고 역모를 꾸미고 있다."고 아뢰었다. 그의 병권을 회수하고 고향 사천으로 추방해야 한다고 했다. 이미 허수아비 황제로 전락한 원 혜종은 황태자가 시키는 대로 했다. 하지만 볼로드 테무르는 어명을 거부했다.

아유시리다라는 '역신(逆臣)'을 토벌한다는 명분을 내세워 태원에 주둔하고 있는 코케 테무르에게 볼로드 테무르를 공격하게 했다. 볼로드 테무르도 투겐 테무르에게 대도를 공격하게 했다. 투겐 테무르와 아유시리다라는 대도성 교외의 황후점(皇后店)에서 결전을 벌였다. 아유시리다라가 대패하여 코케 테무르 군영으로 달아났다.

얼마 후 대도를 장악한 투겐 테무르는 이른바 '청군측(淸君側)'의 명분을 내세워 원 혜종에게 박불화와 삭사감을 넘겨달라고 했다. 청군측은 임금 옆에서 국정을 농단한 간신을 제거한다는 뜻이다.

원 혜종은 그의 요구를 들어줄 수밖에 없었다. 투겐 테무르는 두 사람을 참수형으로 다스렸다. 원 혜종과 기황후의 운명은 졸지에 투겐 테무르의 손에 달리게 되었다.

기황후는 투겐 테무르에게 고려 미녀와 재물을 바치겠다고 약속했다. 원 혜종도 볼로드 테무르에게는 태보의 작위를 더해주었으며, 투겐 테무르에게는 중서성 평장정사 관직을 하사했다. 황제 부부의 특별한 은총에 만족한 투겐 테무르는 군사를 이끌고 서경으로 돌아갔다.

아유시리다라는 생모의 기지 덕분에 대도로 돌아올 수 있었다. 그는 또 코케 테무르에게 볼로드 테무르를 공격하게 했다. 볼로드 테무르는 군대를 이끌고 대도로 진격했다. 아유시리다라는 맞서 싸웠지만 패배하여 코케 테무르의 본영이 있는 기녕으로 달아났다.

볼로드 테무르는 투겐 테무르, 노적사 등 측근들을 거느리고 대도성에 입성했다. 노적사는 황제 앞에서 눈물을 흘리며 억울함을 호소했다. 원 혜종은 연회를 열어 그들의 노고를 치하했다. 이윽고 볼로드 테무르는 중서성 좌승상에, 노덕사는 중서성 평장정사에, 투겐 테무르는 어사대부에 임용되었다. 얼마 후 또 볼로드 테무르는 중서성 우승상으로 발탁되었다. 그는 원나라 천하의 병권을 장악했다. 원 혜종은 볼로드 테무르 일파에게 국정을 위임하고 일절 간여하지 않았다.

볼로드 테무르는 감찰어사 무기종(武起宗)을 사주하여 기황후를 탄핵하게 했다. 그녀가 국정을 농단했기 때문에 폐출해야 한다는 주장이었다. 기황후에게 일생 최대의 위기가 닥쳤다. 그녀는 남편에게 울면서 매달렸다. 원 혜종은 차마 그녀를 내칠 수 없었다.

지정 25년(1365) 3월 볼로드 테무르가 황제의 조서를 위조하여 기황후를 출궁시키고 후재문(厚載門) 밖에 있는 제색인장총관부(諸色人匠總管府)에 유폐시켰다. 그리고 부하 장수 야바얀 부카(姚伯顔不花)에게 그녀를 감시하게 했다.

얼마 후 볼로드 테무르는 기황후를 황궁으로 불러들여 황후인장(皇后印璽)을 회수하고 황후의 명의로 쓴 가짜 조서를 아유시리다라에게 보냈다.

대도가 안정되었으니 빨리 환궁하라는 명령이었다.

기황후는 다시 제색인장총관부에 감금되었다. 자칫하다가는 황태자가 볼로드 테무르의 속임수에 넘어가 목숨을 잃을지도 모르는 절박한 상황이었다.

볼로드 테무르는 색마였다. 조정의 권력을 장악한 후 황실 여자 40명을 첩으로 삼았다. 때와 장소를 가리지 않고 그들과 음란한 성행위를 즐겼다. 기황후는 미인계를 쓰기로 결심했다. 은밀히 환관들과 연락을 취하여 고려 미인들을 볼로드 테무르에게 바쳤다. 또 볼로드 테무르를 온몸으로 유혹했다. 두 사람이 운우지정을 나누었다는 소문이 퍼졌다. 기황후는 볼로드 테무르의 몸과 마음을 사로잡았다. 황궁에서 쫓겨난 지 100여 일 만에 환궁할 수 있었다.

한편 아유시리다라는 코케 테무르와 함께 군사를 일으켜 대도로 진격했다. 볼로드 테무르는 중서성 좌승상 예수(也速)에게 응전하게 했다. 예수는 패배하여 아유시리다라에게 투항했다. 대도 성안의 민심이 흉흉해졌다.

지정 25년(1365) 7월 볼로드 테무르가 원 혜종에게 미색이 뛰어난 후궁을 요구했다. 그녀는 황제가 총애한 여자였다.

원 혜종이 진노하여 의왕(義王) 화상(和尙)에게 말했다.

"그놈이 나에게 이런 치욕을 안겨주는구나."

의왕 화상은 종실이었다. 언제나 황제의 곁을 떠나지 않고 시중을 들었다. 그도 평소에 볼로드 테무르가 황제를 능멸하는 모습을 보고 분개했다. 원 혜종은 화상에게 밀지를 내려 볼로드 테무르를 죽이라고 했다.

화상은 지모가 뛰어난 서생 서시분(徐施畬)과 볼로드 테무르를 제거할

계획을 세웠다. 두 사람은 상도마(上都馬)·바얀다르(伯顏達兒)·테구스 부카(帖
古思不花)·홍보보(洪寶寶) 등 용사들을 규합했다.

같은 달 7월 29일 볼로드 테무르가 입궐하여 노적사와 함께 황제에게
승전보를 전하고자 황궁의 연춘각(延春閣)에 이르렀을 때 이상한 분위기를
감지하고 호위 병사들 불렀다. 하지만 바로 그때 바얀다르 등이 그에게
달려들어 칼로 그를 난자했다. 볼로드 테무르가 살해되었다는 보고를 받
은 원 혜종은 그의 일당을 모조리 죽이게 했다. 노적사와 투겐 테무르는
막북(漠北) 지역으로 도망갔지만, 몇 달 후 두 사람도 살해되었다.

볼로드 테무르를 살해한 자객들은 모두 후한 상을 받았다. 그들 중에
서 홍보보와 테구스 부카는 중서성 평장정사에 임용되었다. 암살 계획
을 짠 서시분은 상을 받지 않고 하룻밤 사이에 대도를 떠나 자취를 감추
었다.

원 혜종은 볼로드 테무르의 수급을 아유시리다라에게 보내 환궁하게
했다. 아유시리다라와 코케 테무르는 군사를 거느리고 대도성에 입성했
다. 코케 테무르는 황태자를 보위한 공로로 중서성 좌승상에 임용되었다.
기황후는 내전에 지칠 대로 지친 원 혜종을 물러나게 하고 아유시리다라
를 황제로 추대할 절호의 기회가 왔다고 판단했다. 병권을 쥔 코케 테무
르의 도움을 받아야 했다. 그녀는 그에게 군대를 동원하여 황제를 협박하
여 양위하게 했다.

하지만 코케 테무르는 기황후의 국정 농단을 우려하여 개입을 원치
않았다. 황제와 황태자 사이에서 중립을 지키기로 결정했다. 그는 군대를
이끌고 대도성 밖 30리 떨어진 곳으로 갔을 때 병사들을 해산시키고 본
영으로 돌아갔다. 기황후 모자는 명령을 거역한 그에게 원한을 품기 시작
했다.

코게 테무르도 기황후 모자가 자신을 죽이려 한다고 직감했다. 군대

를 이끌고 남쪽으로 내려가 세력을 확장하고 싶었다. 황제에게 장강 일대에서 일어난 반란을 진압하러 떠나겠다고 했다. 원 혜종은 그를 하남왕(河南王)으로 책봉하고 장강과 회하 지역을 평정하게 했다.

지정 26년(1366) 2월 코게 테무르는 군대를 이끌고 하남 지방에 주둔했다. 당시 농민 반란군의 최대 세력이었던 홍건적의 권력 구도에 큰 변화가 일어났다.

호주(濠州) 종리(鍾離: 안휘성 봉양현·鳳陽縣) 출신인 떠돌이 승려, 주원장(朱元璋·1328~1398)이 홍건적의 두목 곽자흥(郭子興)의 사위가 된 후 혁혁한 전공을 세웠다. 그는 곽자흥이 사망한 후에는 홍건적의 실질적 지도자가 되어 집경로(集京路: 강소성 남경)를 공략했다. 얼마 후 집경로를 응천(應天)으로 개명한 후 한왕(漢王) 진우량(陳友諒), 장사성(張士誠) 등 지역 패권자들을 물리치고 오왕(吳王)으로 자립했다. 그는 부하 장수 서달(徐達)에게 원나라 군대의 남진을 막게 했다.

코게 테무르는 더 이상 남진하지 못하고 하남 지방에서 웅거했다. 그 후 코게 테무르 군영에서 내분이 일어났다. 원 혜종은 사신을 보내 내분을 해결하려고 했다. 하지만 코게 테무르는 사신을 죽이고 어명을 따르지 않았다.

지정 27년(1367) 원 혜종은 황태자에게 전국의 군사를 총지휘하게 했다. 아유시리다라는 대무군원(大撫軍院)을 설치하고 코게 테무르를 토벌할 계획을 세웠다. 마침 코게 테무르의 부하 장수 맥소(貊高)·관보(關保) 등이 배신을 하고 아유시리다라에게 귀부했다.

코게 테무르는 자기 관작과 병권을 박탈한다는 조서를 받자 택주(澤州: 산서성 진성·晉城)로 후퇴했다. 그는 택주에서 군대를 정비한 후 자기 본거지인 기녕을 재탈환했다.

지정 28년(1368) 2월 원나라 군대가 코게 테무르를 공격했다. 코게 테무르가 패배하여 진영(晉寧: 산서성 평양·平陽)으로 퇴각했다. 이처럼 자중지란에 빠진 원나라는 남방에서 대도를 향해 진격해오고 있는 주원장의 군대에는 속수무책이었다.

지정 27년(1367) 오왕 주원장은 "북방 오랑캐를 쫓아내고 중화(中華)를 회복하자"는 기치를 내걸고 서달·상우춘(常遇春) 등 장수들에게 북벌을 명령했다. 다음 해(1368) 1월 주원장은 응천부(應天府: 강소성 남경)에서 개국 황제로 등극했다. 국호는 대명(大明), 연호는 홍무(洪武)로 정했다.

명 태조(明太祖) 주원장은 서달·상우춘 등이 지휘하는 북벌군에게 대도성으로 진격하게 했다. 홍무 원년(1368) 7월 북벌군 20여만 명이 산동 제남(濟南)을 공략하고 대도의 턱밑인 직고(直沽: 천진직할시·天津直轄市)에 이르렀다.

명나라 군대의 빠른 진격에 기겁한 원 혜종은 회왕(淮王) 테무르 부카(帖木兒不花)에게 대도를 맡기고 기황후·황태자·종실·대신 등 100여 명을 거느리고 상도(上都)로 몽진하겠다고 선포했다. 지추밀원사 카라장(哈刺章)이 천자의 몽진을 반대했다. 하지만 원 혜종은 오로지 도망갈 궁리만 했다.

환관 조바얀 부가(趙伯顏不花)가 무릎을 꿇고 통곡하며 몽진을 완강하게 반대했다.

"천하는 세조 쿠빌라이 황제의 천하입니다. 폐하께서는 마땅히 죽기를 각오하고 지켜야 하는데도, 어찌하여 대도를 버리시려고 합니까? 신(臣)들은 군민과 금위군을 거느리고 밤을 틈타 성 밖으로 나가 결사 항전하겠습니다. 폐하께서는 대도성을 지켜주시옵소서."

원 혜종은 지난날을 후회하며 탄식했다.

"오늘 어찌 송나라 휘종(徽宗)과 흠종(欽宗) 황제처럼 적의 포로로 끌려

가 수모를 당할 수 있단 말인가."

원 혜종은 결국 대도를 버리고 상도로 도망갔다. 같은 해 8월 2일 명나라 군사는 마침내 대도성을 점령했다.

이로써 원나라는 원 세조 쿠빌라이가 1271년에 대원(大元)을 건국한 시기부터 계산하면, 역대 황제 11명, 97년 만에 중국 땅에서의 시대를 마감했다. 또 칭기즈 칸이 몽골 제국을 건국한 1206년부터 계산하면, 원나라는 역대 카안 15명, 162년 동안 유지되었다. 하지만 몽골 역사의 관점에서 보면, 1368년에 원나라가 완전히 망한 것은 아니다.

한편 원 혜종 일행이 대도성의 건덕문(健德門)을 빠져나와 상도로 달아나는 도중에, 기황후는 또 황태자 아유시리다라에게 고려를 정벌하자고 했다. 그녀는 기씨 일족을 죽인 공민왕에게 끝까지 보복하고 싶었다. 어쩌면 그녀는 고려를 정복한 후 고려에 원나라 정부를 세우려고 했는지도 모른다. 한때 원 혜종은 제주도에 궁궐을 짓고 거주하려고 했다는 일화가 있는 것으로 보아, 당시 원나라 황실이 도피처로 고려를 염두에 두고 있었는지도 모른다.

하지만 황태자는 기황후의 말을 듣지 않았다. 원 혜종은 상도에서 황태자를 중서령 겸 영추밀원사에 임명했다. 아유시리다라는 군권과 행정권을 장악하고 국력을 키워 다시 대도로 진격할 기회를 노렸다. 1369년 6월 13일 명나라 군대가 상도를 향해 진격해왔다. 원 혜종 일행은 또 상도를 떠나 응창(應昌: 내몽골 극십극등기·克什克騰旗)으로 달아났다. 나흘이 지난 후 상도는 명나라 군대에 점령되었다.

1370년 4월 원 혜종은 재위 37년, 향년 50세를 일기로 붕어했다. 재위 기간만 고려하면, 그는 원나라 황제 중에서 가장 오래 재위했다. 훗날

명 선종(明宣宗) 주첨기(朱瞻基)는 그를 이렇게 평가했다.

"원 순제는 오랜 세월 동안 재위하면서 황음무도했으며 국정에 태만했다. 이에 국가의 법도와 기강이 무너졌으며 급기야는 국가를 망하게 했다. 만약 그가 근검절약하고 원 세조와 원 인종이 남긴 법도를 잘 지켰다면, 천하가 어찌 우리 조종의 소유가 되었겠는가?"

사실 원 혜종은 권신 바얀을 제거한 후에는 개혁 의지가 무척 강한 군주였다. 하지만 그는 집권하기 이전부터 누적된 국가의 온갖 병폐를 해결할 능력이 없었다. 더구나 연이은 천재지변은 그를 끊임없이 괴롭혔다. 그는 황제로서 백성들을 잘 다스리지 못한 괴로움을 주색잡기로 해소했다. 또 그는 성품이 강직하지 않았다. 좋은 게 좋은 거라는 인생관이 그를 나약한 군주로 만들었다. 살아생전에 기황후의 바람대로 황태자 아유시리다라에게 양위했다면, 망국의 군주라는 오명을 뒤집어쓰지는 않았을 것이다. 능력과 자질이 부족하여 허수아비 황제로 전락했는데도 죽을 때까지 황제의 옥좌에서 내려오지 않았다.

원 혜종이 붕어한 직후에 아유시리다라가 41세의 나이에 황위를 계승했다. 그가 원 소종(元昭宗)이다. 그는 황제로 등극한 지 한 달도 안 되어 명나라 장수 이문충(李文忠)에게 습격을 당했다. 원 소종은 기병 10여 기를 거느리고 가까스로 포위망을 뚫고 카라코룸으로 탈출했다.

다음 해 그는 연호를 선광(宣光)으로 정하고 다시 중원을 정복하여 원나라를 부흥시키고자 했다. 공민왕에게 사신을 파견하여 두 사람이 '칭기즈 칸의 후예임'을 강조하고 병력 지원을 요청했으나 거절당했다. 공민왕 사후에도 고려 조정에 합동 작전으로 명나라 군대와 싸우자고 제안했지만 역시 거절당했다. 당시 고려는 중국에 새롭게 등장한 명나라를 의식하지 않을 수 없었기 때문이다.

선광 8년(1378) 원 소종은 39세의 나이에 붕어했다. 1368년 원나라가 상도로 천도한 시기부터 북원(北元)이라고 칭한다. 북원의 제1대 황제는 원혜종이며, 제2대 황제는 원소종 아유시리다라이다.

그 후 북원의 역대 황제들은 국호를 '대원대몽골국'이라고 칭했다. 1635년 북원의 마지막 대칸 링단 칸(林丹汗)의 아들 에제이(額哲)가 후금(後金)에 국새를 넘기고 항복할 때까지 존속했다.

한편 원나라 후기에 국정을 좌지우지했던 기황후는 남편과 함께 상도로 피신한 이후, 어떤 삶을 살았는지 모른다. 아들 아유시리다라가 황제로 등극한 이후 황태후로 추존되었다는 얘기도 있다. 『원사』에서는 그녀를 '혜힐(慧黠)', 두 글자로 평가했다. 총명하지만 교활하다는 뜻이다.

오늘날 중국인들은 기황후가 중국 역사에서 최초로 정궁 황후가 된 외국인 여자임을 인정하고 있다. 그리고 그녀의 국정 농단이 원나라를 망하게 한 원인 중의 한 가지가 되었다고 평가한다.

사실 기황후에 대한 평가는 아직도 긍정과 부정이 교차하고 있다. 그녀는 고려 공녀 출신으로서 대제국 원나라의 황후가 되어 막후에서 원나라 천하를 다스린 것은 역사적 사실이다. 그녀의 인생은 중국의 유일무이한 여자 황제 무측천의 인생과 닮았다. 그녀는 무측천처럼 여자 황제가 되어 천하를 호령하고 싶었을 것이다.

한국인의 관점에서 볼 때 한국 역사에서 한 시기 동안 중국을 지배한 영웅이 기황후 이외에 또 누가 있었겠는가. 더구나 그녀는 여자의 몸으로 원나라의 영웅호걸들을 가지고 놀았다. 원 혜종의 재위 후반부는 기황후와 환관 박불화를 중심으로 하는 고려인들이 원나라를 간접 통치했다고 본다.

미국의 역사 학자 데비드 로빈슨(David M. Robinson)이 『Empire's Twilight:

Northeast Asia under the Mongols)』에서 그녀를 가장 객관적으로 평가했다.

"기황후는 14세기 중엽에 유라시아 대륙에서 영향력을 행사한 여인 중의 한 명이다. 그녀는 아름다웠으며 탁월한 정치적 수완을 발휘했고 야심이 있었으며 권모술수에 능했다. 토곤 테무르의 총애를 받고 황후의 지위를 공고히 한 후, 궁정에서 지방 행성까지, 그리고 몽골 수도인 대도와 상도에서 고려 개경에 이르기까지 거대한 인적 네트워크를 조직했다. 그녀는 아들을 전면에 내세우고 남편과 공민왕을 통제했다."

"중국과 한국의 역사 자료에 근거하면, 그녀는 권모술수에 능하고 성격이 호탕하며 방탕한 생활을 한 위험한 여자였다고 한다. 하지만 그녀 자신의 인생만을 평가하면, 여성이 몽골 제국에서 상당히 높은 지위를 누리고 있었음을 알 수 있다. 심지어 몽골 출신이 아닌 여자도 정치적 권리를 누릴 수 있었다. 기황후의 야심과 재능은 몽골 제국과 동북아시아의 국제 관계에 큰 영향을 끼쳤음을 부인할 수 없다."

중국의 중원 지방은 한족(漢族)의 발상지이자 활동 공간의 중심지였다. 그들은 중원 지방을 중심으로 역대 왕조를 세우고 한족 문명을 일으켰다. 중원 지방 밖의 사방(四方)은 야만인의 땅이라는 것이, 그들의 전통적 세계관이었다.

그래서 동이(東夷)·남만(南蠻)·서융(西戎)·북적(北狄) 등 이른바 '사이(四夷)'라는 개념이 나왔다. 한족의 관점에서 볼 때 사이는 야만인이자 언제나 중국을 위협하는 세력이었으므로 그들을 '교화(敎化)'시킴으로써 '화(華)'와 '이(夷)'의 평화로운 공존을 이루어야 한다는 것이다.

사실 한족은 북방의 소수 민족에게 수많은 침략을 당했다. 한족의 역사는 북방 소수 민족과의 전쟁의 역사라고 해도 과언이 아닐 정도로 북방의 소수 민족에게 엄청난 피해를 보았다. 만리장성이 그 피해와 공포의 역사적 상징물이다. 물론 한족이 강성했을 때 중원 밖으로 세력을 확장한 것도 사실이다.

　　중국의 소수 민족 가운데 중국대륙을 지배한 민족은 몽골족과 여진족(만주족)이다. 몽골족은 몽골 제국과 원나라를 건국하여 13~14세기에 중국 역사를 세계사의 중심으로 올려놓았다. 몽골족이 아니었다면 불가능한 일이었을 것이다. 또 여진족은 청나라를 건국하여 오늘날 중국의 면적을 러시아·캐나다·미국 다음으로 넓게 만들었다.

　　한족은 몽골족과 여진족에게 침략당하여 모진 고통을 겪었지만, 오히려 영토가 늘어난 횡재를 했다. 유목 민족은 무력으로 농경 민족을 압도할 수는 있어도, 문명의 우열 차이로 인하여 결국은 농경 민족에게 동화되고 말았기 때문이다.

　　원나라의 역대 황제들은 중국을 효율적으로 다스리기 위하여 한족 문명을 활용했다. 그들이 아무리 유학을 숭상하고 한족 출신 신하들을 중용했더라도, 결코 한족 문명에 동화되지 않았다. 원나라 시대에 한족은 엄연한 피지배 계급이었다. 소수의 한족 지식인들만이 황제의 눈에 들어 정치적 포부를 펼 수 있었을 따름이다.

　　몽골인은 한족을 거칠게 다루었기 때문에 원나라의 중원에서의 역사가 100년도 못 되어 막을 내리게 했다. 하지만 그들은 끈질기게 유목민의 정체성을 유지한 덕분에, 오늘날 몽골 국가로 존재할 수 있었다.

　　반면에 만주족은 청 태종 홍타이지 이후 스스로 한족 문명에 동화되는 길을 걸었다. 오늘날 그 결과가 어떠한가. 만주족은 중국 땅에서 호적에만 '만주족'이라고 기록되어 있을 뿐이다. 그들의 정체성은 사라지고 말았다. 앞으로 만주족이 중국 땅에서 또 국가를 건설할 가능성이 있을까.

원나라를 청나라와 비교해보면 여러 가지로 역사적 교훈을 얻을 수 있다. 가장 중요한 교훈은 영혼마저 강대국에게 빼앗기면 민족이 사라진다는 것이다.

옛날에 한국인은 한족 문명에 동화되었지만, 정체성을 잃지 않았다. 우리가 중국대륙을 지배한 적이 없으나, 원나라 말기에 이르러 기황후가 20여 년 동안 원나라 천하를 움직였지 않은가. 한국인의 관점에서 볼 때 한·중 관계사에서 기황후만큼 매력적인 인물이 또 있을까?